潘序倫

信以立志
信以守身
信以处事
信以待人
毋忘立信
当必有成

潘序伦

立信校训

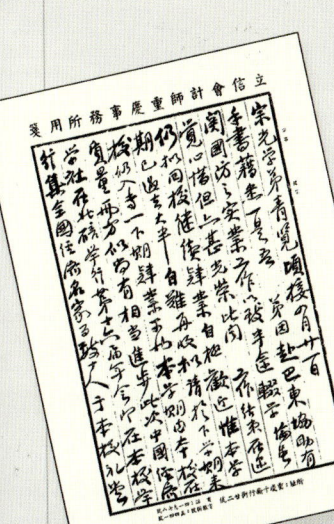

对马老生平的认识及光潘回忆

潘序伦

潘序伦先生手迹

潘序伦先生对立信会计事业贡献殊多

潘序伦先生与部分复校倡议人合影

开放后潘序伦先生继续活跃在会计学术舞台上

交后第一届毕业典礼上潘序伦先生发表讲话

潘序伦先生与师生合影

柿子湾立信老校舍教学楼

立信会计师事务所上海延安西路办公楼

潘序伦先生

1927年创办潘序伦会计师事务所

(1928年改为立信会计师事务所)

1928年创办立信会计学校

1941年创办立信会计图书用品社

潘序伦先生在立信会计丛书编委会上发言

本科毕业生学士学位授予仪式

SELECTED WORKS OF
SHULUN PAN

新校区潘序伦先生纪念铜像

上海立信会计学院松江校区

潘序伦文集

SELECTED WORKS OF
SHULUN PAN

立信会计出版社
LIXIN ACCOUNTING PUBLISHING HOUSE

图书在版编目（ＣＩＰ）数据

潘序伦文集/潘序伦著. —上海:立信会计出版社,
2008.10
ISBN 978-7-5429-2137-6

Ⅰ.潘… Ⅱ.潘… Ⅲ.①潘序伦(1893～1985)
—文集②会计学—文集③会计学—教学研究—文集
Ⅳ. F230－53

中国版本图书馆 CIP 数据核字(2008)第 162882 号

责任编辑　　方士华
封面设计　　周崇文

潘序伦文集

出版发行　立信会计出版社
地　　址　上海市中山西路 2230 号　　邮政编码　200235
电　　话　(021)64411389　　　　　　传　　真　(021)64411325
网　　址　www.lixinaph.com　　　　　E-mail　lxaph@sh163.net
网上书店　www.lixinbook.com　　　　Tel：(021) 64411071
经　　销　各地新华书店

印　　刷　上海申松立信印刷厂
开　　本　787 毫米×960 毫米　　　1/16
印　　张　37.5　　　　　　　　　　插　　页　11
字　　数　511 千字
版　　次　2008 年 10 月第 1 版
印　　次　2008 年 10 月第 1 次
书　　号　ISBN 978 - 7 - 5429 - 2137 - 6/G·0057
定　　价　88.00 元

《潘序伦文集》编委会

奠　基

（代序）

研究中国现代会计史，有一个名字要永远铭记。他就是被誉为"中国现代会计之父"的潘序伦先生！是他，以仁者的担当、勇者的无畏和智者的拓展，为现代会计发展奠定了坚实的基础，让人们最早感受到了现代会计的魅力。

先生是新式簿记的创始者。众所周知，中华会计文明源远流长，早在四千多年前的大禹时代，古代会计的门扉即徐徐开启；两千五百多年前的孔子，不仅是伟大的思想家、教育家，也是科学妥帖定义会计概念者；著名的"三脚账"与"四柱清册"，更是与欧洲文艺复兴时期诞生的复式簿记殊途同归；近代中式簿记，显著掩映在商行、票号的账册间……然而，传统会计毕竟植根于农耕文明的土壤，要想反映和记录以社会化生产、交换为特点的工业社会，势必要承先启后、鼎新革故。正是在这一历史分界点上，先生凭借其学贯中西的深厚功底、开放的胸怀以及对发展趋势的准确把握，移花接木，筚路蓝缕，兀兀穷年，使20世纪前半叶的中国会计开始了现代性、国际化改良，书写了现代会计史的第一页。

先生是会计理论研究的引领者。先生一生呕心沥血，孜孜以求，著述等身，饮誉海内外。出版专著译著30多部，学术论文百余篇，逾千万字。其代表作包括《立信会计丛书》、《高级商业簿记教科书》、《公司理财》、《基本会计学》等，堪称中国现代会计学扛鼎之作，对中国会计学术的发展起到了重大启蒙作用。先生在《会计学发达史》、《中国之会计师职业》、《会计人员是经营管理的"参谋长"》等诸篇文章中，都明确提出"会计要服务于经济"、"会计师要有独立地位"等会计思想，极大丰富了我国会计的理论基础,至今仍有着很强的现实指导意义。

先生是培育会计人才的播种者。先生曾多次援引王安石的话:"合天下之众者、财,理天下之财者、法,守天下之法者、吏也;吏不良则法而莫守,法不善则有财而莫理。"意思是说,满足大众意愿的就是财;要想理好财,必须首先设计会计制度,健全财务管理;而有了好的制度以后,还必须有公正无私、忠于职守的专业人才来执行。由先生创办的立信会计学校培养出来的会计人才遍布全国各地,远播美、德、日等20多个国家和地区,尤其是杰出人才辈出,让中国会计界星光璀璨,为中国会计的传承和发展奠定了特别重要的人才基础。

先生是现代会计"产学研"一体化的拓荒者。先生创建的会计师事务所、会计职业教育、会计图书出版"三位一体"的"实业组合链",是培养中国现代会计人才的摇篮,是会计实务创新与发展的平台,是先进会计理论与方法的孵化器。"寻常一轮窗前月,才有梅花便不同"。先生对现代会计"产学研"一体化开拓性、系列性、组合型发展模式,至今值得我们深思与借鉴萃取其华。

先生是会计诚信文化的首倡者。先生谆谆告诫:夫学识经验及才能,在会计师固无一项可缺,然根本上究不若道德之重要。会计师之为职业,实为工商企业保障信用而设,苟有不道德行为,而自丧其信用,则此职业,即失其根本存在之理由,殊背国家期望之厚意,可不慎哉。为此,先生鲜明地提出了"信以立志,信以守身,信以处事,信以待人"的立信准则,既传承了东方传统文化的精髓,又嫁接了西方契约文明的内核,成为先生一生念兹在兹的思想信条,奠定了会计诚信文化的根基。

云山沧沧,江水泱泱,先生之风,山高水长!先生的求学从业生涯,起于困厄、坎坷,成于执着、坚韧,终于反哺、奉献。无论遇到何种困难,先生从不退缩,永不言弃。他曾以"成功道路多艰难,奋力前趋能过关"一语与求学择业的青年共勉,这实际上也为他的会计人生之路作了最好的注脚。先生一以贯之倡导、追求与实践的"公、信、廉、密、勤、敏",全面阐释了会计职业的本质与归宿,深刻反映了会计人应有的修养与素质,实际上是他为中国会计思想史留下的最为宝贵的精神财富。先生的会计学智慧和会计学理论体系构建，大大拓展和丰富了中国会计的内涵和外延，值得会计学界乃至经济学界认真加以研究。先生的会计思想及其实践对于会计学的最大意义在于：有意识地吸纳西方会计学科智慧和其他学科精华，身体力行地拓展会计的系列、组合发展模式，在互动中交流，在互动中改革，在互动中开拓，体现了中国会计学和会计人的文化自觉，彰显了中国会计学和会计人的创造性、生命力！

今天，中国会计行业已实现了跨越式发展，取得了世人瞩目的成绩和难得的宝贵经验，正在国际会计舞台上一展风采。此时此刻，更是不能忘记那些曾经为中国会计发展奠定基石的前辈们、大师们，更是不能忘记中国会计界的拓荒者、播种者，更是要为奠基者们树碑、要为播种者们立传。上海立信会计学院组织编辑《潘序伦文集》，汇聚先生的学术思想、会计实践、治学品格等著述精华，这本身的意义首先在于是一项纪念奠基者们的奠基性工作。相信《潘序伦文集》的出版，能够让我们更好地缅怀大师的思想风范，继承大师的学术遗产，弘扬大师的高尚风格，让黄钟大吕般的大师之声激励更多的会计人去创造无愧于先辈、无愧于时代的新成就，让黄钟大吕般的大师之声激励更多的会计人去奏响中国会计繁荣、发展、进步的新乐章！

是为序。

王 军

2008 年 10 月

目　　录

营业税的征收和资本额的计算

　　查财政部颁布各省征收营业税大纲中间，规定营业税的征收，有两种计算标准：一个是营业额，一个是资本额。照一般普通人们的见解，总以为营业额的计算是很繁复的，资本额的计算是很简单的。因为大家都看见商店营业，每天出入，至少有数十次，多则数百次、数千次，但是资本数额，常常只有一个整数，成年累月，毫无变动，但在懂得会计原理的人看来，营业额的计算，只要用加法来处理，很容易求得一个总数，并且商店经理或会计员，除非用舞弊手段把他变更，实在不容易有上下其手的机会。但是资本额的计算情形，大有不同，因为资本的定义，就有广狭的不同，实际上的资本额，时时刻刻在那里变动，因此资本的正确数额，就很不容易计算。

　　我们大家知道，国家征税的第一个重要原则，就是公平。倘使某种商店，缴纳营业税，系照他的资本额千分之几计算，一定因为这商店资本额的大小，可以代表它纳税能力的大小。从根本上讲起来，缴纳营业税的能力，当然和一商店的营业额成正比例，不过有种商店，因为营业种类繁复，总额难以计算，即使总数易于计算，也不能代表这商店的纳税能力。因之，改用它的资本数额，来比例它营业数量，即来比例它纳税能力，所以同种类各商店，倘使营业数额相同，而资本额之大小互相悬殊，则照资本额计算其纳税数额，便和赋税公平的原则不合。

　　资本的意义，从狭义上说起来，即是公司章程或商店合同中所规定股东投资的一定数额。从广义上说起来，就是一个商店所有资产总额，减去负债总额的余数。营业税条例中所称的资本额，当然应采取广义的解释。按江苏省、浙江省所订营业税条例草案，内中有一条规定："营业

1

资本之计算，以其实业上供营业之用者为准，如公积等，应以营业资本论。"又如上海市所订营业税草案中，有一条规定："营业资本之计算，以实收资本金及各种公积金为准。"意义虽稍有不同，然其采取广义的解释，则是一样。因为狭义的资本额，往往仅具一个形式，和实际上所运用之资本，每每绝不相同。

现在鄙人把公司商店资本额的计算方法略述如下。

（一）单纯资本　公司的资本，总是规定在公司章程的中间，并且要经过主管官署的批准，似乎他的数额是很单纯，用不着计算的了。例如有一甲公司，他结账目的资产负债表如下所示，他的资本额是十五万元，无论采取狭义的解释，或广义的解释，都是一样，所以很易决定，不生问题。

		甲　公　司	
资产		负债	
现金	10,000	应付账款	50,000
应收账款	40,000	资本	150,000
存货	50,000		
房屋地产	50,000		
机器设备	50,000		
	200,000		200,000

（二）未招股份　例如乙公司，他结账目的资产负债表如下所示。这个公司的额定资本，虽有三十万元，然仅招足半数十五万元。这种情形，虽和公司法之规定不合，然而实际上甚多是例，在计算应纳营业税额的时候，应该拿十五万元来做标准，不应该用三十万元的虚数来做标准，亦是明了。

		乙　公　司	
资产		负债	
现金	10,000	应付账款	50,000
应收账款	40,000	额定资本　300,000	
存货	50,000	减：未招资本　150,000	
房屋地产	50,000	招足资本	150,000
机器设备	50,000		
	200,000		200,000

（三）未收股款　例如有一丙公司，他的资产负债表如下所示：

丙　公　司

资产		负债	
现金	10,000	应付账款	50,000
应收账款	40,000	资本	300,000
存货	50,000		
房屋地产	50,000		
机器设备	50,000		
未收股款	150,000		
	350,000		350,000

　　这个公司的股本额定三十万元,假如他业已如数招足,第一次先收二分之一,计十五万元,尚余二分之一未收,在这种情形之下,营业税的征收,究竟应该照资本三十万元计算呢? 还是照十五万元计算呢? 照会计原理来讲,丙公司的实收资本,虽然和乙公司的实收资本,同为十五万元,但是法律上两公司情形上大有不同。在乙公司有十五万元的资本,尚无人来承认,当然不能作为资本计算,且未认资本也不算是公司的资产,至于丙公司的资本,已经招认足额,他的数额的确是三十万元。至于未收股款十五万元,乃是公司资产,和应收账款性质相同,所以说句普通话,丙公司的资本确是三十万元,并非十五万元。但是照江浙营业税条例来说。营业资本之计算,以其实际上供营业之用者为准,则未收股款十五万元,虽是公司的资产,然实际上还未供公司营业的用途。即照上海营业税条例而论,营业资本之计算,以实收资本金为准,则未收股款当然可以除外。所以丙公司应当照实收资本十五万元的数额计算他所应缴纳的营业税。

　　(四)公积金　例如有一丁公司,他的资产负债表如下所示:

丁　公　司

资产		负债	
现金	10,000	应付账款	50,000
应收账款	40,000	资本	100,000
存货	50,000	公积	50,000
房屋地产	50,000		
机器设备	50,000		
	200,000		200,000

　　这个公司的实收资本,计洋十万元。又公积金计洋五万元,照广义

的解释，营业资本当然是十五万元。

（五）秘密公积　秘密公积为少作资产价值，或多估负债价值的结果，乃是商店藏匿利益或资本最普通的方法。设立秘密公积的目的，有时为稳健主义，有时为逃税或欺瞒公众或股东。在理论上，法律上说起来，原是不正当的手段。例如有一戊公司，他的资产负债如下所示：

戊　公　司

资产		负债	
现金	10,000	应付账款	50,000
应收账款	40,000	资本	100,000
存货	50,000	公积	20,000
房屋地产	50,000	倒账准备	10,000
机器设备	50,000	房屋折旧准备	10,000
		机器折旧准备	10,000
	200,000		200,000

这个公司在表面上看起来，营业资本计洋十二万元，但是表内倒账准备等三万元，是否确系估价准备，抑系秘密公积，非把他各项资产来估一估价不能决定这个问题。倘使估价结果，应收账款五万元中间，确有一万元靠不住的账项，房屋地产现值确实只有四万元，机器设备确实只有四万元，那么并无秘密公积。倘使并无倒账折旧等折价，则三万元的秘密公积应当加入营业资本额中，计算应纳的营业税。或者资产方面格外估低秘密公积还不只三万元之数，除非切实检查，估计各项资产负债账目无从决定，所以政府方面，倘使要确定一商店的营业资本，必须使他所有的各项资产负债的估价十分正确，以免除秘密公积的弊病。然要达到这个目的，完全靠精密的查账及估价。

（六）不确定的公积或准备　例如己公司的资产负债表如下所示：

己　公　司

资产		负债	
现金	10,000	应付账款	50,000
应收账款	40,000	资本	100,000
存货	50,000	公积	40,000
房屋地产	50,000	存货涨价准备	10,000
机器设备	50,000		
	200,000		200,000

譬如这公司现存的货物,原进价为四万元,现在因为市面涨价的结果,确已值洋五万元,唯恐市价或有变动,不准就拿这涨起一万元的价值作为公积,另外开一存货涨价准备账户以示不确定的意思。这项存货涨价准备一万元,应否并入营业资本计算,这个问题颇不易于解决。因为论这一万元的性质,的确是属于公积金一类,应当并入营业资本计算,但是这项涨价,目前尚未实现,非不到存货已经全数出卖,并无丝毫实益,况且存货的原价为四万元,依照"市价孰低"的估价原则,这一万元的涨价目前也就可以不必计算了。

　　(七)正待分配的利益　例如庚公司的资产负债表如下所示:

庚　公　司

资产		负债	
现金	10,000	应付账款	50,000
应收账款	40,000	资本	100,000
存货	50,000	本期损益	50,000
房屋地产	50,000		
机器设备	50,000		
	200,000		200,000

　　这个庚公司上期获利五万元,结账时列入本期损益项下,照营业税条例中所称"如公积金等应以营业资本论",或"营业资本之计算以实收资本金及各种公积金为准"的语气,则本期利益,当然看做公积金的一部分,应该计入营业资本中间。不过公司此期结账倘有利益,大都要在结账后短时期内由股东会议决分配,使该公司拿本期未分利益,也当作营业资本计算,缴纳营业税则随后股东开会,拿这笔钱分配尽净,公司不是吃亏了么? 所以每逢这样的情形,征收官吏应暂准免税,不计本期利益,一俟股东开会决定本期利益的分配方法,再行补算。如庚公司倘使五万元中分配了三万元,则所余的二万元,当然应该加算在资本的上面,补缴一年的营业税。

　　(八)投资他公司　例如有辛公司,其资产负债表如下所示:

辛　公　司

资产		负债	
各项资产	200,000	各项负债	50,000
某公司股份	50,000	资本	200,000
某公司借款	50,000	公积	50,000
	300,000		300,000

营业税的征收和资本额的计算

一公司投资他公司,有两种方法。一法购买他公司的股份,一法系将本公司余款借给他公司。上面的辛公司即购有他公司股份五万元,又借给他公司五万元,这辛公司如照资本额千分之几缴纳营业税,是否应该照他资本及公积二十五万元计算,是应当考虑的一个问题。征税有两个重要原则:一要普遍,即不可任人漏税;一免重复,即不可使人在同一纳税的客体物上纳两重的税。现在辛公司将其所有二十五万元的资本,分五万元投入某公司的股份,则这五万元,在某公司也要纳税的(不论某公司的纳税,是以营业额为标准,抑以资本额为标准,而负担赋税则一)。倘使辛公司要照二十五万元的资本额纳税,则内中五万元担负重倍的税了。所以一公司或商店,倘有加入他公司或他商店股份的事情,则搭入他公司股份的部分,应该从本公司资本额中除去,不可计作本公司的营业资本。至于借给他公司的款项则究应在本公司资本中,除去与否,情形颇有不同。倘使承受借款的他公司,系依照资本额为标准纳税,则本公司资本额中不应将此借款之数减除,倘使减除则此五万元之资本即获逃税。倘使承受借款的公司,系照营业额纳税,则本公司应行纳税之资本额应将这借出的五万元和他公司股份五万元一同除外,只余十五万元。因为借与他公司五万元,当然能使他公司的营业额增加,而即在他公司负担相当的税额,倘使本公司不予减除,则此五万元在本公司负担,依照资本额计算的税额,在他公司又负担依照营业额计算之税额,总是两重负担,也不公平。

(九)非关营业的资产　例如壬公司,他的资产负债表如下所示:

壬　公　司

资产		负债	
现金	10,000	应付账款	50,000
应收账款	40,000	资本	200,000
存货	50,000		
房屋地产	50,000		
机器设备	50,000		
非营业性之资产	50,000		
	250,000		250,000

非关营业用的资产应该分做两层考虑:一种是有收益的,一种是没

有收益的。非为营业而有收益的资产，例如偿债基金的种种投资及存款，营业用以外的房屋等类。非为营业而无收益的资产，例如商务印书馆所设的尚公小学、东方图书馆等。查各省营业税条例草案中，对于不以营利为目的之营业，多免征营业税，则各公司、商店，凡属于公益性质的投资，应由营业资本额中减去，当无问题。不过非营业而仍有收益的投资，是否可从资本额中减除，还是一个问题。照我个人的意见，如江浙营业税条例草案的规定，所谓营业税款之计算，以其实际上供营业之用者为准，则非为营业之投资如偿债基金及营业用以外的地产等，均可从资本中减除，倘如上海市草案仅云以实收资本金及各种公积金为准，则恐不能减去。

（十）亏损

癸　公　司

各项资产	200,000	负债	50,000
亏损	50,000	资本	200,000
	250,000		250,000

　　例如癸公司有亏损五万元，它的营业资本应该照二十万元计算呢，还是应该照二十万元减去五万元的亏损计算呢？这点虽在营业税条例上无明白规定，但亏损是公积的反面，公积既可加算，在营业资本上面，亏损也就应该从营业资本上减去了。

　　（十一）官商合股　浙江上海营业税条例草案中第三条规定："凡国家或地方之营业，免纳营业税。"又施行细则中有一条说："官商合股之营业，专就商股部分缴纳营业税。"这项办法可以使官商合股中的商股部分，受额外的利益，试举例来把它证明：

　　例如子公司资本共十万元，官股商股各半。更假定每年应纳的营业税，为资本额千分之十。倘使专就商股部分征收，则子公司仅须纳税五百元，唯官股所免纳的税额五百元，仍结入全公司损益账户内，官股商股共同分配，计各二百五十元。故结果官股仅享免除半税的权利，而商股则不过实纳一半的税额，较之不与官股合股的商股额外得利。又商股所得这项额外利益，和官股与商股比例的大小为正比例。例如官股占一

营业税的征收和资本额的计算

成,商股占九成,则商股所占额外利益为商股自纳税额的十分之一。官股倘占九成,商股仅占一成,则商股所占额外利益,便到他自纳税额的十分之九。所以这项办法,极不公平,应该官股商股一律征收,以免这项弊病。

（十二）资本的变更　公司的资本额,规定在章程中,合伙的资本额,规定在合同中。即使有上说的种种情形,究竟资本的定额,还没有常常变化的可能。讲到了独资商店的资本,则因法律上契约上并无明白规定的必要,资本主本人不妨将它随时加减。例如某商店的资本主,它的资本数额,在上期结账的时候,只存银一万元,结账后即增加资本五万元,俟本届将要结账之前,仍把这五万元提去。差使结账目的资本账仍表示一万元的余数。（见下例）

某商号资本主户

| 十二月一日 | 50,000 | 一月一日 | 10,000 |
| | | 二月一日 | 50,000 |

这样的资本,究竟是照一万元的数额纳税呢,还是照六万元的数额纳税呢？鄙人以为一万抑或六万,多欠公平,最好应该照每月资本平均额纳税。资本平均的计算方法如下：

$$10,000 \times 1 \text{ 个月} = 10,000$$
$$60,000 \times 10 \text{ 个月} = 600,000$$
$$10,000 \times 1 \text{ 个月} = \underline{10,000}$$
$$620,000$$

$620,000 \div 12 \text{ 个月} = 51,666.67$（元）,即每月资本平均数额倘使资本的提存日期上有差参,不好作整个月份计算,则化月为日,寻得它的每日平均数额也是可以的。

（十三）资本主提存户　商店资主,在固定投资之外,时时有往来款项。因为要把往来款项别于投资起见,每在资主投资户之外,另设资主提存户（或名资主往来户）。如下例所示,在计算营业资本的时候,究竟应该把提存户、投资户合并以计算营业资本呢,还是仅照投资户数额计算而把提存户视作负债呢？普通说起来,提存户乃往来性质原不能作资本计算,唯资本主和本店的往来,实际上便是资本主的营业资本和公司会计中各种公积账性质相同。故照我个人意见,提存户应该和投资户合并计算。

某商店资本主投资户

		一月一日		10,000

某商店资本主提存户

三月一日	5,000	二月一日	10,000
四月一日	5,000	六月一日	10,000
五月一日	3,000		
七月一日	5,000		
八月一日	2,000		
九月一日	4,000		

（十四）长期借款　　借款在会计原理上说起来是公司的负债,当然不能作为资本。但是依商业的原则上说起来,商店借款,实在是营业资本的一部分;它的性质及运用,和资本原无根本上的区别,不过出资的人不同罢了。例如下示公司的资产负债表,它的内容和上示第一例甲公司的资产负债表十分相同。今假定它的营业数额,和甲公司完全相同,论理就应该和甲公司纳同量的营业税,方为公平。但是甲公司的额定资本为十五万元,这公司的资本只十万元,另外借入五万元,实际上营业运用的资本,和甲公司相等,不过变更它的名称。

某　公　司

资产		负债	
现金	10,000	应付账款	50,000
应收账款	40,000	抵押借款	50,000
存货	50,000	资本	100,000
房屋地产	50,000		
机器设备	50,000		
	200,000		200,000

近来之同业理财的方法愈加复杂,筹措营业资本的工具更多变化,

营业税的征收和资本额的计算

譬如累积股利可以偿还的优先股(Cumulative Redeemable Preferred Stock)，它的性质和以收益支付利息而无确实担保的长期公司债实无所区别。但优先股应作营业资本计算而负担营业税，公司债则可以免除这项义务。恐从此商人为避免或减轻纳税义务起见，把法定资本额尽量减低，把长期公司债或他种借款尽量增加。在政府方前究竟如何计算营业资本，这在现在营业税条例的各项规定之下，竟无解决的办法。关于这点还要请征收官厅注意才是。

　　以上所列举几项资本额的计算方法，不过就个人一时思想所及，随意说起。此外事实上的计算问题一定很多，将来营业税评议会中一定可以遇着许多意想不到而极为有趣的会计问题呢！

　　　　　　　　　　　　　（原载《会计季刊》创刊号，1931 年 7 月）

会计学发达史

会计学,系应实际之需要而逐渐发达,其历史颇为古远。据专门学术之考证,公元前二千六百年之顷,巴比伦人关于商业上之交易,即多记录于金属或瓦片之上。至罗马共和政治时代,不特政府征收租税,有完整之计算组织,即家庭之间,为家长者,且设有账簿以记家计之出入。我国周礼天官亦有岁月考成之说,是皆会计史料之最古者。至十四世纪,意大利自由都市成立,会计学之雏形粗具,因社会经济生活之发达而递相演进。产业革命之后,经济现象愈形复杂,会计学遂亦辉煌焕发,蔚为大观。最近世界经济已进入紧张之时期,而会计学亦必有崭新之发展,以担当其对于经济生活特有之任务。总之,会计学之发达,并非偶然,其来有自;吾人从事于会计学之研究,对于会计学发达之历史,作一探讨,实亦有意义之举也。本文系参考数种外籍,拉杂写成,望海内明达有以教之。

一、意大利自由都市之账簿

会计学之成为一种专门科学,在欧美亦仅系最近四五十年间事,但簿记之历史,则颇古远。在昔中古时代意大利自由都市,商业繁盛,是最适于会计发达之地带。佛罗伦斯市(Florence)所遗留至今之佛罗伦银行账簿(其时期为公元一三一一年),乃关于簿记最早之文献。此项账簿记载之内容,杂碎繁琐,有如普通备忘录,各账户间,既少联络,银行往来及顾客间之交易,又无摘要;唯有一点值得吾人注意,即其账页上留有空白以为相对交易之用,此可认为账簿上应用贷方借方之滥觞。

其次有利内洛拔多腓尼(Rinerio Balao Fini)商会在一二九七年所用之账簿,其中不特有人名账户,且有关于财产及费用之物名账户,贷方借方皆有定式。会计学上之"拟人说"（Personification Theory）对人有贷借，对物亦一视同人，亦有贷借，此说在六百余年前，始见其端倪，至于今日，则稍习会计者，类能言之矣。

在利内洛拔多腓尼商会账簿之后，至一三四〇年吉诺亚（Genoa）官厅有一册较完善之账簿，可谓为世界最早之复式账簿。此账簿中，有所谓"批配账户"（Pepper Account），其复式记账之法，尤其进步，以支出列为贷方，收入列为借方，贷借之差额，则转入损益计算。该市圣乔觉（S. Giogio）银行在一四〇八年所用之账簿，即以此为模范，迄今仍被保存。

继吉诺亚复式簿记而起者，为威尼司（Venice）之账簿。威尼司系当时之商业中心，商人擅长簿记之技术，自成一派，号曰"威尼司式"（Method of Venice）。其账式可于多拿多·所兰佐（Donado Soranzo）兄弟公司之新旧两册账簿中，窥见一斑。旧账系一四一〇年至一四一六年间之用账，乃一不甚完全之复式记账，损益账户及资本账户皆付阙如。一四〇六年至一四三四年间所用之新账，则已补正此等缺点矣。

一四四〇年至一四四九年十年之间，簿记无若何特别史料，唯留下大商家安得烈·巴巴利各（Andrea Barbarigo）之原簿，其中有"贷借差额账户"（Conto Saldo de Debitori e Creditori）之设置。

二、巴希罗之簿记著作

一四九四年是簿记史上之新纪元。威尼司学者巴希罗氏（Lucas Paciolo — Pacioli）对于簿记学术之贡献，不啻将簿记一科之价值，重新估定。盖巴氏将通常视为商人末技之簿记，作一度理论研究。在其大著《数学大全》（Summa de Arithmetica, Geometria, Proportioni et Proportionalita）中，有计算与记录要论（Particularis de Computis et Scripturis）一章，实为关于簿记最早之著作。其账簿分"日记账"（Memoriale）、"分录账"（Giornale）及"总清账"（Quaderno）三种。日记账有如备忘录，不论大小商人，凡关于其一切交易之人名、事实、日期、地址，皆依次详细记载。盖当时簿记之知识与技术，均属幼稚，故贷方借方之分录，在在须预加考虑，重以币制混乱，记账之先，须为标准货币之换算,故特有使用日记账之必要。至其分录账,则贷方与借方,上下叠写,与我国所用旧式账簿,颇相类似,非如今日之左右分列,金额亦未别为两栏(其账式附揭于后)。总清账之参考栏中记入之号码,不表示分录账之页数,而指示其反对账户之页数。

8th of November, MCCCCLXXXXⅢ.

| Debtor 1 | 1 | "Per" Cash. // "A" Capital of Myself for so much Cash etc. , which I have in Such and such place, in Gold, coin, silver and Copper of various coinage as appears in the inventory sheet posted in Cash, in all so many ducats in gold and in Cains, so many ducats. In our Venetian money it is all valued in gold, that is, in grossi 24 per ducat, and in picioli 32 per. Grosso, so many gold lira. L... (Lira) S... (Soldi) G... (Grossi) P... (Picioli) |
| Creditor 2 | 2 | "Per" set and unset Jewels of various kinds "A" Capital ditto so many set "balansi", |

当时商人所经办之商品,种类繁多,而商业之性质,又多属冒险;每经一度冒险,即为一度损益之计算,与今日簿记中特设损益账户,于营业期末,综合计算其损益者不同,故关于商品,无盘存估价之必要。损益计算既系随时决定,所谓簿记中结账之主要目的,已不存在,试算表亦不必调制,故巴希罗书中无所谓结账之手续,只依当时之习惯,规定每值新年即换一新账而已。

巴希罗簿记著作之第一段,题曰"财产目录",并谓财产目录系簿记记录之出发点。关于财产目录制作之方法,亦有较详之说明,唯对于决算时之财产目录以及资产负债表等,则未提及。

巴希罗著作发表后四十年,曼佐宜氏(Domennico Manzoni)亦有关于簿记之著作,全书分为两编,第一编完全祖述巴希罗之学说,第二编则系其独创,设有例题,说明分录账及总清账之用法。计分录账占篇幅二十页,总清账占四十六页,适足以补正巴希罗氏之缺点。完成威尼司式簿记制度。其后英法德荷等国，相继将其著作转译，与巴希罗氏之著作，同称为簿记学之典范。

此处宜注意者，即在曼佐宜氏之前，一五二五年有达伦脱氏（Giovanni Antonio Tagliente）之簿记著作，亦曾设有例题，全书仅二十四页，在簿记史上是巴希罗以次之第二古书。

德国在未受意大利之影响以前，已有二三册关于簿记之书籍。维恩（Wien）之算术教师西来贝（Heinrich Schreiber）所著之簿记，于一五一八年脱稿，一五二三年出版，其中主张由所有货币及有价证券之总和中减去一切负债，所余者即为纯益。诺恩堡（Nurnberg）地方之商人哥德里贝（Johann Gottlieb）亦有关于簿记之著作，对于出纳账，说明新颖，书中且附有资产负债表，其式如次。

	fl. ss h
of ready money	2229 10 3
of debts	20"
of gooes (Stock)	16"

	fl. ss h
These riches and balance	
make together	2265 10 3

To Close this account there is	
erery thing which I own in this trade, viz：—	fl. ss
Me Gottlieb my capital	2000
	fl. ss
Other Creditors	44 16
make together	2044 16
One side compared with the other	fl. ss h
Shows a Surplus of net Profit	220 14 3
	fl. ss h
	2265 10 3

三、巴希罗及曼佐宜簿记之传播

一五四三年以后系簿记史上之一新时代。在此期间，巴希罗及曼佐宜之著作，先后译成英法荷等国文字。

英文本系由伦敦之一算术教员阿得开索（Hugh Oldcastle）所翻译，其原版已失传，但由梅利斯（John Mellis）增订，一五八八年翻印之《简要簿记法程》（A Briefe Instruction and maner how to Keep books of Accomptes of the order of Debitor and Creditor...）一书中，尚可稽考阿得开索系译自巴希罗之原著。同时有毕雷斯（Peeles）氏另著关于簿记之书两部，皆为介绍意大利簿记于英国之要籍。

荷兰商人基利斯脱夫（Jan Ympyn Christoffels）侨居威尼司十余年，著有簿记论一种，于死后出版，其寡妻为之作序，谓其著作系由意大利转译而来。唯其中"试算表之使用"一节，实出自基利斯脱夫氏之心裁。此书更由法文转译为英文，一五四七年在伦敦出版。

一五四五年曼佐宜之原著，在西班牙亦有译本。其后四年，西凡克尔（Wolffgang Schweicker）更将其译成德文。于是意大利式簿记之应用，在第十六世纪之中叶，已普及全欧。其后各国学者对于簿记更有充分之发挥。

四、簿记在欧洲之发展

一五八六年吉诺亚的僧正毕特拉氏（Don Angelo Pietra）在曼脱拿（Mantna）出版一书，对于货物之盘存，有较进之研究。一五八八年培特里氏（Nuolaus Petri）著有簿记论，在亚摩斯德登（Amsterdam）出版，备受世人欢迎，曾再版四次。"杂费账"（Expenses Book）是其首创。

哥生氏（Passchies Goessens）乃比利时之一亡命客，在汉堡（Hamberg）成立家业，并在当地担任簿记教授，一五九四年（恰在巴希罗著作后一百年）发表一部教科书式之簿记。书中将各科目名称，标列于账页之上端，以便检查。

著名数学家斯特文氏（Simon Stevin）于一六〇五年以拉丁文著《数

学研究》一书，其第二卷第二章中，论及簿记。对于账簿之组织，多所改善。

一六一五年便恩伐氏（Joannes Buingha）著簿记书一卷，名曰《意大利式簿记精华》（Tresoor Vant Italians Bookhouden），设有问题一百，例题五百，并附有答案。其后，几斯提维氏（B. H. Geestevelt）更印行一部与此类似之书，名曰《意大利式簿记之明灯》（The Flaming Torch of Italy's Bookkeeping）

一六三六年达伐内氏（C. Dafforne）之《商人实鉴》（Merchants Mirrour）在伦敦出版。其后，马雷尔（Malyres）氏编辑业书时，曾将此书列入，其名冗长，未及备录，书中以字母编列总清账之目次，系其特色之一。

一六八三年科林生氏（Robert Colinson）在爱丁堡印行一部关于簿记之著作，是为苏格兰之第一部簿记书籍。因当时苏格兰之币制紊乱，外币——荷兰及英格兰之货币——充斥，故其书中特注意于证券问题。在科林生之前，尚有瓦斯顿氏（George Waston）留学荷兰，著有关于试算表之稿本。

法国于一六八七年，有伊尔桑氏（Claude Irson）之簿记书问世，书中详叙法庭条例与簿记之关系。路易十四时代，大臣科贝尔氏（Cobert）牺牲其毕生精力，谋法国工商业之发展，未著成效，深为知者所惋惜。唯据伊尔桑氏之记载，确立法国之簿记法，实为科贝尔在法国财政上之一大劳绩。

一六九五年锡尔兹氏（George Nicolaus Schurtz）在诺虞堡（Nuremberg）出版之簿记，压倒以前各家之著作。其账簿分类，有次列类种：

机密簿（Secret Book）

现金簿（Cash Book）

零用现金簿（Petty Cash Book）

票据簿（Bill Book）

平准簿（Balance Book）

收货簿（Goods Received Book）

售货簿（Goods Sold Book）

书信簿（Copy Letter Book）

据锡尔兹氏自序内称，此种账簿分类法，曾经数处精算所采用，颇称便利。

至钟司（Edward Thomas Jones）氏出，簿账已达完成之域，钟司氏致力簿记之研究，凡十五年，积其十余年之心得，著成英国新式簿记，指摘意大利式簿记之缺点，而给予簿记以新生命。此书名驰全欧，德法意等国，皆有译本。

五、英国会计学之发达

产业革命以后，国民经济勃兴，企业发达，竞争剧烈，专门职业会计师及会计师公会制度，应运而起，此与近世会计学之成立，有直接影响。专门职业会计师及会计师公会制度之发生，亦以意大利为最早。一五八一年，威尼司即有"会计学院"（Collegio dei Renonati）之设立，一七三九年在米兰（Milan）组织有会计师公会。唯与近世会计学之成立有直接关系者，则为英国之会计师公会。

英国之有会计师，始于一七二一年"南海公司"（South Sea Company）因营业失败，委托司奈尔氏（Charles Snell）清查与该公司有关系之撒贝利吉（Sawbridge）商会之账务。降至一七九九年，以会计师为职业者，仅十一人，一八二六年，增至九十九人，第十九世纪有所谓"铁路热潮"（Railway Mania）大兴土木，对于会计人才极感需要。一八四五年，铁路公司，有聘请专员查账之规定，会计师始为举世公认之专门职业。

一八五三年，苏格兰之会计师四十七人，集会于爱丁堡筹设会计师公会。一八五四年向政府请得勒许证书（Royal Charter）正式组织"爱丁堡会计师公会"（The Society of Accountants in Edinburgh）是为最初勒许会计师（Chartered Accountants）公会。一八五五年及一八六七年，格拉斯哥（Glasgow）及阿贝丁（Aberdeem）等处之会计师公会，相继设立。

至一八九二年，三处联合，设立一"考试委员会"（General Examining Board）以谋会员资格审查制度之统一。凡考试及格者，授以"C. A."（Chartered Accountant）之称号。

英格兰会计师公会之组织，约后于苏格兰二十年。一八七〇年"利物浦会计师公会"（The Incorporated Society of Liverpool Accountants）、"伦敦会计师公会"（The Institute of Accountants in London）、"孟却斯特会计师公会"（The Manchester Institute of Accountants）、一八七三年"英格兰会计师公会"（The Society of Accountants in England）及一八七七年"锡腓尔得会计师公会"（The Sheffield Institute of Accountants）等五个会计师公会，先后成立。一八七九年议会中提出关于会计师之法案，决议通过。翌年援苏格兰之先例，请得敕许证书。此五个会计师公会更联合组织一大协会，名曰"英威会计师协会"（The Institute of Chartered Accountants in England and Wales）。最初仅有会员五百二十七名，翌年二月，即增至一千零二十五名。此不仅是英国之第一个会计师协会，亦可谓为世界会计师公会之模范组织。其后五年，伦敦另成立一会计师协会，经商务部认可，成为正式法人组织。此"伦敦会计师协会"隐与"英威会计师协会"相抗衡。最近"英威会计师协会"会员人数多至八千，而"伦敦会计师协会"会员，亦增至四千余人以上，此两协会在社会上之信用地位极高，会员之资格，限制亦严。例如"英威会计师协会"之会员，分"正会员"（Fellow）及"准会员"（Associate）两种。经过"初试"（Preliminary Examination）、"复试"（Intermediate Examination）及"决试"（Final Examination）三次考试合格，并在正会员事务所见习五年者，始得为准会员。准会员再从事于会计师事业五年，始得为正会员。未满十六岁者，不得为见习员，一事务所内之见习员，同时不得超过两人。是为英国会计事业发达之概况。至一八九七年《会计杂志》（Accountants Magazine）发刊，渐由事务上之联络而进于学问上之探讨。同时毕克斯雷（Francis William Pixley）、狄克西（Lawrence Robert Dicksee）及里司尔（George Lisle）等大会计学家辈出，奠定会计学之基础。毕克斯雷及狄克西之《审计学》，于一八八一年及一八九二年先后出版，迄今仍奉为审计学之圭臬。至二十世纪，此三大会计学家，更有次列三大著作，近世会计学之成立得以确定。

一、里司尔氏之《会计学全书》凡八卷，一九〇三年至一九〇八年在爱丁堡出版。

G. Lisle：Encyclopedia of Accounting. 8 Vols. Edinburgh, 1903—1908.

二、狄克西氏之《高等会计学》，正文五百四十六页，一九〇三年在伦敦出版。并附有关于会计之法规。

L. R. Dicksee：Advanced Accounting；With an Appendix on the Law Relating to Accounts，London 1903.（XIV，P. 546）

三、毕克斯雷氏之《会计学》，正文三百三十五页，一九〇八年出版于伦敦。

F. W. Pixley：Accountancy. Constructive and Recording Accountancy，London 1908.（VII，P. 335）

六、美国会计学之发达

美国会计事业发达之历史较短，而其发达之程度则甚高。一八八七年纽约始有"美洲会计师公会"（American Association of Public Accountants）之设立。一八九六年纽约州公布《会计师法》，至一九一〇年，其他各州仿照纽约成例，先后制定会计师条例，由大学监督或地方长官遴选考试委员，凡公认之会计师，皆须经过考试。自"美洲会计师公会"成立后，至一九〇四年，各州设立会计师公会者，凡二十二处。就中伊利诺（Illinois）、密西根（Michigan）等十二个公会，各派代表在华盛顿设立"美洲会计师联合会"（Federation of Societies of Public Accountants in America）；一九一六年改组为"美国会计师协会"（American Institute of Accountants），最近会员增至二千余名，并刊行《会计杂志》（Journal of Accountancy）。一九二一年，"美国会计师协会"

之外，又有美国公认会计师公会之设立，其会员亦为二千余人。近来美国商工业愈形扩张，而会计师事业之发达，亦与时俱进。

美国之会计学，原系师承英国。毕克斯雷及狄克西等之著作，在美国之流播既广且久。一九〇五年，芒脱哥美里氏（Robert H. Montgomery）应实际之需要，将狄克西之著作，加以修正，在美国翻印。一九〇七年，司勃拉谷（Charles Ezra Sprague）发表《会计哲学》（The Philosophy of Accounts. New York，1907），一九〇九年，哈德菲耳特（Henry Rand Hatfield）出版《近世会计学》（Modern Accounting：Its Principles and Some of Its Problems. New York，1909）始决定美国会计学之成立及其发达之方向。司勃拉谷之书，以账户科目为中心，对于簿记之全体，为理论之研究，颇多独到之处。哈德菲耳特之近世会计学，取材丰富，以资产负债表为会计学之本体。在会计学发达史上，有重大之贡献。关于会计学之发达，英国以审计学擅长，德国偏重于资产负债表论，而美国则融合二者，成为美国色彩之会计学。"美国会计师协会"曾编纂"会计文献综览"已出三卷，内中罗列会计著作目录，连短篇长篇及书报之类合计之，凡万余种，足征美国会计学之渊博，及出版物之丰富矣。

美国会计师之事业，多以稽核营业期间之账务为主，故关于审计学之著作为数甚伙。就中被推为审计学之标准著作者，则为芒脱哥美里氏之《审计学原理及实际》（Auditing，Theory and Practice. New York，1921），而杰克逊氏（J. Hugh Jackson）之杰作《审计问题》（Auditing Problems. A Comprehensive Study in Principle and Procedure. New York，1929）尤能表示美国审计学之特色。成本会计之著作，美国亦甚浩繁，劳云司氏（W. B. Lawrence）之成本会计（Cost Accounting）尤为此中之巨擘。最近成本会计更演进而为预算统制，麦克金塞氏之预算统制论（Budgetary Control，New York，1922）是其代表著作。近数十年来，美国之商业与教育，有长足之进步，关于会计学教科书之出版，尤属汗牛充栋，其中如凯斯特尔（Roy B. Kester）之《会计学理论与实际》（Accounting，Theory and Practice，3Vols. New York. Vol. I. 1907，Vol. II. 1918，Vol. III. 1922）、帕登氏（William Andrew Paton）之《会计学》

（Accounting. New York，1924）、哈德菲耳特之《会计学原理与问题》
（Accounting. Its Principles and Problems. New York，1927），皆一时之佳
作也。

七、德国会计学之发达

会计学在德国之研究，分"簿记"（Buchhaltung）及"资产负债表论"
（Bilanzlehre）两大系统。关于簿记理论之研究，以雪尔氏（Johann Friedr
ich Schar）为之魁。雪尔氏于一八九〇年，发表《簿记理论》（Versuch einer
Wissenschaftlicheu Behandlung der Buchhaltung）一书，虽仅四十页之小册，
实开簿记理论之先河。上述美国司勃拉谷及哈德菲耳特氏之著作，其前两
章，多以雪尔氏之学说为蓝本。在雪尔氏著作发表之前三年，有霍格里
（Friedrich Hugli）之《簿 记 体 系 与 形 式》（Buchhaltung Systeme und
Buchhaltungs-Formen. Ein Lebebuch Der Buchhaltung. Bern 1887）。其后三
年，有柏林内尔氏（Manfred Berliner）之《簿记与资产负债表论》（Buchhaltungs
and Bilanzenlehre. Hannover 1893）皆为关于簿记理论之名著。霍格里与雪
尔乃"二账系说"（Zweikontenrihentheorien）之创造者，亦即"二账系说"之完成
者。柏林内尔氏则提倡"一账系说"（Einkontenreihentheorien）。此两种学说，
互相砥砺，对于簿记理论之发展，贡献极巨。

资产负债表之研究，亦以在德国为较发达。资产负债表论，原系商法
上之一问题，锡芒（Herman Veit Simon）及越门（Hermann Reom）两氏，
乃德国之法学大家，因潜心研究商法之结果，于一八八六年及一九〇三
年先后发表关于资产负债表之著作，遂被尊为资产负债表论之权威。会
计学上所谓"大陆式"，乃自德国簿记理论及资产负债表递演而来，所谓
"英美式"则系发祥于毕克斯雷等之著作，德国锡芒氏资产负债表论之出
版，仅后于毕克斯雷之审计学五年，此两大派，同时辉映，实为近世会计
学成立史上之美谈也。

参考书

Brown：History of Accounting and Accountants，1905.

Gonberg：Hestoire critique de la theorie des comptes，1929.

Penndorf：Geschichte der Buchhaltung in Deutschland，1913.

Sieveking：Aus venetischen Handlungsbuchern，1901.

Simon：Die Bilanzen der Aktiengesellschaften，1910.

Woolf：History of Accountants，1912.

鹿野清次郎：计理学提要上（一九二五年）。

上野道辅：簿记原理第一编（一九三一年）。

太田哲三：会计学概论第二章（一九三二年）。

高濑庄太郎：会计学第一章（一九二五年）。

（原载《立信会计季刊》第 2 卷第 1 期，1933 年 7 月）

中国之会计师职业

一、会计师职业之性质

会计师之在中国，实为最近新兴之职业，故其性质尚未为一般普通商民所了解。吾国无论已，即在欧美各国，会计师之历史亦不过五六十年间事。唯在最近之三十年中，此项职业发展极速，执行会计师业务者亦日多。吾国之会计师职业，今虽可谓仍在幼稚时代，然六七年来之进步，亦殊可惊。至其将来之发达，更可预卜也。爰草是篇，将是项职业介绍于国人焉。

尝忆六七年前，笔者初辞一切职务，专任会计师时，有不少之亲友同事，辄以"何为会计师？""会计师所为何事？"等问题见询。其最普通之误解，则以会计师为与律师相同之职业。当事人来所面谈或致函时，每有称笔者为某律师者。此种误解，至今仍未完全祛除。或曰会计师者，一商店之查账员耳。或曰会计师者，一会计专家耳。其实此种观念，皆不过为片面之观察。盖会计师之职业，范围至广，查账职务，不过其中之一端，不能概括其职务之全部。会计师之学术，范围亦至广，会计簿记不过其中之一科，不能概括其学术之全体也。会计师之性质既不能为一般社会所完全明了，其发展自难收普遍之效。故笔者在草此文之先，首应解释者，厥为此点。

会计师者，应具有独立自由之地位，高尚诚信之道德，以及经济上、财政上、商业上、会计上专门之学识与丰富之经验，以承各方面之委托，而为之办理会计财务、商事等一切事务，或备各方面之顾问，而为之答解会计上、商事上、财务上一切问题，藉以建立一般社会之信用，保障其利益，而辅导整个工商业之发达，改良健全为目的者也。试将此项定义，分析言之如下：

（一）会计师应具之资格

甲　独立自由之地位

乙　高尚诚信之道德

丙　专门之学识 $\left\{\begin{array}{l}\text{经济上}\\\text{财政上}\\\text{商业上}\\\text{会计上}\end{array}\right.$

丁　丰富之经验

（二）会计师职务之种类

甲　事务之办理 $\left\{\begin{array}{l}\text{会计上}\\\text{商事上}\\\text{财务上}\end{array}\right.$

乙　问题之答解

（三）会计师之目的

甲　建立社会财务信用

乙　保障社会各般利益

丙　辅导整个工商业之发达改良及健全

"夫会计师制度，实为经济进化后之产物。际此工商业勃兴，企业组织，日益复杂之秋，举凡创始之设计，平时之检查，以及收束之清理，胥有赖乎会计师，为之整理笔划，方诸律师医师，其社会相需之切，未为多让。而又处于超然之地位，本其独立不倚之精神，证明财界诸般之真相，以坚社会之信用，而供公众投资之参证，其影响所及，正不独直接之利害关系人而止，此美国所以有公共会计师之称也。"[1]

二、会计师职业之创始及其现状

我国之有会计师，自最初以迄于今，为时未逾十五岁。民国纪元之七年，北京农商部颁行《会计师暂行章程》，欧风东渐，新制斯立。然国人之需求未亟，故新制之推行不广。直至民国十年，沪上始有会计师事务

---

[1]　摘录《组织上海会计师公会缘起》。

所。又三载，上海会计师公会发起，经营匝载，以十四年三月成立。自初颁章程迄民国十二年，六载之间，遵章呈请为会计师者，不过十四人，而设所服务者，益寥若晨星。适上海会计师公会成立之年，部颁会计师执照，以达百号。最初加入上海公会，就沪埠及其他各地设所开业者，亦已二十余人。至于今日，部颁会计师证书，将及千号。通都大邑，设立会计师公会者，已有八处。而上海公会会员，亦增至二百七十余人。我国会计师事业之发展，不可谓不速矣。兹将笔者个人调查所得之统计，略举如下，以资参证焉。

（一）会计师人数表

在北京政府时代领得会计师执照者		在国民政府时代领得会计师证书者		
自民国七年至十年	十三人	在财政部主管时代	二百六十八人	连复验者在内
自民国十一年至十三年	一百〇一人	在前工商部主管时代	一百八十四人	连复验者在内
自民国十四年至十六年	一百七十人	在实业部主管时代	五百十人	截至廿二年四月十五日
共　　计	二百八十四人	共　　计	九百六十二人	

（二）会计师公会表

1. 上海会计师公会	十四年三月成立
2. 平津会计师公会	十五年八月成立
3. 广东会计师公会	
4. 武汉会计师公会	十五年十月成立
5. 浙江省会计师公会	二十年六月成立
6. 九江会计师公会	二十一年五月成立
7. 南京会计师公会	二十二年三月成立
8. 山东省会计师公会	二十二年三月成立

	入会会员人数	出会会员人数	共　计
民国十四年	二十三人		二十三人
十五年	十六人	一人	三十八人
十六年	二十人	一人	五十七人
十七年	三十五人	三人	八十九人
十八年	二十人	四人	一百〇五人
十九年	五十五人	二人	一百五十八人
二十年	七十人	五人	二百二十三人
二十一年	五十七人	二十五人	二百五十五人
二十二年至四月止	十二人		二百六十七人

观于上列各表，可知近年来我国会计师人数之增加，不可谓不速。会计师公会之成立，不可谓不众。因而推知此项新兴职业，确有蒸蒸日上之势。唯其业务之发展，究已至若何程度，则不幸无从统计。至其大概可得言者，则会计师事务之发生，仅仅限于国内少数之通都大邑，至于内地，则如凤毛麟角，寥若晨星，或仅有，或绝无。且即以业已设立会计师公会之各都邑而言，只有上海一埠，会计师事业，可谓已由幼稚时代而入青年时代。至如平津汉粤，则此业仍属幼稚，尚鲜发展。其余各处，则更甫在萌芽，尚不足以称为专业。各处之执行会计师职务者，大都以此为副业，而另兼正式任务。其在平津粤汉等处，则专于此业不兼他职者，仍极少见。至于上海一隅，公会会员虽多，绝对以此为专业者，至于今日，仍只二三十人耳。盖会计师业务之在今日，方诸医师律师，其社会需要之普遍，尚不可相提并论。不过在过去五六年中，会计师业务，确已引起各界注意，且已得一部分头脑较新之工商企业家之信任，进步不可谓不速也。

查我国会计师之执行职务，在各项民事商事法令之中，原无具体规定，一任各界之自由信任委托，故业务之发展自觉迟缓。民国十五六年间,会计师同人,众以旧公司条例中所定公司监察人制度,不能举清查账目切实证明之实效,屡次献议政府,请求修改公司监察人制度。至民国十八年,国府颁布公司法,其中第一百五十七条,有监察人得代表公司委托会计师,将董事会所造送于股东会之各种表册,核对簿据,调查实况,报告其意见于股东会之规定。会计师职务发生法律上之根据者,实以此为嚆矢。其后主管官署亦曾数次发布通令,凡本国人所有会计事项之查核证明,非由本国会计师为之,不生法律上之效力。又股份有限公司每届决算,应依法造具各项营业簿册,委托会计师查核证明,呈报备案等情(十八年前工商部商字第二七五〇号咨)。至二十年,各省举办营业税,所订施行细则之中,亦多有规定以会计师为营业税评议员之一者。同年,国府颁布银行兑换券发行税法及银行业收益税法,其中亦均规定以会计师为评议员之一。凡此种种,虽对于会计师专业之发展,直接尚少多大之助力,然以新兴之职业,使其在法令上占有相当重要之地位,不可谓非政府奖掖此业之美意也。

在实际上观察会计师业务之发展,则可就上海一隅言之,以概其余。盖上海实为全国会计师事务最发达之区域也。在民国十五年前,社会上对于会计师之委托事务,大概限于财产之清理。公共租界会审公堂及法公廨,常常指派外国会计师,担任破产清算时之管财人。至于本国工商各界,委托会计师担任常年查账或改良会计事务者,殊不多观。至于今日,则公司组织之工商业,其范围较大者,几无不聘有常年会计师,代表监察人,担任查账事务。各银行之设有储蓄部,以及有钞票发行权者,大都亦委托会计师,按月按季,将账目库存及准备金,加以检查,然后登报公告,以征信于社会。此实为会计公开方面一显著之进步。至于政府机关,以其本身及所管事务上之会计,委托会计师代为查核者,亦日见其多。在笔者个人而论,则于民国十六年间,受任国民政府整理清查招商局委员会之聘,为常任会计师。民国二十年,浙江省政府以省审计处尚未设立,省府及所属机关之账目,无整个审核之机关,特颁布聘任会计师章程,即于省府设立聘任会计师办公处,以从事于省属各行政机关账目之稽核,聘任笔者担任其事。实此为正式行政机关委托会计师查账之创例。最近中央机关,如建设委员会、水灾救济会、交通部、教育部等,亦先后委托笔者担任其本身及附属各机关账目整理稽核或改良等事务,工作整年不辍。而国立省立营业机关或学校等之以会计事务委托办理者,更属难以缕举。至于各级法院,对于诉讼上账目银钱纠纷之判断,行政机关对于私营公用事业之监督,商厂劳资纠纷之调解,或仲裁,尤多指派会计师为账目之检查,观其报告之内容,以为判决裁定之根据焉。政府机关对于会计师职业之重视及倚毗,盖与日而俱增矣。

至于年来各项公益或公共团体,为欲征信社会起见,亦多聘任会计师担任查账事务。其地位与国际信用有关者,如中华教育文化基金,如中英庚款董事会,中国红十字会等亦均聘任笔者担任常年查账职务。其他如筹赈机关、募款救国机关,范围较大而关系较重者,几无不聘有会计师为之检查账目,盖非此不足以昭信于社会也。由此足征年来我国一般社会,对于会计师职务之作用,已多认识与了解。实足为我会计师业前途贺。而我会计师同人,其应如何兢兢自励以期毋负于社会也。

三、会计师职务之范围

关于会计师之职务,各国立法,有明定者,有不明定者。大概斯业先有习惯上之发达,始形成成文法者,职务多不明定,如英美是。先定法规以提倡之者,职务大都明定,如日本及我国是。查我民国七年,北京农商部所颁布之会计师暂行章程第六条,有"会计师受有委托时得办理关于会计之组织查核整理证明鉴定及和解各项事务"之规定,其范围较为狭隘。民国十六年,国府成立,将会计师之管辖权,归移财政部。当时另颁会计师注册章程,酌取英美会计师业务之现状,并参照吾国之实况,及工商社会之需要,将会计师职务,详细规定于章程第一条。其后会计师移归工商部管辖,由该部另颁会计师章程,最后于民国十八年,立法院制定会计师条例,由国府公布施行。关于职务一条,除文字上较前略有更改外,其内容类多一仍其旧,无甚增删。查国府颁行之会计师案例第一条,将会计师职务规定如下:

会计师受公务机关之命令或当事人之委托,办理关于会计之组织、管理、稽核、调查、整理、清算、证明及鉴定,各项事务。

会计师得充任检查员、清算人、破产管财人、遗嘱执行人及其他信托人。

会计师得代办纳税及登记事务,并得代撰关于会计及商事各种文件。

观于此条之规定,已知会计师之职务,至为广泛。然此不过举其大纲,兹就我国会计师通常所办各项事务,依照该条规定,为之分类列举如下。

(一)会计组织事项

甲、会计事务处理方法之规划。

乙、会计科目之规划。

丙、账簿表单票据等格式之规划。

丁、工厂成本会计制度之规划。

戊、官厅学校及其他财团会计制度之规划。

己、编制预算办理决算方法及格式之指导。

庚、各机关工厂商店会计收支审核规则之拟订。

(二)会计管理及整理事项

甲、会计事务之代办

子、为委托人办理其账簿表单等计算及记录之日常事务,或为登记各种账簿之全部或一部。

丑、为委托人办理结账手续。

寅、为委托人编制决算报告表册,如营业报告书、资产负债表、财产目录、损益计算书,及公积盈余分配之议案等。

卯、为委托人办理报销及交代手续。

乙、会计事务之整理

凡有账目紊乱,不能结算,或会计簿记方法不良,或试算不正确者。均可委托会计师将账目之全部或一部,加以整理。

丙、代委托人编制财政计划书、营业概算书,以及业务统计图表等,以为公布或提交于银行或股东会债权人会之用。

（三）会计之稽核调查证明鉴定事项

甲、定期查账

受当事人之委托，继续担任常年查账员，为下列之检查。

子、财产检查

对于受检查人某日所有财产即资产负债之种类价值及数量，加以检查，并为出具证明书及报告书。

丑、损益检查

对于受检查人所有某时期内损失利益之来源及数量，加以检查，并为出具证明书或报告书。

寅、详细检查

对于受检查人之全部账目单据文件财产为详细之检查。

以上三种检查，以时间之长短，分为每月检查一次，每半年检查一次，或每年检查一次等。

乙、临时查账

受当事人之临时委托，为之检查账目。

丙、调查事务

凡会计上发生弊端，或其他问题，非调查事实，不能明了者，会计师可受当事人之委托，为之调查事实及证据，并出具报告书。

丁、鉴定事务

子、关于地产、房屋、机械器具、货物、有价证券、牌号、商标等估价之鉴定。

丑、关于账簿表单真伪涂改之鉴定。

戊、受官厅之选派，或公司股东会之选任，充任检查员。

（四）会计之清算事项

甲、公司宣告清算时，受股东会或债权人会之委托或法院之指派，担任清算人。

乙、合伙或个人宣告破产时，受破产者或债权团之委托或法院之指派为破产管财人。

丙、受遗嘱之委托，或法院之指派为遗嘱执行人，担任分配遗产事务于继承人及受赠人。

丁、受继承人之委托,或法院之指派,担任遗产之管理及分配事务。

(五)信托事项

甲、代委托人管理各项财产(如房地产有价证券等)之收益,买卖及抵押等事务。

乙、为公司发行公司债时之抵押信托人。

(六)会计财政及商事之顾问指导事项

会计师此项事务,因属顾问性质,不发生法律上具体之关系,故未明定于条例之内。然历年以来,因社会上有此需要,殊有相当之发展也。举例如下:

甲、关于公司商店设立前后手续之指导。

乙、关于公司章程合伙契约及各种合同规约之研究或指导。

丙、关于变更公司章程注册事项等手续之指导。

丁、关于变更公司商店组织及增减资本之研究,及其手续并会计上处理方法之指导。

戊、关于募集公司债之研究,及其手续,并会计上处理方法之指导。

已、关于公司解散清算等手续,及会计上处理方法之指导。

(七)代办纳税专利事务

甲、代办免税减税事务。例如本国工厂所出商品,合于免税奖励之条例者,可代为呈请政府免税减税、免除重征及免征出口税等。

乙、代办计算及缴纳营业税等事务。

丙、代办计算及缴纳收益税等事务。

丁、代办专利、著作权、特许权等之呈请事项。

(八)代办注册登记事务

甲、为商号呈请创设及其他各项法定事项之注册代理人。

乙、为公司呈请设立、变更、合并、解散、募集公司债及其他各项事务登记或备案之代理人。

丙、为公司商号或个人呈请商标专用权之注册代理人,及为关于商标争议评定诉愿等事务之代理人。

丁、为其他特种营业,如银行信托公司轮船汽车电气及其他公用事项等商业机关呈请主管官署批准立案注册给照之代理人。

戊、为特种工业呈请奖励,或为发明改良之工业技术,呈请专利之代理人。

己、为各种公益慈善团体会馆公所等,呈请主管官署注册立案之代理人。

庚、为不动产登记之代理人。

以上各项注册登记事务,仅就吾国目前会计师所通常办理者言之。此等事项,随时随地,当随法令而有变更,未可一概而论也。

（九）商业文件之代撰事项

如公司章程办事细则、议事录、检查报告书、合伙契约、营业计划书、营业概算书以及关于商事之合同契约,关于商事之呈文函稿说明书等之代撰,以及上款所列各项呈请注册登记事项文件之代撰等。

四、会计师应具备之资格

会计师业务之繁复重要,既如上节所述,则其在社会上之地位,及其对于社会所负之责任,当亦甚为重大。故执行此种业务者,自应具备适当之资格。盖会计师既为负有专门学识经验之一种高尚职业,非严定其资格,实无以侥幸进而示慎重也。资格可从积极、消极两方面分别观察。积极方面,又可从学识经验两方面分别观察。此两点又可从法律上之规定及事实上之需要两方面,分别观察。虽然,法律之所能规定者,仅其资格之最低限度耳。为会计师者,苟欲于其职务之上,得心应手,无忝厥职,协助工商之进展,取得社会之信仰,则不可不于法律规定之最低限度之上,另求高深宏博之学识,与切实纯熟之经验也。兹分析述之于后。

甲、法律规定之资格

子、消极资格 会计师之资格,为法律所规定者,计有消极与积极两项。查会计师条例第四条,"凡有下列情形之一者,不得为会计师,

（一）受禁治产之宣告者，（二）因损害公私财产被解职或解雇者，（三）受破产之宣告，尚未复权者，（四）受褫夺公权之区分，尚未复权者，（五）有反革命行为，判决有案者，（六）吸用鸦片或其代用品者，（七）受除名及撤销证书之惩戒者。"凡此皆系消极资格之规定，为会计师人格与信用，作一最低限度之保障也。

丑、积极资格　若夫会计师之积极资格，则有学识与经验两端。夫学识重在会计专门之学识，非仅卒业于学校之谓。经验重在会计专门之实务，非仅办事于公司之谓。故查各国法例，会计师资格之甄别，多以试验行之。至若英美等国，会计师职业之所以至为发达，多真才而富信用者，实其试验审查制度之严密，有以造成之也。

查吾国会计师法规，十余年来，变更五次。其中关于资格一点，差异最甚。民国七年，北京农商部所颁布之会计师暂行章程第一条，对于会计师之资格，规定凡本国人民年满三十岁以上之男子，在本国或外国大学商科或商业专门学校三年以上卒业，并在资本五十万元以上之银行或公司，充任会计主要职员五年以上者，得呈请为会计师。对于会计师之学识经验，尚能两面顾到。唯不采试验主义，且学识仅须商科卒业，不问其于会计一科，是否修习有素，已不免失之过宽。迨经十二年五月之修正，则凡有上列学识或经验两项资格之一者，即可呈请为会计师[该条本文，为凡中华民国人民年满三十岁以上，具有下列各款资格之一者，得依本章程呈请为会计师。（一）在国内外大学或专门学校之商科或经济科以会计为主要课程之一，肄业三年以上，得有卒业文凭并具有相当经验者。（二）在资本五十万元以上之银行或公司，充任会计主要职员，继续五年以上者]。则资格之限制益宽，人才之趋降益甚。依笔者所知，却有在经济科卒业，从未习过会计，而亦呈准为会计者。有在银行公司数年，专司记账核对之事，对于商业及会计各科之知识，亦无研究，亦得呈请为会计师者。会计师之资格能力，宽滥若此，而欲求社会信任，不亦难哉。

迨夫民国十六年，国府财政部颁布会计师注册章程，对于会计师学识上经验上之资格，采用严格主义，以试验为原则，以审查为例外，可称为会计师法规之一大进步。兹录其条文之要点于下。

（一）会计师应为中华民国人民，年满二十五岁，并合格于会计师试验，或免试审查者。

注：查财政部会计师注册章程初颁时，此条原有会计师必须为国民党党员之规定。彼时谬采强迫党化之说，风靡一时。经笔者罗列会计师不应及毋庸列作国民党之专业各理由，呈准中央党部及国府，将此款撤销。

（二）受会计师试验者，应兼具下列学识经验两条件。

1. 在国内外大学或专门学校商科或经济科，以会计为主要课程肄业三年以上，得有卒业文凭者，或在大学或专门学校教授会计主要科目，继续三年以上者。

2. 在会计师事务所充任会计事务员二年以上，得有办理善良之证书，或在企业机关或公务机关充任会计事务员三年以上，得有办理善良之证书者。

（三）具有下列各条件之一者，得受会计师免试审查。

1. 在外国领有会计师证书者。

2. 在北京政府领有会计师证书者，唯须由财政部复验。

3. 在国内外大学或专门学校商科或经济科毕业，曾读满会计学科目二十学分以上，成绩优良，并在企业机关或公务机关，充任会计主要职员七年以上，得有成绩证明书者。

上项章程颁布之后，会计师试验，迄未举行。故自民国十六年至民国十八年间，凡领得会计师证书者，率皆以上项免试资格中之第二、第三两款呈请者也。

迨夫民国十八年，会计师移归工商部管辖，由该部另订会计师章程，对于会计师资格一项之主要原则，无甚变动，唯将其资格放宽，故其受试及免试资格，改定如下。

（一）受会计师试验者，只需具备下列学识经验两项之一。

1. 在国内外大学或专门学校商科或经济科肄业三年以上，得有卒业文凭者。

2. 在中学以上之学校毕业,充任会计师助理员,或在工商部所认为合格之企业机关官厅公署或公务机关,充任会计事务员二年以上,得有办理善良之证书者。

(二)受会计师免试审查者,除在国外领有会计师证书者外,应在大学或专门学校教授会计学必修科目继续二年以上,并曾在中学校卒业,在企业机关或公务机关充任会计主要职员,继续五年以上,得有成绩优良之证书者。

上列免试资格之两项条件,一般人士,不易备具。故在此项章程实行以后,领得会计师证书者,为数甚少。工商部乃将免试资格,改为应具上列两项条件之一,因之又与北京政府在民国十二年之修正案相似,会计师资格,又不免流于疏滥。所幸不旋踵而立法院即通过《会计师条例》,于十九年一月,由国府公布施行。

查现行会计师条例,第三条之规定,在会计师考试未举行以前,凡本国人民,具备下列两项资格者,经工商部审查合格,得为会计师。

1. 在大学或专科学校之商科或经济科卒业者。

2. 曾在专科以上学校教授会计主要科目二年以上,或在公务机关或在实收资本十万元以上之公司,任会计主要职员二年以上者。

上项条文,对于会计师之学识经验两项资格,更未能为完备之规定。盖在学校卒业,兼任教员者,其缺乏实际上之经验,无可讳言。之于任职二年之规定,流弊颇多,未可赖为充分会计经验之保证。故欲提高会计师学识经验之程度,必有赖于日后之考试制度矣。

查我国考试院,于民国十九年十二月二十七日,公布《高等考试会计人员会计师考试条例》。复于二十年六月十九日,修正公布,同日施行。兹将其内容要点,述之如下。

(一)本国人民,有下列各款资格之一者,得应会计人员之高等考试,考试及格者,得依法充任会计师。

1. 国内外大学或专科学校修习经济、财政、商业学科三年以上卒业者。

2. 有大学或专科学校经济、财政、商业等学科毕业之同等学力,经检定考试及格者。

3. 确有会计专门学术技能或著作,经审查及格者。

4. 经普通考试及格四年后,或曾任各机关会计职务及与委任官相当职务三年以上者。

(二) 考试分为第一试、第二试及第三试,其所试各科目如下。

甲、第一试

1. 国文　2. 论文　3. 公文　4. 党义三民主义建国大纲建国方略及国民党重要宣言及议决案

乙、第二试

A. 必试科目

1. 中华民国训政时期约法

2. 民刑法大意

3. 商事法规

4. 会计制度及会计法规

5. 财政学

6. 公司理财

7. 会计学

8. 官厅会计

9. 审计学

B. 选试科目

1. 行政法大意

2. 财政法规

3. 岁计制度

4. 各国会计制度

5. 货币及银行论

6. 商业组织及管理

7. 成本会计

8. 公司会计

9. 银行会计

10. 投资会计

11. 铁路会计

12. 外国文

以上选试科目，任选三种，但第7至第11科目中，至少须选一种。

丙、第三试，就应试人必试之科目及其经验面试之。

至前条所称检定考试，乃为具有大学或专科学校卒业之同等学力而无其资格者特设之规定，所以为拔取真才之计也。检定考试及格，获得与大学或专科学校卒业同等之资格，凡欲应会计人员（及行政、财务、统计人员）之高等检定考试者，照检定考试规程之规定，应试以国文、比较宪法、政治学、经济学、行政法、中外历史、中外地理，共七科目。

观于上列种种规定，而知我国对于会计师之考试办法，实不能认为适当。盖我国考试院对于高等会计人员之考试只希望其为政府机关拔取适当之会计人才。故所试科目，类多偏于行政方面。至于会计师之考试，不过以之附于会计人员考试之内，并不为之另外专试。此在考试院图省事起见，固甚得计。不过会计师系为工商社会服务之专家，与高等考试及格之会计人员，全为政府服务者不同。故其执行业务上所需要之学识与经验，亦迥乎不同。何能强令削足适履，以贻害于工商界哉。查英美各国，于会计师一业，无不于普通行政考试之处，另举行一种专业之考试。其所考试各科目，胥偏重于各种工商专业会计之原理与应用。至于行政各科，并非必需，故其所取之才，殊适合于工商各业之用。倘使我国不为会计师另订考试条件，另订必试科目，则日后即使实行考试，恐及格充任会计师者，为政府机关服务则有余，为工商界服务则不足也。

本文之所以详叙历次会计师法定资格之变化者，所以表示我国会计师学识经验之程度，参差过甚，对于此业之发展，未免受不良之影响。所望考试制度，早日改良，切实举行，俾日后新进之会计师，对于学识经验两端，均有切实适当之程度，则本业对于工商社会之服务，工商社会对于本业之信用，均能相得而益彰矣。

乙、事实上应备之资格

虽然，会计师之资格，法律上所能规定者，只为其最低之限度，且不过用推定的方法,以为合于上列各条件者,其学识经验,当可执行会计师业务,而一般社会,可以不蒙其害而已。其实学识经验之所需,何能在法令上为有效具体之规定。且同一领得免试证书之会计师,即同一经过考试及格之会计师,在同一时间、同一地点,执行业务,恐其个人之成就,及对于社会之贡献,未必尽同。此无他,在法律规定之最低资格以上,尚有事实上应具备之资格在也。兹就笔者愚见所及,以为普通一般之会计师,欲期望其业务有相当之成就者,其必须具备之学识及经验,实校之法定之最低限度,高出甚远。兹请分述如下,以就正于各同业焉。

(一)学识,常人之意,以为具有医药知识,便可充任医师,具有建筑学识,便可充任建筑师,具有会计学识,便可充任会计师。此在医师、建筑师或然,而在会计师则殊不然。会计师固应具备根本经济学识及各种簿记会计专门学识,如合伙会计、公司会计、银行会计、成本会计、投资会计、政府会计及审计学等。然仅有完全优良之会计学识,只可在一机关内之会计科任一事务员或主任,不能作胜任愉快之会计师,因会计师所行使之职务,并不限于会计一部分,实无往而不与商业全体有关也。故各种商业常识,如商业组织、商业管理、工厂管理、商业理财、商业政策、销售学、商品学、银行、货币、财政、税则、汇兑,以及劳工问题诸科,靡不应习之有素。更应熟谙本国民事商事各项法律,如民法、民事诉讼法、商人通例、公司法、票据法、保险法、关于政府商法、破产法、商标法、银行法以及注册登记各项条例规则等。且对颁布之各项实业法令,尤应随时留意,以备委托人之咨询。苟对于各种不同之工商专业,有特殊研究者尤佳。盖会计师执行职务之范围,断难以一业一事为限,有时对事对物,为证明或鉴定,非赖有充分之商业常识,难以正确无误,而代委托人处理事务,充任各项信托人,则又无往而不与法律发生关系也。

(二)经验,仅有充分之学识,断不能即为优良之会计师,必有充分之经验以佐之方可胜任。盖查账之职业,实带有技术的性质,与医师之治病相仿佛,断难全于书本中求进步也。譬如,尽悉其各种规律,而未熟悉其临阵时之应用,则步步皆荆棘矣。尝忆笔者初为委托人办理案件,因缺乏经验,每有明知其误而卒生错误之处。例如最初一次向官厅具呈,呈文上明知贴印花,然而缮发时竟致忘却,以致呈文被官厅退回。又例如昔年缮注册文件,每自谓完全合法,然偶经官厅指出不合各点,将呈文驳回,方悉有在法律规定之外,与成例不符之处。且也,法律上之规定,有非尽为实际上所适用者。其实用至如何程度,非可在书本中研究而得,非在各地各业,积聚数年数十年之经验,断不能彻底明了。至于查账方面,有赖乎经验之处更多。尝忆五年前有本埠某厂主委托笔者查核历年账目。依照账册记载,查悉历年亏折甚巨。余以检查所得,向厂主直言不讳,谓应使经理负责,乃厂主反心中坦然,殊无愠意,且事事为经理解释,余意此厂主必中经理蛊惑之毒,厂事将不堪问,私以为之忧虑不置。孰意其后经理私语笔者,账上之亏,系厂主故意将各项开支数目增加,使账面有损无余,则厂内工人,不致发生加薪要求耳。余自得此经验之后,对于各处委托检查之账目,究属为盈为亏,每不敢以数目上加以深信,必须在数目之后,再加研究,以为决定。即此一端可证查账经验之重要矣。语云,熟能生巧,会计师查账之技能,全赖乎此。至于经验之精深,殊无止境,盖会计师与各种商业,均可发生关系,其有五年十年之经验者,当可于各种性质不同之委托事件中,取得相当之经验也。

至于预备以会计师为职业者,欲求得会计师之经验,最好在著名之会计师事务所中,实习二年至三年。仅在一企业机关或公务机关中实习,则事倍而功不过半,因各种工厂商店或官署机关中,其所可求得之经验,只限于一业一隅,断难期诸普遍。若在会计师事务所中服务,则各种会计经验,皆可阅历而得,因所办事务,各业各地,随时有变换也。

(三)才能,在上列学识经验两项之外,会计师尚应具有相当之才能,即对事对物,应有精细敏速之观察,公平准确之判断。对人,应有机警温和忠勇之性格与素养。处理事务,应有勤奋缜密及有规则之习惯。盖会计师为独立执行业务之人,故不仅须长于对内之技术工作,更应长于对外之应付才能。且其所接触之各种事务及人士,邪正善恶,无不具备。而职务有时忙迫异常,非赖有上述各项才能,实难应付裕如,此笔者所深自愧恧,非敢所以自期也。

五、会计师之职业道德

夫学识经验及才能,在会计师固无一项可缺,然根本上究不若道德之重要。因社会环境,千变万化,利诱威胁,无所不极。会计师苟无强固之道德观念,则在执行职务之际,在可以代人舞弊,在可以为己舞弊。然会计师之为职业,实为工商企业保障信用而设,苟有不道德行为,而自丧其信用,则此项职业,即失其根本存在之理由,殊背国家社会期望之厚意,可不慎哉。

会计师之职业道德,亦可从积极消极两方面着想。所谓消极之道德者,即会计师行为之限制,不得于此限制之外,执行其职务,所以保存会计师之身份与人格,而防止其有不正当之行为者也。所谓积极之道德者,即会计师应具有公正之品格,诚笃之心地,廉洁之操守,勤奋之精神,以恢张其信用,而发挥其效能者也。考各国情形,凡关于会计师之消极道德,类多有法律为之明文规定。但若积极道德,自不能恃法律以求改进,必于法定限制之外,同业互相切磋砥砺,以提高其程度焉。

甲、消极方面之职业道德,夫会计师之职业,重在独立公正,超私利而严信守,以谋社会各方之福利。故其举措设施,丝毫不容假借苟且。但吾国昔年,北京农商部所颁暂行章程,关于会计师行为之取缔,只有两条:(一)会计师对于查核账目事项,非经委托者之许可,不得宣布。(二)会计师对于有关本人或其亲族利害关系事项,不得执行职务。当时事属创举,规定自不免简略。故对于会计师兼任公职之限制,兼营私业之限制,以会计师名义办事之限制,拒绝委托之限制,被人假借名义之限制,利害关系参与之限制,报酬利益授受之限制,招致业务之限制,以及怠忽业务之限制等均一无规定,而听任会计师之自由行动,实嫌遗漏。上海同业,鉴于职业道德之亟相应互相监察砥砺,于民国十四年,组织会计师公会时,将整肃会员风纪之规定,一一订入公会章程,俾资信守。其后政府修订会计师法规之时,即将此种规定,大都采入法规之中。兹不嫌繁冗,依照规行会计师条例,逐条列举如下,俾举世咸晓然于我等职业之高尚焉。

(一)会计师于登录后(即开始执行职务后),不得兼任他职,但临时

名誉公职及学校讲师,不在此限。(条例第十一条)

(二)会计师于登录后,不得兼营工商。(条例第十二条)

上两条规定会计师兼任公职及兼营私业之限制。盖会计师职业地位,必须独立自由,与各方面决无利害关系,亦不受任何方面之牵制,庶几于执业时,得常保持其公平正直无偏无私之态度。对于此点,各国法规,均有明文禁止,我国仿之又加甚焉。虽然,我国会计师事业,尚在萌芽,通常会计师执业上所得之报酬,尚不足以维持其地位的生活,因之绝对不得兼职,未免限之过甚,使多数优秀分子,不敢轻于尝试,是必预设法补救者。此会计师条例施行细则(十九年九月十一日工商部令公布)第六条,所以有"会计师原任他职或营工商业者,得于登录时声明不得已情形,呈由实业部酌定,解除原有职务或业务之期间,在此期间得先行使会计师职务,但不得办理原职务或业务有关之会计事项"之规定也。

(三)会计师对于本身或其亲属,有利害关系事件所应办之会计事项,不得以会计师名义,行使职务。(条例第十三条第一款)

此条规定以会计师名义办事之限制,盖会计师办理对于本身或亲属有利害关系之事件,实足以影响其独立地位,致不能见信于人,此自应力予避免者也。

(四)会计师担任清算人破产管财人遗嘱执行人及其他信托人等职务时,不得以会计师名义办理其所任职务上之会计事项。(条例第十三条第二款)

此条规定以会计师名义办理会计稽核证明事项之限制。盖会计师担任此等职务,已处于执行地位,自不能再将自己名义,对于自己行为,加以稽核及证明。此执行人员不得兼任监察之本旨。会计师处于执行地位,所办理之会计事项,亦必另由他会计师为之查核证明,以照大公也。

(五)会计师对于当事人之委托,公务机关之命令,办理事件时,非有正常理由,不得拒绝。(条例第十四条第三项)

此条规定会计师执业之义务及拒绝委托之限制。夫会计师之职务,含有公的性质,对于社会,固有以服务为重取费为轻之义务。故对于办理困难之事,不应畏难而推诿。对于报酬微薄之事,不应唯利是图而拒却。法院每因顾全无力聘请辩护人之刑事犯,而代为指定义务辩护人者,律师与会计师彼此固有同样情形也。

(六)会计师不得与非会计师共同行使职务,或使非会计师用本人名义行使职务,但使有会计师证书之会计事务员代理时,不在此限。(第十五条第一款)

此条规定会计师假借名义及不亲自执行职务之限制。盖国家既以会计师具有会计上之特长而予以一种特别资格,则自希望其对于职务,必能躬自办理,不得假手于人。且会计师对于职务负有较为重大之责任,与普通非会计师办理其事者不同。至于会计师之名义,更应重视,不可轻假,庶几社会公众,不致因误会而蒙损害,此所以有此限制也。但设会计师之助理员,亦具有会计师资格,则上述各弊,自可毋庸顾虑,故不须加以限制矣。

(七)会计师不得受债权人专任索债之委托。(第十五条第二款)

此为防止会计师专务于业外之行为,而设之限制。盖专任索债,已涉于法律诉讼之事项矣。

(八)会计师不得为职务以外之保证人。(同条第三款)

此为防止会计师滥用其在社会上之信用而设之限制。

(九)会计师不得于合法约定报酬及实际费用外为额外之需索,或与委托人订立成功报酬之契约。(第四款)

会计师之执行职务应超私利而重公义,故关于报酬费用之授受,最应明白规定。且会计师为委托人办理事件,虽受其相当之公费,唯仍应以公证人自居,断不能偏护委托人之利益,此与律师之专为当事人利益辩护者不同。盖法律诉讼事件,是非曲直之判断,其权操之法官,故律师不妨尽量为一造作辩护。至于会计事项正确与否之证明,其权实操之会计师、法官及当事人,无从为自由之决定。故会计师应以绝对公正之态度,处理其事,倘使会计师得向委托人为额外之需索,或订定所事成功后始受报酬,则其对于所办之会计事务,即不能不偏顾委托人片面之利益,而失却公平之意志矣。故会计师之报酬,最应事先决定确数,不论其会计上查核证明鉴定等事,其结果是否为委托人所满意,是否可使委托人之事务有成功之希望,均应照数支给,不得有多有少。此乃会计师职业道德中最重要者之一端也。

(十)会计师不得收买职务上所管理之动产或不动产。(第五款)

夫会计师对于所管理之资产,实具有信托关系。倘使准其自行收买,则其流弊滋多。此项限制,盖所以使会计师对于所管职务,始终以超然之第三者自居,而不致有利害关系之发生也。

(十一)会计师未得公务机关命令或委托人许可,不得宣布职务上所得之秘密。(第六款)

此实为会计师消极职业道德中之最重要者。盖委托事件不论关于工商或人事,倘可随便宣布其秘密,则人将莫敢委托会计师办理其事矣。且不唯秘密而已,即一切通常所视为不必秘密各事项,会计师对于外界亦应缄口不提,以避嫌疑。此在医师律师,于其业务之执行,亦有同样之规律。盖医师不得任便宣布就诊人身体上之秘疾,律师不得任便宣布当事人行为上之秘密也。不过倘有公务机关如行政主管官署或法院等之命令,则其事必与公共利害有关,会计师自当从直报告,不应为委托人有所隐匿。盖会计师对于国家社会之责任重,对于委托人之责任轻也。

(十二)会计师对于受命委托事件,不得有不正当之行为,或违背废弛其职务上应尽之义务。(第七款)

此条意义,甚为明显,不待解释,即可明了。所谓不正当之行为者,如收受贿赂、颠倒曲直之类是也。所谓违背应尽之义务者,如对于所管理受信托之事务,营私舞弊之类是也。所谓废弛应尽之义务者,如对于职务,疏忽致误、延迟不办等是也。

各地会计师公会,为维持各会员职务上之道德起见,除于会章内订定会员必须遵守会计师条例所定上列各项禁条外,复多有下列三项之规定,以为条例之补充。

(一)会员执行职务时,应公平处理,不得稍涉偏私。

(二)会员雇用之事务员,均须品行端正,不得有损害会计师地位及信用之行为。

（三）会员不得用不正当手段，招致委托事件。

上列第一二两项，已涉及积极方面之职业道德，且俟后节论之。至所谓以不正当之手段，招致委托事件云者，系指下列各项方法而言：（1）以分与利益报酬为条件，托人为委托事项之招揽与介绍。（2）以非执行职务上所必需要之广告，为自介之工具。（3）以过去之经验或学识，于职业上自炫其能力。凡此诸点，皆足以自贬其地位与人格，而致高尚自由职业，效仿市侩兜售之行为，其品斯下。故为会计师所切戒者也。

以上各项，为会计师条例及公会章程所规定。会计师倘有违反情事，主管官署得酌量情形之轻重，施以训诫停职或除名等惩戒。倘使委托人因而受有损害，在我国虽尚未有委托人对于会计师诉请赔偿之先例，但在英美各国，则已数见不鲜，我国亦难为例外也。虽然，上列各条，仅规定会计师消极道德最低之限度，苟低于此，即为违法。实际上会计师应有之职业道德，自应较此高出多倍。例如一般商民，仅不触犯刑章，自不能即认为道德之高尚，必须敦品励行，高出庸众，方能见重于社会耳。

乙、积极方面之职业道德，窃尝考英美各国会计师职业，所以如此普通发达之原因，盖无不因会计师具有高尚之道德，所以能博得社会之信任，作其根本职业之基础。所谓高尚之道德者，统括言之，约有四端。一曰公正，二曰诚信，三曰廉洁，四曰勤奋。分项释之，约如下文。

（一）公正　夫会计师职业之作用，小而言之，则为各个企业信用之凭藉，大而言之，则为整个社会信用之保障，初非为保全个人私立之计也。是以执行职劳时，应公平处理，不得稍存偏私，致失社会公正人之地位。普通社会人士，不明会计师职业之性质，以为会计师之为委托人办事，亦如律师之为当事人辩护，以故两方对于账目，发生纠葛，常见原告委托会计师查账，同时被告亦常另行委托他会计师复查，此实为我国会计师界信用未孚之明证。其实会计师对于账目之查核证明鉴定，只有根据账簿内容及实际情形，为公正之报告，决不当顾及其报告书是否与委托人有利或有害，苟能如此，则原告所委托之会计师，当为被告所信任，被告所委托之会计师，亦当为原告所信任矣。故会计师第一应具之美德,即为具有不屈于任何诱惑或威胁之勇气,依其学识经验才能之所及,观察会计之正确与谬误,从直报告,毫无隐徇。倘若委托人对于会计师有不正当之希望,欲其为偏私之判断,则会计师为保全一己及全业之地位计,其唯一之办法,只有拒绝委托耳。

(二)诚信　我国古圣常言,人而无信,不知其可也。又曰,民无信不立。西哲亦云,诚信为最善之方策(Honesty is the best policy)。是以诚信一端,实为各业所倚赖,岂独会计师职业为然哉。虽然,会计师职业之发展,其有赖于诚信之一端,实较其他百业为尤要。盖会计师之所以成为一业者,其唯一之目的,即为建立社会各界财政上之信用。盖本身不能以绝对诚信自期,更焉能为他人之信用做证明耶? 故诚信两字,实为会计师职业成功失败之所系,证以笔者个人之经验,益深信之而不疑。笔者执行会计师业务,七年于兹,自念学识浅薄,经验日陋,才能短绌,无一不去成功之标准甚远。然所以幸获稍有树立者,实赖始终抱持诚信之旨,不肯苟且耳。请述个人经历一二则,以证斯言之非诬。

某年笔者与某二职业家合办一案,案中遗有委托人余资数千金,而不为委托人所悉。在事实上,办案之人,设将此余资分而藏之,决无他处。在道德上,则实为藏匿之不正当行为。彼两人者取其应得之分以去,在笔者则将一己所余之数,返还其原主。因此得其信仰,以后凡渠所有案件,均托笔者一人办理,所得正当之报酬,实较他两人不义而得之数倍蓰焉。此以诚得效之实例也。

又有人焉,以账册委托笔者查核,而又不欲认真办理。私语笔者曰:账内详情,毋庸细查,君止签字于证明书上,便可将公费奉酬也。笔者应之曰,不然,会计师之执行职务,绝对不可敷衍塞责,苟非检查结果,确有把握,决不为人具书证明。因苟且证明,不仅背信弃诚,与职业道德,大有妨碍,且于未来业务,亦多损害。君今日因有苟且证明之需要,故以此事来委托,倘依君意,今日虽得君之微酬,然因之永失君之信任,设他日尊处另有账册,必须认真检查者,君将因我今日之苟且,不我委托矣。当时委托人对于笔者诚实之言,颇表钦佩,未隔半年,即陆续有其他委托事项,嘱为认真办理,报酬之数,较先一次所许者,奚止十倍。至于其他类此事件,则每年常遇其例也。

总之,会计师如不能以诚信两字,取信于人,则人将无复以重要及正常事项委托办理者。所办者必为无关紧要或不入正途之事,则会计师之职业,尚有希望耶。笔者之为斯言,非敢故自鸣高,实仅以自警耳。

(三)廉洁　夫廉洁为公正诚信之根本,会计师苟存贪念,则将时时以收益报酬为重,而办事之结果,难免偏私或欺伪,至于通常之所谓廉洁,尚涵有两种意义。一对于依照规定或约定所应取得之公费,丝毫不应另有需索,另有取纳。二对于贫苦无力而遭受屈抑之人,应为之仗义执言,不应斤斤于酬报之计较。至对于以信托人之资格,为他人管理财产,更应坚壁清野,丝毫不苟,则无待言矣。

(四)勤奋　会计账目事项之繁重,较凡百他事为甚。故会计师执行业务,办理一案,所须之时间,常须兼旬隔月,继续不辍,绝非如医师之奏一刀,开一方,律师之撰一状,出一庭之简便也。苟不以勤奋之精神,努力从事,则不仅遇事拖延,使委托人感受重大之不便,即会计师本身,亦将感于收入之微薄,不足以自赡矣。

以上四端,实为会计师事业成功之锁钥,然而目标有定,进程无穷,此则笔者愿与同业诸君,共勉毋忽,以期共促此业之进步者耳。

六、会计师开始执业之准备

会计师向实业部领得证书之后,预备开始执业之前,其应有之准备事项,计有两端。一应加入其事务所所在地或最近地之会计师公会,此所以便同业之互相砥砺监察也;二应具申请书,连同证书,呈由所在地工商行政官署验明,将下列各事项,登录于会计师登录簿。此所以便主管官署之监督也。

(一)姓名、年龄、籍贯、住所

(二)资格

(三)证书号数

(四)发给证书年月日

（五）事务所

（六）助理员之人数、姓名、略历

（七）开始职务、年月日

（八）加入之公会

应行登录事项，如有变更，则应呈请为变更事项之登录。倘因兼任公职或兼营商业，停止执行职务，则应向所在地工商行政官署，自行声请撤销登录。但其事由消灭时，得再请登录。

以上所举各点，试一查阅会计师条例，便可详悉无遗，实毋待笔者为之复述矣。

七、会计师事务所之组织

会计师事务所之组织，其范围大小，各国不同。如英美各国之会计师事务所，常集合各有专长之会计师数十人，事务员数百人，分部办事。其分事务所动辄以数十计，遍设各地。此乃为分工、合作、互助、互利之良策。反观我国，此项职业，至今尚在幼稚时代。故迄无大规模事务所之组织，非若英美各国，人才众多，业务发达可比也。但照我国会计师条例所规定之业务范围，以及本文第三节所详举之业务项目，则会计师之业务，诚有非个人或少数人智力、才力所能胜任者，因会计师之职责，在对于工商各界业务上、财政上、会计上各事，指陈其利弊得失，而为之改良者也。对于各业财政上、会计上、业务上之共通原则，固当为会计师所明悉，然各种专业之内容利弊，欲使一人尽悉无遗，究为事实所难能。是以实有大规模组织之需要也。兹特不揣谫陋，姑以本所为例，而一述其组织如下。

本所创设之初，在民国十六年一月，其时笔者鉴于我国经济社会对人对物之信用，必须确立基础，方足以谋工商业之发展。故辞去一切职务，专心执行会计师业务。最初事务甚简，仅在本埠爱多亚路，分赁某律师办公室之半间。雇佣计核员一人，以资助理而已。隔二月，自赁一室于原址，添聘职员三人。至十六年冬，事务渐繁，原址狭小，不敷布展，因改在江西路赁屋三间。其时职员增至十数人，已有分工办事之需要，嗣因十七年春季,开办会计夜校,复添赁教室两间。去年七月,移入宁波路新址,各部专任职员,已增至三十余人,而兼任之夜校教师及练习生尚不与焉。所有内部组织,略如下图所示。

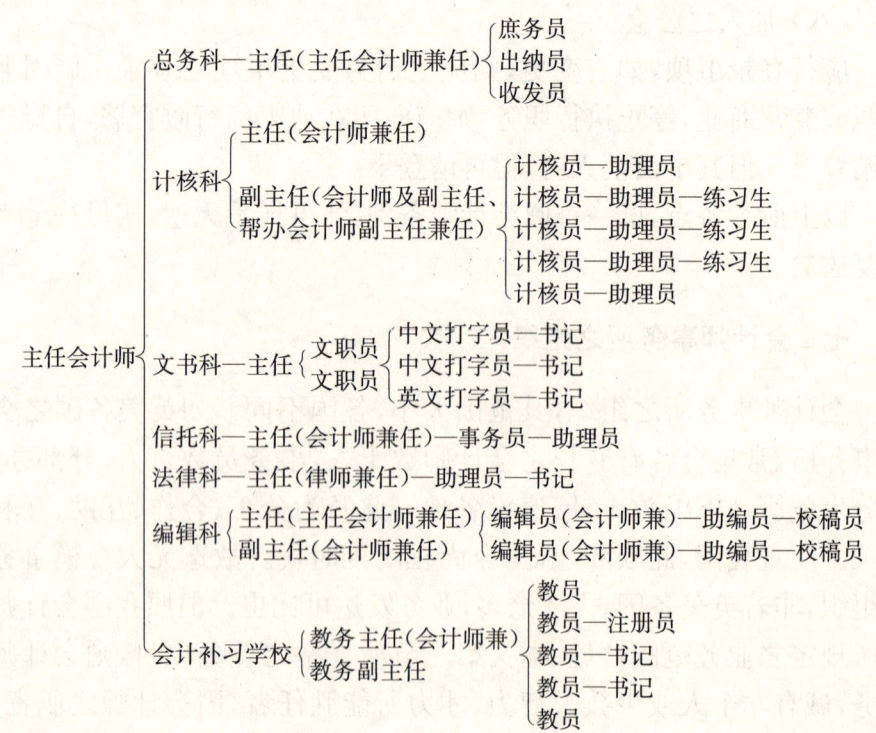

八、会计师服务之报酬

会计师为维持其适当之生活,及支付其设所执业之费用起见,不得不视其为委托人服务之质量,征收相当之公费。此会计师条理第十四条第一二两项,所以有明文之规定也。依此规定,会计师公费章程,当由主管之实业部订定。不过实业部因各地情形不同,至今尚未有公费规则之颁布。凡我同业,刻所守为准绳者,有上海会计师公会于民国十七年十月由执监联席会议所决议施行之会计师公费标准规则二十三条。兹特将其要点摘录如下。

关于会计之组织管理稽核调查整理证明清算及鉴定等事项,其公费标准,分为论时及论案两种。

（一）论时公费标准。会计师每日三十元。事务员每日十元。

（二）论案公费，须视案件之大小，案情之繁简，约计承办此案所须会计师及事务员之时间若干，而计算其收费之总数。

关于信托事项，即充任清算人破产管财人遗嘱执行人及其他各种信托人，所有处理一切现款及财产等事务，其公费标准，除照前条论时论件计算外，得照收入或经付现款数目，提成计算，其规定如下。

（一）不满一千元者，提百分之五。

（二）一千元以上，不满一万一千元者，除一千元提百分之五外，余提百分之四。

（三）一万一千元以上，不满六万一千元者，除一万一千元照上定成数提收外，余提百分之三。

（四）六万一千元以上，不满十六万一千元者，除六万一千元照上定成数提取外，余提百分之二。

（五）十六万一千元以上，除六万一千元照上定成数提取外，余提百分之一。

关于代办纳税注册登记等事务，并代拟各种商事文件，其公费以论件计算，每件至少约数十元至一百元。

关于顾问咨询之事项，亦仅规定其最低限度，即常年顾问每年至少一百元，临时咨询每件至少十元。

会计师受托案件，如需赴外埠时，应附带收取之费如下。

（一）舟车费　会计师以头等舱位收取，事务员以二等舱位收取。

（二）膳宿费　会计师每日十元，事务员每日五元。

查英美两国会计师公会亦各有公费标准之议定，兹为附录于下，以资比较。

英国	主任会计师	每日五磅五先令
	会计师	每日二磅二先令
	帮办会计师	每日一磅十一先令六便士
	事务员	每日一磅一先令
美国	主任会计师	每日五十金元

会计师　　　　　　　每日二十五金元

帮办会计师及事务员　　每日十五金元

由此可知我国会计师所定之公费标准,较之英美各国,相差颇远。此一因国内之经济程度,不逮英美。更因我国会计师事业,方在萌芽,自应将报酬一项,减至最低限度,以期委托之易于普遍也。

九、结论

观于以上各节,可知我国会计师职业之概况。所望同业诸君,秉其服务社会之初衷,力求进展。更望社会各界,对此最近新兴之职业,多予掖助。使此业得以发荣滋长,则笔者之所深自期望者。至于会计师对于会计各项事务,究应如何办理,方为适当,则笔者将与本刊陆续发表专篇,以事讨论,再当于本刊之外,编著专书,以事研究,是所望于国内国外会计专家之不吝指教焉。

（原载《立信会计季刊》第 2 卷第 1 期,1933 年 7 月）

查账标准程序之拟订

绪　言

一、一般委托人对于查账之错误观念及现在我国会计师执行查账事务之困难

查账二字,在昔对于被查者每认为极不名誉之词,苟非商店经理,会计出纳人员或执行业务之股东有舞弊作伪之情事,无待于查账。会计师事业初兴,因其以查账为主要业务之一种,而引起社会人士之注目,甚有闻某商店机关延聘会计师,即疑其内部必存舞弊侵吞等不幸事件之发生,抑若非此无须查账者,其误会也甚矣。晚近十年以来,国内一般工商企业,渐次了解会计在内部管理上之重要,且为对外信用之所维系,因而常年委托会计师担任查账事务者,日见众多。此诚会计职业界之良好现象,亦一般经济社会之良好现象也。虽然,我国会计学术,导源虽古而进步殊迟。一般商人缺乏会计根本智识者,不在少数,故其对于会计师查账工作之性质内容目的及责任,犹多误会。以致会计师在执行查账职务之时,感受种种困难,而不能尽其所当为。如此浸失查账之真意,不特会计师事业本身之发展受其影响,其所贡献于工商各界,如巩固社会信用,助长工商发展,更无可言矣。兹将一般委托人对于查账之错误观念,略述数端以示一斑。

（一）格于功令而查账　一部分委托人之委托会计师查账者,乃因主管官署曾有通令,凡有限公司之决算表册,应委托会计师查核证明,再行呈部备案,视查账为一种照例手续,其目的仅在获得会计师之签字。只希望会计师将账目大致一阅,便为证明。此对于查账目的发生误会

者也。

（二）以会计师为点缀职务　一部分大规模或新式之工商企业，其聘任常年会计师之原因，有为点缀门面或敷衍人情之计者。抑若欲示其为大规模或新式之企业，不得不备常年会计师之一格，至于账目之实行检查与否，检查之认真与否，反视为无关重要。此对于查账之性质发生误会者也。

（三）视查账为易事　对于查账等学术缺乏常识之委托人，每以查账云者，只需核算账簿数额而已，对于关系重要之凭证单据，平时既未妥为保存，更认为无须查核，对于会计师执行查账职务时所应有之各项手续，非特不表示欢迎，抑且视为多事。以为会计师在账查账，工作简便，只需费数小时或一二日之时间，即可了事。此对于查账之内容发生误会者也。

（四）过于重视或迷信会计师之工作　有一部分委托人对于会计师职业过于重视，或过于迷信，以为一切账目，凡经过会计师查核证明者，必属绝对正确可靠。嗣后倘有纤细错误发现，即视为会计师之失职。因平时之过分信任，而致日后之过分不信任。此对于查账之责任发生误会者也。

（五）不采纳会计师发表之意见　一部分委托人之账目，每犯原理上之错误，如存货之任意作价，呆账折旧数额之任意决定，或出于无意，或出于故意，均使决算报告失其正确。查账之会计师自必发表意见，请委托人更正，以便为之证明，但委托人每不愿采纳。以为会计师不必过问，或缕述种种困难，而终不予以采纳，使会计师无从为之证明。此亦对于会计师之责任未有正确之观念也。

因有上述各种误会，而致会计师之查账，发生下列各种之困难。

1. 会计师执行查账事务，所不可缺少之手续，如点查现金存货有价证券，索阅地契押据，询证往来款项结数等事，每因委托人之不表赞同，无从进行，以致查账手续，甚不完全，查账效力大受限制。

2. 会计师之查账，除特约详查外，通常为时间及事实所限，不过抽查账目之一部分。且资产负债之检查，自不能发现收支上之舞弊。倘事后发现弊端，即指为会计师之失职，则会计师对于查账事务，将负一种无限制与不合理之责任矣。

3. 会计师之查账，因手续有详略，事实有限制，故其证明之事项，亦自有其限度。一般商人，以为账目数字苟无错误，则会计师查核之后，必可为之证明。而经会计师查过之账目，不论曾经证明与否，必视为正确可靠。此种过度信任，适足以使其发生日后过度之不信任，殊有种种不良之影响。

4. 会计师之工作，依照查账目的之不同，而手续有繁简之区别。如被视为工作简便，则苟多索公费，将被贪婪之嫌，若听其少收，又有不能支持之苦。

上述各项困难，皆为一般社会对于查账工作未能彻底明了之所致。欲使其明了查账工作之性质内容责任及目的，而排除其种种误会，且使会计师于执行查账职务时，有正当之规范可循，无特别之困难堪虑，则查账工作标准程序之订定，实迫不容缓之举也。

二、订定标准程序之效益

甲、在会计师本身着想。

子、工作可以有一定之范围。

丑、责任可以有一定之限度。

寅、收费可以有一定之标准。

乙、在委托人方面着想。

子、委托之性质，可以确定。

丑、希望之结果，可以预期。

寅、查账之手续，可以了解。

卯、应交查之簿册单据，可以预备。

丙、在一般读查账证明报告书者方面着想。

子、可以明了查账工作之内容。

丑、可以决定账目可靠与否之程度。

三、查账之目的及其方法

查账之目的，虽有种种，唯概括言之，盖有三端。

（一）确定某企业机关之偿债能力，及其净余资产即资本之实值。

（二）确定某企业机关之收益能力。

（三）确定某企业机关之账目上有无弊端。

查账目的，既有不同，故其方法，亦有差异。因之现代所通行之查账方法，亦可分为下列三种：

（一）资产负债检查　资产负债检查者，对于一企业机关在某日所有全部资产负债之存在与否，为确实之盘点，对于其价值之适当与否，为正确之估计，以定其净余资产即资本之实值，更将其各项资产负债之具有活动性与否，为明白之划分，以确悉其偿债能力者也。

（二）损益检查　损益检查者，对于一企业机关在某时期内所发生之收益及开支，为适当之检查，以明其是否确有此等收益或开支，是否应有此等收益或开支，藉以确定该期间内之毛利净利数额，而得其各项分析之比率者也。其检查结果，可以确示该机关之营业情形即收益能力。

（三）详细检查　详细检查者，对于一企业机关之全部资产负债及损益之账目及凭证，按时加以精密检查，以观管理事务之职员，是否有失职及不正行为者也。其检查结果，除详悉账上有无弊端外，同时亦能将该机关之财政状况及营业情形（即偿债能力与收益能力）为适当之证明。

夫会计师查账之结果，必为委托人出具查账证明书或报告书，以之送示于该企业机关之各种利害关系人，但一企业之关系人，因其所关利害之不同而有下列各种之区别。

（一）债权人　包括银行钱庄进货客户存户押户等。

（二）股东　即已经投资于该企业之人。

（三）股票之购买人　即预备投资于该企业之人。

（四）董事及经理。

债权人对于其债务人之账目，所亟欲知者，乃为偿债能力之充分与否。至于该机关收益力之大小，及账目上有无弊端，则非其最注意之点。因债权人只求其债权本息之有着落，即使债务人营业亏损，或其职员有不当行为，在不妨碍其偿债能力之限度以内，非债权人之所欲过问也。

至于股东所欲知者，第一为该业收益之确数，盖股东之第一目的，在股息及红利之收入,而每年发给之股息及红利,全视收益之大小以决定其数额也。第二为该业之资本净值(即资产减负债之余额),盖此数可以确定其所持股份之价值也。第三为董事职员有无弊端,盖藉此以保护其利益而决定董事之人选也。至对于该机关各项资产负债之流动性,即所以表示其偿债能力之充分与否者,在相当限度内,反不甚关心也。

至于股票市场之预备投资人,其所欲知者,第一为资本之净值,即股份之真价。盖股票之购买者,必欲知其所购之股份,是否实值其市价也。至对于日后之收益力,亦甚为注意,唯对于以前之收益力,则只用作参考,不甚关心也。

董事及经理,多有对于本身企业机关之资产负债状况及损益情形,在平日已有充分之认识者,则对于偿债能力净余资本及收益能力等项,不待会计师查账之结果,早已洞悉。但对于各部职员在会计管理上有无弊端则每极为关心焉。

依照上述情形,则可知会计师倘为债权人查账,只需检查资产负债,及其各项之流动性,即可达其目的,若为股东查账,则最好应详细检查,因其所欲知悉之事项,实涉及资本净值,收益能力,及有无弊端三点也。若为预备投资人查账,只需对于资产负债及损益各项,为适当之检查,无须十分详细。若为董事或经理查账,则或同时须顾及上列三项目的,或只需顾及主管职员有无弊端之一点,均视董事及经理对于该机关账目情形是否明了其大概而定。倘使查账仅限于查核弊端,则对于资产负债之估价问题,及其流动性之区别问题,均可略而不及焉。

查账之目的及方法,既有上述种种之不同,故查账之程序,通常亦分为两种:

(一)一般查账程序。

(二)特别查账程序。

所谓特别查账程序者,会计师代表债权人或预备投资人或董事经理之任何一方,为欲达其各人所期望之某种目的,而以特种方法执行查账之程序也。所谓一般查账程序者,会计师代表各项利害关系人之全体,而为普遍检查之程序也。一般查账程序,即为在详细检查中所当备具之程序。唯检查手续究应详细至若何程度,则须视委托机关内部牵制组织完备至若何程度而定。其内部毫无牵制组织者,势必将全部账目为逐项之检查,否则只需抽查其一部分耳。我国会计师执行查账事务,其最通用之程序,当属此种。盖查账证明书报告书之应用,初无限制,有时经理以之提交于董事会,有时董事以之提交于股东会,有时该机关以之提示于银行或债权人,以求资金之融通,有时以之呈送主管官厅备案,或公布于报端,俾一般预备投资人及一般社会,得以明悉其内容。故其查账之目的,对于该机关净余资本之数额,偿债能力之虚实,收益能力之大小,及有无弊端诸点,均须一一顾及。兹不揣谫陋,根据上项原则,及我国商界上实际情形,与本所对于查账之经验,将一般查账程序,拟订如下。所望同业诸君及各界委托人,时加指正,俾臻完密,则匪独本所之幸,抑亦全国经济界之幸也。至于特别查账程序,则当俟下期另为文以论之。

再下列程序之拟订,有预向读者声明者三点。

(一)被查之商店,其会计制度,必须较为完备,如原始单据之妥为保存,统驭账户及各项分清账之妥为设置,以及记录结算等手续,并无数字上之错误等。倘被查者之会计制度极不完备,则当须另用特别方法,着手检查,或竟无从为满意之检查也。

(二)下列各项程序,仅涉及各种商店会计中所最普见之项目,其关系较轻或不常见之项目,均未列入,但读者不难一隅三反,而自定其检查之程序。

(三)本文所拟程序,仅就著者个人知识经验所及,拉杂书之,尚须陆续增改,未可据为定论也。

一般查账程序

甲、查账开始之程序

(一)询明委托机关之经理、协理、各部分主要职员及会计科职员之姓名,及其所掌之职务,列表存卷,以备随时咨询及查考之用。

（二）将委托人所用各项账簿之名称列表，并详注其性质内容及相互之关系。

（三）向委托人取得期末之决算表册（此指委托人已经自行结账者而言），未结账前之试算表，及各项分清账余额表。在普通之常年查账，账簿应俟会计师查过之后，再行结算，并记入结账分录。盖若委托人先将账簿清结，再行委托会计师检查，则会计师倘有发现应加更正之账项，每不易补入，使会计师证明书或报告书中所附之决算报告表与委托人账簿之记载，不能相符。但会计师着手查账之前，必请委托人将结账日之试算表结出，并查对加算无误，再行开始检查。因此等会计工作，不属于查账范围，应由委托人之会计人员为之，无须费会计师之时间，以加增查账公费也。

（四）向委托人取得上期决算报告。如上期之账目，即为本期查账之会计师所查，则会计师有自己卷宗可查。如为他会计师所查，则向委托人取得其证明书或报告书，加以复阅。

（五）将上期期末决算报告或查账证明书或报告书中资产负债表内所列各项，与总账客户上期结转之数额查对，并验其借贷两方之合计，是否平衡。

（六）将结账日试算表与总账客户结数核时，并复核试算表借贷两方之合计。

乙、资产类之检查程序

（一）现金

1. 盘点手存现金，录库存细数表，详列现款汇票支票等项存卷。

2. 查对手存现金数额是否与现金簿结存数额相符。如有不符，查问其原因，加以更正。倘无更正理由，应提出报告。

3. 如有职员等暂宕款项而不为记账情事，应通知会计员记入账簿，务使库存现金与账簿数额相符。

4. 一商业机关中，每有数部分各有手存现金者，应在同一时间施行检查。

盘点手存现金每不能于结账日行之,可于开始查账以后任何日期,施行检查。依照现金簿查账日之结数,倒核结账日之结数,是否无误。

（二）银行钱庄往来——透支同

1. 取阅全份银行月结单。钱庄方面倘不抄送月结单,或抄单中仅列抄单日之结余数时,则应请其另抄详单,以资核对。

2. 核对银行钱庄月结单之结存数,与账簿之记载是否符合,如有不符,制成结单调节表。

3. 银行钱庄未兑现支票之为期较久者,加以查问,视其有无别情。

4. 注意利息及票贴等,是否已经登账。

5. 检阅支票票根簿,有无签出而未入账之支票。

6. 银行钱庄往来之查核,应与盘点手存现金同时举行。倘不能同时举行,则手存现金应盘点两次,一次在查核往来账之前,一次在其后,盖非如此,不足以防收支员会计员从行庄取出现金,填补手存亏缺之数也。

（三）应收账款

1. 将分清账余额表对入总清账之统驭账户,制成调节表。

2. 将分清账余额表（即应收账款明细表）对入分清账各户。

3. 将分清账各户借项贷项,抽对一部分入于原始簿,及原始凭证书类,如发票及收据存根之类。

以上三项手续,无论何种账户,苟用统驭账户而设有分清账者皆应为之,不独应收账款应付账款为然。后列各项资产负债之检查程序中,不复赘述。

4. 在可能范围内,对于各户结欠数额,应直接发函向各客户询证。倘使不便用此方法,则结账日之结单,可交由查账员核对,径自封寄各户,信上注明,如有错误,请直接函复某某会计师。

5. 向委托机关经理或放账部主任询明结欠过久各账款之催收办法及其经过情形。

6. 注意应收账款中有结存各户之性质,使另行结一总数,列入负债项下,勿使与应收账款互相抵消。

7. 审查提存坏账准备之数额是否充足，如不充足应请委托人加提相当数额。委托人倘不照办，应在查账报告书中述明应提及少提之数。

8. 注意勿使有本机关同人宕款或其他性质之借款混入应收账款之内。

（四）应收票据

1. 根据应收票据簿点阅全部应收票据，观其是否存在，并注意各票据之抬头名称及格式，是否无误。

2. 查明有无过期之票据。过期票据有时为出票人延期支付之款项，此表示其财政状况不佳，或须提存准备，有时为职员怠于收取，亦须促其注意。

3. 查明各票据之来源，是否营业上正当收入，或其他宕借款项之借据。

4. 查明有无职员股东或其他人员所出之借票，作为应收票据，假如有之，则应将其特别指明。

5. 查明有无已经银行钱庄退回之客户支票仍列入应收票据之内。此项退票，本应即向客户兑现，其未兑现者，非出票人财政状况不佳，即有其他原因，查账员均须加以审查，必要时应提出报告。

6. 查明有无因账款过期或原出票据到期而换出之票据。此项票据，不问可知其为出票人财政状况不佳，应在提存呆账时加以相当之考虑。

7. 查明有无无价值之票据。此种票据应予剔除，转入损失。

8. 应收票据金额较大者，调查出票人之信用，是否可靠。

9. 如有向银行钱庄或其他行号贴现之票据，应向受贴现之行号发函询证。如委托人不赞成直接询证办法，至少应查阅往来函件，或贴现契约等件。

10. 有抵押品之应收票据，应一并检查其抵押品是否确实可靠，所值市价是否超过票据金额。此项有抵押之应收票据，本表示出票人信用之不佳，如抵押品不充实，常可发生不能如数收回之损失。

11. 如有利息之应收票据，应查明其已到期之利息曾否照付。

12. 分期付款之票据应查明其已到期之部分是否照付。

13. 根据上列各项检查所得情形,决定应收票据有无提存准备之必要。如有需要,应提若干。

14. 我国各商业之应收票据,每为客户付来之银行钱庄远期支票,此项支票之来源,更须注意是否确为营业上往来客户所付来。事实上每多公司商店职员或出纳科职员熟悉之外人,将远期支票向出纳科兑取现金者,此均非正当之行为。

15. 商家每有将收到未到期之支票或汇票搁置一旁,暂不入账,俟兑到现金方始入账者,结果或无所谓应收票据之科目。查账时遇见此种情形,务须纠正,一方应将其借记应收票据,一方贷入应收账款。

（五）有价证券

1. 点查所有有价证券是否与账簿记载相符。

2. 押出或在过户中之有价证券,应发函询证。如委托人不赞成此项询证办法,至少应查阅受押或过户机关之收据函件。

3. 调查各证券在结账日之市价,与账簿价值相比较。

4. 查明所有证券是否依照购入原价记账,或照市价,或照"市价与原价孰低"记账。

5. 查核证券溢价及折价之处置是否适当。如其处理方法不适当,而其数额又较巨时,应为重行转正。

6. 审核平时收入利息或收回本息票之记账,是否适当。普通商家每有将收到之利息记入有价证券科目,结果少计收益,减少资产,此种错误,查账员有纠正之责任。

7. 如系附属公司之股票,审阅该公司最近资产负债表,以确定账面价值是否实在。

8. 呆滞而少活动之证券或股票,列入一表,在资产负债表中另列一目,并须提存相当之准备。

（六）存货

1. 将期末存货表与存货分清账核对。

2. 将存货分清账与盘点存货时所录草簿所记数量核对。

3. 将存货分清账与存货核对其一部分,如有不符,笔录入卷,其重要者,应向经理或其他负责人员质询原因。

4. 复核存货表数量及价格之小计及页计。

5. 请经理或其他负责人员用书面说明盘点存货之方法及存货估价之方法。

6. 注意在结账日以前,已收到之货物,其进货发票是否均已记入进货簿。截至结账日,尚未收到之进货,发票已经记入进货簿者,是否已列入在途存货项下。

7. 查明商品之已经售出并开出发票者确已由存货账内付出。

8. 查明受托寄售品是否未列入存货之内,托人寄售品是否仍列入存货之内,而未列入应收账款。

9. 查明存货市价及原进成本各为若干。所有存货计价,究用市价或原进成本为标准,抑用"市价与原价孰低"之标准,并于证明书或报告书中说明。

10. 倘将关税运费等进货费用加入进货成本之内,查核此等费用之原始凭证,以决定其是否正确。

11. 注意存货之价值是否有利息或销售费用混入。盖利息及销售费用不应计入存货价值中也。

12. 注意存货估价确无包括预计利益在内。盖货物在未销售之前,不应预计利益也。

13. 注意各项存货之估价确无高出实际售价情事。

14. 注意半制品之估价是否均按所费原料、人工及其他费用之成本计算。

15. 注意滞销货品之估价是否稳健。

16. 注意存货之中并无自用品混入。

17. 用毛利试验法试验存货之是否与实存数额大致相符。如有巨额不符,探究其不符原因。

18. 我国旧式商店,每视营事获利之多寡,将存货任意作价。获利优厚之时,将存货任意作低,甚有作对折或对折以下者;反之,无盈余或

查账标准程序之拟订

亏折之年,将存货作高,或将滞销或非折价不能销售之货,仍用原价列入。此违背会计学理,失却会计正确之处理。查账员不能含糊漠视,必须纠正之后,方能加以证明。否则只能出具报告书,并说明此点。

(七)暂记付款——普通称暂记欠款或暂记

1. 向会计员索取暂记付款明细表,以之与暂记付款分户账及总账内暂记付款统驭账户互相核对。

2. 对于暂记付款之性质,——根据付款原始凭证详为查明。凡付款之性质并非真正暂记者,将其列入其他相当资产或损失科目。

3. 查明暂记付款是否有特别情形,并得店主或经理之批准。如为数较大,而有特别情形者,应在报告书中提出报告。

4. 暂记付款性质不明时,应向收款人发函询证,或向主管职员询得充分说明。

5. 一般商界机关暂记付款中,每有职员历年宕欠款项,或其他宕支,为事实上所不能如数收回者。此等款项,即行剔除转入损失,固属不妥,但须提存相当之准备。并提出报告,提请注意催收。

(八)抵押贷款

1. 检查所有抵押契据及抵押品,以确定簿内所记各项完全正确。

2. 查明所有挂号登记手续曾否办理。

3. 查明抵押品之应须保险者曾否保险。倘已保险,并应检阅保单。

4. 审查抵押品之价值是否超出贷款数额。如有不足情事,应查明原由,并提出报告。

5. 查明押款有无分期偿还之规定,曾否还去一部分,此点最好直接向债务人发函询证。

6. 无价值之抵押货款须拨入坏账,不能再视作资产。

(九)地产房屋

1. 检查道契或田单及其他契据,并查明地产单契所有人之名称是否确为委托人,并是否为其独有,或与他人共有。

2. 地产房屋以及装修设备期内如有增加,应审核其原始单据,观其是否确系资本的支出。

3. 检查最近纳税凭证,并注意凭证上之估价高于或低于账面价值若干,以观其账面价值之是否可靠。

4. 查明地产与房屋装修之原价,其未曾分清者,须加分清,以为计算折旧之根据。因地产可以无须计算折旧,而房屋及装修之折旧率,亦每有不同也。

5. 审核房屋装修之折旧数额及所用折旧率是否适当。我国旧式商店,对于房屋装修、机器生财等固定资产,折旧之摊提与否,及摊提若干,每视营业之获利与否,及获利之多寡以为标准,殊失会计上之正确。查账员须注意,加以纠正之后,方可予以证明。否则只能出具报告书,并为相当之说明。

6. 查明地产房屋有无抵押情事。如有抵押情事,在报告中,或资产负债表中地产房屋项下,为相当之说明。

7. 房屋装修账中,如有减少之记载,查明减少之房屋装修及其数额,同时折旧准备账中是否为相当之转正。

8. 审核所有房屋保险单,及其所保价值,是否与账面价值相符。

9. 查明地产房屋自购入或建筑以后,有无增估价值情事。照普通会计原理,公司商店非经改组,不应增估其为营业使用而置备之固定资产。

10. 森林矿产等耗用资产,其估价及摊提折旧,须特别加以注意。

(十)机器生财

1. 对于期初机器生财结存之数额,倘经有名之查账员查核证明,则只需核对其总数相符即可。倘未经查核则应审核购入机器生财之单据,观其是否确系资本的支出。如购入之单据已经遗失或不全,则应将其价值估计,观其是否与期初结存数相符。

2. 机器生财期内如有增加,应查核其原始单据,观其是否确系资本的支出。

3. 如有自制之机器机件或生财,审核其所费成本之计算,是否适当。

4. 查明机器装置设备费用,是否加计在机器成本之内。

5. 机器生财账中，如有减少之记载，查明减少机器生财及其数额，同时折旧准备账中，是否为相当之转正。

6. 审核期内之折旧数额，及所用折旧率，是否适当。参照地产房屋第五项说明。

7. 查明有无不用之机器生财，对于陈旧不用之机器生财，须提存充分之准备。

8. 查明期内有无将机器生财重估情事。参照地产房屋第九项说明。

9. 查核机器生财保险单，将保额与账面价值比较，观其相差若干。

10. 如有分期付款之机器生财，查其契约及付款收据，在资产负债表机器生财项下为相当之说明。

11. 查明机器生财之中有无抵押情事，如有抵押情事，应在报告书中，或资产负债表中机器生财项下，为相当之说明。

12. 查明有无固定不能移动之机器生财，此项机器生财之折旧，应参照基地房屋之年限而定。例如某项机器装在租赁之房屋中，若租屋只有三年满期，则至多作三年折旧。

（十一）递延资产——开办及预付费用

1. 查明开办费、兴业费、试验费等账户中所包括之各项，是否确可列作递延资产。如于下期营业毫无利益关系者，不应作为递延资产。

2. 检阅预付费用之支出单据，复核各项预付费用之计算，是否正确。

3. 将本年预付费用与上年度预付费用比较，以期有所发现。

4. 特种损失之列作递延资产者，须详加查询，在报告书中加以批评或说明。

（十二）无形资产

1. 比较各项无形资产期初及期末之价值，查明增减变化之情形，并加以分析，提出报告。

2. 查明取得无形资产之情形，倘非用确实财产交换而得者，不应列作资产。

3. 查明无形资产取得时之价值,及取得后每年因使用或时效消灭而摊提之数额,是否适当。其不适当者,应加改正,或提出报告。

4. 审核期内增加无形资产之原始凭证,以确定其是否可以作为资产之增加。

5. 查明期内无形资产减少数额转入何种开支账户。

6. 查明专利权、版权、商标及政府准许之特种营业执照等无形资产,是否确为委托人所有。

7. 估计各项无形资产之现存价值,有无在账面以下情事。倘其现存价值在账面数额之下,相差过巨者,应与委托人商量提存准备,或提出报告。

(十三) 其他资产

一般公司商店中,除上列各项资产外,尚有零星他项资产,如存出保证金、押租押柜、定期存款、团体储蓄金、各种基金等。其查核程序,可参照上列各项资产检查程序,随时决定之。

丙、负债类之检查程序

就查账员立场言,资产必须加以估价,使账面所示之价值完全可靠。至于负债必须十足表示于资产负债表,勿使稍有遗漏,亦弗使稍有虚报。即或有负债,亦应表明于资产负债表中。盖资产各项,随时可以发生变化而成为不可靠。但负债到期,则必须全数偿还,以维持其信用。故负债之审核,只需求其记载之正确,而无估价问题发生也。

(一) 应付账款

1. 将分清账余额表(即应付账款明细表)对入总清账之统驭账户,制成调节表。

2. 取阅全部进货之客户揭单,与分清账余额表核对,如有不符,加以调节。

3. 将分清账余额表(即应付账款明细表)对入分清账各户。

4. 将分清账各户借项贷项抽对一部分,或全部入于原始簿及原始凭证,如进货发票及付款收据之类。

5. 在可能范围内,对于结欠各客户之款,应发函向各客户询证,倘使不使用此方法,则应由委托人自向各客户索取结账日之欠款揭单,以资核对。

6. 查明尚未收到之进货,其发票是否已经记账。倘使进货之所有权已归委托人者,则虽未收到,亦应一方借入在途存货,一方贷入应付账款。

7. 注意应付账款中有结存各户之性质,使另行结一总数列入资产项下,弗使与应付账款互相抵消。

8. 对于应付账款是否完全表示于账内之问题,在进货无一定手续,及无牵制组织之商店,极难确定,此时只有要求该商店之主管人员出一证明书,证明除账上所示应付账款外,绝无其他负债。此项证明书当有相当效力,因日后倘使发现尚有不记入账之应付账款时,该主管人员应负诈欺之责任,不仅错误之责任也。

(二) 应付票据

1. 将应付票据明细表与应付票据簿核对。

2. 在可能范围内,应直接发函向持票人询证应付票据之数额及条件是否确实。倘使不便用此方法,则将票据及其他情形细加审核。

3. 审核签出应付票据之原因,或为减少他种债务,如偿还应付账款,或增加资产,如借入现金之类,以明委托人理财之方法。

4. 应付票据之附有抵押品者,查明抵押之物品及其价值,并在报告书或资产负债表中应付票据项下注明。

5. 应付票据之有利息者,查明其应付未付利息。向应付贴现者,查明其预付利息。

6. 在签发应付票据时,倘无完备之内部牵制组织,则对于应付票据(及折款)之是否完全入账,极难决定。此时只有请经理或其他负债人员,用书面证明,所有应付票据俱已载明于账册,此外不再有其他应付票据(其效力等于应付账款第八项)。但查账员仍须尽其力之所及,查明所有负债确已完全载明于账册。

7. 审阅结账日以后若干日之付款,以观偿还之应付票据是否与结账日所载者符合。

8. 我国各地习惯，有签出十日至一月以上之支票者，此项支票，在未到期以前，应作为应付票据处理。如查账日期在结账日一个月以后者，则可取阅结账后一个月之银行钱庄结单，以查明结账日以前签出之远期支票，确无错误。

（三）存项

1. 我国商店每吸收巨额存款，有定期者，有不定期者，其债务凭证，大多数为折据。此项折据大都不留存根，故此种负债，除凭账册记载以为查核外，几无其他证据可凭。欲检证其负债数额及其他条件之是否正确，只能向各存户直接发函询证。如因存户地址不明，或因事实不便，不能使用此项方法时，只有有请主管人员或经理书面证明，除账册所载存项负债以外，并无其他负债（其效力等于应付账款第八项）。

2. 将存项明细表对入总账之统驭账户及存项分清账各户。

3. 将分清账各户借项贷项，抽对一部分（或全部）入于原始簿。

4. 查明存项发生或加增时，是否真有现金收入，抑是虚伪之负债。

5. 查明或核计应付未付利息，列入本期负债项下。

（四）暂记收款——普通称暂记存款或暂记

1. 向会计员索取暂记收款明细表，以之与暂记收款分户账及总账内暂记收款统驭账户互相核对。

2. 对于暂记收款之性质，一一根据收款原始凭证详为查明。凡收款之性质并非真正暂记者，将其列入其他相当负债科目。

3. 查明暂记收款中有无应作为收益之款项，以图隐饰而重行付出者，关于此点，查账员应加以纠正。

（五）抵押借款

1. 取得抵押借款明细表，逐项与账簿详细查对，查明有无不符。

2. 查明各抵押借款之原由，及交易发生时所取得之财产是否符合。

3. 审核分期还款及付息数。

4. 在可能范围内，对于抵押借款，应直接发函向各债权人询证其抵押条件及数额之是否确实。倘使不便用此方法，则将抵押合同详加审核。

5. 计算或复核抵押借款上之应付未付利息。

（六）公司债及偿债基金

1. 查明发行公司债之条件，向官厅登记之事项，及发行之手续是否与事实账目及公司法之规定相符。

2. 查核公司债券存根簿，并与账簿查对。

3. 查核发行公司债所得之债款，及债款之用途。

4. 查明公司债总额，收回之数额，及现存未偿之数额，以与账簿核对。倘有不符，加以调节。

5. 如有偿还之部分，检阅收回作废之公司债券。

6. 如有偿债基金规定者，取得偿债基金投资凭据及生息详表，加以查核。

7. 复核应付未付公司债利息。

8. 查明公司债之发行付息还本等事项，是否与发行公司债章程或信托契约之规定相符。

（七）递延负债

凡舟车交通公用事业，及一般供给劳务或宿食娱乐之营业机关，每有来回票常年或月季票之发售，或预售便利代价券。书报发行业，更有发售之预约券，及预收之杂志报章定费。此等营业机关，在结账之时，定有一部分之营业收益，其相当之代价尚未付出者。查账员应注意查核此等预收之营业收益，是否提出作为递延负债，并根据原始凭证记录，详细查核其数额及计算之是否正确。

丁、资本类之检查程序

（一）合伙及无限公司

1. 检阅合伙契约或公司章程，注意下列各点：

A. 原定各人出资数额；

B. 损失及利益分配之规定；

C. 关于执行业务股东支给酬报之规定。

2. 检查账簿关于股东出资之数额损益或盈亏之分派及股东薪津之支给,是否与所订合伙契约或公司章程相符合。

3. 如有公积或未分派之盈余,查明其来源。

（二）股份有限公司

1. 查明股本总额已缴股款及发行股份总数,是否与登记章程相符合,股东是否已缴足应缴纳之股款。

2. 详细查明公积及盈余之来源。

3. 查明各项特别准备之性质,是否属于公积一类,并查阅股东会董事会议决录,以观此等特别准备之设置,是否经过议决。

4. 查明以前分配盈余曾否先提法定公积,如有亏损者,在分配盈余前,已否先将亏损弥补。

5. 查明股本及公积金盈余等项,有无违反公司法或公司章程规定,及股东会议决案之处置。

戊、损益类之检查程序

（一）销货

销货之检查,为各项资产负债损益检查中最繁重之事项,良以多数工商业机关,关于销货之交易,数量甚为繁多。就理论方面而言,查账员检查销货时,所有销货之原始凭证记录,自客户定单发票销货簿以至销货分户账总清账,及有连带关系之现金及存货账目,无一不需详细查核,而后方可确定期内销货数目之是否正确。其手续固繁,费时亦必不少。查账员对于此项销货之检查如所费时间过多,每为事实上所不许。故当其开始检查销货之前,必先考察该机关是否采用内部牵制组织,其组织之完备,至若何程度,然后确定检查之程序,及应取手续之繁简。若其内部牵制组织极完备者,查账员只需采用各种抽查及试验方法,查对一部分,如无错讹,即可推定其余亦属正确。如其内部牵制组织不甚完备,或竟无此种组织,各种错误或舞弊作伪易于发生,并不易查察者,则必须费多量之时间,详加查核。

检查销货账目,查账员所须注意查明者,约有两点,即销货数额之正确;所有销货,均为属于该营业期内之销货。至其查核之程序,则因销货方式之不同,而可分现售与赊售两项述之。

1. 现售

(1) 将门市发票存根与现售记录或现金簿核对。

(2) 检查所用门市发票号数是否相连,并检查已印未用之发票号数是否相连而无缺少,以查察有无隐匿销货窃取现金之情事。

(3) 门市用计数机者,将计数机中计数纸条,与现金收入记录查对,并不定期检查机内现金,是否与计数机所示之数额相符合。

(4) 关于送货取款 C. O. D. 之现售交易,须查核其手续是否完备,并查明有无已经包装而未送出之货物未曾计入存货之内,因此项货价,尚未收账,应列作存货计算。

(5) 查核销售员所售货物及所收款项,是否均已入账,并是否相符,如有不符,查明其不符原因有无正当理由,加以调节或更正。

(6) 备有存货分清账者,须将现售原始凭证与存货分清账相互抽查。

2. 赊售

(1) 复核销货原始凭证之计算。

(2) 将销货原始凭证与销货簿核对。

(3) 于必要时,并须检阅客户定货单。

(4) 销货簿与销货客户分清账互相抽对。

(5) 备有存货分清账者,将销货簿或销货原始凭证之记载,与存货分清账抽对。查明有无错误之外,更须注意存货分清账中所付出之货物,有无未经正式销货手续者。

(6) 查明退货是否悉经主要职员签准并复核退货原始凭证之计算,同时与退货簿销货客户分清账及存货分清账查对。以视退货是否悉数再行收入存货分清账。

(7) 如系分期付款之销货,须检阅其销货契约,注意付款办法。

(8) 加算各项原始簿查明过入总清账应收账款户之数额是否正确。

(9) 检查将近结账日期中,有无特别巨量之销货,如有此种情形,须查明其原因,证实其并无虚伪销货,以高抬销货总额或利益之情事。

（10）检查结账日以后若干日内之退货是否逾量,作用与前项同。

（11）查明销货之中,有无应作为递延负债之收益,如预收杂志报章订费及常年及月季票价等,并将不属于本期之销售收益,提出列作负债,滚入下期。

（12）查明销货之中,是否有销与分支店而尚未售出之货在内,如其有之,则结账时仍应转回作为存货,或将此部分之销货利益,转入准备。

（13）用毛利试验方法测验本期毛利数额是否与往年相仿,如有重大出入,或应有出入。而仍与往年相仿者,须询得满意之答复。

以上各项,或全部查对,或抽查一部分,视各业机关内部牵制组织之完备程度,及各委托事项之性质而定。

（二）进货

进货之查核,普通较销货为简单。除百货公司及制造业关于物料之进货,或有特种情形之工商业外,普通关于商品或原料之进货,并不繁多。在普通检查或详细检查,查账员对于进货账目,不妨全部或大部分加以查核,所费之时间,固亦有限也。查该进货账目之程序如下:

1. 将期初及其期末若干时日之收货记录与进货簿详细核对,查明两方之记载是否相符,以确定本期内收到之货物,均已记入进货簿,而进货簿中所列之进货,均于本期中收到。

2. 将进货簿之记载与进货原始凭单查对。核讫之进货原始凭证均须加盖查账员之核讫图章,以防重行提出查核之作伪情事。

3. 备有存货分清账者与进货簿或进货原始凭单互相抽对一部分。确定所有进货已悉数分别过入存货分清账。

4. 抽核进货发票金额之计算。

5. 将期末进货客户揭单,与进货客户分清账各该客户核对。

6. 注意有无不应记入进货账目之账项而误入进货账目者,如寄售品及营业用设备等。

7. 查明为数较大之进货,其进价是否与市价相仿。

8. 检阅与进货客户所订之合同与契约。

9. 查明进货客户中,有无与委托人有其他财政关系者,如有此种情形,须注意其进货价格及条件等是否适当。

10. 查明所有进货退出确已得进货客户之通知收入账册,因每有退货,为进货客户所不肯接受者,如此,虽借入应付款,减少负债,结果恐仍是片面之理想。

11. 备有存货分清账者,应将进货退出簿或退货凭单存根与该客户分清账相互查对。

12. 复核进货簿之小计及合计。

13. 进货客户账中有借差者须特别注意查核,是否有漏记进货发票等情事。

14. 审核结账日以后若干日内之付款,以视有无应归入本期内之进货,须加以更正者。

15. 查核进货账目之时,须随时注意有无虚伪之进货。

(三)费用

子、一般程序

在详细检查或常年查账中,费用账目应一并查核。

欲决定一时期内费用账目之是否正确,必先考查期初期末预付及应付未付费用,是否均有适当之整理。平时对于资本之支出,及收益之支出,有无混淆。一会计期间内之费用账目,只能包括属于该期内之费用,但又必须包括该期间内之全部费用,方可认为正确,费用账目中,最通常习见之错误,为查账员所必须注意者,约可分为下列四项:

1. 将不属于本会计期间内之费用,作为本期费用,如预付保险费及期内购入而未尽耗去之用具设备等。

2. 将资本之支出,即应作资产增加之项目,作为费用,如购入生财设备等。

3. 完全漏列或漏计一部分之费用,如漏计折旧或应付未付费用等。

4. 将收益的支出即费用项目,误作资产之增加,如修理费用等。

以上四项,查账员必须随时注意,加以纠正。盖将资本的支出,作为费用,为通常藏匿纯益之方法;反之,将费用作为资产之增加,则为虚抬资产多计纯益之方法。我国商店,犯此弊者甚多。营业获利之时,每将设备装修等之增购,作为损失开支,房屋机器生财装修之折旧,高抬成数,一二三年之中,即将其摊提净尽;反之,营业亏损或获利不多之年,则高抬资产不提折旧。其尤甚者,将费用项目作为资产,凡此均属有意违背会计原理,失去财政及营业之真况,查账员遇之,必须加以指摘,请其改正,或在报告书中,加以批评。

费用账目之检查,除注意发觉及纠正前列四项之错误外,其余一般之检查程序分述如下:

1. 审核付款原始单据,注意下列各点(凡经过检查之单据,一律应盖检查人之小章,或作暗号,以防收支员会计员将已经核过之单据,重复提交审查):

甲、日期　查明单据日期,与付款日期,是否相符,以确定其是否为本会计年度之开支,且以防旧单据之重复提出,重复付账。

乙、抬头　如有抬头非为委托人之单据,查明其作为委托人开支之原由。

丙、金额　加以复核。

丁、性质　是否为营业上需要之开支,有无将私人之开支混入。

戊、收据　发货单、账单之注有付款另给收据者,必查见其收据。

2. 查核所有单据,是否经经理或其他主管人员之签字核准。但此点须照委托机关之办事章则办理。

3. 核对单据数额,与入账数额,是否相符。

4. 注意记账之科目,是否适当。

5. 查明各项费用之是否正当,审核费用除查核单据之表面,如单据之是否合式,手续之是否完备而外,更须注意其是否为营业上应有之支出,数额之是否适当。如有不当,则单据之格式及手续虽属完备,亦应提出报告。

6. 比较各会计期间各项费用之数额,如有巨数之出入,或应有出入而无出入者,考查其原因。

7. 审核结账日以后若干日内之支款,以视有无应归入本期而记入

查账标准程序之拟订

下期之开支。

丑、特别程序

兹再将各种费用所应特别注意查核之事项，分别说明如下。

1. 薪俸　查核薪俸开支所须注意之点为薪俸单之编制与薪俸之散发，是否由数人或数个部分分别办理。普通规模较大之公司或商店（规模较小之公司或商店，职员人数不多，薪俸开支之查核，固极简单，不成问题），薪俸单大概由总务科编制，经经理查阅签字，由出纳按单散发，再交会计课登账。如此内部牵制组织完备，薪俸开支之错误作伪，不易发生，则抽查一部分，复核各月份薪俸单之计算，再与账簿记载核对，即可了事。否则须费较多之时间，详加查核。其他应须注意者，尚有下列数点：

甲、比较参阅各月份之薪俸单，如有变动增减，加以查询。

乙、新添及退职职员薪俸之起讫日期，加以注意，或查阅聘约底稿。

丙、经理协理及其他少数高级职员或执行业务之股东，其薪俸每由股东会或董事会决定，故应参阅决议录。在数额有变更时，尤应加以注意。

2. 工资　制造业之工资账目，极为繁重，尤以大规模之工厂，其工人以数千计，平时每另设工账课办理工资核算发放及登记之事。在普通查账中，为事实及时间所限，每不能为详细之检查，有时且为事实上所不需。查账员应视其内部牵制组织，如属完备，则仅采用各种试验方法，核算其总数，与账簿查对，如无错误，即可推定其全部正确。如内部牵制组织不完备，再有发生错误舞弊之可能，而账目又极繁多，苟非与委托人特别约定，事实上每不能详细查核，应于报告书中说明之。兹将普通查核程序，略述如下：

甲、加算各期工资之汇总单。

乙、将工资汇总单与各部工场工作报告单核对。

丙、抽核工资单内容之一部分，入于工场工作报告，并复核其计算。

丁、将各月份出品数额，与直接工资数额比较，观其比数之是否大致相近。

戊、如某一时期之工资，特别加多或减少，考查其原因。

己、注意所有各部分工资报告单，是否分别经主管职员之签准。如无此项手续应向委托人建议，照此办理。

庚、查明升工赏工罚工赔偿及其他应扣除款项之计算方法，并抽核其计算，是否正确。

辛、一部分工厂中，凡属不满一元之工资，并入次期计算，此项工资之滚结，应注意查核。

壬、一部分未领之存工，应查明其是否入账，并注意其支付时之手续及记账方法，如此项未领之存工，向不登账者，应请委托人登入账册，以防流弊。

3. 销售佣金

甲、复核销售佣金单之计算，并注意计算佣金之方法，有何根据。

乙、将销售佣金单，与佣金账户核对。

丙、随意抽取佣金计算单中之一部分，与销货及交款原始凭证查对。

丁、查阅与经理人或销售员所订之契约。

4. 文具印刷用具设备及广告用品

甲、文具用品用具设备及广告用品等，其使用年限在一年以上者，不能完全作为费用，应依照其使用年限，分期摊算。

乙、价值微细之用品，其使用年限虽在一年以上，可即作为购入年度之费用，而不必作为资产。

5. 修理及改造

甲、修理之不能增加修理物之使用年限者，只可作为收益的支出，不能作为资本的支出。如修理之后，其使用年限因之而延长者，则可酌量情形，作为资产之增加。

乙、房屋机械设备，经改造后，仅能维持其使用之效力者，其改造费用，只能作为收益的支出。如改造后，其价值较未改造前之原值有增加时，其差数可以作为资本的支出。

（四）利息

1. 委托人所有之资产，凡有利息收益者，普通如银行钱庄往来、商号个人往来、应收票据、定期存款、贷出款项、有价证券等，逐项审核其有无应收未收或预收之利息,查明其利率,复核其计算,是否正确(或抽核其一部分)。

2. 注意委托人是否已将应收未收利息,作为资产。预收利息,作递延负债。

3. 委托人所有之负债凡有利息之支出者,普通如银行钱庄透支,商号个人往来,应付票据存项,贴现票据,借入款项,抵押借款等,逐项审核其有无应付未付或预付之利息,查明其利率,复核其计算,是否正确(或抽核其一部分)。

4. 注意委托人是否已将应付未付利息作为负债,预付利息列作递延资产。

5. 查明有无将股息作为利息开支,盖股息为盈余之分配,我国工商机关往往误作利息开支,名曰官利,查账员应加以纠正。

(五)折旧

1. 折旧一项之处理,在我国一般公司商店最多错误。其错误之原由,大致不外每年折旧之摊提与否,及摊提若干,视营业之获利与否及获利之多寡,以为标准。会计师查账时应加以注意纠正,每会计期间,所应负担之折旧,务须作为该时期之损失。

2. 折旧应根据资产之原价计算。

3. 各年所用之折旧率,应有一律之计算方法。此项方法,既经规定,不得任意更改。

4. 以前漏计之折旧,应补行计算,直接转入公积账内,不可与本期折旧数额相混。

5. 其余参照固定资产之查核程序办理。

按费用科目除上述各项外,尚有他种,但其他各科目之检查,除依照子项一般程序中所列各项程序进行外,无其他特别之程序。例如查核房屋保险等费用,所须注意者,其预收预付应收应付之数额及单据之审核耳。其他费用,大体相同,故不再赘述。

(六)呆账

1. 查明平时呆账之处理方法,抑系直接转入呆账损失或系转入呆账准备（即抵消已提存之准备）。

2. 如所有呆账系转入呆账准备者，查明本期呆账准备之提存计算方法，及所提之数额，是否适当。

3. 对于借入呆账损失或呆账准备之应收账款，查询其历次催收情形，及其究竟，以防弊端。

4. 有保证及抵押品之应收账款，转入呆账损失时，查明其保证及抵押物品，是否已为适当之处置。所收回之价值，抵除账款后，亏缺若干，与转入呆账之数，是否相符。

5. 已作为呆账损失之应收账款，重行收到时，应贷入公积账。

6. 其余可参照资产类应收账款项下各条程序办理。

（七）固定资产变售损益

1. 查明该资产之账面现值，即购入原值减除折旧准备数额，以确定其损益数额之是否正确。

2. 查询其出售之原因。

3. 检阅出售之凭证书类。

（原载《立信会计季刊》第 2 卷第 1 期，1933 年 7 月）

我国公司会计中
股本账户之研究

一、导言

依照我国公司法之规定,公司分为无限公司、两合公司、股份有限公司及股份两合公司四种。在此四种公司之中,关于整理会计之办法,两合公司与无限公司相仿,而股份两合公司则与股份有限公司相似。至于无限公司之会计方法,实际上与合伙会计无甚差别。所以公司会计之有待于讨论研究者,实仅限于股份有限公司一种而已。本篇所谓公司会计者,实即指股份有限公司会计而言也。

关于股份有限公司日常买卖收支借贷各交易,其会计处理方法几无一不与独资商店会计、合伙会计及其他各种公司之会计相同。所不同者,只有股本及由股本上连带发生之各项账户耳(尚有公司债一种,虽为股份有限公司之事项,但在我国,其募集收款及会计方法,与处理股本之方法,颇相类似)。是以公司会计之讨论与研究,几乎完全集中于股本及其连带事项(如公债股息红利等)之会计方法。本篇所拟研究之范围,虽以公司股本账户为限,其实即为公司会计全部之研究,亦无不可。盖倘使公司股本账户之会计方法,得以确定,则关于公司各项会计问题,几无不随之而解决也。

笔者在民国十八年夏,曾编纂《中国公司会计》一书。对于处理股本账户之会计方法,曾根据本国法律之规定,为相当之叙述。但是书仓促编成,对于此项问题,实未能加以精密之研究。嗣后每一翻读,辄难满意。久拟另为一文,补其不足,又以事冗未果。今春在上海商学院第一期季刊中,读本所旧同事黄君组芳所作《从公司法上观察股份有限公司之股本账户》一文,更引起笔者对于此项问题研究之兴味,因草此篇,以就正于当世有道焉。

二、研究之要点

公司为遵照公司法规定而组织成立之法人,其种种行为,无不受本国法律之监督与限制。尤其以股本之认募缴款,以至创立开业,其种种程序,在法律上无一不有具体严密之规定。因之其会计处理方法,亦应完全以法律规定为根据,而不应有所抵触。虽然,法律所能规定者,只及于一般公司行为共通之原则,但事实上亦每多例外。本篇所谓研究者,即系根据本国法律规定及实际情形,以讨论公司之股本,应用何种账户及记录方法以处理之,方为适当是也。

我国人士对于会计学之研究,程度殊觉幼稚。所以关于公司会计之著作,亦极少见。一般学者所资以为研究之资料者,咸为他国之书籍,而尤以英美之书籍为多。研究之资料,既属输自英美,故其学理之根据,亦每不能脱去英美之畦径。其实我国公司法各项规定,大半取法德日,与英美之法例及意义,大相径庭。因之关于公司股本账户及其处理方法,或不能与英美所习用之账户及方法相同。兹为便于研究本国公司股本账户之处理方法起见,先将英美各国所习用之各项股本账户及其处理方法,略述概要,以作下文研究之根据焉。

三、英美式之股本账户及其分录方法①

在英美各国,凡一公司之组织,先由发起人呈准政府主管官署,领得执照。执照中规定可以发行之股本总额,然后由公司陆续招募股份,收取股款,或径在市场中,直接售出其股票。每股金额以一次缴足为原则。唯为认股人付款之便利计,不妨由公司在相当之短期限内,规定分期收款之办法。每股股款须俟全数缴足时,方发给正式股票。至于股份总额,只需发行一部分,便可开始营业,不必全数招募足额,有时亦毋庸全数招募足额也。

---

① 本节为普通读者之未习英美公司会计者而作,倘读者已知英美公司账户之分录方法者,可将此节略去不读。

为适应上述之法律规定,而为关于股本各事项之会计处理时,可有下列各种股本账户之设置及应用①:

1. 准发股本或称额定股本(Authorized Capital Stock)。

2. 未发股份或称未认股份(Unissued or Unsubscribed Stock)。

3. 认缴股款(Stock Subscriptions)。

4. 已认股本(Subscribed Capital Stock)。

5. 分期应收股款(Subscription Installments)。

6. 已发股本或称股本(Capital Stock Outstanding)。

(1) 准发股本账户,记载公司营业执照内所批准发行之股本总额,即表示本公司之或有资本也(Contingent Capital Stock)。其贷差表示公司尚未卖出或未经人认购之股份数额,其借项贷项之性质如下。

借方	准 发 股 本	贷方
卖出或认定之股份之票面总数 (其相对之贷方账户,为已发股本,或已认股本,视情形而定)	公司执照准于发行之股份总额 (其相对之借方账户为未发股份)	

(2) 未发股份(或称未认股份)账户,为借差科目,表示一公司可以发行或出售之股份数额,为该公司之或有资产。盖未发股份一经发行,即变成现金或认缴股款等资产也。其借项贷项之性质如下。

借方	未 发 股 份	贷方
准发股本之总额 (其相对之贷方账户,为准发股本或股本)	已认或已缴股本之票面总额 (其相对之借方账户为现金,其他财产或认缴股款,视情形而定)	

(3) 认缴股款账户亦为借差科目,表示已经募认而尚未收得之股款,为公司之资产,其借项贷项之性质如下(此科目在英美各国只为临时暂记账性质,因每股既经认定,则在短期间内必须一次或分期缴清,而将此科目之借差结清也)。

---

① 此处列举各项账户,均系公司发行股份时所常用者。此外关于股本之账户尚有库藏股票、股份溢价、股份折价等,因非本篇研究所及,故从略。

借方	认 缴 股 款	贷方
已认股本之总数 (其相对之贷方账户,或为已认股本,或未发股份,或为库藏股份,或为股本,视情形而定)	一次或分期缴纳股银之现款或财产数额 (其相对之借方账户,为现金,或其他财产,视情形而定)	

（4）已认股本账户为贷差科目,其差额表示公司尚未安全确定之内部负债（即资本）,其借项贷项之性质如下。

借方	已 认 股 本	贷方
已缴股本票面数额 (其相对之贷方账户,或为已认股本,或为未发股份,或为准发股本,视情形而定)	业已认缴之股本票面数额 (其相对之借方账户为认缴股款)	

已认股本账户,在英美公司会计中亦系临时暂记账性质。其有时所以必须另开此户,以别于股本账户者,则因股本虽经认定,但认股人或并不按期缴纳股款,致公司取消其所认之股份,没收其已缴之股银,而将此项股份,另招他人认购。故已认股本之性质,尚不能即日确定其为正式发行之股本与否也。

（5）分期应收股款账户为借差科目,表示公司定期应收之股款数额,即认缴股款之已经定期收缴者也。其借项贷项之性质如下。

借方	分期应收股款	贷方
某期应收股银之数额 (其相对之贷方账户为认缴股款,或未发股份,视情形而定)	到期收得之股款数额 (其相对之借方账户,为现金或其他财产,视情形而定)	

在英美各国,凡公司股款之系分期缴纳者,其时期多经预先规定,故常用此科目以为记载,但此账户亦系临时应用性质,一旦股款缴齐,即行结清,无长期存立在资产负债表上之可能也。

（6）已发股本（或仅购股本）账户为贷差科目,其差额表示公司已经确定之内部负债或资本。其借项贷项之性质如下。

借方	已 发 股 本	贷方
依法减少资本之票面数 (其相对之贷方账户,或为亏损,或为现金,或其他资产,视情形而定)	已经缴款确定之股份票面数额 (其相对之借方账户,或为准发股本,或为已认股本,或认为现金,或其他财产,视情形而定)	

兹举两种实例于下，以示上列各账户之应用。

第一例（股款系一次认缴者）

兹有美国纽约一公司，其创立情形如下，试为分录之记载。

1. 呈准主管官署，领得执照，准其发行股份总额二百万元。此项总额，分为四万股，每股五十元。

2. 准发股本之半数，已经募得认股人。

3. 业经认定之二万股中有一万五千股业已缴足现款，其余五千股尚待收取。

4. 发出一万五千股之股票。

以上各项交易其应为之分录如下。

1. 未发股份（或未认股份）	$2,000,000	
准发股本（或额定股本）		$2,000,000
2. 认缴股款	1,000,000	
已认股本		1,000,000
3. 准发股本（或额定股本）	1,000,000	
未发股份（或未认股份）		1,000,000
4. 现金	750,000	
认缴股款		750,000
5. 已认股本	750,000	
已发股本（或股本）		750,000

倘将上列各分录过入总账，而将各户结余之数列成一表，则如下表。表中所示借贷各项，可以明示该公司彼时资产（及或有资产）与股本（及或有股本）之情形也。

美国纽约公司资产负债表

资产：			资本：		
未发股本（或未认股本）	$1,000,000		准发股本	$1,000,000	
认缴股款	250,000		已认股本	250,000	
现金	750,000		已发股本	750,000	
资产总额	2,000,000		股本总额	2,000,000	

第二例（股款系分期认缴者）

兹有英国伦敦公司,额定股本十万镑,分为一万股,每股十镑,股银分为三期缴纳,第一期应收十分之四,第二、第三两期各收十分之三,今该公司已募足股份之半,即五千股,并已收到第一期股款一万六千镑,试为分录之记载。

1. 未发股份(或未认股份)　　　　　　　　　100,000
　　准发股本(或额定股本)　　　　　　　　　　　　100,000
2. 认缴股款　　　　　　　　　　　　　　　50,000
　　已认股本　　　　　　　　　　　　　　　　　　50,000
3. 准发股本(或额定股本)　　　　　　　　　50,000
　　未发股份(或未认股份)　　　　　　　　　　　　50,000
4. 第一期应收股款　　　　　　　　　　　　20,000
　　第二期应收股款　　　　　　　　　　　　15,000
　　第三期应收股款　　　　　　　　　　　　15,000
　　认缴股款　　　　　　　　　　　　　　　　　　50,000
5. 现金　　　　　　　　　　　　　　　　　16,000
　　第一期应收股款　　　　　　　　　　　　　　　16,000

倘将上列各分录过入总账,而将各户结余之数列成一表,则当如下表所示。

英国伦敦公司资产负债表

未发股份或未认股份	£50,000	准发股本	£50,000
第一期应收股款	4,000	已认股本	50,000
第二期应收股款	15,000		
第三期应收股款	15,000		
现金	16,000		
资产总额	100,000	股本总额	100,000

四、我国公司股本对于上述账户是否适用

按我国公司法之规定,不论公司为发起设立(即股份总数由发起人认足者),抑为招募设立(即发起人未能认足股份,而需招募外人加入者),非将公司章程中所规定之股份总额全部募足,及第一次应收股银全

83

部缴足后,公司之设立不得完成。至于第一次应缴之股款,不得少于票面金额二分之一(旧公司条例为四分之一)。其余二分之一,可视日后公司之需要与否,再定续缴之办法及期限。有许多公司,只以未缴股款之数额,为公司信用之后盾,在事实上并无缴纳之必要,须至公司现存资产不足抵挡公司债务时,再向各股东催缴也。

我国一部分之会计学者,鉴于我国公司法中关于股份之认募及缴款各项规定,与英美各国大有差别,遂谓英美各国所通用之股本账户,如"准发股本"(或额定股本)、"未发股份"(或未认股份)、"已认股本"及"已发股本"等科目,均可弃置不用,仅有"股本总额",及"认缴股款"(或未收股款)两科目,即已足供我国公司记录之用者。如前节所述之黄君,即其一例。即笔者本人,在民国十八年编纂中国公司会计一书时,亦曾为相同之主张。黄君对于此点,主张较坚,说明较详,兹特不避费辞之嫌,将其《从公司法上观察股份有限公司之股本账户》一篇中之要点,摘录如下(原文见《国立上海商学院季刊》创刊号五十五至八十页)。

"照我国公司法之规定,所谓额定股本,必须与认缴股款之数相等(实际上或有其他违法之变相办法,姑置不论),否则不能筹备设立。不宁唯是,我国法律上所认为存在而具法律上人格之公司,无所谓未发股份与未认股本。如果,英美之通法,在中国实属毫无意义,且有背于立法之旨趣,与公司法之规定。今请以各科目分别论之。

1. 额定股本 额定股本为公司请求登记时,得法律准许发行之股本总额,在欧美各国,恒注明于营业执照 Charter 中,而照普通习惯,此数恒较实际需要之资金为大。察其用意,乃在求营业需要扩充范围与增加股本之时,避免请求调换执照之麻烦与费用,而减少资本收缩范围之时,亦可免去此项法定手续。是在公司理财方面,实为一种有伸缩性之补救办法;立法之旨趣,亦予商人以方便……而准许公司得规定名义上之股本总额。唯在中国则不然,我国公司法摈绝他国放任之意旨。而事事取干涉限制之手段,故有公司股份必须全部认足之规定。于是含有名义上股本总额意味之额定股本科目,在中国公司会计中实无根据。

2. 认缴股款 认股为我国公司筹募资金及发行股票之必要途径,

英美会计制度中，为认缴股款另立一科目者，其用意有二。一欲知公司已认之股份若干，二欲知公司未发之股本若干。前者之差额，为认股人未缴之股款，乃属公司之一种债权。后者我人得以自额定股本中减去认缴股款之总数知之。于是既因额定股本可以不必全部认足，此认缴股款科目之开立实不能缺。然在我国，公司既无所谓额定股本，于是与额定股本相倚方能表示公司股本之各种情形者，即有皮之不存毛将焉附之慨矣。我国股本总额，既须全部认足则额定股本与认缴股款在实质上有何异哉。

3. 未发股本及未认股本，股本总额既受法律规定，必须全部认足，则公司一旦成立，无所谓未发股本及未认股本之存在。夫额定股本及认缴股款二科目，仅在法律上不合逻辑，然此未发股本与未认股本则竟与法律相抵触，而为法律所禁止。易词言之，即会计上有此种科目之存在，根本即有背法纪，于是此种科目之不能显示在公司之账册上，实无容置喙者也[1]。

然则英美所用关于股本账户之科目，不能适用于我国之公司，则我将用何种名称以符法旨而切实用耶？据管见所及，我国公司之股本账户科目，仅需下列二项已足。

1. 股本总额。

2. 未收股款（原文为未收股本，唯因其为资产科目，而非资本科目，故将"本"字改用"款"字，似较适当）。

股本总额，即属公司营业执照中所准许发行之股票总额。其为主要之股本账户，乃无疑义。至若未收股款一项，股东已在认股书中签认交纳，唯因公司一时不需款用，故未催告缴纳……如是公司视为公司应收款项，确甚的当。然于此应表明者，即未收股款之科目，仅得在股份全额每股二十元以上之公司，方可存在，少于二十元者，法律只准其一次缴足，故股份每股不及二十元之公司，只一股本总额账户即已足用也。

我人对于股本总额一科目，应辨明其与额定股本之不同，两者虽一

---

[1]　黄君对于已发股本科目，虽未论及，唯推测其意，则我国公司股本，依法必须全部发行，故此科目在我国公司会计中，与额定股本科目，同一无意义也。

同记载公司股本之名值，唯前者有可以不必全部认足之意义存在，而后者则为确已全部认足之股本。……"

以上论述各点，对于我国公司会计中股本账户之原理，颇多开明。唯一细加研究，则觉其呆守法律条文之规定，而不求其变通应用之方法。盖公司对于股额之规定，股份之募集，股款之收取，股票之发行，既有种种步骤，种种程序，则所应用之会计科目及分录方法，亦自应以能在公司账册上表示种种交易之情形，方毕会计之能事。若仅用股本总额一科目，或仅用股本总额及未收股款两科目，绝不能在公司簿册上，表示关于股本之种种交易。倘不能表示关于股本种种之情形，则绝不能谓为完备之方法。

然则我国公司关于股本一项，究竟设置何种科目，以资记载乎？其分录方法，又应如何，而能与法律事实及会计原理、会计效用两方面，均顾到而不刺背乎？此则本篇下文之所欲详为讨论，以求正于国内会计专家者也。

五、股本账户及分录方法之先决问题

欲为上节末尾所提出之两项问题，下一适当之答案，不可不讨论一项必须先决之问题。其问题为何，即"公司账簿应在何时开始记录？"是也。

对于此项问题，一时虽觉有不易答解之困难，然其正当之办法，必不出下列各项之一种。

（一）俟公司设立登记手续完成后（在现行公司法中即系公司正式成立之时），始行记账。

（二）公司成立时，始行记账（依照旧公司条例规定之所谓成立）。

（三）在公司筹备组织期内，即行记账。在筹备时期之中，又可分为下列各时期。

甲、在公司开始收取股款时，或收足第一次股款时，即行记账。

乙、在公司开始募股时，或在募足股份时，即行记账。

丙、在发起人订立章程时，即行记账。

兹依照上列各项时期之记账,逐条讨论其应用之科目及方法,并研究其是否合于事理,以求得一最适当之决定焉。

六、公司设立登记手续完成后始行记账之研究

夫公司之人格,为法律所赋予,故其组织,必须向主管官署报告一切,是即公司设立登记之手续也。主管官署对于公司之组织,及所请登记各事项,加以调查及审核。倘认为合法,则准予登记,发给执照。至是公司方面以政府书面之许可,而取得法人之资格。在登记手续未经完成之前,公司法人资格,尚未取得,故公司必须俟登记手续完成后,方为正式成立。

主张公司须俟登记手续完成后,始行正式开始记账者之言曰,公司在法律上之资格,既须俟登记后方能取得,则法律对于公司之各项行为,亦须俟登记后方能承认。故公司之各项行为,必须俟登记后,方能获得法律上之效力,而可以对抗第三者。所以公司会计,须于是时,始为正式之记载。兹姑假定此说为正当,请进而研究此时公司股本之记录。

公司之登记,依照常例,非俟组织方面各项手续完全办妥,不能得官署之核准。所以在登记核准之时,关于公司股本各事项,应如下述各情形。

1. 股本总额已全数招认足额。

2. 股款一次缴足者,已全数收足。股款之系分期缴纳者,其第一次应缴之款,已全数收足。

3. 即使开创立会时,股份经检查手续,发现有未认之股份,及已认而未缴第一次股款者,或已认而经缴销者,亦当已由发起人连带认缴足额(参考公司法第一〇五条)。

此时募股认股收款等事,均已成过去之事实,在公司正式成立时,无须过问。因之"额定股本"、"已发股本"等,均成为无意义之科目,认股之数,即为股东之总额,故亦无另开"认缴股款"科目之必要。至于"未发股本"、"未认股本"等科目,在事实上更无存在之可能。故此时公司开业记录所须应用之股本账户,确如黄君组芳所云,有"股本总额"一科目或有

"股本总额"及"未收股款"两科目,即敷应用。今设公司股款总额一百万元,一次缴足,则公司账簿上,应为下列之开业分录。

借:现金或(及)其他资产　　　　　　　　　　　　　　　　1,000,000
　贷:股本总额　　　　　　　　　　　　　　　　　　　　　　1,000,000
倘使该公司股本系每股先缴二分之一,则分录当如下式。
借:现金或(及)其他资产　　　　　　　　　　　　　　　　　500,000
借:未收股款　　　　　　　　　　　　　　　　　　　　　　500,000
　贷:股本总额　　　　　　　　　　　　　　　　　　　　　　1,000,000

虽然,法律上所规定者,仅为公司之普通常例,而事实上所发生者,每多公司之特别情形。此在公司会计中,不能不顾及者也。公司向主管官署登记,对于股本一项,每有规定一较大之数,为股本之定额,而先行声明招募一部分者,即就笔者所代办之公司登记案件中,略举数例而言。国货银行股份有限公司,股本定额为二千万元,先招足五百万元。远东银行股份有限公司(俄人所办)股本定额一千万元,先招足五百万元,大中华股份有限公司,股本定额三百万元,在昔最初登记时,只先招足十万元。此类实例,不胜列举。事业部所发执照中,在股份总额栏内,则注明"三百万元先招足十万元"等字样。照此实例而言,则额定股本及未发股份等科目,亦有设立应用之必要矣。兹姑以大中华公司为例,该公司设在最初登记手续完成时,始行记账,则此时表示该公司之资产负债表,应如下式。

(附注)黄君组芳所拟之开业记录为

借:未收股款　　　　　　　　　　　　　　　　　　　　　1,000,000
　贷:股本总额　　　　　　　　　　　　　　　　　　　　　1,000,000
并以下列资产负债表,表示公司创立时之财政状况。
　　　　　　　　　　　(见国立上海商学院季刊创刊号六七至六八页)

资 产 负 债 表

未收股款	1,000,000	股本总额	1,000,000

精密论之,倘使黄君主张公司应在正式成立之后,始行记账,则上列分录及表中所示情形,实为事实所无。因彼时股款或已全数收足。或已缴足半数以上,断无如上列资产负债表所示之财政状况,设如上列分录系在股份募足时(即筹备期内第三期)所记,于理固属可通,但在公司筹

备期内,即行记账,所用股本账户,绝不止股本总额及未收股款两科目。(详见下文)且未收股款之名目,在股份募认足额时,尚难适用。宜改用认缴股款科目,以资处理。因彼时认股人尚可撤销其所认股份,即使其撤销无理由,发起人只得向该认股人请求赔偿,而无强令交纳股款之权。故彼时之认缴股款,仍是公司一种尚未完全确定之资产,而非如未收股款之确为公司资产,可以向股东诉请缴纳或补偿也(参考公司法第九十八条、第一百二十一条至一百二十三条)。故黄君之立论,颇有彼此矛盾之处。

大中华股份有限公司

未认股份	2,900,000	准发股本	2,900,000
现金或(及)其他资产	100,000	已发股本	100,000
	3,000,000		3,000,000

有人谓上列资产负债表内所示"未认股份"及"准发股本"两科目,均非表示真正之资产与股本,充其量不过表示一种或有资产及或有股本,殊可不必为之记录,而此时之资产负债表,只如下示者可矣。

大中华股份有限公司

现金或(及)其他资产	100,000	股本(此处未便称为股本总额)	100,000

是说也,可以两项理由驳复之。(1)未认股份(或未发股份)及准发股本(或额定股本)两相对科目,虽非表示公司真正之资产及资本,而仅系备忘之记录(Memorandum Entry),但既有备忘之作用,又有记入账内之价值。在政府会计中,所有各种预算账科目,如"核定经常费"、"法定支用数"、"核定岁入数"及"预计解库数"等,无一非备忘性质之科目,会计学者咸认为必须记入账册,以资稽考。即在商业簿记中,如"贴现应收票据"等表示或有负债之科目,亦常记入账内,何独对于未认股份及准发股本等科目之设置而反对之耶?(2)英美公司会计之第一开业记录,每多借 Unissued Stock、贷 Authorized Capital Stock 之分录。会计学者无不认为适当。至少亦认为数种分录方法中之一种(见拙著《公司会计》)。其为备忘性质,与我国公司会计中上述该两科目之应用,完全相同。何以在我国公司会计上之分录,则谓为"无意义"、"非必需"或竟指为"干犯法纪"耶。

依上所论,系假定公司之簿册当在设立登记手续完成以后,始行记录者,则关于股本账应用之科目,可有下列各项。

股本总额(或股本)　　此科目系一般公司所需用

未收股款　　此科目系股款非一次缴足之公司所需用

未认股份(或未发股份)　此两科目系事实上先行招足一部分

准发股本(或额定股本)　股款之公司所需用

现在请为更进一步之讨论,即公司之账目,在事实上是否能待至公司登记后,在法律上,是否须待至公司登记后,始行记录是也。

一公司自开始组织,以至成立,其间须经发起、募股、收款、开创立会,以及呈请登记、核准给照等程序。在此长期间内,断不能无关于财产之收支交易,故事实上亦不能无适当之会计记录。查公司自发起以至成立,其间所可经过之时日,依照公司法之规定,为之约计如下。

1. 发起人之招募股份,虽应定有募足总数之期限(参看公司法第九十四条第一项第五款),但此项期限,可短可长,法无具体之限制。

2. 股份总数募足时,发起人应即向各认股人催缴第一次股款(公司法第九十七条第一款)至于缴付之期限,不得逾六个月(第一百〇八条)。

3. 认股人延欠第一次应缴之股款时,发起人应定两个月以上之期限,催告该认股人照缴(第九十八条第一项)。因此倘有延宕,至少须延期两个月。

4. 第一次股款缴足后,发起人应于三个月内召集创立会(第九十九条)。因之又可有三个月之延宕。

5. 创立会倘使不足法定人数,则应于一个月内再行召集(第一百条第二、第三项)。因之又有一个月之延宕。

6. 创立会完结后十五日内,公司应向主管官署为设立之登记(第一百〇九条)。

7. 申请登记之呈文,应由地方主管官署转呈实业部,由部发给执照。自呈请开始至领得执照,在上海地方,至少须经时两个月。在其他边远地方,当然更须久待。其有因手续文件不合,奉批改正等事,文件往返,更费时间,经年累月,殊难定也。

观于上列各条,而知公司自发起筹备时起,直至登记手续完毕为止。或须相隔数年之久。其时公司营业交易,当久已开始。盖查旧行公司条例第五条,原有"公司非在本店该管官厅注册(即新公司法所称之登记)后不得着手于开业之准备"之文,但在现行公司法中,此条已经删去。可知现在公司在正式成立之前,均可着手于开业之准备。所谓开业之准备者,如以股款购买厂基地址、建筑房屋、购办机器工具,甚而至于采办商品原料等皆是也。其实我国绝大多数之公司,在开创立会之前,均已实际开始营业,法律上并无禁止之明文,即使此种办法,认为发起人之专擅行为,则由发起人负其责任可矣。倘使发起人在创立会中报告一切经过,而得创立会之承认,则公司成立前之各种行为,即由公司负责。且在创立会开过检查股款完毕以后(在发起设立之公司则在主管官署选派检查员实行检查后),事实上几无不开始动用股款,从事营业者。断无坐守数月,待领到公司登记执照后,方始开业,以虚耗其股本之利息,及公司之开支者也。公司既在登记手续完成前,即已开始营业,则在事实上,其账目断不能待至登记以后,始行记录,盖甚明矣。

　　且从法律点观之,公司会计亦毋庸待至公司设立登记后,始行着手记录。盖公司之组织及其他行为,倘步步按照法律规定之手续进行,则虽在登记以前,所有一切行为,于法亦不能不认为公司之行为。查商人通例之规定,凡非照公司法办理者,不得称公司,可见公司虽在组织时期,只需各项手续,依照公司法办理,便为合法之公司,不待登记以后,方为公司也。至于登记之效力,不过确认公司之法人资格,并正式追认公司在登记以前之一切行为,使可对抗第三者而已。例如公司登记前所举之债务,在公司当局,固当于公司登记手续完成之前,负无限责任,但在登记后,则此项债务责任,即变为有限性质。盖公司之登记,其对于公司及第三者,所发生之效力,可以追及公司筹备时期也,所以公司在筹备时期内种种法律行为,苟系按照法律之规定而为者,或与法律之规定并无违反者,即为公司正式之行为,即须为正式之记录。在未经法律追认以前,公司之行为,并非不发生效力也,不过其效力尚未确定耳。明乎此义,则知公司之正式成立,在法律上,虽须待登记以后,但在筹备组织期中;关于招认股份，收取款以及准备开业等事，当然视为已成立，亦犹业已议决解散之公司，应于议决后十五日内，向主管官署为解散之登记（公司法第十条）。但解散之公司在清算中，于清算范围内，视为尚未解散者（公司法第五十二条），断不能于解散登记后，强将公司账目立时结束，而谓公司此后之行为，即非公司之行为，无须记载于公司簿册中也。再查民法之规定，关于胎儿权利之保护，视胎儿为已产生。夫公司之着手组织，犹胎儿之尚在母腹中也。公司之核准登记，亦犹法律上胎儿之产生也。胎儿在未产生之前，关于一切权利，可视为已产生，俟后一经产生，则以前各事之效力，即可确定。则公司在未登记之前，关于公司各种行为之进行，亦当然视为已成立。如是则公司会计之记录，在法律上言之，实毋庸待公司之正式成立（即设立登记手续完成以后），方开始也。

以言事实也如彼，以言法理也如此，故照笔者之意，公司会计开业记录，决不应待至公司设立登记以后。因此则公司股本账户所须应用之科目，及其分录之方法，自与通常所假定为适用或不适用，合法或不合法者，大相径庭矣。

七、在公司成立时始行记账（照旧公司条例之所谓成立）之研究

查现行公司法第七条之规定："公司非在本店所在地主管官署登记后不得成立。"是则公司登记手续完成之日，即公司正式成立之日，登记与成立，固二而一者也。但查我国施行甚长废止未久之公司条例（民国三年一月北京政府公布民国二十一年六月三十日新公司法施行时废止），其中规定，则公司成立之时，非即登记完成之日，该项条例目下虽已废止，但仍不妨引作参考，以研究股本账户之记法。查该条例之规定，则股份有限公司之为发起设立者，在发起人认足股份时，公司即为成立；其为招募设立者，则公司以创立会完结时成立。倘使公司已经依法成立，断无不开始记账之理，其时公司关于股本之开业记录，发起设立者，与招募设立者互有不同。兹分论之如下：

1. 发起设立之公司　兹假定某公司额定股本为七万元，每股一百元，共计七百股，由甲、乙、丙、丁、戊、己、庚，七发起人各认一百股，各计

一万元，业已足额。彼时公司即为正式成立，应为分录如下：

认缴股款	70,000
已认股本	70,000

此时所以用"认缴股款"科目，而不用"未收股本"；用"已认股本"科目，而不用"股本总额"科目者，因彼时尚有撤销认股，或裁减股数之可能，一方尚非确定之应收款项，一方亦非确定之资本数额也。倘使该公司股款，由发起人同意按股先缴四分之一时，则应为分录如下：

第一次应收股款	17,500
认缴股款	17,500

倘使此时发起人中，甲、乙两人以现金缴付股款，丙丁戊己庚五人以其他财产缴付股款，并假定第一次股银确已缴足，则应分录如下：

现金	5,000
其他财产	12,500
第一次应收股款	17,500

此时发起人应即选任董事及监察人，呈报官厅选派检查员，检验第一次股银是否缴足，及以银钱以外之财产抵作股款者，其估价及公司核结之股数，是否正当。尚使估价过高，官厅得据检查员之报告，裁减所给股数。如上例，其他财产之抵作股银者，发起人虽估定为值银一万二千五百元，但设官厅所派之检查员，认为只值七千五百元，应裁减五千元，则丙丁戊己庚五人，止有每人补足规银一千元，共五千元，或另换缴现金一万二千五百元，方可以维持原定之股额。否则官厅将裁减其所给股数，由每人一百股，减为每人六十股。五人共减二百股。彼时应为之分录如下：

第一次应收股款	5,000
其他财产	5,000
认缴股款	5,000
第一次应收股款	5,000
已认股本	20,000
认缴股款	20,000

若将上述各分录之结果，编一资产负债表，则如下表。

某公司资产负债表

现金	5,000	已认股本	50,000
其他财产	7,500		
认缴股款	37,500		
	50,000		50,000

至此所谓"已认股本"者，其性质与数额，已经确定。故应转入"股本"科目，以为永久之记录。至于认缴股款，则亦已确定其应收之性质及数额，故亦以同样之理由转入"未收股款"账户，分录如下：

已认股本		50,000	
股本			50,000
未收股款		37,500	
认缴股款			37,500

此时该公司之资产负债表，当改如下者是。

某公司资产负债表

现金	5,000	股本	50,000
其他财产	7,500		
未收股款	37,500		
	50,000		50,000

上表中所示两种股本科目，有永久的性质，非俟公司决定继续收取股款，或增减资本时，无所变更。

于此尚有一附带问题。应加讨论者，即"未收股款"之名称，有时用"未收股本"而股本之名称，有时为"股本总额"，究以何者为适合是也。查未收股本之名称，既明示为股本，当不宜列为资产，而应径在股本中减除，方合逻辑。至于股本倘系全数收足，并无未发等数额，则"总额"两字亦无意义。但若以未收股本从股本中减去，则股本下附加"总额"两字，亦可较为明晰也。是以股本账户之名称，有时须视其排列之地位，以决定其适当之字样也。

兹将上示资产负债表重为排列如下，并为改用于此较适当之名称焉。

94

某公司资产负债表

现金	5,000	股本	
其他财产	7,500	股本数额	50,000
	12,500	减：未收股本	37,500
	12,500		

　　本节所述方法，并非谓"认缴股款"及"已认股本"两科目之必须设置也。不过示两科目有时亦有设置之必要，以确示公司财政之真实状况耳。倘使发起人所认股份，声明不许撤销，且缴股均以现金，不以财产，主管官署自不能将其股本总额加以裁减，则第一开业记录，不妨即借"未收股款"，贷"股本"或借"未收股本"，贷"股本总额"，以图简便也。

　　2. 招募设立之公司　查旧公司条例之规定，公司之由招募设立者，以创立会完结时成立。所谓创立会之完结者，依法律规定，当指公司之章程业已通过，董事监察人业以举出，及检查报告业已完毕而言。虽曰创立会开会之前，股份总数应已募足也；第一次股银应已缴齐也；对于银钱以外之财产抵作股银者，其估价及公司所给股数，应已决定也（参看旧公司条例第一百十四条、一百十五条）。但此不过为常例而言耳。查旧公司条例第一百十六条有"有未认之股份及已认未缴第一次股银者，应由发起人连带担任，其已认而由原人撤销者亦同"之规定。则可知公司虽在创立会完结时，对于"未认股本"、"应收款项"等事项，在事实上非必尽无其事。因而此等科目，在事实上亦不能完全废除不用也。且条文所谓由发起人连带担任者，仅须发起人对于募足股份之事，负其责任而已。既未明定未认缴足额之股本，应由发起人缴足，更未明言发起人应于若干日之期限内，负招足收足之责任。所以发起人尽可以负责之辞空言搪塞，而任此等科目永久宕在账上也（按此点实系旧公司条例欠缺之处，新公司法已改为"应由发起人连带认缴"则非俟缴足以后，不能向主管官署申请登记。又按笔者以前办理公司设立注册案件，有时因股份尚未全数招足，第一次股款尚未全缴，但因公司亟须成立，不克久待者，每由发起人共同签具连带负责之证明书一件，声明未足未缴之股份股款，确由全体发起人等负责云云，附入呈请注册文件中，亦可得主管官署之批准给照）。

依照上述情形，假定某公司额定股本十万元，分为一千股，每股一百元，第一次先付半数，在创立会检查完毕时，有股份一万元经人承认而撤销，等于未认。至于股东中有一人认股一万元，第一次应先付五千元，兹已付三千元，尚欠二千元，允于一月内缴齐。此时该公司之资产负债表状况，可以下表示之（分录从略）。

某公司资产负债表

现金或（及）其他资产	43,000	股本	
应收第一次股款	2,000	股本总额	100,000
未收股款	45,000	减：未认股本	10,000
	90,000		90,000

由此观之，我国公司之会计，即云在成立之时，方始记录，而对于账本账户之设置，亦非仅"股本总额"及"未收股款"两科目所能敷用，此则与一般会计学者之想象，适相反背者也。

八、在公司筹备时期即行记账之研究

依照上文第六节所述理论，吾人可知公司之账目，事实上不能待至公司成立后，方始记录，法律上亦毋须待至成立后，方始记录。然则当在公司筹备期内，即行着手记载也明矣。然公司筹备时期，有时甚长。其将在发起人订立章程时，即行记账乎？抑在有人开始应募股份之时或股份总额募足之时，方行记账乎？抑须待至开始缴付股款时，或第一次股款收齐时，再行记账乎？关于此项问题，法律上实无具体之规定。照笔者之意，不妨听公司发起人之意思，视事实上之便利，而酌定焉可也。

1. 始在公司发起人订立章程之时，即行记账，则其关于股本账户之分录，可与英美两国所通用者相同，示例如下：

在订立章程，规定准行募集之股本数额时，得为备忘之记录如下：

(1) 未认股本		1,000,000
额定股本		1,000,000

在认股进行中，应陆续为借"认缴股款"，贷"已认股本"之分录；追股

本全数认足,则其总分录如下:

(2) 认缴股款	1,000,000	
已认股本		1,000,000

认股继续进行,则应将第一分录陆续为之转正;迨股份认足时,则第一分录,亦全数转正如下:

(3) 额定股本	1,000,000	
未认股份		1,000,000

在缴纳股款进行中,应陆续为借"现金"或"财产",贷"认缴股款"之分录;迨股款全数收足,则其总分录如下:

(4) 现金或(及)其他财产	1,000,000	
认缴股款		1,000,000

缴付股款继续进行,则应将"已认股本"陆续转作"股本";迨股款缴足时,则"已认股本"亦已全数转作"股本",分录如下:

(5) 已认股本	1,000,000	
股本		1,000,000

2. 如在认股开始时或认足股份时始行记账,只需将上述(1)、(3)两项备忘分录略去即可。

3. 如在开始收取股款时或股款收足时始行记账,则只有借"现金"或"财产",贷"股本"之分录即可。

查我国公司法之规定,集股必须经认股之手续。俟股份认足后,再行通告各认股人付款,非若英美各国之股份,可以直接售出也。因之认股一项手续自应记入账上。如是则上列三种方法中当以第二种方法,即在认股开始时记账,是为适宜。

上例示公司股份之系一次收纳股款者。倘使公司章程规定每股先缴股银二分之一,则分录当如下:

在订立章程决定募股总额时之分录如下:

(1) 未认股份	1,000,000	
额定股本		1,000,000

募认股份之分录如下:

(2) 认缴股款   1,000,000

    已认股份   1,000,000

冲转第一项备忘分录之分录如下：

(3) 额定股本   1,000,000

    未认股份   1,000,000

决定收取第一次股款时之分录如下：

(4) 第一次应收款   500,000

    认缴股款   500,00

收取股款之分录如下：

(5) 现金或(及)其他财产   500,000

    第一次应收股款   500,000

股东业已确定时之分录如下：

(6) 已认股本   1,000,000

    股本总额   1,000,000

(7) 未收股款   500,000

    认缴股款   500,000

    如在开始认股时，始行记账，则将前例(1)、(3)两项，略去即可。

    观于上例，可知英美通用之股本账户，及开始记录，在我国公司会计中，实可完全适用，彼此法律规定，虽属不同，而订定股本数额、招募股份、收取股款等会计记录，则仍彼此相同也。是说也，不仅将我国会计家一向对于公司股本账户之认识，完全推翻；亦将笔者自编之公司会计中，所有关于公司特有各科目之说明，及开业记录之方法，完全推翻也。

九、对于公司股本账户之其他研究

    或者曰，照吾国公司法之规定，公司中不应有未发股本及未认股本等情事，而子必欲将其列入会计记录中，是否有如黄君组芳之所谓"有干法纪"乎？则应之曰，不然，子所谓公司不应有未发股本、未认股本等情事者，只指其永久的情形而言，非指其暂时的情形而言也。夫未发股本及未认股本等科目，在吾国公司会计中，自无永久存在之可能。然用以记载临时确有之情形，正合乎会计之原则，有何干犯法纪之处耶？盖各种会计制度中所用之会计科目,非必尽有永久存在之性质也。有仅在结账时用之者,如普通会计中之贸易账户(Trading Account)是也。有时仅用为分配数额之用者,如成本会计中许多转账科目(Intermediate Accounts)是也。现我国公司会计中使用未发股本、未认股本等科目,亦因公司在筹备期内,股份尚未招足以前,确有未发股本、未认股本等事之存在,不得不用适当之会计科目,以记载表示此种之事实耳。且以吾国公司法与英美相较,我国额定股份,必须全数招足,但每股全额不妨缴付一部分,英美则额定股份,不妨招认一部分,但每股全额则以缴足为原则。如谓吾国公司会计中不应有"未认股本"科目,则英美公司会计中亦将不应有"认缴股款"或"未缴股款"等科目矣。但英美公司会计中之开业记录,几无不用认缴股款之科目,其目的亦不过期在短期内,将此科目之余额结清,无永久存在于资产负债表中之可能,此与吾国公司会计之暂用未认股份等科目,事虽两殊而原理则一也。

或者又曰,公司招股收款等事项,可以先行记入辅助账簿,如认股登记簿及分期收款簿等;俟股款收足股份确定时,再行一次记入主要账簿,则子所主张必须应用之临时性质各科目,均可无须应用矣。则应之曰,此法有时可以适用,有时不能适用,须视公司所收股款,在收足之前,是否另行保管,不予动用,以为决定。如公司收得之股款,在公司正式成立之前并不动用,则上述先用辅助簿册,以资记载之方法,可以适用;否则动用股款,必有他项交易发生,而公司主要账簿中,即不能无相当之记载也。且主要账簿之记载,无非为欲随时表示公司整个之财政状况,使有编制资产负债表之可能。公司在筹备组织期内,亦时有此种之需要,对于募款收款之进行方面,亦当随时有资产负债表之编制,以表示其情形。是则仅设数种辅助账簿断难敷用也。

十、公司增资时应用之股本账户

以上各节所论公司会计中应行设置之各种股本账户,在公司增加资本添募股份时,其必须应用之情形,更为显著。苟在公司创立之时,尚可以公司未经成立,不须正式记账等似是而非之理由来相究诘。若在增加资本之时，则公司久已成立，无论何项正式资产或或有资产，正式股本或或有股本，一经发生，即当记入正式簿册，使公司有整个财政情形之表示。且公司在增资之时，营业并不因之停顿，所收股款事实上盖无不随时动用，以应急需者，即法律上亦无禁止其随时动用之规定。是则公司增资各事项，不能待增资登记手续完成后，再行正式记账，益可了然。倘在增资进行中，即须记账，则其所用股本账户及分录方法，当与公司在筹备期内之记账相同也。

（原载《立信会计季刊》第 2 卷第 1 期，1933 年 7 月）

工厂材料之管理与会计

一、概况

引言　工商企业为集合人力与财产而谋盈利之团体。故欲求盈利之丰宏,事业之发展,对于其人工与财产之两方面,均须有严密之管理,务使各得其宜,尽其最高之效能,勿使有些微之浪费,此乃一般言工商管理者所倡导之原则也。观今中国之工商企业,其能言科学管理者,百不得一。人事之不相称,固已成为各业之通病;财产之管理及其记载,亦多未能精密完全。考其所以如此之原因,良以吾国商人,对于科学管理之方法,多不明了,而传统之惰性尤深,苟安之恶习难除,对于新式管理方法之须按照一定程序者,恒感其麻烦与不便,而不肯切实照行也。

一工厂之资产,大别之可分为房屋、机器设备等固定资产,现金客账等流动资产,及材料制成品等营运资产等类;固定资产因其性质固定,制成品因其性质简单,管理记载均属较易。现金客账等,则其因其有对外关系,故大都已有精密之记载。只有材料一项,种类较繁,变动亦多,管理与记载,自较为困难,因之多数工厂,对于材料之购入及使用,平日不加严密之管理,亦未有完全之记载,仍循旧有之方法,于每年结账时盘点一次而已。此不得不认为现行会计方法之缺陷,而亟待改良者也。爰草此篇,以唤起企业家之注意焉。

再本文之作,虽以材料之管理与会计为讨论之主点,然商店对于商品之管理与会计,其原则及方法,亦大致相同,读者一隅三反,自能以此例彼也。

（一）材料管理与会计之重要　工厂所用材料,包括原料配件及各项物料用品,其应有精密之管理与详细之记载,其理由与金钱无异。盖材料乃以金钱交换而得,与所费之金钱有同等之价值。商店之经理,绝不让其店内之现金,随处散放而任人使用。现金之须安全保管及详细记载,勿使有一分一厘之错误,已成为管理上一般之原则。然则种种有价值之材料,即任其散置于工场各处,而不为妥慎之保管,任各工人之自由使用,而不为适当之记载,可乎? 如认材料可由工场任意使用,无须为妥慎之保管与适当之记载,即无异视其为无价值之物,吾人殊不信有人能作如是之观念也。

一工厂之材料,若无适当之管理与记载,即难免有种种之浪费,其结果大能减少工厂之利益。此种浪费,或由于可以避免之损失,或由于工人之偷窃,均为不加适当保管,一任职工自由取用之所致。至材料之记载若不完全,亦能发生下列不良之结果。

1. 因材料之存货,无正确之价值,即不能编制正确之决算报告。

2. 制造各种出品,用料几何,各部分用料几何,无从知其确数。

3. 因各种出品之用料,无精确之计算,则其成本究属若干,自亦无精确之计算矣。

(二) 材料会计之基本原则 下列六项,为材料会计上应采用之基本原则

1. 关于材料之购进,点收,存储及提用之各项交易及其记载,均应有主管人员所签准之正式单证,作为根据。

2. 所存各种材料之数量及价值,须能随时于账册中查得,故必须应用永久盘存法(Perpetual Inventory Method)。

3. 凡非制造上所即需应用之各项材料,应存储于安全之处,妥为保管。

4. 各种制品所用材料或各部分所用材料,其数量及金额,亦须能于账册中随时查知。

5. 凡与材料有关系之各项存货及成本之补助账户,均应于总清账中采用统驭账户制度,以核对其正确与否。

6. 关于材料之各项交易,至少须有职工两人以上,负其责任。除通同作弊之外,可以防止其舞弊及偷窃等情事。

适用上述原则之后,可得下列之结果。(1) 防止用料之浪费及损失。(2) 免除偷窃。(3) 确定责任。(4) 注意合理之购买。(5) 确定用料之标准。(6) 防止存货之过多或不足。(7) 随时得悉存货之正确价值。(8) 各部用料及各种产品用料,其成本均得有详细之记载。

（三）处理材料之各种步骤　在规划一工厂之会计制度时,应注意材料会计上所有关系之各种步骤,兹为列举如下：

1. 购进及收入(Purchasing and Receiving)。
2. 存储(Storage)。
3. 提用(Consumption)。
4. 记账(Accounting)。
5. 计价(Valuation)。

本文当将上列关于处理材料之各种步骤,一一详加讨论,俾工厂管理员及会计员知所取法。凡工厂内已施行完备之成本会计制度者,则本文中所述各项步骤,多数自可照行。即使工厂方面尚无成本会计制度之设置,对于购进收入存储提用计价各项手续仍可酌量照行,仅在记账方面,将关于成本会计部之记账手续,略去可矣。

（四）正式单据之应用　关于材料上各项交易,均应使用正式之单据(Written Orders),由主管人员签准,方可为凭。正式单据之应用,可以避免错误与误会,而确定各人所负之责任。此种正式单据,又可作记账之根据,并能为他日查账之帮助也。

二、材料之购进及收入

（一）进货部之组织　进货部或曰购料部,亦称采办处。虽有种种不同之名目,然其为工厂组织上独立之一部,已成为普遍之事实。进货部设进货主任,对于各项进货及其内部之事务,负责办理。凡工厂之一切进货,除特种劳务之购买,如广告电灯电话等外,均属此部主管。

尚有一种职务,为一组织良好之进货部所能负责办理者,即审核及批准其所经手各项进货发票之付款是也。此项工作,原为其组织上所应有之职务,亦唯此部最便于此项工作之进行。盖必如此,进货及付款之核准,方可集中在一部之内,因此部对于发票上所规定之进货价格品质付款条件等,及其他必须核准之各项条件,最为熟悉。而同时又可以减轻会计部之责任,使其不必兼顾进货上不易熟知之事实,而可专事于账目之记载焉。

为求工作之便利及敏捷起见,进货部须备有关于材料之来源定价、运费及最近之市价等,及其他种种有关系之详细记录。进货部有此种种齐备之记录,其必能于购货之时获得最大之便利与节省,可无疑也。

在规模狭小之工厂中,购货事务常由他部或经理兼任。而不另设单独之进货部。但此仅为工厂组织上之不同,至其进行上所应采取之原则及方法,则无以异也。

(二)购货手续之图解及其应用之单据　下图乃示购进及收入材料之程序,应与本节及下节所述各点参合观之。至购货及收货上所应用之单据,其重要者,有下列数种:

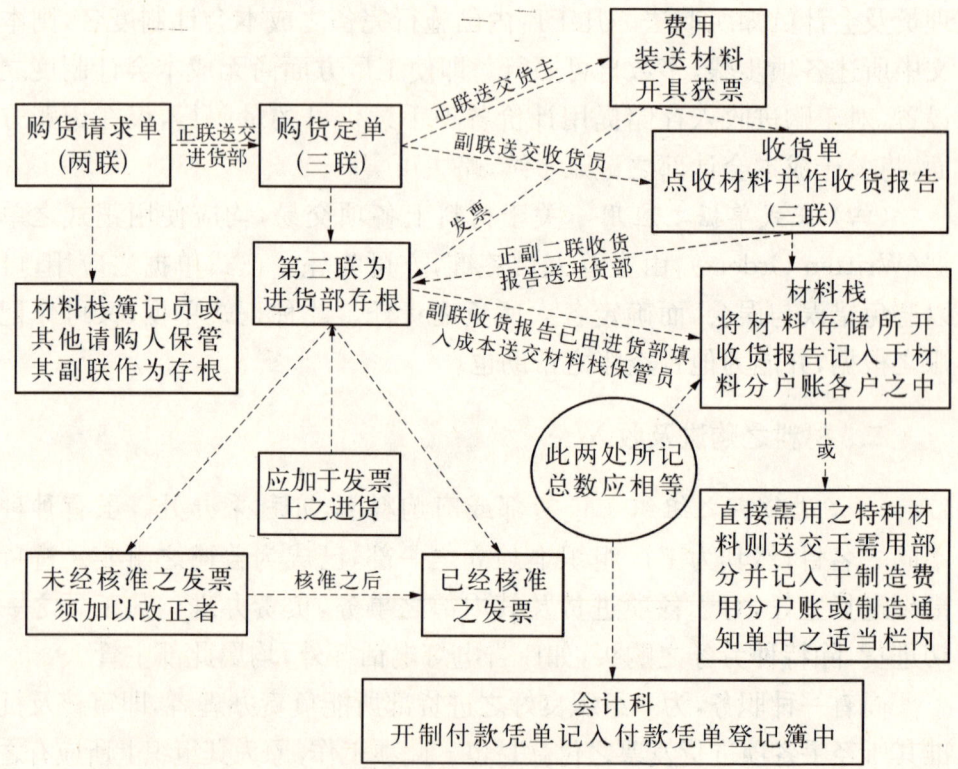

购货请求单(Purchase Requisition)

购货定单(Purchase Order)

收货报告单(Receiving Report)

退货通知单(Return Shipping Order)

借项通知单(Debit Memo)

贷项通知单（Credit Memo）

（三）购货请求单之重要　为防止过多及非必须之进货起见，每购入一批材料，非有正式之购货请求单为其根据不可。盖购货请求单可以表示所购之材料，必有一定之需要。如某种材料，当其市场上之情形，为特别廉价，值得购买而暂为存储者，则为免失良好机会起见，虽非急待需用，亦得购入。但有权决定此种购货之负责人员，必须签发购货请求单，为其根据。

（四）号码之应用　关于账户分类编号之原理及方法，亦可引用于材料会计之上。即每种物料均应为之编列字号。此项编号之方法，可以根据材料定购之目的及其分类而定。如所购者为材料栈存储待用之货，即可以材料分清账上该项材料账户之号数为其号数。如所购者为某一制造部分所定购，即可以其使用该项材料之制造费用账户之号数为其号数。如所购者为特制某一产品之用料，即可以该项产品之制造通知单（Production Order）之号数，为其号数（假定该工厂有成本会计制度之设置）。如所购者为销售上与管理上共同应用之物料，则可以该项销售费用、管理费用之账户号数，为其号数。盖此种编号方法，可使所购之料，无论何时，均得明了其性质，而定其应行借入之账户。且对于进货发票之审核，及购进材料送交何处之指示，亦有许多便利也。

（五）购货请求单　购货请求单之开具，通常由熟悉进货情形之人员为之。唯关于存栈材料请购单之开具，通常即由材料栈保管员（Storekeeper）为之。关于特用材料请购单之开具，则由需用部分之主管人员为之，如修理部为修理工厂设备需用之配件，或工程部所应用之工程书籍等是。各种请购单均应由主管人员签字证明，以示该项请购材料已经批准之意。例如存栈材料之请购单，应由工务设计部（Production Department）之主管人员所签准，特别材料之请购单，则应由各生产部之主管人员所签准是也。

购货请求单仅为请求进货部购置需用各项材料之通知单据，在实际上即用便条格式，亦无不可。唯为便于购货之敏捷，及手续之完备起见，对于所购材料之种种说明，务须详为规定，故以应用正式之单据为宜。

购货请求单　　　　　　　　　　　　　　　　　号　数_____
　　　　　　　　　　　　　　　　　　　　　　账户号数_____
卖主_____
需用日期_____　购货定单号数_____　日期_____

数　　量	请购货品种类名称	说　　明

批准人　　　　　　　　　　　　　请购人

第一式　购货请求单

　　购货请求单上所应注明各事项：（1）请购日期，（2）请求单号数，（3）应借账户之号数，（4）需购之数量及其品质之说明，（5）需用之时日，（6）请购人之签字，（7）负责批准购货人员之签字。此外尚可备卖主一格，注明此料可向或应向某处购取。但除特种情形之外，卖主之选择，均由进货部决定。为便于互相稽核起见，请求单上有时亦注明定单之号数。上列第一式即为购货请求单之普通格式。此单同时应写正副二联，正联送进货部，副联则留于开单人处，作为存根，以备日后之查考。请求单应逐一编以号数，以便日后之寻阅及检查。

　　（六）购货定单　进货部收到购货请求单后，即着手定购所需之材料。先从各处询问此项材料之定价，然后酌定其运送费用及交货方法，最后乃决定购货之处，开具购货定单送交卖主，向其定购。

　　购货定单为购货人请求卖主供给某种货物之单据，实际上不过为信件之一种。但为进货部之工作上及会计上之便利起见，此单据当印成一定之格式，备有适当之空格，以填记各项应行注明之事实，并使各定单上所填记者，得以一律。定单上所应填明者，通常有下列诸事项：（1）开具定单之日期，（2）定单之号数，（3）购货请求单之号数，（4）卖主之姓名或名称及住址，（5）付款之条件，（6）装货之日期及方法，（7）交货之期限，（8）所购货品之名称种类品质及数量，（9）单位价格，（10）购买者之签字。

定单应一式开具三联。正联送交卖主,作为其配货发货之根据。第二联送交收货部,由收货员保存之,作为他日点收运到货物之根据。第三联则为进货部之存根,附以其所根据之购货请求单,以为核对发票之用。

定单应连续编定号数,并依其数字或字母之次序,归入档卷,以便日后之查考。每一定单均应由进货部主管人员签准,并应注明其所根据之购货请求单号数。

下列第二式为购货定单之普通格式,读者可与前述各点合并观察之。

购货定单		定单号数＿＿＿＿
		日　　期＿＿＿＿

卖主(或承卖者)＿＿＿＿＿＿＿＿＿＿＿＿＿＿＿＿＿＿＿＿＿＿＿
地址＿＿＿＿＿＿＿＿＿＿＿＿＿＿＿＿＿＿＿＿＿＿＿＿＿＿＿＿＿
　　　　　请依下开价格及条件将下列各货于某月某日前送至敝处为荷

装货运货方法＿＿＿＿＿＿＿＿＿＿＿＿＿＿＿＿＿＿＿＿＿＿＿＿
　　　　　　　＿＿＿＿＿＿＿＿＿＿＿＿＿＿＿＿＿＿＿＿＿＿＿
付款条件＿＿＿＿＿＿＿＿＿＿＿＿＿＿＿＿＿＿＿＿＿＿＿＿＿＿＿

数　　量	种类及名称	价　　格	总　　计

购货请求单号数＿＿＿＿＿＿　定购人签字＿＿＿＿＿＿＿＿＿＿＿＿
账户号数＿＿＿＿＿＿＿＿＿＿＿＿＿＿＿＿＿＿＿＿＿＿＿＿＿＿＿
（请于发票及包装上注明此定单之号数）

第二式　购货定单

（七）收货部之组织　购进之货,通常应由收货员负责验收。故收货之职务,当为点收运到之材料,报告其所收之数量,检查其品质是否与定购者相符,将其所收之材料发交材料栈或其他请购之部分。在特种工厂中,其所购之料,务须合于一定之标准或成分,故常另有验货部之设立。但此验货部在事实上可视为收货部之一部分。

当进货部定购材料时,即将第二联之定单送至收货部,由收货员归档保管。凡所定材料尚未到齐之定单,均当依其预定到货日期之先后为次序,并置一处,必俟材料到齐之后,始将该项定单抽去,另行归档。如此,凡逾期未到之定货,其定单当在收货部时时注意之中,因之可以查询其发货迟延之原由。

每次收到定货时,收货员即将其所注明之定单,由档案中抽出,作为验收之根据,以决定其所收到之货,是否即为定单上所开之货。然后再将收到之货,检验其品质及数量,并做成收货报告,送至进货部,使该部得与其所收到之发票相核对。收货报告本可作于第二联购货定单之上,但因收货员必须将所收材料之名称及数量通知材料栈之管理员,故非另用单独之收货报告不可。

(八)收货报告单 收货报告单乃依据购货定单第二联所做成之三联根据。此单应先由进货部开制,随同第二联购货定单送交收货员。其中所应填记之事项为:(1)购货定单号数,(2)购货请求单号数,(3)应备账户之号数,(4)卖主之姓名,(5)转运机关之名称,(6)运费已否付讫,(7)所收货料之名称种类,品质及数量等。在收货报告单上,尚应备有空格,以备点计数量者,检查品质者,及向收货部收到货料者诸人之签字。下列第三式,即为一普通收货报告单之格式:

收货报告单	购货定单号数＿＿＿＿＿
点收人＿＿＿＿＿	购货请求单号数＿＿＿＿＿
检验人＿＿＿＿＿	账户号数＿＿＿＿＿
收自＿＿＿＿＿	日 期＿＿＿＿＿
由＿＿＿＿＿	运来下列各料运费共计 $＿＿＿＿＿

数　　　量	种类及名称	单位成本	总　　计

记入材料分清账　　　　　　　　　　收货员

第三式　收货报告单

进货部之开制收货报告单,有时将定购之数量,在单上注明。有时则在收货报告单及第二联之购货单上,概不注明定购之数量(第二联定购单上之数量,可将复写纸剪短,勿使印出)。如所定购之数量已注明于收货报告单上,则收货员只需将所收到之数量,与所定之数量,加以比较,以决定其有否错误。如所定数量,不在收货报告单上注明,则收货员对于定购数量,并不预知,必须将所收到之数,记入报告单中。此种不预先填明定购数量之收货报告单,可以防止收货员点收时之敷衍及疏忽。因欲自填其收到之数量,非将所收之货逐一加以点计或磅量不可,若单中已先注明定购数量,则收货员为图省力起见,或仅依其所填数量为之核对,而不再加以实际磅量。但收货员因不知定购之数量几何,在点收之时,自当发生不少之困难与麻烦,或使收货之工作因之延缓。故在组织较大之工厂中,收货部有多数之职员,其疏忽等情,可由主管员之监视而避免,则收货报告单上不妨预填其定购之数量也。

收货报告单经收货员填齐之后,将其第一、第二两联,送交进货部,作为核对发票及通知材料账记录员入账之用。其第三联则随同所收之货,送交材料栈,使材料管理员可以依其种类及数量,堆存于适当之处。如所购之料有特别之用途,即可将其直接送诸待用之部分,附以第三联收货报告单,作为送货之通知单据。

(九)发票之核准 进货部收到卖主之发票,当先将其归档保管,俟第一二两联收货报告单自收货部填妥交回之后,与之核对。如属无误,即当于发票上签字证明,使材料账上之成本金额,得以迅速填入,不致延误。

进货部所留存之第三联购货定单及正联购货请求单,当先与正联收货报告单互相核对,以视其所收到之料与所定购者是否相符。然后再将第三联购货定单与所收到之进货发票,互相核对,以视其发票上所填之数量、名称及单价等有否错误。然后核算其金额,并除去应归卖主支付之运费。至发票上所开各项,业经核对正确,即于此发票上盖一核准之图记,由主管人员签字证明。最后乃将此已经核准之发票,连同各项附属单据(即第一联之购货请求单,第三联购货定单,及第一联收货报告单)送交会计部入账。

(十)核准发票之图记 核准发票之图记,可如第四式所示,为一橡皮图章。用此图章可以使发票核准之手续,成为简便而一律,更可免除入账之错误。故凡已经核对无误之发票,均应盖此图章,并填全其所备之空格。

核准发票图记

价格核算无误＿＿＿＿＿＿＿＿＿＿＿＿＿＿＿＿＿＿
各项细数核算无误＿＿＿＿＿＿＿＿＿＿＿＿＿＿＿＿＿＿
总计核算无误＿＿＿＿＿＿＿＿＿＿＿＿＿＿＿＿＿＿

借	入
账 户 号 数	金 额

预付运费＿＿＿＿＿＿＿＿＿＿＿＿＿＿＿＿＿＿
应扣运费＿＿＿＿＿＿＿＿＿＿＿＿＿＿＿＿＿＿

(核算人签字于空格内)

第四式　核准发票图记

(十一)材料分清账上之记载　材料分清账除记载各项材料之数量外,并应记其成本之金额。第二联收货报告单即可为此项记载之根据。进货部于核准发票之后,即将各项材料之价格及金额填入第二联收货报告单上。如另行加付运费者,其运费之数目亦当加入其金额内。然后即将此第二联收货报告单,送交材料分清账记录员,据以入账。

(十二)应加更正之发票　收货员所收到之货,常有数量多少或品质参差等情形。故进货部在核对其发票之时,需先将其中所开之数额,加以更正。为求材料分清账各户及总清账中统驭账户之迅速记载起见,发票之更正,可由进货部决定之,无须等待卖主之回音。盖若待卖主之同意,方为更改,则其间函件往返,需时甚久,账上之记载,必须因之拖延,而失去其统驭实际存货之意义也。

考购进材料,其装运上所能发生之错误,大约不外下列四种:

1. 装来之货,不足定购之数量。如有此种情形,则可将其不足之数自发票中减去之。

2. 装来之货,多于定购之数量。在此种情形之下,买主方面,可有三种办法,任其选择:(1) 收受其超过之数量,将其多出之数,加于发票之上,(2) 将多余之货,退回卖主,(3) 将多余之货,暂为卖主保管,以待后命。

3. 收到之货,其品质与原定之货不同,或较为低劣。于此亦有三种处理办法:(1) 退回卖主,减除其发票上之金额,(2) 允为收受而减削其价格,(3) 暂为卖主保管以待回音。

4. 如购货定单上规定运费应由卖主预付,但实际上卖主并未预付而由买主垫付时,则此垫付之运费,当自发票中减去之,附以运费收条,通知卖主,以示其所减数目之正确。

上述四项事实,其前列三项,可自收货报告单上查得之,即由收货员于点验其所收之货时,将其多余数缺少数,或其残破或低劣情形,注明于收货报告单上。当进货部复核发票,而觉其必须加以更正时,可直接将其发票改正,但同时应将其更正之要点通知卖主。通知时,应用之单据,则有"借项通知单","贷项通知单"及"退货通知单"三种格式。

借项通知单(见第五式)在减除进货发票上之金额时用之,单上应记载减除之理由及金额,使卖主得于其账上转正之。此项通知单应具一式二联,一联送交卖主,一联则附于发票之后,以作其改正之说明。

<table>
<tr><td colspan="4">借项通知单</td></tr>
<tr><td colspan="4" style="text-align:right">日期_____</td></tr>
<tr><td colspan="4">卖主姓名_____</td></tr>
<tr><td colspan="4">地　　址_____</td></tr>
<tr><td colspan="4">敝厂已于本日将贵处　月　日发票上应减除之数借入尊账</td></tr>
<tr><td>数　　量</td><td>货料种类及名称</td><td>单　位　价</td><td>总　　计</td></tr>
<tr><td></td><td></td><td></td><td></td></tr>
<tr><td></td><td></td><td></td><td></td></tr>
<tr><td colspan="4">理由_____
_____
_____</td></tr>
<tr><td colspan="4" style="text-align:right">(工厂盖章)
(进货部主任签字)_____</td></tr>
</table>

第五式　借项通知单

贷项通知单则于增加进货发票上金额时用之。如所到之料较多于定购之数,而决定收受其多余之数量,则将其多出之数,加于发票,用此单据,通知卖主。其形式及用法与上述之借项通知单相同,仅将单内"减除"两字改为"增加"两字,将"借"字改为"贷"字可已。

退货通知单(见第六式)为通知收货员将多余之货,或拒绝收受之货,退回于卖主之单据。此单亦备二联,一联送交卖主,一联则在退货之后,由收货员将其附于发票之上。如所退之货为多出之货,则发票上之金额不必另为减除。如所退之货为拒绝收受之货,而需自发票上减除之时,则应开具借项通知单送交卖主。

退货通知单

日期＿＿＿＿＿

卖主姓名＿＿＿＿＿＿＿＿＿＿＿＿＿＿＿＿＿＿＿＿＿＿＿＿＿＿＿＿＿＿＿＿
地　　址＿＿＿＿＿＿＿＿＿＿＿＿＿＿＿＿＿＿＿＿＿＿＿＿＿＿＿＿＿＿＿＿

兹因下开理由将下列各货退还请即查照　月　日贵处第某号发票及敝处第某号定单入账为荷

数　　量	物件种类及名称

理由＿＿＿＿＿＿＿＿＿＿＿＿＿＿＿＿＿＿＿＿＿＿＿＿＿＿＿＿＿＿＿＿

装船＿＿＿＿＿＿＿＿＿＿＿＿＿＿＿＿＿＿＿＿＿＿＿＿＿＿＿＿＿＿＿＿

(工厂盖章)＿＿＿＿＿＿＿＿＿＿
(进货部主任签字)＿＿＿＿＿＿＿

第六式　退货通知单

业经更正之发票,即由进货部签证,送交会计部入账,其手续与本来无误之发票相同。如此,会计部无须另作转账分录,以转正其更正之数额,因在记账之前,已由进货部将发票更正故也。

(十三)无须存栈之进货　有时材料之购进,无须存储于货栈,乃为直接使用而购入者。此项进货,或为某批产品,或为某制造部,或为制造以外之其他部分所需用。前者如印刷厂所购某批纸料之用于某种特定之印件,其次则如修理某一机器而购入某种之配件,后者则如营业部需用之文具及会计部需用之账册等是也。

此项进货应否先送材料栈,而由需用部分向其领取,或即径送需用之部分。关于此点,会计家之意见,颇不一致。有主张各项进货均应经过材料栈者,其理由则为进货之处理方法,可以一致,而材料之收付,均可于材料账上查得之。有主张此种进货,无须经过材料栈之手者,则谓材料账乃一记载手存材料之账册,此项进货既以直接使用为目的,则在存货账上当无记载之必要。自应直接记入于使用此料之账户中。再者若将所购之料直接送交于需用部分,则材料账之记载,可以节省,而需用部分之工作,亦不致因由材料栈收转之故而致延误。

在事实上,此种直接使用之材料,若须一律由材料栈收转,则其时间上之延误,确为不能否认之损失,例如为一顾客赶造某批定货,因其所需原料必须由材料栈收转之故,而延误其日期,或于工作拥挤之时,适有一机器损坏,但因其配件必须由材料栈收转之故,而不能即行修理,则其损失之重大,甚属显明。故为事实着想,不如将各项立待使用之材料,直接送交待用之部分之为愈也。

且将购入材料,径送待用部分,在会计上之处理,亦不发生任何之困难。因会计之作用,不在将各项进货,一律记入存货账内,只需依其使用之性质,将其记入于相对账户中可已。此可于开具购货请求单时,将需用此项材料之账户号数,记明于请求单上,至发票核准之后,即可依此账户号数决定其所应借之账户。

(十四)供给劳务之发票   在任何营业之中,均有特种劳务(Special Services)之购进。如电话电灯广告清洁等项皆是。此种劳务之购进,不能依上述之手续办理。一则因此种劳务,一经定购,即连续供给,并无间断,故无须填制请购单定单等据。二则因此种劳务大部属于无形之供给,不能实行点收及检验等工作。三则因此种劳务之发票,其核对并不困难,无须有收货报告单,为其根据,仅由熟悉此种劳务之供给情形者,加以核对可已。如需第二者之证明,则可由各部主任或高级之主管人员签准之,亦无不可。

（十五）核准之进货发票在会计上之处理 　进货发票已经核准，送至会计部时，会计部即据其载明之各项事实及其账户号数，开制付款凭单，而记入于付款凭单登记簿（Vouchers Payable Register）内，最后乃将付款凭单核准而付讫之，在付款凭单登记簿上之借方分录，即可依发票上所注明之账户号数记入于各相当栏内。如其账户号数指明其分录应借入于某批在制品或某项制造费用分清账户时，则会计员更当将其所记金额及说明摘录于成本通知单上（Cost Memo），通知成本会计部，俾为适当之记载。

兹将关于进货各项交易之主要分录式列示如下。

1. 购进材料，存栈备用。

在付款凭单登记簿上之记载：

借：材料（统驭账户）
　贷：应付客账

在材料分清账上之记载：

根据已经填入成本之第二联收货报告单，记入于各相当账户之收入栏内。

2. 购进材料直接用于某批产品之上。

在付款凭单登记簿上之记载：

借：在制原料
　贷：应付客账

在成本会计部账上之记载（本文系假定工厂内施行成本会计制度者。如无成本会计，则关于本项及以下各项成本账上之记录，均省去不记可也）。

根据会计部送来之成本通知单记入于使用该项材料之在制品分清账户之原料栏内。

3. 购进材料用作制造费用（Manufacturing Expense）：即间接费用（Overhead or Burden）。

在付款凭单登记簿上之记载：

借：制造费用（统驭账户）
　贷：应付客账

在成本会计部账上之记载：

根据会计部送来之成本通知单,记入于使用该项材料之制造费用分清账内。

4. 购进材料用作管理或推销费用:

在付款凭单登记簿上之记载:

借:管理费用(统驭账户)或
借:推销费用(统驭账户)
　　贷:应付客账

同时依其账号所指示之性质,记入于管理或推销费用之分清账或分析表内。

5. 支付货款:

在现金簿上之记载:

借:应付客账
　　贷:现金

同时将其付讫之日期及支票号数注入于付款凭单登记簿中。

三、材料之存储及提用

(一)**材料栈之组织**　为使各项材料得妥当之保管,并有详细之记录起见,材料栈之组织,自应力求完备,材料栈应设材料管理员(Storekeeper)一人,负保管材料之全责。又设材料簿记员(Stores Ledger Clerk)一人,掌管材料收付之记录。再酌量栈务之繁简,设置助理员若干人,分司收料,堆置,发料,及盘存等工作。

材料管理员除对于其所保管之各项材料及栈内各项事务,负有全部责任外,更当注意于下列各事:如收货员交来之各项材料,是否放置栈内之妥当地点;在提用之前,是否有安全之保管;除根据领料请求单(Stores Requisition)而发料之外,勿使另有任何材料之发出。材料之存数亦应于相当时期内盘点一次,以验其是否与材料账上之存数相符。凡此种种,均为材料管理员应尽之职务。

材料记账员负记载材料分清账之责任。对于栈内收发各项材料,及其现存之数量金额等,均应有正确之记录,彼之办事地点,每不在材料栈而在工务设计部（Production Department）内。因其所记载之材料分清账，可为该设计部之参考，以便分配其生产之工作。同时，为防止材料记账员与栈内其他职员一起作弊，窃取材料而篡改账簿，以致不易查出。故材料分清账与材料栈之分离，实为内部牵制组织之一端也。

（二）材料栈之布置及设备　材料栈应有充分之地位及完善之设备，俾材料之堆存收发，得以便利进行。因此，须有一间与他处隔离之室，专为堆存材料之用，平时常加锁闭，除材料栈职工外，不许外人任意入内。发货之处，应开一窗洞，使领料之人只能待诸室外，而不能迳入室中。凡此诸点，均为防止材料之偷漏起见也。至于栈内更应设置橱架箱桶等各种盛放物料之器具，俾各项材料，均得为有秩序之存储。至于各种衡量之器，为工作上所需要者，亦应配置完全，以节省其工作时间焉。

材料之收发，务求迅速，因之材料之存储，应有一定之制度，务使各物存储之地点，得以迅速查知。所谓一定之制度者，即用有系统之编类方法，作有秩序之置放及排列也。所编之类别，当标明于橱架箱桶或其他存料之处。其所用之号码，须能确切代表物料之名称及存储之处所。兹将通用编号之方法，略述于下。

账号之第一数字，可用以表示此账户为材料账户，其第二数字，则可表示材料栈中之某一区段（Section），以下数字，则可表示存储某项材料之橱架或箱桶。例如材料分清账中有一账户，为4325号，其中"4"字表示此户为材料账户，"3"字表示此项材料，存储于栈内之第三区段，"2"字表示此项材料，存储于该区段内之第二列木架中，"5"字，则表示存储于该列木架中之第五架上。

此种编号方法，可将材料之名称及其所存储之地点与账号，连合为一，非但有益于会计上之记载及点查，且可以节省材料收发之时间，于实际上殊大有裨益也。

（三）材料栈之日常工作及材料之记账　材料栈之日常工作及材料之记账，可依下列四项步骤分述之：

1. 材料之收进存储及保管。
2. 材料之发出，以供制造之用。

3. 记载收发及现存各项材料之数量及价值。

4. 盘点存货,并将实际盘存与账面盘存比较,以验其是否正确。

下图,即所以表示材料收发及其记账之程序,读者可与后述各节参阅之。

收发材料及其记账程序图

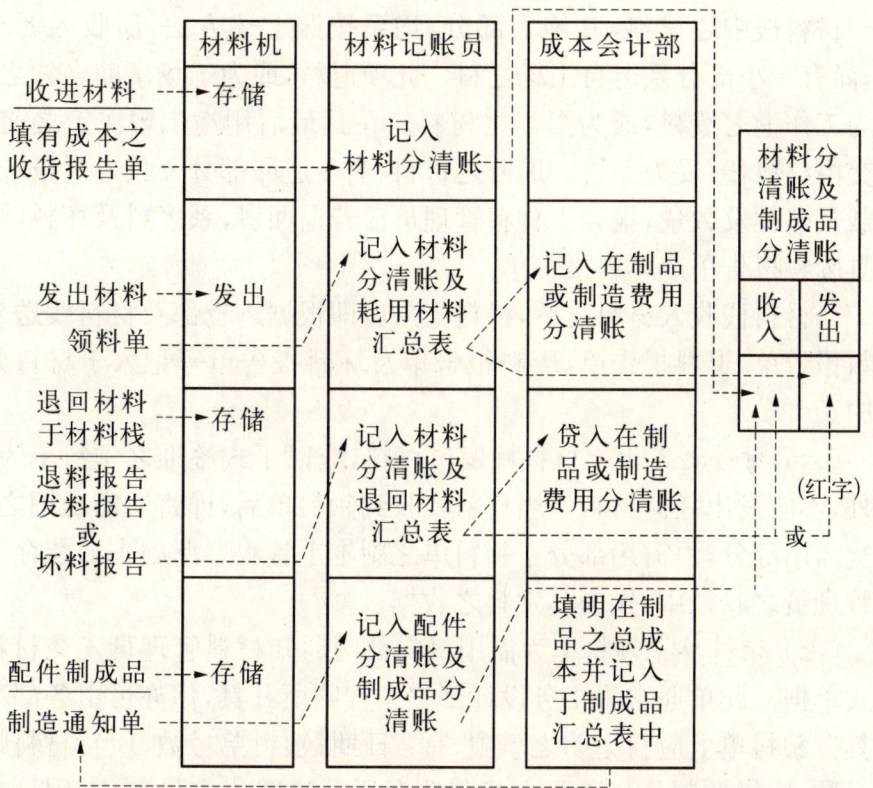

（四）需用之单据　材料栈所用之各种单据,除收料方面,已于前节论及外,关于发料记账及盘存方面,则有下列几种:

领料单（Stores Requisition）或曰材料提取单。

退料报告（Returned Material Report）。

废料报告（Scrap Report）。

坏料报告（Spoiled Materiel Report）。

材料分清账（Stores Ledger）。

盘存报告（Inventory Report）。

耗用材料汇总表（Summary of Materials Consumed）。

（五）材料之收入及存储　当收货员将其所收之材料，连同第三联收货报告单交与材料栈时，材料管理员即根据此项报告单上之名称及数量点收之，并依报告单上所示之号数，堆存于栈内各部，以待工场之领用。

材料栈中之材料，其绝大部分，均系按照上述方法，所收入者。此外，尚有一小部分系退自工场之料。此项退料，或为工场事前多领之数，或为工作上之废料，或为损坏之材料。在其最后用途未曾派定之前，均须交由材料栈，妥为保管。退回之材料，当由退回部分开具退料报告单，详载其名称及数量，报告于材料管理员。若退回者，系废料及坏料，则应开具废料报告单或坏料报告单。

当材料栈收入材料之后，材料记账员即根据进货部及材料栈送来之收料报告单，退料报告单，废料报告单及坏料报告单等记入于材料分清账中。

（六）材料之发出　材料栈发出材料，应以正式签准之领料单为凭，此外，不应发出任何材料。当材料栈收到领料单后，即将所需提用之料，送交需用部分，由需用部分于领料单之副本上签收。此副本即留存于材料管理员之卷档中，作为其发料之收据。

（七）领料单　领料单为需用材料部门通知材料管理员发交材料之正式单据。此单通常为工务设计部之工程师所开具，但亦可由各部主任开具。领料单上应行记明之事项，有：日期；领料单号数，应贷材料账户之号数，应借在制品分清账户或制造费用分清账户之号数，需用材料之名称及数量，发交何处（即领用部分），单位成本，及成本总额，核准人之签字，及收料人之签字诸项。第七式所示者，即为一通常所用之领料单格式也。

领料单		领料单号数＿＿＿＿＿＿＿＿
借		日　　期＿＿＿＿＿＿＿＿
在制品账户号数＿＿＿＿＿＿＿		贷
制造费用账户号数＿＿＿＿＿＿		材料账户号数＿＿＿＿＿＿＿
发交＿＿＿＿＿＿＿＿＿＿＿＿＿＿＿＿＿＿＿＿＿＿＿＿＿＿＿＿＿＿＿＿＿＿＿		

数　　量	名 称 及 说 明	单 位 成 本	金　　额

收料人＿＿＿＿＿＿＿＿＿　　　批准人＿＿＿＿＿＿＿＿＿

第七式　领料单

　　领料单应开具一式二联,均送交材料管理员,由其发料之后,将收料部分签回之副联,留作收条,正联则交与材料记账员,由其计算成本,并记入于材料分清账各户内,然后由材料记账员将其记入于耗用材料汇总表中,送交成本会计部登记于各批在制品分清账户之原料栏内,或各制造费用分清账户之相当栏内。

　　每一在制品账户或每一制造费用账户上所用之材料,应分别开具领料单,不使相混,以便记账,而免错误也。唯每一在制品账户或每一制造费用账户上所用材料,不止一批,则将各批材料,合开一张领料单,亦易发生记账上之错误,故在可能范围以内,每批材料之领用,亦以分别开具领料单为宜也。

　　（八）退料报告单　工场领用之材料,常有多于实际上用去之数量者,此种情形之发生,由于下列两种之原因：

　　1.领料之数量,除实际需用之数量外,常加上一部分,作为废料坏料之准备。如实际上废料坏料之发生,不及原估数量时,自当有一部分之余料,可以退回。

　　2.领用材料,当按照规定之产品数量以估定领取之数量。若日后所需制造之产品数量,减少若干,则领来之料,亦有剩余。

　　剩余之料,不当计入制品成本之内,应自原借入之在制品账户内除去之;故如有余料,即当开具退料报告单,退还材料栈,下列第八式即为退料报告单之一般形式。

退料报告单 贷 在制品账户号数＿＿＿＿＿＿＿		号　　数＿＿＿＿＿＿＿ 日　　期＿＿＿＿＿＿＿ 制造费用账户号数＿＿＿＿＿＿＿		
借材料账户号数	数　量	名称及说明	单位成本	金　额
收料人 ＿＿＿＿＿＿＿＿＿＿＿		退料部 签名＿＿＿＿＿＿＿＿＿		

第八式　退料报告单

退料报告单可由材料管理员于收到退料时开制之。亦可由退料部分开制之,交由材料记账员填入成本,并借入材料分清账及贷入耗用材料汇总表中。然后乃转交成本会计部,贷入当初所借入之在制品分清账户或制造费用分清账户内,以示应行减除之意。

有时为免除周折起见,并不将剩余材料退回栈内,而即用之于别一在制品之工作上,但手续上仍应补开退料报告单及领料单,否则各批在制品间之成本,必致互相混乱,不克正确,即材料有余之某批在制品,其成本当多于实际之数,而利用此余料者之成本,少于其实际之数也。

(九)废料报告单　工场中因工作上之关系,常有巨量废料之产生,如金属工业中之小片碎块,及印刷业中之碎纸污纸等类,虽其用途与原来之料,相差甚远,然亦有少数之价值,故亦当与材料作同样之保管及记载。

废料一项,应定期向工场中搜集之,而交存于材料栈,俟其出售或利用时,另行发出之。下第九式所示之废料报告单,即为各部报告其所收集及交存于材料栈之废料名称及其数量之单据,其开制及使用之方法,与退料报告相同。

废料报告单			号　　数		
贷			日　　期		
在制品账户号数 _____			制造费用账户号数 _____		
借物料账户号数	数　量	废料种类	单 位 价		金　　额
验收人 _____			退还部分 _____		

第九式　废料报告单

　　废料通常为各批在制品上直接原料之剩余,但因其数量及价值,均属微细,故事实上不必贷入于该批在制品账户中,而另行贷入于制造费用废料一户之内,以减少期内之制造费用。但如是项废料,为数不少,理应贷入各该批在制品账户时,则其记载自当与余料之退回同样办理之。

　　(十) 坏料报告单　材料之损坏,为工场中难免之事,会计上亦当注意及之。损坏之料,其价值虽逊于原来之料,但较之废料为高。依管理材料之原理言之,其价值亦应有正当之记载。当某一件材料在制造程序中一经损坏而不能使用时,即应将其退还于材料栈,记其价值于有关之账户内。坏料之退回当用坏料报告单(见第十式),送交材料管理员。此项报告单,为前述之退料报告单及废料报告单之变相,其性质及使用方法则与前述两者无异也。

坏料报告单		号　　数 _____		
退回部分		日　　期 _____		
数　　量	原料名称及种类	废 料 价 值		

金额分配		
借　材料账		贷
坏料 _____		在制品账户号数 _____
借　制造费用账		贷
材料损坏费 _____		制造费用账户号数 _____

第十式　坏料报告单

当损坏材料退回材料栈时,材料记账员即当据以记入材料分清账坏料户中,并于耗用材料汇总表上减除之,其原来之材料价值,则应贷入于某批在制品账户之原料栏或制造费用账户之相当栏中,而其原值与坏料价值间相差之数,则常视为制造费用之一项,即材料之损坏费用是也,故当借入于制造费用分清账材料损坏费用一栏中。

会计上关于损坏工作之处理,除将坏料之原有价值,全部自该批在制品账户中除去之外,尚有耗用于此材料上之直接工资及制造费用两项,亦应从中除去之,以求知其完善工作之成本。

（十一）**存料之记载及统驭**　从前述之各项单据中,吾人即可得到记载材料账所需之正确事实,即材料栈所收入及发出各项材料之数量及其价值是也。收入及发出之数量及价值,既经确定,则其相差之数,即可代表现存各项材料之数量及价值。因此种收发之事实,逐日可以详悉,故其记载之结果,亦可随时决定存货之数量及价值,此乃永久盘存制(Perpetual Inventory)之名称所由来也。

关于记录材料之正当方法,一面应将现存每种材料之数量及价值详细记明于一本分清账中,他方面则记明其全部存料之总价值于总清账中,此二方之总数,应相符合。此可应用统驭账户之方法以完成之,其法如下。

1. 材料分清账中,为每种材料各立一户,记载其各项详细事实。

2. 耗用材料汇总表,由材料记账员所作成,为总清账记入耗用材料额之根据。

3. 总清账中开设材料账户,记载材料之收发及现存总数,即为材料分清账之统驭账户。

（十二）材料分清账之内容及记法　　材料分清账为记载材料交易之补助记录。受总清账中材料统驭账户之所统制。其形式多为活页（Loose Leaf）或卡片（Card Form）；其中各账户，则依材料之种类分立，即每一种材料应立一单独之账户以记载之。材料分清账中各账户之号数，以材料栈中材料种类之多寡为准，自数百户至数千户不等，乃随各厂之情形而定。如材料分清账中之账户为数甚多，则此账可分成数组，每组各设记账员一人，以便利其记载之工作。自材料分清账分组之后，总清账中之材料统驭账户，亦应分立数户，每一账户均得为每一组分清账之统驭账户。

材料分清账

原料种类＿＿＿＿＿＿＿＿＿　　　　　　账户号数＿＿＿＿＿＿＿＿＿
最高存量＿＿＿＿＿　　最低存量＿＿＿＿＿　　计算单位＿＿＿＿＿　　存储地点＿＿＿＿＿

定　购				收　入				支　用					余　额			
日期	购货订单号数	数量	需用月日	日期	数量	单位成本	成本	日期	领货单号数	数量	单位成本	成本	日期	数量	单位成本	成本

第十一式　材料分清账

第十一式所示者，为一普通应用之材料分清账格式。就其形式上观之，此账户与普通账户，绝不相似；但实际上，凡为总清账户所能记载之事实，此账均能包含之。盖其收入栏即为总清账之借方，其发出栏即为贷方，而其现存栏则为借、贷两方之差额，即总清账户中所添设之差额栏是也。其形式之所以与总清账户不同者，无非为记载及考查上之便利起见耳。

材料分清账上所表示及记载之事实，应依下述之形式排列之：

在账户之首端，应注明账户名称，账户号数，材料种类，最高存量及最低存量;计算单位;存储处所各项。

在账户之本身，则分为下述四大栏，每栏再分若干小栏。例如，(1)定购栏内分日期，购料请求单号数，定购数量，需用日期各小栏；(2)收入栏内分日期，收入数量，单位价及成本数额各小栏；(3)发出栏内分日期，领料单号数，发出数量，单位价及成本数额各小栏；(4)现存栏表示存料之日期，数量，单位价及成本数额各小栏。如尚有其他必须记明之事实，则可酌量增加其栏数，但以上所举各栏，均为记录上所必须应用，而不能减少者也。

材料分清账户之号数，若依本节上述之方法编定，亦能表示其存料之地点者，则账户首端所列记载存储处所之空格，即可省去，因其户号同时即为栈中存料处所之号数故也。

兹将材料分清账之记载方法分段述之如次：

(1)定购栏 材料栏中之定购栏，乃记载定购材料之备忘记录(Memorandum Record)，用以防止材料之重复定购者也。当开制购料请求单时，材料记账员即将请求单之日期，号数，定购数量，及需用日期等项记入于材料账之定购栏中。查阅此栏之记录，即可知何项材料已经购定，并将于何时到栈。

一俟收到所购材料，其定购栏之记录，即当用红线划去，以示取消。如所到之料，仅系定购之一部分，则原有之记载，仍当划去，而另作一新记录，以示其尚未到达之数。

(2)收入栏 收到材料之后，收货报告单之第二联，当由进货部填明金额，送交材料记账员，作为记入材料栏之根据。于是材料记账员，即将定购栏之记载划去，而于收入栏中，记明收到之日期，收到之数量，每单位之成本，及收入材料之全部成本。是故材料账收入栏内之记录，可表示收到每批材料之数量及价值。若将此栏之记录逐项相加，其总数即为某一期内，收到该项材料之总量及其总值。

(3)发出栏 材料账之发出栏，记载发给制造各部使用之各项材料。凡隔日所开之领料单，均应于翌日汇齐，送交材料记账员，由其依所开之材料号数自该号材料账中，求得其单位成本，以之填入于领料单内，

124

并计算其成本总额。最后乃将其发出日期,领料单号数,发出数量,单位成本及所发材料之成本总额记于材料账之发出栏内。如此,则该发出栏内之记录,即表示每次所发材料之数量及价值。加得总数,即为期内该项材料发出之总量及总值。

（4）现存栏　材料账之现存栏,记载其收入及发出两栏之差额。即该材料账户所记材料之现存数量及价值也。此项现存数额,于每次收入或发出之记录后,即行计算,或于月底结账时计算,或于欲知其现在数量或价值之时计算,均无不可。

（十三）材料分清账上关于收到退料之记载　凡工场中将多领用剩之材料退回材料栈时,记账员即当根据退料报告单,记入材料分清账中该号材料账户之收入栏内。虽然,由工场退回之材料,并非真正收入之材料,不过为以前发料之减少而已。故其记录,实当以红字记于发出栏内,以示减除之意,较为妥善。盖如此记载,则收料总数,及发料净数,均可有准确之计算。而关于用料之各种记录,既可汇集于一栏之内,则所得结数,亦可与耗用材料汇总表上之总数相符合矣。

（十四）材料分清账上关于收到废料及坏料之记载　废料及坏料,在材料账中,可各开立一户或数户以资记载,视其数量与价值之大小而定。此种材料,送交材料栈时,当开具废料或坏料报告单,记账员即根据此两种报告单,记入于材料账之收入栏内。嗣后发出此种材料时,当另开领料单为凭,以为记入材料账发出栏内之根据,此则与他种材料之发出无异也。

（十五）材料分清账上准拨材料（Appropriated Material）之处理法　工厂为预防工作上缺乏材料起见,可预先保留一定量之材料,以备短时期内,制造某种货品之应用。此种方法,尤以制造定货之工业,或交货预期迅速者,最为切要。然此种保留材料之方法,每易引起错误,是以必须在材料账各栏上增设一准拨栏,以资记载。此项准拨数量,足以减少材料账上之余额。他批在制品,领用材料时,只以余额栏内之数额为限,则当不致影响于准拨之材料矣。

第十二式即为一增设准拨栏之材料分清账格式。当某批制品须用若干材料时，工作设计部（Production Department）即通知材料记账员照数准拨。材料记账员，即据以登入某户之准拨栏内，并将准拨之数额，由余额栏中减去之。随后实际领用时，即根据领料单记入该账户之发出栏内，同时将准拨之数量注销。唯余额栏中，该项准拨数额，既早经减去，故此时无须再减。若领取材料时，只需准拨数额中之一部分，则除记入发出栏外，准拨栏中原记数量，照旧注销，而将其尚待领用之准拨部分，另记一行。若欲求知实际存货之余额，则须将准拨数额与余额相加，始得确数。唯准拨之数，并不影响于实际存货之数量，故无须登记于其他账册也。

材料分清账

材料种类 甲101   材料号数 11402
最高数量 2200   最低数量 500   计算单位 件   位置 424

定 购				准 拨			收 入				发 出					余 额			
日期	购货订单号数	数量	需用日期	日期	购货订单号数	数量	日期	数量	单位成本	成本	日期	领货单号数	数量	单位成本	成本	日期	数量	单位成本	成本
																5/1	2100	0.10	210
				(5/2)	(2631)	(800)										5/2	1300	0.10	130
				(5/3)	(2640)	(600)										5/3	700	0.10	70
											5/4	2631	800	0.10	80	5/4	700	0.10	70
				5/5	2640	200					5/5	2640	400	0.10	40	5/5	700	0.10	70

第十二式　材料分清账又一式

由第十二式观之，实存余额原为 2,100 件，经第 2631 号通知单准拨 800 件后，只余 1,300 件，而 2640 号通知单又准拨 600 件。故只剩 700 件。但除 2631 号通知单准拨之 800 件，业经领用外，2640 号通知单准拨之数中，只已领用 400 件，其余 200 件，尚未领用。故一面将准拨栏内原记之 600 件注销，另将待用之 200 件，再记入该栏另一行内。同时根据领料单于发出栏内记入 400 件。余额则仍为 700 件，不加更动。至实际所存材料之总数共为 900 件，其中除 200 件，曾经准拨外，尚有 700 件，可以另作他用也。

（十六）存料之最高数量与最低数量　材料分清账上所表示存料之最高数量与最低数量，于材料会计中甚为重要。盖有最高与最低数量之规定，可使材料存量，恒不出于合理范围之外也。若存料过多，则原可作他种用途之资本，为之吸收，以致一时不易周转，必须告贷他人，增高利息之担负。但若存料太少，又恐有缺乏材料妨碍工作之虞。故规定最高存量与最低存量之功用，在乎节制材料之存量，使其对于财政与工作两端，可以兼筹而并顾也。

然此并非谓材料分清账中所有各户，皆非有最高存量与最低存量之规定不可。不过凡属材料账上之数额，为数甚巨者，或其材料之增添，须经长时期者，则此种规定，殊不可少。至欲确定某种材料适当之最高与最低存量，颇非易易。在实际上亦无一定之通则，可以普遍适用于各种工厂。唯所应注意者，约可归纳为下列三点。其一，即添购材料所需时期之长短，及材料市价变动之趋势。其二，为各季制造之需要状况。其三，为一批或数批制品同时所需材料之最高量。总之，其情形甚为复杂，适应此者，未必适应于彼。故与其将最高量与最低量视为一定不易之限制，毋宁以之作为一种参考之资料为善也。

（十七）整理存货之手续　材料分清账现存栏内之结数，为当时该项材料之应存数量，但未必即为其实存数量。盖在实际收发之时，每不免有所错误。一因发料时之错点数量，一因发料数量，虽未错点，但较领料单所开数量，每难免绝无丝毫之增减也。为求存货记录之正确起见，材料分清账上所示之现存数量，应与实际盘存所得之数量互相核对，如有参差，即应设法转正，以期相符。

按照工厂中一般习惯，实际存货之数量，大都于每年度终了时盘点一次。此种盘存方法，举行甚感困难。因在盘点期内，势必须将工场之一部或全部，停止工作，且为求盘点工作之迅速完成起见，又必须派用多数并不熟悉盘货事务之人。于是其盘点所得之数量，难免有不少之错误。况一年一度之盘存，其间相隔时日，既甚长久，则偷窃之机会，自当较多，而前次盘点时所发现之错误，更难防止其再行发生。是故每届年终盘存一次，既费财力，又难正确，颇非善法。倘用继续盘存制度

(Continuous System of Physical Inventory)则此弊可免,并可得较为正确之结果矣。

所谓继续盘存制度者,即于平日将各项存货随时盘点之谓。依此方法,一年之内,可将全部存货,分别各项,陆续盘点,至再次以上为度。盘存工作,则由材料栈之职员担任。因其对于各项存货,甚为熟识,不致发生错误。在可能范围内,每项存货,当在其存量最低时盘点之,以期节省其盘点所需之时间。继续盘存制度之效果,即在使账上结存之数,时时与实存之数相接近,且可避免年终盘存之困难与麻烦,而每次盘点时所发现之错误,亦易于防止其再行发生,偷窃之机会亦得因以减少。

(十八)材料盘存报告单　何项材料应于何时实行盘点,可由材料记账员决定之。即用下列第十三式所示之材料盘存报告单(Stores Inventory Report)为举行盘点之通知,同时亦即为盘得存数之报告。当某种材料之存量,达其最低限度时,材料记账员即备制一材料盘存报告单,送交材料管理员,请其将所开之该项材料,作实际之盘点。材料管理员于点完该项材料之后,即将其盘得之现在数量,记明于此报告单上,交回材料记账员。

材料盘存报告单

号　数＿＿＿＿＿＿＿
日　期＿＿＿＿＿＿＿

材料种类＿＿＿＿＿＿＿＿＿＿＿＿＿＿＿＿＿＿＿＿＿＿＿＿＿
材料账户号数＿＿＿＿＿＿＿＿＿＿
现存数量＿＿＿＿＿＿＿＿＿＿＿＿＿＿＿＿＿＿
单位成本＿＿＿＿＿＿＿＿＿＿＿＿＿＿＿＿＿＿
成本总计＿＿＿＿＿＿＿＿＿＿＿＿＿＿＿＿＿＿

盘点溢出　　　　　　　　　　　　　盘点短缺
数量＿＿＿＿＿＿＿＿＿＿＿
成本＿＿＿＿＿＿＿＿＿＿＿

盘点人　　记入材料分清账　　记入制造费用分清账
签　名＿＿＿＿＿＿签　名＿＿＿＿＿＿签　名＿＿＿＿＿＿

第十三式　材料盘存报告单

如盘点所得数量,较多于材料分清账上所记之现在数量,则当系所发之材料,实较领料单所开数量为少之故。即当于材料账之发出栏内,用红字记入其相差之数,使结存数量得与实存数量相符。如盘点所得之数量,较少于材料账上所记之现存数量,则其差额,当系较领料单多发之故。即应将其差额,记入材料账之发出栏内。

材料记账员除将其材料账之存数转正后,尚需将其所转之差额,记入于耗用材料汇总表上,然后将此材料盘存报告单送交成本会计部,由其记入于"存货差额补正"(Inventory Adjustments)之制造费用分清账内。如能决定其溢出或短缺等错误,系发生于何批在制品或何项制造费用之上,则其相差之数亦可直接记入于该批在制品账户之原料成本栏或该项制造费用账户之相当栏内,而不必另行记入于"存货差额补正"之制造费用账户中矣。

(十九)耗用材料汇总表   以上各节所述之材料记账手续,乃系将各项材料之收发及现存数量,如何记入于材料分清账内。但因材料分清账仅为一种补助记录,受总清账中材料统驭账户之所统制,故于其统驭账户之内,亦必须记入同样收入及发出之总值。夫收入材料之价值,可于付款凭单后所附之进货发票上查得之。此项进货发票,当记入于付款凭单登记簿之材料统驭账户栏内,如本文第二节所说明者。再将此登记簿中该栏之总数,过入于总清账材料统驭账户之借方。至发出材料之价值,则须从耗用材料汇总表上查得之;此项汇总表应由材料记账员编成,于每月之末,报送会计部,为其贷入材料统驭账户之根据。

(二十)耗用材料汇总表之格式   耗用材料汇总表不必用印刷之形式。盖材料耗用之总数,仅于每月之末,报告一次。其平日之记录,即可用普通多栏式之计算表(Columnar Working Sheets)为之。关于耗用材料汇总表,应编成两种。一以统计各项直接与间接材料之发出与退回及存货之转正,一以统计坏料与废料之收发。其所以须分成两种汇总表者,盖可使关于耗用材料之分录,及关于坏料及废料之分录,得以分别记入也。

用以统计直接与间接材料之发出与退回及转正存货之汇总表,其内容应依下述之形式排列之:

依下列之项目,各分两栏,一栏记载领料单或退料报告单之号数,一栏记载材料之价值：

1. 根据领料单发与各批在制品之材料。
2. 根据退料报告单自各批在制品退回之材料。
3. 根据领料单发与各项制造费用上之材料。
4. 根据退料报告单自各项制造费用上退回之材料。
5. 盘存缺短之存货转正。
6. 盘存溢出之存货转正。

统计坏料与废料之汇总表，其内容应依下述之形式排列之：

依下列之项目，各分两栏，一栏记载报告单号数，一栏记载材料之价值：

1. 自各批在制品上收回之坏料原价。
2. 自各批在制品上收回坏料之残余价值。
3. 自各项制造费用上收回之废料。
4. 自各批在制品上收回之废料。
5. 废料与坏料之发出。

（二十一）耗用材料汇总表之编制　耗用材料汇总表之编制方法，由材料记账员于每日将各项领料单及退料废料等报告单，依上节所列之次序汇集之，将其数额记入汇总表上各相当栏内。每至月终，各项单据之数量，早已完全记入汇总表内，即将表上各栏价值结算，再将其总数作成下式报告表，送交会计部记账。

耗用材料汇总表
民国某年某月份

发与在制品之材料	……	
减除自在制品退回之材料	……	
耗用直接材料总额		……
发与制造费用之材料	……	
减除自制造费用上退回之材料	……	
	……	
加入存货之短缺	……	
减除存货之溢出	…… ……	
耗用间接材料总额		……
耗用材料总计		……

废料及坏料汇总表

民国某年某月份

原始价值——自在制品收回之坏料	……
残余价值——自在制品收回之坏料	……
废料——自制造费用上收回	……
废料——自在制品上收回	……
发出废料及坏料总计	＝＝

（二十二）耗用材料之记账　兹为求读者明了起见，将关于耗用材料各种交易之记账方法，示之如下：

1. 直接材料之发出

普通分录簿上之记载——根据耗用材料汇总表记入之。

借：在制原料（统驭账户）
　贷：材料（统驭账户）

材料分清账上之记载：

根据正联领料单记入于各该材料账户之发出栏内。

成本会计部之记载（如厂内并不施行成本会计制度，则成本账即无须记录）。

根据正联领料单记入与耗用此项材料之在制品分清账各户之原料成本栏内。

2. 间接材料之发出

普通分录簿上之记载——根据耗用材料汇总表记入之。

借：制造费用（统驭账户）
　贷：材料（统驭账户）

材料分清账上之记载：与直接材料之发出相同。

成本会计部之记账：

根据正联领料单记入于耗用该项材料之制造费用分清账各户之物料成本栏内。

3. 退回材料栈之材料

普通分录簿上之记载——根据耗用材料汇总表记入之。

借：材料（统驭账户）
　贷：在制原料（统驭账户）
　贷：制造费用（统驭账户）

实际上此笔交易无须另作分录，因耗用材料月总报告单上所报告者，有直接与间接材料发出之净数，上示一二两笔分录即可将其净数记入之，即发出总数减去退回总数是也。

材料分清账上之记载：

根据退料报告单记入于所退材料账户之收入栏内，或以红字记入于其发出栏内。

成本会计部之记载：

根据退料报告单以红字记入于退回该料之在制品分清账各户或制造费用分清账各户之原料物料成本栏内，以示其成本之减少。

4. 退回材料栈之废料

普通分录簿上之记载——根据材料汇总表记入之。

借：材料（统驭账户）
　贷：在制原料（统驭账户）
　贷：制造费用（统驭账户）

材料分清账上之记载：

根据废料报告单记入退回废料账户之收入栏。

成本会计部之记账：

如所收入之废料系自在制品上退来，则应以红字记入于该批在制品分清账户之原料成本栏内。

如所收入之废料，系普通之废料，则应以红字记入退回该项材料部分之制造费用账户之材料成本栏内。

以上两项记载，均以废料报告单为根据。

5. 退回材料栈之坏料（此处所谓坏料，仅指损坏材料之价值而言，并不包括损坏工作上之人工与制造费用）

普通分录簿上之记载——根据坏料汇总表记入之。

借：材料（统驭账户）（残余价值）
借：制造费用（统驭账户）（原始价值与残余价值间之差额）
　贷：在制原料（统驭账户）（原始价值）

材料分清账上之记载：

根据坏料报告单，将坏料之残余价值，记入坏料账户之收入栏内。

成本会计部之记载：

将坏料之原始价值，以红字记入于发生该项坏料之在制品账户原料成本栏内。

将坏料之原始价值与其残余价值间之差额，记入于制造费用分清账中之损坏工作账户内。

6. 存货差额转正（如实际存货少于账面存货）

普通分录簿上之记载——根据耗用材料汇总表记入之。

借：制造费用（统驭账户）
　　贷：材料（统驭账户）

材料分清账上之记载：

根据材料盘存报告单，将其短少之数记入于该项材料账户之发出栏内。

成本会计部之记载：

根据材料盘存报告单，记入于制造费用分清账中"存货差额补正"账户内。

附注：如实存额较账面存额为多，则其记账方法当与上述之记录相反。

以上所举各例，将关于耗用材料各交易，一一分别记录于分录簿内。此不过为说明此种交易之借贷原理起见，在实际分录时，则常用一混合之分录，以统括记载关于耗用材料之各项交易也。

四、材料之计价

（一）购进材料之成本　材料统驭账户（Stores Controlling a/c）与材料分清账上所记材料之成本价值，应为其本身之进价，加上其运到货栈至储藏备用时间内所支付之各项费用。兹举例以说明此项原则之应用。

设上海有某工厂，向外国购进钢铁一批，订明在国外起运之处交货（F. O. B. Shipping Point），即自起运点以后所付运费，应由购买人负担。在上海工厂方面，将该项钢铁材料起运来沪时所支出之运费，亦应作为该项材料成本之一部分。则材料之价值，因之增加。又该项材料运送到埠，仍须用车辆装载，及人力搬运，以至厂内。此种搬装费用，亦应一并列入材料成本之中。唯有时因一次搬装材料，种类繁杂，其各个价值，尤属不等，该项搬装费用，事实上殊难确实计入材料成本之中。故一般通例，如材料搬装费用，可分摊于各种材料之上，而无甚困难时，则应加入材料之成本内，如不易分摊时，则不妨将搬装费用，作为制造费用之一项也。

至于材料之点收与存储，所支付之各项费用，则不宜视为材料之增值，而计入其成本。第一，因点收工作，不过为核对材料之种类与数量，以观其是否与购料定单符合。此项检点手续，并不能使材料之价值加增。第二，制造情形，如能合乎理想，则所购材料，一经收到，当可即行发厂制造，固无须储存栈内，以待日后逐渐之取用。因之可见点收费用实系一种制造费用。即材料之储存，并非能增加材料之价值，不过为图制造部分之便利计耳。所以在理论上言之，材料之点收及储藏费用，应视为制造费用之一种，而不宜加入材料成本之内。且在事实上言之，若将点收与储藏两项费用，计入材料成本中，亦太觉繁杂及困难。是以账册上所登记之材料价值，仅为其支出之原价，加上运费及其他费用，有如扛力车驳等费用。

（二）领用材料之成本　领用材料时，应照材料之存栈价值，贷入材料账户，而借入领用该项材料之账户。若各批材料之进价均属一律，则日后领用时之计价，并无何种问题。然实际上上述通例之适用，因各批材料之进价，不时变动，每多发生计算上之困难。盖价格之变动，系以市场情形为转移，故同一材料，分期购置，其价值必多参差。则日后领用该项材料时，究以何种价格为标准乎？按领用材料之计价，有两种主要方法：一为先购先用法（First-in First-out Method），二为平均成本法（Average Cost Method）。兹分别叙述于下。

（三）先购先用计价法　先购先用计价法者，即在理论上，材料应尽先领用先购各批，而照先购之价值计算。那事实上并不尽先领用先购各批，亦应先照先购各批之价值计作领用材料之价值是也。申言之，首批购进之材料成本，即作为领用材料之价值。直至领用材料之数量，已达首批购进之数量,则以第二批材料之成本,作为嗣后领用材料之价值。其余以此类推。若领用材料须包括两批购进之材料,则应按其每批所包括之数量,各依其原价计算。兹举例以说明之。

收 入 材 料

日 期	购料请求单号数	数 量	单 位 成 本	成 本 合 计
一月五日	280	300	0.50	150.00
一月十五日	370	400	0.60	240.00
一月二十五日	420	300	0.45	135.00
二月二日	515	200	0.55	110.00
二月三日	540	600	0.40	240.00

发 出 材 料

日 期	领料单号数	数 量	单 位 成 本	成 本 合 计
一月十日	640	200	0.50	100.00
一月二十一日	760	100	0.50	50.00
一月二十四日	840	300	0.60	180.00
一月二十七日	880	100 100	0.60 0.45	105.00
二月五日	920	200 200 100	0.45 0.55 0.40	240.00

　　上列两表系材料分清账中某户之一部分。其收入材料栏内,购入材料五批,每批之单位成本,各不相同。再阅发出材料栏中,一月十日领用一批,计二百件,系照一月五日所进之材料计价。一月二十一日领用一批,计一百件,仍照一月五日所进之材料计价。但首批所进材料,至此已无余存。故一月二十四日所领用之材料,即照一月十五日第二批购进者计价。至一月二十七日又领用材料二百件,则半照一月十五日购进者计价,半照一月二十五日购进者计价。至于二月五日所领用之五百件,则应照一月二十五日、二月二日,以及二月三日所购各批,分别计价也。按此项计价方法,因其计算之简单明晰,应用甚为普遍。盖领用材料之计

价,只需一查上次领用材料之价值,再一查以此价值购进之材料,是否尚有余存,便可确定此次所领材料,应以何价计算矣。

（四）平均成本计价法　平均成本计价法者,即历次购入之材料,视为互相混合,不能分别计价。故领用时,应以各批之平均成本为计价之标准也。夫平均成本即系材料之存货价值,故领用材料以平均成本作价,在理论上最为允当。至于平均成本之计算法,以存货数量除其总价即得。倘使各批材料之进价,无甚变动,则平均成本,亦可一律。不过每过一批进价不同之材料,则平均成本亦须改算一次也。兹仍用上述之例,但变更其计价方法,以说明之如下。

收 入 材 料

日　　　期	购料请求单号数	数　　量	单 位 成 本	成 本 合 计
一月五日	280	300	0.50	150.00
一月十五日	370	400	0.60	240.00
一月二十五日	420	300	0.45	135.00
二月二日	515	200	0.55	110.00
二月三日	540	600	0.40	240.00

发 出 材 料

日　　　期	领料单号数	数　　量	单 位 成 本	成 本 合 计
一月十日	640	200	0.50	100.00
一月二十一日	760	100	0.58	58.00
一月二十四日	840	300	0.58	174.00
一月二十七日	880	200	$0.48\frac{1}{2}$	96.00
二月五日	920	500	0.446 5	223.25

现 存 材 料

日　　　期	数　　量	单 位 成 本	成 本 合 计
一月五日	300	0.50	150.00
一月十日	100	0.50	50.00
一月十五日	500	0.58	290.00

日　　期	数　　量	单 位 成 本	成 本 合 计
一月廿一日	400	0.58	232.00
一月廿四日	100	0.58	58.00
一月廿五日	400	$0.48\frac{1}{4}$	193.00
一月廿七日	200	$0.48\frac{1}{4}$	96.50
二月二日	400	$0.51\frac{5}{8}$	206.50
二月三日	1,000	0.4465	446.50
二月五日	500	0.4465	223.25

　　观于上列材料分清账户内各栏所记数字，而知一月五日所购材料之单位成本为0.50元，一月十日领用之材料即以此价计算入账。唯在一月十五日购入第二批材料后，其每单位之平均成本，改为0.58元，故一月二十一日与二十四日所领用之材料，即以每单位0.58元计价。在一月二十五日购入第三批材料之后，平均成本，又改为$0.48\frac{1}{4}$。故一月二十七日领用材料之成本，即以此计算。此后领用各批材料之计价，以此类推。

　　依照此种计价法，如进价不时变动，则其成本之计算，当较前法繁。唯其优点，在以存货之真正价值，为领用材料之成本。且可使领用此项材料之各批产品成本，无剧烈之变动也。试以上述两例，比较之，则照平均成本法所计得领用材料之单位价值，较之以先购先用法所计得之单位价值，变动甚微。且可避免同时领用之材料，而用数种价值计算之弊也。

　　（五）其他计价法　除上述两种主要计价法外，尚有其他计价法，例如，以每月月初之平均或存货价值，作为该月中领用材料之价值。假如是月领用材料数量，并不超过月初之存货数量，且在该月中，购入材料之成本，亦无变动时，则此种计价方法，结果与上述第二种平均成本法相同。但如本月领用材料数量，超过月初存货数量，或本月续进材料之价值，发生变动时，则应用此种方法，必使月终存货之计价，发生错误，此则不可不设法改正者也。兹亦举例说明之如下：

	单　位	单　价	总　价
期初存货	5,000	0.60	3,000.00
本月购入	5,000	0.80	4,000.00
合　计	10,000		7,000.00
领用数额(以期初价值为标准)	8,000	0.60	4,800.00
月底余额	2,000		2,200.00

由上例言之，月底存货每件成本将为 2,200 ÷ 2,000 = 1.10(元)，此数与实际成本(即每单位 0.80 元)相差甚巨，殊欠正确。再者，领用材料之成本，计算过低，则存货价值与制造成本，必因之而发生错误。设使领用材料之种类繁多，在实际上欲改正在制品分户账上原料成本之错误，殊不可能。至其存货价值，则可用下列分录，为之补正。

借：损益　　　　　　　　　　　　　　　　　　　　　　　　600.00
　贷：材料(统驭账户)　　　　　　　　　　　　　　　　　　　　600.00

同时在材料分清账上，亦须加以改正，不过此种分录，虽足以纠正存货之价值，但并不能补救制造成本中之错误。制造成本既有错误，则成本会计之唯一目的，即无实现之可能矣。

此外领用材料之计价法，尚有以前一月或六个月中之最高市价或平均市价，或其他假定之成本价为标准者。然结果于存货价值以及制造成本上，仍不能避免同样之错误，故殊不宜采用。此种计价方法之目的，或系欲抬高成本而得以高价出售其产品，但与会计之真正目的，适相背驰，不可不戒也。至如采用一种假定成本，其与真正成本相差之数，势必以整理科目改正之。其结果，则所求得之成本，仍不精确也。

又有一种方法，在在制品分清账上，所用材料，统以市价计算，而在材料分清账上，则以平均成本法或先购先用法计价。两价之差数，另以整理科目处理之。此种方法之目的，只在表明进货部购进材料，是否便宜，盖其整理科目之余额，即代表该期中所用材料成本与市价之差额，唯因制造之便利起见，凡属工厂，自应预先购进若干材料，储藏于货栈中，以资随时取用。彼时间市价之如何变动，进货部亦难以顾及也。兹举例以示此种整理科目之应用。

假定领用之材料，其成本为 800 元，而领用时之市价，则为 1,000

元,其分录如下:

　　借：在制材料(Material in Process)　　　　　　　　　　　　1,000
　　　　贷：进价整理(Purchase Price Adjustment)　　　　　　　　　　1,000

　　某批在制品所提用材料之成本,以市价计算。

　　借：进价整理　　　　　　　　　　　　　　　　　　　　　　800
　　　　贷：材料(统驭账户)　　　　　　　　　　　　　　　　　　800

　　自某号材料栈领用材料之实际成本。

　　上列进价整理账户中,计有贷方差额 200 元,即表示进货部能预以低价购入所须应用之材料,而节省该项之数额。此种整理科目,通常将其结果转于损益账户内,作为营业以外之特别损益。唯应加注意者,此种计价方法,并未表明某种制造品之实际成本,其所计入制造品之成本,实偏于理论方面,而非成本会计制度之真实宗旨也。故此法,仍应加以改良,以期适用。其法即将进货整理账户之余额,结转于制造费用统驭账户内,同时于领用该项材料部分之制造费用账户中,亦作同样之记录。盖如此则材料成本因购货之不良,而致加增,或由购货之合宜,而有减少,均可明示于该部产品之成本中。成本既得正确,进货部之成绩,亦可表现,诚一举两得之法也。

五、材料会计之特殊问题

　　(一)进货运费　　关于购进材料之运费,应先另设进货运费账户,以资处理。唯此种进货运费账户,实为一种属于统计性质之账户。故到每月底,应将其中各项费用,各根据其性质而分别结转于适当之账户内,至特设进货运费账户之目的,无非欲将各项运费统归并于一账户内,藉以求知每月各项运费之总数耳。进货运费之中,虽大部分系属于购进存栈材料之运费,然亦有属于制造费用,以及其他管理与销售费用者,为欲使各项之进货费用有正确之记录起见,应使各科目分别负担之。至于进货运费之记账方法,则于支出运费时,应即记入成本通知单(Cost Memo)内,注明其应行借入之账户,以为记入材料分清账或其他成本记录之根据,终至月终编制进货运费分析表(Analysis Sheet),以为结清进货运费账户之根据。至该进货运费分析表之内容，当包括下列各项账户之号数与数额。

存栈材料之购进

直接用于在制品上之进货

用于制造费用之进货

用于管理费用之进货

用于销售费用之进货

以上各项进货之运费，根据成本通知单记入进货运费分析表之适当栏内。然后再为分别处理如下。

（1）凡购置材料储藏待用者，将其运费之成本通知单，送交进货部，将其数额附加于收货报告单上（Receiving Report），作为材料成本之一部，并为记入材料分清账之根据。

（2）凡购置材料，专为某批制品之直接应用者，其运费之成本通知单，送交成本会计部，以为记入该项在制品账户材料成本栏内之根据。

（3）凡购置材料，以充某项制造费用之直接应用者，其运费之成本通知单，送交成本会计部，以为记入该项制造费用账户之根据。

至其运费，倘系属于销售与管理费用之进货时，则无须制作成本通知单，而可以直接记入进货运费分析表内。该进货运费分析表，每月月终，总结一次。而将各项运费，用一分录，结转于各应行分担该费用之账户中，以结清进货运费账户，其法如下。

借：材料（统驭账户）
借：在制品（统驭账户）
借：制造费用（统驭账户）
借：销售费用
借：管理费用
　贷：进货运费

（二）不便分配之运费　有时一批购进之材料，数额甚多，种类甚杂，而其运费却为数颇微。如将此项运费分摊于各项材料之上，事实上颇感困难。盖分摊之数额过微，计算颇难正确。故此种运费，应视为制造费用之一项，而记入一种特设之制造费用账户内。唯有须注意者，即其运费数额，必须为数较微者，方可如此处理也。

140

（三）代付应扣之运费　通常我国商人，向外国定购货物，订明到达目的地后交货（F. O. B. Destination），其运费应即由售货商负担。然事实上国外售货商，每多不付运费，而由收货人代付之。由此种情形之下，收货人必须设法向售货人收回其代付之运费。盖定货时既订明到达目的地后交货，则其货价中必已包括运费在内。今收货人代付运费，则实际上不啻已经付还一部分之货款矣。故日后清偿货款时，须将此项代付之运费，由货款中减除。若此种交易，为数甚繁，则该项代付运费，有被忽略而不由货款中先行减除之虞，故有专设一账户，以资处理之必要。当代付运费时，记入此账户之借方。当将代付运费由货款中减除时，则记入其贷方。其借方余类，即属一种流动资产，代表代付而尚未由货款中减除或向售货商收回之运费。当代付运费时，付款凭单登记簿中之记录如下。

借：代付运费
　贷：应付账款（或现金）

随后接到进货发票，则借材料统驭账户，贷"代付运费"（已付部分）及"应付账款"两账户。倘此种代付运费之记录甚多，则可于付款凭单登记簿中，增设代付运费一栏。但若记录无多，则将应行减除之运费，用红字记于付款凭单登记簿之"应付账款"栏内，结算时，由总数中减除之可也。兹举例以说明之。

设有某商人向外国定货一批，计值 500 美元，订明到达目的地交货。但该货之运费 20 美元，售货商并未预先付清，仍由收货人代付之，则在收货人方面，其记录应如下。

借：代付运费　　　　　　　　　　　　　　　　　　　　　　$20
　贷：应付账款（或现金）　　　　　　　　　　　　　　　　$20

再根据售货商之发票入账如下。

借：材料（统驭账户）　　　　　　　　　　　　　　　　　　$500
　贷：代付运费　　　　　　　　　　　　　　　　　　　　　$20
　贷：应付账款　　　　　　　　　　　　　　　　　　　　　$480

由上所述，可知存栈材料，其价值仍为 500 美元。唯日后收货人只需缴付货款 480 美元，因彼已代售货商付过运费 20 美元也。

（四）领料预知单之使用　在通常工厂中，尤其在金属制品工厂中，制造各种机器或机件所需之材料，种类复杂，故填制领料单之工作，极为麻烦。为补救此项困难起见，因设有一种领料预知单（Bill of Material），将某项制品上所需各种材料之种类及数量，均记于其上，每种制品分设一单，每单均须同时填具三份，以一份交材料管理员存查，一份送成本会计部存查，一份则留领用该项材料之制造部备查，作为存根。

制造部在制造一批特种制品时，主事者即签出一张简单之领料单，仅须填写某号领料预知单所需全份材料，而不必逐项详细填写。此单送交材料栈，经材料管理员验阅后，即照付该号预知单上所需之种种材料。材料记账员于收到该项领料单后，亦即根据该号预知单登入各种材料账户，而将其总数填入领料单，送交成本会计部，以便记入在制品账户之材料成本栏内。

总之，领料预知单之使用，不但便利，并可节省职员之工作与费用。不论在理论上或实际上，领料预知单与领料单之功用，完全相同。不过使用前者之时，其临时所填之领料单，内容较简。是因前者所请领之种类及数量，均经预定，并预先知照材料栈，而后者请领之种类及数量，系属随时填入，并临时知照材料栈也。

（五）微数或未定量材料之领取　吾人固知领料单中，必须填具一定数量，然有时需用材料之数量甚微，或其所需数量，不克预先确定，如是则其领取手续，当与其他材料之领取，略有不同。最著之例，即如印刷厂中所用油墨及制箱厂中所用之钉。处理此种材料之最简单方法，即当领取此种微数或不定量之材料时，可将领料单，暂留材料栈，不必填写一定之数量，而先行领取多量之材料。待用剩后，将剩余部分退回材料栈时，即可计算其实际用去之数量，填入领料单中。如一罐油墨于印刷一种文件之前后，均各秤量一次，其差额即表示所用于该项印件之油墨数量。至于制箱厂，亦可应用此法，以计算其所用钉之数量。

但有时此种方法，因情形不同而不甚适用。则可以测验法以约计其所耗用之数量。如在一印刷厂中，倘同时印刷各种不同之文件，可依其所用之油墨，分为数类，然后应用测验方法，将印刷所用之纸张，于印刷前后,各以极准确之天平秤,权衡其重量一次。其差额即为所用油墨之量,更以用纸之张数或令数除之,即得印纸每张或每令耗用油墨之量。各种用纸测验之结果,可编制表格以表示各种不同之印刷品所耗用油墨之量,以为确定其印刷费用之根据。于制箱厂亦然,箱板接合处所用之钉数,亦可藉测验法以估计之。更编制各种表格,以表示不同尺寸之各种箱匣所须耗用之钉数。如此计算所得之成本,谓之预定材料成本(Predetermined Material Costs)。其适用之范围,至为广阔也。

唯在应用"预定材料成本"时,其预定成本与实际成本之间,往往发生差额。此种差额,应随时加以更正。其法可自材料栈先行提出一定量之材料,将其数额借入一特设之账户。至此账户之贷方,则记入依照预定率计算所耗用材料之数额。结果倘其差额与实际盘存数额不相符合时,则应以存货整理账户以整理之。若其差额为数甚大,则其预定率非按照情形更改不可。

(六) 材料之联合成本 工厂中有时将所购一批材料,依其质地之优劣,分成数个等级,因之各级材料之计价,又生问题。例如购入一批木材,因其全部优劣不一,故其成本之分摊,亦颇费斟酌。通常购入此等材料后,必须重加拣选,将价值各异之材料,归成数类。依一般原则言之,此种材料,种类既甚复杂,则其进价当较最高级材料之价格为低,而较最低级材料之价格为高。若此重分等级之材料,均以原始进价,借入在制品账户中,则其等级较高之材料,未免计价过低,而较低等级之材料,亦未免计价过高。若以每一等级之市价,为入账之标准,则在制品账户上,所表示之成本总额,与整批材料之实际成本,又不能符合。此种问题,实为联合成本(Joint Cost)之一,非设法将其成本,以公平之方法,分别摊派于各不同等级之材料不可。

将购入材料重行分等之处理方法有三。其一,在存栈时即实行分等,以预先确定每等材料之价值,俾不同等级之材料,可以分设材料账户处理之。其二,材料之分等,可于领用之时实行之。依其不同之等级,分别记入各在制品分清账。其三,材料于实行制造时,始重行分等。将其不需用之等级,退回材料栈,而登入适当之材料账户。此三种处理方法,虽各不相同,然其分摊材料成本之原理则一也。

各级材料成本之分摊,必须依照一定之原则。即先以材料之原始成本,为其整批之总价值,再以市价计算每级材料之价值,再将各级材料之市价相加,即得该批原料之总市价。原始成本与总市价之间,倘有差额,再求出此差额对于总市价之比率。以为计算每级材料市价之根据。倘总市价高于总成本,则依此比率,减低各级材料之市价;反之,倘总市价低于总成本,即依此比率,增高各级材料之市价。结果则原始成本已按照各级材料之市价比例分摊于各级材料之上。兹举一实例以说明之。

假定购进某种材料 2,000 斤,每斤价格为 0.12 元,计值为 240.00元,其分等如下。

甲级	1,000 斤@20(市价)	200.00
乙级	600 斤@11(市价)	66.00
丙级	400 斤@8.5(市价)	34.00
市价总值		300.00

因此,其成本总额为市价总值之 240/300,简约之为 4/5。每级均以市价之 4/5 乘之,即可将总成本分配于甲、乙、丙三级材料如下。

甲级	200.00×4/5＝160.00 元	或每斤＝16 元
乙级	66.00×4/5＝52.80 元	或每斤＝8.8 元
丙级	34.00×4/5＝27.20 元	或每斤＝6.8 元
成本总额	240.00 元	

（七）制成配件（Finished Parts）之成本　在装配式之工业中,其制成品上所需用之各项配件,大都分批存贮于货栈内,至装配时,始行领出。各批之数额,每不一致,有时将数种零件,先行配成半制品(Subassemblies),然后复将其他零件,再加于此半制品之上,而成制成品。例如汽车制造厂,制成一批齿轮后,即贮于货栈中,随后则提出若干,与其他零件配合,成半制品。再将此半制品,复存贮之,以待他日配成汽车。于此所可注意者,局部零件完成后,即送货栈存贮,以备进一步制造时之用。

配件与半制品,其会计上处理方法,与材料之会计,无所差异。不过通常于总清账中,另设配件统驭账户,以统驭该项配件之分清账。当该

144

项制造配件完工后,即由成本部计算成本,并出一通知单送至材料记账员,据以登入相当材料账户之收入栏内。自货栈中领用配件时,其手续一如领用其他材料,必须填制领料单也。

无论配件或半制品,其登入材料账户内之价值,均以其制造成本为标准。其他一切管理或销售成本,皆不应计算在内。盖因其尚未售出,自不应负担管理与销售成本也。若将管理或销售费用,计入配件及半制品成本之中,则其存货之计价,未免过高。至配件之入账程序,则以其制造成本汇总表为根据。先登入总分录簿,然后过入总清账中之配件统驭账户内。该统驭账户之贷方,即根据领用配件单之汇总表,将一月中所耗用之数额记入之,其记录如下。

借:配件(统驭账户)
　贷:在制原料
　贷:在制人工
　贷:分摊制造费用

记录配件之成本。

借:在制原料
　贷:配件(统驭账户)

记录领用之配件成本。

(附注)本篇之内容,大部分译自 W. B. Lawrence Cost Accounting 之第八、第九及第十章。

(原载《立信会计季刊》第 2 卷第 2 期,1933 年 10 月)

存货估价问题

一、绪言

资产负债表中所示之各种资产,除现金及银行存款,常有其确定之价值,无待于估计外;其他无论何种流动资产、固定资产、有形资产、无形资产,性质上均无一定不变之价值,当结算之时,必经估价手续,方有正确数额,以表示一企业之真实财政状况。各种资产之估价,无形资产较有形资产为难,流动资产较固定资产为难,而流动资产之中,尤以存货一项,估价问题最为复杂。盖普通贩卖或制造企业之存货,数额较巨,常占流动资产之重要部分。存货估价苟或失当,所影响于资产负债及损益计算之正确,亦最严重。我国一般商人在结账时,每视营业之获利与否,及获利之多寡,而定存货之估价与固定资产之折旧额及呆账之摊提额。其中组织比较新式及规模比较宏大之工商机关,其固定资产之折旧率,每由高级职员正式决定,不能随意伸缩,而呆账一项,所能上下之数额,又较为微细,欲多计或少计盈亏数额,唯在存货中上下其手。以笔者之经验观之,我国规模较大之新式商店工厂每逢结账时,将存货之估价,故意抬高或减低,以凑成其所欲公布于股东及社会之盈余数额者,比比皆是。至于获利优厚之年,故意低估存货,以减少纯益数额者,更属屡见不鲜。盖我国一般投资者,目光短浅,尤以小股东为然,见有盈余,力主分派,对于商店工厂之前途,则每不顾及;一旦不能分派股息,企业之信用,及股东个人之经济,所受影响甚大。当局者有此不得已之苦衷,故每有将存货价值任意虚抬及压低,使决算表上所示之损益数额,不致过大,亦不致过小,唯求其适可而止。此种手段,有时商店工厂当局,虽为其企业之本身利益着想,但有时用以欺骗股东及债权人者,亦比比皆是。即云出于善意,然会计之正确,为之破坏无余,会计之作用,因之丧失殆尽,自我辈会计师之目光观之，终属不妥也。虽然，我国工商各界，对于此种不正当之估价方法，所以相沿成习，而商店工厂之债权人，对于此种不正确之决算报告，亦少提出异议者，大都因不明存货估价之原理使然。盖大多数之商人及银行家果能明了存货估价之正当原理，则任意作高作低之手段，决无存在之余地。笔者因此项估价方法，为会计上第一重要问题，故特著此文，以为改良我国工商业会计之先导焉。

二、存货之种类及内容

欲研究存货之价值，自应先洞悉存货之内容。存货者，在贩卖业言之，则包括以销售为目的而购入之商品，留存手中尚未销去者；在制造业言之，则包括以加工制造再行售出为目的而购入之原料物料用品，及已制未成之在制品，与制成而尚未销出之货物即制成品。同一物品或材料，其购入之目的，苟非供贩卖或制造之用者，均不得谓之存货。例如桌椅生财，在家具店内当为存货，但在其他厂店，则为固定资产，不能视为存货。机器在铁工厂内为存货，但在其他厂内，亦应作为固定资产，不能作为存货也。因之存货之种类，可以分为商品、原料、在制品、制成品、物料用品等五项，兹分别解释其性质及内容如次。

（一）商品　商品包括零卖商或批发商手存之各种货品。但严格论之，虽非手存之商品，而其所有权属于我者，亦应包括在内。故下列各项商品，苟有余存，亦应列作存货也。

子、托人寄销品。丑、分支店存货。寅、运送中货品，其所有权属于我者。例如销货虽已寄出，但提单仍在我手；进货虽未收到，但寄货人业已寄出，照进货定单上之规定作为在寄发之地点交货等类是。

以此推论，下列各项货品，虽在商厂手存之列，通常亦不列入存货之内。

子、受托寄销品。丑、已收到之货物，但其货价尚未支付，或尚未登入相当负债账户之内者。寅、已开发票已经入账之销货，仅待发送者。上列丑、寅两项货物其所有权虽以属我，或仍属我，但为避免资产之重记与负债之漏记起见，不列入存货之内，此为求事实上之便利计也。

（二）原料　原料包括工厂中所购入之各种材料，预备加工以出售者。例如冶铁厂以矿苗为原料，翻砂厂则以生铁为原料，机器厂则以铸成之钢铁坯模为原料，而车厂则以制造完成之轮轴等配件为原料。有时工厂制造程序复杂者，则所谓原料，又有种种不同之加工程度也。

（三）在制品　在制品包括已经加工而尚待继续加工之原料。计算在制品之单位，视原料及制品之性质、制造之程序及成本会计之制度而有不同。有时以件计，有时以工作计，有时以每批工作之成本计。

（四）制成品　制成品指施行采取制造加工等手续业已告竣而预备出售之物品，其性质亦视企业之种类而有不同，例如煤矿、铁矿以出矿之煤及矿砂为制成品，但在冶铁厂，则此等煤铁，即为原料物料矣。冶铁厂、炼钢厂以生铁熟钢为制成品，但在机器厂，则此等钢铁即为原料矣。有时纺织厂既有棉纱之出售，复有自织之布匹，则发售之棉纱，应视为制成品，而自用之棉纱，则应视为在制品。至于制成品之性质，除系自行制造之一点外，于商品无异也。

（五）物料用品　物料用品如工厂内所用一切间接原料（即除直接原料以外之一切用料），送货部一切包扎用品，广告部之广告用品，及事务所之文具纸张等皆是。此项盘存，一部分会计家主张将其作为预付费用处理，此在数量较微之时，固无不可，若在工厂之中，物料用品之数量每成巨额，是不可不作为存货处理也。

三、估价之标准

存货之估价，有各种不同之标准，普通所用者，计有成本、时价、成本与时价孰低、售价四种，兹分别解释之如次。

甲、成本

成本者，获得货物或造成货物所原付之全部代价也。此在贩卖业之商品及制造业之原料，则为进货价格加进货所需之直接费用。在制造业之在制品及制成品，则为制造成本，即所耗费之原料、人工及依照适当方法所摊算之制造费用是也。结账之时，不拘存货之时价如何，概照购进

148

原价或制造成本计算,此之谓以成本为估价之标准。但成本之内容及其计算方法,实际上非如上述一语之简单,兹分别论之如下。

（一）成本内容之决定

1. 进货费用问题　货物之成本,除进货发票上所记之价值外,复须加上其运到货栈至储藏备用时间内所支付之各项费用,如运费扛力、在途保险费用、税佣金以及堆栈费等。此等费用,照理应分摊加算于每种每单位之货品上,但照实际情形,每批进货,有时包括甚多之种类及参差之数量,其所付费用,数额较微,苟一一分别加算,在势有所不能,因所需计算上之工作太繁,殊属不值。则此种进货费用,故不妨视为一种管理费用,以资处理,不再加摊于进货价值之内。学者间有谓进货之点收与存储,所需各项费用,不应计入进货之成本者。其理由:第一,因点收工作,不过为核对进货之种类与数量,以观其是否与购货定单符合。此项检点手续,并不能使货物之价值增加。第二,商店工厂之贩卖制造情形,如能合乎理想,则购进商品及原料当可立时售出或发厂制造,固无须储存栈内,以待日后之逐渐取用。因之可见点收费用,实系一种管理费用,存栈费用乃系一种销售费用或制造费用,而不能作为成本之一部分。是说也,虽不无相当理由。然据笔者之意见,倘使点收为进货上必要之手续,则点收费用自系进货费用之一项。至于贩卖制造之理想情形,事实上总不易达到,则货品材料之存栈待用,亦属必不可免之手续。是则存栈费用,亦为供给材料货品不可少之费用,故事实上倘属可能,则仍以加入存货成本为是也。

2. 进货折扣问题　进货折扣者,因进货之早付现金,所得之折让数额也。进货折扣是否应在存货进价(指发票所记之净价而言)中扣除,而得存货真正之成本,会计学者间,意见未能一致。约而言之,关于此点之主张,可以分成三派如下:

第一派主张存货之成本,应照进货发票上之净价计算,其因早日付款,所得现金折扣,应视为财务收益,不应视为成本之减低。其理由,以营业与理财,为企业本身两种性质不同之事项,每种事项之结果如何,应在账上分别记载,在营业费用或收益账户内,不应混记理财方面之费用或收益,藉以防止商品之成本,因财务方面之损益,而有不正确之增减。

第二派主张将进货折扣自进货发票原价内扣除,而仅将其纯价记入存货账内。其理由,为营业部分应享受一切理财上所可节省之费用,故进货折扣应视为材料或商品成本之减低。不过此法之应用,常使存货记账员发生记账上之困难,因进货部购进货物,通知存货记账员记账时,尚未知进货折扣之究得在原价上扣除与否也。

因第二派之主张有上述之缺点,故又有第三派之主张,以补其缺。其法不论理财部分是否早付货款,以求完全享有进货折扣之利益,在营业部,则视进货折扣为当然省去之成本。倘使此项折扣因迟付账款而未获享受,则理财部应负其不善理财之责任。故于购进材料商品时,即自发票原价之中,减去全部进货折扣,而以所得纯价,作为存货之成本价值。

统观上列三说,各在相当理由,究拟何舍何从,必视该企业理财政策如何,以为决定。苟其理财政策,必以获得进货折扣之利益为原则,而以放弃此项利益为例外者,则应照第三派所主张之方法处理,否则应照第一派所主张之方法处理也。

3. 投资利息问题 关于投资利息应否计入存货成本,尤其是应否计作在制品与制成品成本,实为会计学上悬而未决之一问题。此项问题,曾引起许多会计学者剧烈之辩论,有主张应计作成本者,有主张不应计作成本者。近年来此问题几成会计著作中及会计会议席上讨论之焦点。兹将两派所主张之理由,列举于下,以资比较,而便讨究。

主张应将投资利息计作成本者,所提出之理由,其常见于各刊物中者,计有下列各项:(1)会计记录应以经济原则为根据,经济学上既以资本之利息为成本之一项,即会计上所记之成本,亦应与经济学上所谓之成本相符合。(2)欲于数种不同之制造方法及制造设备中,悉其何者较为经济,何者较为不经济,则非将投资于各种机器设备之利息计入成本,不能互为比较。(3)欲使企业家获得预期之利益或收回预计之必要费用,非将投资利息记作成本不可。(4)欲于数种不同之营业或数种不同之产品中,悉其何者较为有利,何者无利可图,非将各种营业各种产品之

150

投资利息，计入成本，亦不能达互为比较之目的。（5）投资利息非经记入制品成本，无从知悉工厂各部因需用资本之多寡所费之成本数额。（6）投资利息记入成本，则成本之大小，可以表示制造时间之长短。苟不计入成本，则须经长时间方能制造完成之货物，与仅须短时间即可制造完成之货物，将无从区别其成本之大小。（7）投资利息苟不计作成本，则将无以表示存货过多之不经济，与存货较少之经济。（8）投资利息苟不计作成本，则何种商品应购入，何种商品应自造，无从比较其孰为经济。（9）记载投资利息于成本内，方可知悉自置厂房机器与租借厂房机器所费成本之孰多孰少，以便决定取舍。（10）投资利息记作成本，方可决定何种理财方法（或发行普通股票，或发行公司债或用其他借款方法），最属经济而有效。（11）投资利息记入成本，可使各厂所出同种产品之成本数额，归于统一，更适宜于彼此之比较。（12）投资利息数属固定，倘使记作成本，则增加产量，即可减少产品之单位成本，是乃鼓励生产增加之良法。

主张投资利息不应计作成本者，所提出之理由，其常见于各刊物中者，计有下列各项：（1）会计员之所谓成本，不必定与经济学家之观念相符合。（2）股东投资之利息，并非实际之支出，故非成本。（3）将投资利息记作成本，结果足以虚抬存货价值，并预期尚未获得之利益。（4）成本之比较，有投资之折旧捐税等固定开支可作标准，利息一项，数常不巨，故非比较成本之要素，而无记作成本之必要。（5）如欲详悉每项产品应负担投资利息之数额，尽可以他种方法计算而得之，不必将其记作成本。（6）计算投资利息之利率，极难决定。至于何种投资应有利息，尤无标准。（7）若以投资利息计入成本，则产品尚未出售而先计利息之收入，殊不合于会计之原理。（8）投资利息之记入成本，每使制品价值过分提高。（9）投资利息一项，在制造成本中，并非主要之元素，且亦非比较成本之重要元素。

吾人观于上述各项理论而知正反两方主张之大概。唯前者多为经济学家理论上之主张，而后者则为多数会计学者实际之意见。盖此乃理论与实际之争辩，倘使理论虽甚正当，而实际上难以施行，亦属徒然。投资利息计入成本之实际困难问题,确属甚多,故通常每不计作成本也(关于此项问题,倘读者欲详为研究,请阅笔者所译劳伦斯氏《成本会计》第二十二章)。观于上述三项问题而知存货成本之内容,兹再概述如下,俾读者可得一明显之观念。

存货之成本,除进货发票上所记之价值外,应于可能范围内,再加其运到货栈以及点收储藏各项费用之应摊数额;其进货发票上所记之价格,应视各企业之理财政策,而定进货折扣之应减除与否;至于投资利息,则多数会计学家,因事实上之困难,大都不将其计入存货成本之内。

(二)计算成本之方法

成本之内容,既经确定,则当进而讨论其计算之方法。夫一会计期间之内,所购进之货物,次数必多,每次之进货价格,大都不能一致,而期末所存之货,亦每不能指定其为何次所购;故所谓存货之成本者(指单位成本而言),事实上有种种不同之计算方法,述之如下:

(1)最近进货成本计价法。此法又分为两种:

A. 以最后一次进价为标准之计算法。例如结账日为十二月底,结账前最后一次进货之日期为十二月五日,该日之进货单价,为十二元,即以十二元为结账日该项存货之单价。此种估价标准,与以时价为标准,无大差异。谓为成本,实不甚切当。因期末存货数量,或超出最后一次购入数量之数倍,即非完全系最近一次所购入,则此最近一次之进价,不能代表期末存货之成本单价,甚为明显,此种情形,尤以平时货价涨落甚巨,而末次进货价格特高或特低时为然。此种单价常与时价较近,而离真实之成本则远,故不足取法。

B. 平均进货成本计价法,此法以一会计期间内各次进货之单位成本,加以平均,而得存货之单价。其计算方法又可分为两种如下:

a. 算术平均法。此法不问每次进货之数量若干,但取其每次进货之价格而平均之。例如一年之中,进货四次,一次为每件四元,一次三元,一次三元六角,一次四元二角,取而平均之,得每件三元七角,即以此三元七角之单价,估计全部存货是也。此种平均单位价之不适当,在稍明统计学者即能知之。盖若某一价格之进货数量特多或特少,则此种单价,即不能代表其平均成本。例如上述四次进货中,每件三元之进货特多,四元二角之进货最少,则进货平均成本,决非三元七角,而在三元七角之下也。

b. 权重平均法。此种方法,取每次进货之价格并其数量,用统计学中权重平均法,计算其平均单价。所得结果,较之算术平均价,当然较为可靠。兹演列其计算方法如下:

第一次进货	160 件	@4.00	640.00
第二次进货	340 件	@3.00	1,020.00
第三次进货	200 件	@3.60	720.00
第四次进货	100 件	@4.20	420.00
共计存货	800 件		2,800.00
	每件		3.50

如上表,该期内每件之权重平均成本为三元五角,即以此三元五角之单价,计算全部存货之盘价。

(2) 以最近进价为标准之计价法。此项方法可设例以明之。譬如存货三百件,其最近进货之日期件数单价如下:

九月五日	40 件	@3.00
十月五日	60 件	@2.80
十一月五日	120 件	@2.90
十二月五日	80 件	@2.70

此时三百件存货中,八十件作价 2.70 元,一百二十件作价 2.90 元,六十件作价 2.80 元,四十件作价 3.00 元。如此三百件共计值银八百五十二元,每件合银二元八角八分。如存货为二百五十件,则以同法推算,共值银七百〇四元,每件合银二元八角一分六厘。如存货为一百件,则共值银二百七十四元,每件合银二元七角四分。

此种计算方法,所得出之存货数值,可谓本乎成本之原则,而表示其真正成本。但必须平时有完备之存货分清账,计算方为便捷。如平时对于原料物料之付用,以最先进货价格计算(Oldest Inventory Price Method)者,则更不费事,因存货分清账上结存之金额,即此法所欲计算之存货金额也。设例如下:

存货估价问题

存 货 分 清 账
品　　名

日　　期		收　　入			付　　用		结　　存	
		件数	单价	金额	件数	金额	件数	总值
9	1	30	3.00	90			30	90
	30				15	45	15	45
10	5	40	4.00	160			55	205
	31				20	65	35	140
11	30				20	80	15	60
12	8	40	3.50	140			55	200
	31				10	40	45	160

（3）货仓结存平均单价法。会计制度非甚完全之工商企业，莫不备有货仓总账，或名存货分清账，以记载商品货物之进出及结存额。此项存货分清账，于数量而外，并逐笔记其金额。但货物之金额即价格，在购进之时，极为简单，按照进货发票登入，不生问题。售出或付用之时，其单价之如何计算，常发生事实上之问题。前述最先进价计算方法，即其一种。但此种计算法，必先追溯其为何批所购进，且一次付用或销售之货物，常须用数个单价计算之，有时事实上或感不便。故有在每次进货登入存货分清账后，随即另计一平均价者。其例如下：

存 货 分 清 账
品　　名

日　　期		收　　入			付　　用			结　　存		
		件数	单价	金额	件数	单价	金额	件数	单价	金额
9	1	30	3.00	90.00				30	3.0000	90.00
	30				15	3.00	45.00	15	3.0000	45.00
10	5	40	4.00	160.00				55	3.7273	205.00
	31				20	3.7273	74.54	35	3.7273	130.00
11	30				20	3.7273	74.54	15	3.7273	55.92
12	8	40	3.50	140.00				55	3.5622	195.92
	31				10	3.5622	35.62	45	3.5622	160.30

154

照上表，十二月三十一日结存数量，为四十五件，金额为 160.30 元，每件单价为 3.5622 元。此项单价，系逐次滚结而来，其数量之高下，受最近一次或数次进货价格之影响最大，故有可取之价值，工厂中用之者亦甚多。在年终结账时，存货数量与金额，即可依据存货分清账录出。除陈旧不合销路或用途之存货外，更不发生估价问题，而账上所示之存货金额，亦平均成本数额之一种也。

综观上述各种成本单价，计算方法既异，所得结果，亦各有不同。然依此而计算存货之数额，均谓之以成本为估价标准。一般商人事实上之应用，或视其平时所采之会计制度，或就结账日之情形而参以主观之意见，加以抉择，亦颇可上下存货之总值。然以普通情形而论，则各法之中，当以最近进价计价法及货仓结存平均单位价法所得结果，最为可靠。而两法之中，又以前法之计算，较为简便，故用之者亦较众也。

乙、时价

时价或称市价（Market Value），亦称重置成本（Replacement Cost），即存货在结账日或盘存日之市面价格，依此价格，可以重行购置与现存数量品质及情形（如储藏地点及保存方法等）相同之货品也。

照此定义而言，则所谓时价（市价）或重置成本者，实不仅包括购入此项存货之发票所示市场净价，且须加上依照现在情形所应计算之各项进货装搬运输进口税佣金以及点收存栈各项费用。故重置成本中所称成本之内容，与上项所述者无异，不过上述者为实际上之成本，此则为照结账日或盘存日所应付之成本，乃其不同之处耳。

美国税务局对于时价或市价一名辞之解释如下：

"在通常情形之下，所谓时价，系指纳税人在盘存日购买寻常数量之该项货品之出价而言。"（Under ordinary circumstances "market" means the current bid price prevailing at the date of the inventory for the particular merchandise in the volume in which ordinarily purchased by the taxpayer.）依照此项解释，则所谓时价者，欲其可以作为存货估价之标准，尚需受下列种种之限制：

1. 市价必须为盘存日之价。

2. 盘存日必须在通常情形之下，若遇非常情形，如宣战或政治上、市场上重大变化，则是日之市价不能作准。

3. 存货须为通常货品，苟存货中某项特种货品，如不经见之古董或供给已断之特种货品，在盘存日即有价值可估，亦不能作为盘存之标准市价。

4. 必须以寻常购量之市价。因所购之量特多，则价值将被其提高，如所购数量特少，则虽有市价亦不足为凭也。

5. 所谓市价，指批发价格，而不指零售价格。

6. 所谓市价，指购入价格，而不指售出价格。

美国税务局又谓，如在盘存日并无公开之市面，或市面上所开价格并无通常数量之交易，则可应用与盘存日最相近日期之公平市价，作为盘存日之时价。唯须证明此项时价，系该纳税人或他人购入通常数量之该种货品时所付之价，而并无作伪之行为者。观于上列各项之解释，吾人可知市价之内容及其计算之方法矣。

丙、成本与时价孰低

成本及时价之意义，与其计算方法，已如前两节所述。本节所谓成本与时价孰低者(Cost or Market，Whichever is Lower)，即谓盘点存货之日，倘使时价低于成本，则以时价为估计之标准；倘使成本低于时价，则以成本为估价之标准，两者之中，取其低者是也。此项估价标准，与其称之谓一种标准，毋宁称之为一种方法。盖其本身实非一独立之标准，不过藉上述两种标准而另为一种之计算耳。读者于此有一点应加注意，即所谓成本或时价者，应将各种存货分别计算，而非将全部存货合并计算也。因此，用此项标准以计算存货之价值时，须应用下式所示之盘估存货表。

货品名称	量数单位	成 本		时 价		低 价	
		单 价	金 额	单 价	金 额	单 价	金 额
存货 甲	380	3.60	1,368.00	3.30	1,254.00	3.30	1,254.00
乙	220	10.80	2,376.00	10.00	2,200.00	10.00	2,200.00
丙	140	5.40	756.00	6.00	840.00	5.40	756.00

货品名称	量数单位	成 本		时 价		低 价	
		单 价	金 额	单 价	金 额	单 价	金 额
丁	87	7.60	661.20	8.00	696.00	7.60	661.20
戊	135	6.00	810.00	5.00	675.00	5.00	675.00
己	65	8.00	520.00	9.00	585.00	8.00	520.00
庚	94	5.00	470.00	6.00	564.00	5.00	470.00
辛	100	3.20	320.00	3.00	300.00	3.00	300.00
			7,281.20		7,110.00		6,836.20

上表有三金额栏：第一栏为成本价，第二栏为时价，第三栏为成本与时价两者中孰低之价。所计得之存货总值，较用成本与时价标准各别计算之结果，均为低少。在此可以明了所谓成本与市价孰低之标准，非若表面初观之简单，其估价之标准，并非全部存货一律用成本单价或一律用时价。盖一商业之存货，常有多种，此多种存货之价格，市面有涨有跌，涨者从其成本，跌者从其时价。就全部存货而言，其估价之标准，并不一律，结果所得存货之总值最低。

丁、售价

售价为销售存货之定价，定义甚明，似毋待详细之解释。虽然，以售价为存货估价之标准时，其意义亦有种种之不同，列述如下：

A. 单纯之售价，但不包括商品折扣（Commercial Discount）在内。例如汽车一辆，定价五千元，照定价八折出售，则其售价为四千元。

B. 售价减尚待支付之销售费用及其他成本。例如上述之汽车，售价为四千元，价内应付销售员佣金四百元，销售费用如运费、保险费、装箱费等类计四百元，其他成本（如一年内包修工料成本）二百元，则该车之存货价值为四千元减一千元（400＋400＋200），即三千元也。

倘使销货定单已经签订，定洋已经收取，销货佣金亦已付讫，唯汽车尚未运交买主，则该汽车存货之价值，可作为三千四百元，即 4,000－（尚未支付之销售费 400＋其他成本 200）＝3,400 元也。

C. 售价减尚待支付之销售费用及其他成本，并减预计利益之全部。如上例，汽车之售价为四千元，减去销售费用及其他成本一千元，尚余三千元。倘其预计销售利益为五百元，则照此项估价标准，该车之存货价值为二千五百元。虽然，此项计算方法，结果与成本无异，故不足取。

D. 售价减尚待支付之销售费用及其他成本，再减预计利益之一部分。此处所谓利益之一部分者，或以比例计算，或由任意酌定，均视一企业估价政策之不同而有差异。其以比例计算者：可以已经支付及尚未支付之两部分成本之比率，作分配预计利益之标准。如上项所举之例，汽车售价为四千元，未付费用及其他成本一千元，则应再减预计利益五百元之四分之一，即一百二十五元，如是则其存货价值当为 4,000－(1,000＋125)＝2,875 元。又如上例 B 项所举之第二例，汽车售价减尚待支付之费用六百元，余三千四百元，内中预计利益五百元，可以减去四十分之六即七十五元。则照本项标准计算，该汽车之存货价值，为三千三百二十五元。

四、各种估价标准之应用

（一）以成本为估价标准

有许多厂商，用成本为存货估价之标准，年复一年，不为更改，故对于时价如何，并不注意，应用此项估价方法，有下列各种理由。

1. 以成本为存货估价之标准，则所有时价高涨时，未实现之存货利益，及时价低落时未实现之存货损失，均不使混入本期损益之内。因之本期所结出之损益数额，均系管理当局所应负责之损益数额，而损益计算书之内容，较有意义。

2. 计算成本之工作，大概较寻觅时价之工作为简单。

3. 在许多零售商店，货物之售价，与其进价，并无密切之关系。通例进价已见涨落，而售价并不随之为同比例之涨落。故存货之时价虽有涨落，但对于其商店本身之价值，仍与其成本之所值无甚差异。

但反对以成本为估价之标准者，亦有下列二说。

1. 倘使时价已有涨落，而存货仍用原价估计，则所编制之资产负债表,不能表示结账日存货之真正价值,即不能表示是日该企业之真实财政状况。

2. 倘使货物时价已有涨落,而仍用成本计价,则销货部对于推销工作上,将失其可以依赖之标准。

（二）以时价为估价标准

以时价为存货估价之标准,其理由为使结账日之资产负债表,得以正确表示彼时之财政状况。但其最大缺点,即损益计算之中,将包括存货上未实现之利益或损失。在存货中包括未实现之利益时,一般会计家、企业家及银行家,均认为太欠稳健。且求得结账日各项存货之时价,实际上之工作亦甚繁重,且有种种存货,不能确定其时价,则不得不出于估计之一途,较之有确实记录可查之成本,殊不可靠。

（三）以"成本与时价孰低"为估价标准

以"成本与时价孰低"为存货估价之标准,乃欧美大多数会计学家之所主张,亦为大多数之企业家及银行家之所赞同。其唯一理由,则以此项标准,计预期之损失,而不计预期之利益,比较最为稳健。故在英国则会计师公会估价委员会,放于一九一七年对于内地税局之报告书中,称之为世界通行之估价公式。在美国则内地税局亦采之为数种估价标准中最主要之一种。所有各会计书籍之中,凡论及存货估价标准者,几莫不奉为金科玉律,而各工商企业机关实际上所用之估价标准,亦以此为最普通也。

虽然,在商业场中,稳健政策固可赞许,不过仅图稳健,而牺牲会计之正确,是何异于噎而废食。近来学者对于此项估价标准之应用,颇多非议,其所提出之理由,约述如下:

1. 此项标准,既不能表示存货之时价即现值,而使资产负债表可以确示结账日之财政状况,复不能表示存货之成本,而使损益计算,可以显示管理人员所当负之责任。推其结果,不仅使会计之结算不能正确,且使财政状况与损益计算,均成为毫无意义之记载。

2. 此项标准,在货价降落之时,预计存货上之损失,而在货价上升之时,则不预计存货上之利益,理论上显有矛盾。

存货估价问题

3. 货价之涨落，在各项存货，虽非完全相同，然大致言之，多种存货价格之涨落，确有一致之趋势。故在一般货价上涨较甚之时，其各种存货之时价，当无不较其成本为高，则是年之存货估价，实际上等于以成本为标准。而逢一般货价下落较甚之时，其各种存货之时价，当无不较其成本为低，则是年存货之估价，实际上即等于以时价为标准。如此年年反复变更其估价之标准，不仅为会计原理所不容，抑或使决算内容，成为非驴非马之结果。

4. 即在事实上言之，此项估价标准之应用，费时亦觉太多。因上述计算各项存货成本之繁重工作，既无一步可以避免，再加寻觅各项存货时价或换置成本之工作，即反对使用时价标准所指为工作过于困难者，亦无一点可省。倘使存货种类甚繁，则计价所费之时间，及所遭之困难，当极巨大。

5. 更进一步言之，此项标准之应用，有时亦并不足为稳健之表征。盖有时一企业之存货成本，虽较其时价为低，但较之其他同业购货之更为得法或及时者，则其成本或仍高出多多也。

（四）以售价为估价标准

以单纯之售价为存货估价之标准，在会计学上实无理由可为辩护。盖存货之售价中，包括许多尚未支付之销售费用与其他成本，更包括一部分尚未获得之利益，绝对不能作为资产计入存货价值中也。

以售价减除销售费用及其他尚待支付之成本，为存货估价之标准者，则在下列各项情形之下，实有应用之必要。

1. 存货之成本及时价均属无从查悉者。例如旧店出盘，将其所存底货之全部，连同其他资产，作一总价，售于受盘人。此时各项存货之成本及时价，必属无从查悉。即能查悉，亦属估计，不能正确。此时受盘人倘欲将盘得之存货，估定价格，则除以售价为标准外，实无他法。

2. 存货之净售价，绝对可靠，而其出售又并不费力者。例如棉花、布疋、粮食等，有标准之货质，在交易所或其他公开市场上，一转瞬间即可售出而得现价者。

3. 定制之货，或已经定售之货，唯尚未运出者。例如一工厂先接定单,收取定银,然后制造之货物,或存货之已经顾客定购,其定购合同,无中途取消之可能者。

4. 售价较之成本或时价均系较低者。例如店中所存次货、底货、旧货以及水渍变色等货,只可削价出售者之类。

以上所述四种情形,其第 1、第 4 两种存货,非以售价(指净售价而言)为存货估价之标准,实无他法。至于第 2、第 3 两种,其成本及时价均易于求得,则究用何种标准估价,仍有讨论之余地也。

五、适当估价方法之研究及其会计上之处理

甲、估价标准之要件

观于以上各节,可知存货之估价,无论用成本时价售价或"成本与时价孰低"为标准,均有种种之缺点。盖最适当之存货估价标准,必须备具下列各条件:

1. 须使资产负债表能表示结账日之正确财政状况,或可靠之偿债能力。

2. 须使损益计算书能表示某会计年度内之营业成绩,即勿使营业上之损益与他种不关营业之损益相混。

3. 须守稳健态度,勿预计尚未获得之利益。

乙、资产负债表上所需要之估价标准

原夫资产负债表之主要效用,在股东及长期债权人之目光言之,以能正确表示该企业在结账日之财政状况为要。所谓结账日之财政状况者,即指是日各项财产之真实价值而言。但是日财产之真实价值,与其成本无关,而需以时价为标准。故在企业之股东及长期债权人方面所需要之报告言之,资产负债表上所用之估价标准,应为时价,而非成本。但在短期债权人方面观察,则其所最欲知悉者,又为该企业在短期间内有若干资产可以变成若干现款,以供偿还短期债款之用。彼等对于企业财产之成本或时价(指进价或换置成本而言)究属若干,并不十分关心,故

存货估价问题

此时资产负债表上存货一项，倘照成本或时价估计，均不合彼等之用。只有依照"售价减去尚待支付之销售费用及其他成本"之标准，估计其可以变现之数额，最为适宜。

丙、损益计算书上所需要之估价标准

一企业获得利益或遭受损失之原因，有为其管理当局所能统制，而应负其责者，有为其所无从统制，而难任其责者。前者名曰营业上之损益，后者名曰投机上之损益。编制损益计算书之主要目的，在乎表示一企业营业之成绩，而定管理当局之功过责任，则凡不属于营业上之投机损益，应与营业上管理当局应行负责之损益，绝对划分，乃属当然之理。夫存货时价之涨落，乃为市场上大势之所趋，而非企业当局所能幸致或幸免者。若存货以时价计值，则损益计算书之贸易部分，实包括投机损益在内，而使其所示损益之数额，无从表示管理当局之成绩。故在损益计算书上言之，存货之估价，应以成本为标准，方能确示营业上所能统制及所负责之成绩，究属如何也。

观于本项及上项所述原则，而知资产负债表上所需用之估价标准，与损益计算书上所需用之估价标准，显相反背。倘用成本或时价，只能顾及一面，而不克双方兼顾。此项困难情形，若不设法解除，自不能达完美之估价目的。

丁、稳健之估价标准

至于"稳健"一项，难为会计上估价之良好标准，但若因仅图稳健而牺牲会计上之正确，自非策之善者。"成本与时价孰低"之标准，虽为一般会计家、银行家、企业家所普遍采用，然在原则上言之，因成本低于市价，而用成本估价时，则使资产负债表失其效用，因成本高于时价而用时价估计时，又使损益计算书失其效用。且估价标准在成本与市价之间，或致年年反复变更，因之历年之资产负债表及损益计算书，无从为相互之比较；则此项估价标准，虽以稳健之故而受举世之欢迎者，故难免为头脑清明之会计学家所摈斥也。

戊、适当之估价方法

今设一最适当之估价方法，以求完全合于上列三项条件，其法如下：

1. 设一"存货跌价准备"（Reserve for Loss on Inventory Valuation）账户，以记盘存日存货成本高于其时价之差额。凡成本高于时价时，将其差额，贷入此账户，而成与折旧准备同一性质之账户。

2. 另设一"存货估价损失"（Loss on Inventory Valuation）账户，为存货跌价准备账户之相对账户。此账户所表示之损失，在损益计算书中列入"其他损益"（Other Income Deductions）或"非营业损益"（Non-operating Income and expenditure）项下，而不使其与营业损益或贸易损益相混。

3. 设一"存货增价"（Increase in Inventory Valuation）账户，以记盘货日存货成本低于其时价之差额，凡成本低于时价时，将其差额借入此账户，而表示存货价值之一部分。

4. 另设一"存货增价准备"（Reserve for Increase in Inventory Valuation）账户，为存货增价账户之相对账户。此账户所表示之利益，因其尚未实现，暂时提作准备，不即并入"其他收益"项下，故在损益计算书上无所表示也。

为求读者明了此项会计方法起见，特举两例，以示上述四账户之应用方法如下：

例一：某公司存货成本价值十万元，时价八万元，在决算日应为整理分录如下：

借：存货估价损失　　　　　　　　　　　　　　　　20,000
　贷：存货跌价准备　　　　　　　　　　　　　　　　20,000

此时资产负债表上之表示如下：

资　　　产		负 债 及 资 本	
存货	100,000	存货跌价准备	20,000
其他	…	其他	…

存货估价问题

或将上式改列如下：

资　　　产		负　　　债	
存货	100,000		
减存货跌价准备	20,000	其他	…
	80,000		
其他	…		

在损益计算书上之表示如下：

营业净利或净损		…
其他收益	…	…
减存货估价损失	20,000	…
本期总收益或总损失		…

至下期售出存货时其售价成本，只照八万元之净值计算。

例二：某公司存货之成本价值计十万元，其市价为十二万元。在决算日应为整理分录如下：

借：存货增价　　　　　　　　　　　　　　　　　　20,000
　贷：存货增价准备　　　　　　　　　　　　　　　　　20,000

此时资产负债表上之表示如下：

存货	100,000	存货增价准备	20,000
存货增价	20,000	其他	…
其他	…		

损益计算书上，对于存货之增价，并无表示。

时至翌年，倘使该项存货，迄能维持其增价之情形，以至销去，则彼时应为整理分录如下：

借：存货	20,000	
贷：存货增价		20,000
借：存货增价准备	20,000	
贷：公积		20,000

倘使上期末日，所有存货之增价，系暂时之现象，翌年价仍跌落，则上期末日之整理记录，不妨视为备忘性质，仍可将其互相对销如下：

| 借：存贷增价准备 | 20,000 | |
| 贷：存货增价 | | 20,000 |

倘使下期存货时价由十二万元，跌至十一万元，则其整理及对销记录如下：

借：存货	10,000	
贷：存货增价		10,000
借：存货增价准备	10,000	
贷：公积		10,000
借：存货增价准备	10,000	
贷：存货增价		10,000

如是则存货两万元之增价，半数与其准备抵消，半数则转入公积，而成为已实现之投机利益。

以上所述之处理方法，与存货估价之必要条件，均属相合。盖在资产负债表上，设立"存货增价"及"存货跌价准备"两账户，则可使存货于表示成本价值之外，同时复可表示其时价（即存货加存货增价或减存货跌价准备是也）。在损益计算书上，存货跌价损失，不与营业损失相混，而在其他收益项下减去，则营业之成绩中，不致混入投机损益。且估价如有损失，既在当年之"其他收益"中减去，估价如有利益则暂时记入准备，不即视为可以分配之利益，俟下年度存货之售价如何，在定其处理之方法，则稳健一点，亦可顾到矣。

在以上所述之估价标准，只及成本与时价两项，而未及售价。此为使资产负债表表示一企业之正确财产价值而作。但若为企业之短期债权人着想，而编制之资产负债表，则不妨将售价（减去尚待支付之费用及成本）替代时价，而用上述同样方法以处理之。倘使为顾全稳健起见，则在售价中再减去一部分之预期利益可也。

　　本篇所述，仅为存货在普通情形下之估价原则与方法。如在特殊情形之下，则其原则与方法，复有种种之不同，当于本刊下期中再为文以续论之。

　　　　　　　　　（原载《立信会计季刊》第 2 卷第 3 期，1934 年 1 月）

清 算 会 计

一、概论

（一）引言

夫世间之一切人的集合，未有能终古常存，聚而不散者，即企业组织，亦难例外。在独资企业，往往随资本主之疾病死亡及其他事故而停歇；若合伙企业，则常以合伙人中之人事变迁而分散；即公司企业，虽其寿命与股东之关系较浅，然在设立数十年或数百年后，亦终必有解散之一日。当企业停歇解散之际，所有企业财产，应行整理而变售现金；对外债务，又应分别先后而加以清偿；如有剩余资金，则更须依适当之方法，分配于资主。凡此种种手续，即所谓清算是也。按进行清算程序之适当与否，关于债权人及资本主之利害者极巨，故欧美各国对于清算之手续，在法律上多有详密之规定。而清算时之会计记录，因系记载清算事务之必要工具，故在各国，既多有法定之程序，而会计书籍中，亦多有专篇之讨论，时至今日，几成有统一制度之趋势矣。然在我国，关于清算之处理，除民法债编合伙一节及公司法中，略有大体之规定外，所有会计记录及表册之方式，于法几毫无订明。在我国现有之会计书籍中亦多未有具体之叙述，清算人实际处理清算事务时，办法纷杂，各行其是，殊非适宜之现象。笔者以清算会计，对于我会计师之业务，关系重要，爰根据本国法令，参照他邦成例，草此清算会计一文，俾作同业之参考。其中所述，自仅为一种建议性质，而尚非一定不变之正则，愿海内学者，加以指示与讨论，俾得逐渐修正焉。

（二）企业解散之原因

所谓企业之解散者，乃一企业因法律上或财政上之种种原因，不能继续经营，而自动或被动地收束其业务之谓也。所谓法律上或财政上之原因,其种类不一,分别说明如下。

甲、法律上之原因

即一企业因法律上规定所应解散之事由发生,而实行解散之谓也。此项解散原因,依照我国现行法律,关于合伙及公司均有明文规定,至于独资企业,则资本主只有一人,自无所谓解散。兹将合伙及股份有限公司之法定解散原因列举如下。

1. 合伙解散之原因

(1) 合伙存续期限届满　例如合伙契约预定合伙存续期限为十年,则至十年之末,合伙即当解散是。

(2) 合伙人全体之同意　按合伙为一种当事人间之契约,故如合伙人全体同意将其解散,则随时可以解散也。

(3) 合伙营业之目的已完成或不能完成　例如经营冶矿事业之合伙,若其所开之矿,已经采掘净尽,则其营业之目的所谓已完成也。若其采掘结果竟毫无所得,则其营业之目的所谓不能完成也。不论其为已完成或不能完成,其无需乎合伙之继续经营则也。

2. 股份有限公司解散之原因

(1) 章程所定解散之事由发生　例如某市煤气灯公司之章程中规定于该市有电灯公司之开办时解散,则至电灯公司开办时,即当照章实行解散。又如预定存立期限为三十年,则经过三十年,公司即当然解散。此皆规定于章程中,而登记于主管官署者也。

(2) 公司所营事业已成就或不能成就　此与合伙组织之情形相同,即上项第(3)点所述者是。

(3) 股东会之决议　公司股东会如有法定多数决议权之同意,则亦可以决议将公司随时解散。

(4) 有记名股票之股东不满七人　股份有限公司之设立,本以发起人七人以上为要件,如不满七人,则公司根本上即不能成立。其所以限于记名者,俾易于确实查明故也。

(5) 与他公司合并　公司得依法与他公司合并,合并时至少有一公司解散,故合并每为解散之一原因。

(6) 破产　公司受破产之宣告,不能再为维持,自当解散。至股东破产,则与公司之存立无涉,此盖因公司股东与公司人格各别,不以股东之破产而牵及公司也。

(7) 解散之命令　依公司法之规定,(一) 公司登记后满六个月尚未开业;或(二) 公司有违背法令,妨害治安,及紊乱风俗之行为时,主管官署得以命令解散之。

乙、财政上之原因

即一企业因财政上无偿债能力,不能继续经营而需实行解散之谓也。有时一企业之资产总额,仅远过于其负债总额,然因缺乏流动资金,周转因之不灵,而不得不出于解散之一途者。此项解散原因若细分之,可得下列六种:

(1) 流动资产转变为过多之固定资产　企业由于财政上之关系而停业者,其最普通之原因,厥为流动资产之投入于固定资产者过多,致运转资本减少,不足以供周转之用。一旦流动负债到期,企业无资金可以应付,即足以使企业搁浅,而致实行停业也。

(2) 存货过多　一企业以其现金购入不必要之大宗存货,亦足为促成停业之主因。此在商品周转率较低之企业,或其企业有购存大宗存货之必要,而其价格骤然跌落时,尤为可能。虽存货亦为流动资产之一种,可于短期内转变现金或其他流动资产;但购存数量过多,则其金额并非为运转资本充厚之表征。盖运转资本乃流动资产总额与流动负债总额二者之差额,苟存货过多,超过其企业之需要,而占流动资产总额中之大部分,则其运转资本或将完全为不能迅速销脱之商品价额矣。且若此种情形长此不改,则其结果,必将使所有存货,变为陈旧或损坏之商品,致使营业大受损失。终至无力偿债,而需实行收束其企业也。

(3) 短期借款过多　通常在经营制造业之企业,欲谋扩充其固定资产每多利用长期借款,如发行公司债之类,作为购置费用。有时因市面利率奇高,不能发行公司债,而暂时发行一种短期证券,俟将来市面金融稍为松动,再发行公司债以转换之,亦往往有之。经营者采用此种融通资金之办法时,切忌发行之数额过多。盖万一短期证券到期,市面金融并不松动,而手头又无充分之现资可以偿债时,则其结果亦足影响于企业之生存也。

（4）经营亏损过多　一企业有时因经营不得其法,以及市面不振或同业竞争诸项关系,迭受亏损,致营业资本不敷周转。经营者为减少其资本之亏损起见,而将企业实行解散者,亦常有之事也。

（5）资金调度未周　善于经营企业者,对于其资金之调度,多能得宜。此种调度资金之能力,是否充分,与企业之对外信用及其前途,大有关系。倘使营业需用资金,而经营者事先不预为调度,则临渴掘井,或致影响于其企业之生存。例如公司债不久到期,须以现金偿还,而公司当局不预为筹措充分现款,则公司或将因公司债到期无款可还,而不得不出于被迫停业之一途也。

（6）其他原因　一企业之解散,除上述数种原因外,有时因其他不可避免之事由而发生者。如因火灾地震或其他灾害,而致企业受有重大损失;或因有新发明之事物,而致某种出品,无人购买;或因机械及其他设备之改良,而致企业原有之械器及设备,减其效用,或竟完全不能使用。凡此诸种原因,皆足以使企业无法维持而不得不出于解散清算之一途也。

（三）解散与清算之手续

企业解散时,在独资组织,因其为个人所经营,债权人如因而受损,只需资本主个人有偿债能力,自可向其要求补偿。而在资本主个人,则即使有因收束而受损失,当由其个人负担,与他人不生关系。故无所谓解散,亦无须乎清算。若在合伙及公司组织则不然。合伙之合伙人,至少有二人以上,各合伙人对于合伙债务,负有连带无限清偿责任,倘使因解散之处理不慎,而致合伙受其损失,则各合伙人因利害关系之不同,或致生负担损益不公允之事实。在股份有限公司,其股东至少须在七人以上,各股东对于第三者所负之责任,仅以其所认之股份金额为限,倘因解散之处理不慎,而致公司受有损失,则债权人将大受其害。职是之故,法律上对于合伙及公司解散时,规定其必须经过清算之程序,方可承认其为有效,此盖为防患未然之计也。

所谓企业之清算者,前已言之,乃企业实行解散后,结束未了事务,收取债权,清偿债务,并分派余存财产于企业所有者等程序之总称也。清算与变产(Realization)不同,变产为将一切资产变卖为现金之手续,清算虽必须先经变产之手续,但变产未必即为清算,学者不可不辨别清楚也。

清算手续,为合伙及公司解散时必经之法定程序,但在独资企业,则法律上无必须经过此项手续之规定。通常独资企业收束之时,除其资本主个人所有财产不足清偿债务须呈请宣告破产外,多由其个人自行料理,了结一切对外债权债务。

合伙及公司解散时必须经过清算之手续固矣,然依公司法之规定,有时亦可不经过此项手续,而将公司解散者,下列两种例外情形即是。

(1)公司因合并而解散时无须清算　此因公司之合并,公司法中另有明白之规定,因合并而消灭之公司,其资产负债由因合并而新设成续存之公司所继续承受及负担,对于公司债权人及股东之保护,并无所缺,故无须经清算之手续也。

(2)公司因破产而解散时无须清算　公司因所有资产不足抵偿负债,至受法院之宣告而破产时,应适用破产法之特别规定,由破产营财人处理之,自毋庸再依公司法之规定而为清算。

合伙与公司实行解散清算时,其事务通常由所谓清算人而执行。此项清算人之选任解任及其应有之职务,在法律上均有明文规定,兹特述之于下。

（四）清算人之选任解任及其职务

依我国法律规定,合伙清算人,以全体合伙人充任为原则;公司之清算人,以全体董事充任为原则。但公司章程或合伙契约中别有规定,或以股东会决议或合伙人过半数同意另选他人充任时,即以章程契约,或决议同意所选任之人充任。在公司组织，如无适当之清算人，则可由该管法院根据利害关系人之呈请选派之。所谓利害关系人者，乃指股东及公司债权人而言也。至关于清算人之人数，法无具体规定，一人或数人均可。

依照我国法律，关于清算人解任之规定，清算人非有正当理由，不能随意辞任，各合伙人及股东亦不得任意将清算人解任。否则任何一方可向其他一方要求损害赔偿。在公司组织，其清算人之由该管法院选派者，苟有正当理由，得由公司监察人或股份总额十分之一以上之股东，呈请法院将其解任。至于非法院选派之清算人，法院亦得根据利害关系人之申请将其解任。

清算人之职务，依我国法律之规定，计有三项：(1) 了结现在事务，(2) 索取债权，清偿债务，(3) 分派余存财产。清算人执行此三项职务，如其人数有数人时，则由其过半数之决议行之，但对于第三人各有代表之权。其在公司，如章程或股东会别有规定或决议时，则从其规定或决议。清算人于其执行清算事务时，如有必要，无论审判上或审判外一切行为，皆得为之。凡在清算目的范围以内，虽继续营业亦无不可。例如经营制造业之公司，解散后积有在制品甚多，出售极难，即使可以出售，亦将受重大亏损，则再加工制造为制成品，而后出售之，亦为清算人权限以内之事也。

二、清算开始时之会计

(一) 清算开始时之手续

依法律规定及通常习惯，清算人被选后，应将其姓名、住所及就任日期登报公告，俾众周知。其在股份有限公司，则并须于被选后十五日内向法院呈报，解任时须由股东会于十五日内呈报。若清算人系由法院选派者，则由法院先期公告，解任时亦同。清算人就任后，应即检查企业之财产情形，造具资产负债表及财产目录，以确知该企业之资产总额与负债总额是否足以相抵。在股份有限公司，清算人并须以此项资产负债表及财产目录，送经股东会复核承认，然后将资产负债表公告。

清算人查明企业之财政状况后，应以公告方法限令债权人报明债权，对于明知之债权并应分别通知。关于限令债权人报明债权之期限，在我国一般习惯，常定为十四日，但此项期限，实嫌过短，不免妨碍债权人之权利。在旧公司条例中，其规定为三个月以上。但在民法债篇合伙节中及现行公司法上并无此项期限之规定，则在清算进行之中，债权人当可随时报明其债权，清算人不能将其剔除也。

清算人既造具资产负债表及财产目录，即宜考察清算之事务，决定其会计之组织，以记载清算时期中之一切账目。盖一企业经宣告解散以后，即将其一切事务移交清算人。其原有之账簿组织，或不能尽合于清算时之用，清算人为求其清算期内账目记载之正确明显起见，则另定一适当之账簿组织，亦未始不可也。

（二）清算资产负债之编制

清算人就任后，须即检查企业之财产情形，编制资产负债表及财产目录，已如上述。此项资产负债表及财产目录，以清算时之估价标准为编制之根据，与寻常所编制之资产负债表及财产目录，其性质及作用，大有不同。为求区别之明了起见，此种在清算开始时所编制之资产负债表及财产目录，可称之曰清算资产负债表及清算财产目录。

寻常之财产目录，系依照资产负债表内所列各资产负债项目之先后，顺序编列，只需资产负债表编制得当，则财产目录之编制，自无问题。故此处仅讨论关于清算资产负债表之内容及其编制之原理。至于清算财产目录之编制，则读者可依据清算资产负债表之内容，准照寻常财产目录之编制方法推椎而得之，兹不赘述。

清算资产负债表为一企业清算时对于债权人表示清算结果可望受偿若干成数之一种报告表。易言之，即清算人先以记录于账簿上各项资产负债之面值为基础，加入账簿以外调查所得之事实，而估定其实值之资产负债表也。故此表之内容，与寻常之资产负债表，大有不同。表中所列各项资产负债，其估价之标准，系以变产与清算为立场，非若寻常资产负债表之以继续营业为立场也。两者相异之点，乃在其资产负债估计价额之方法，互有不同。就资产方面言，寻常资产负债表上所列者为其账面所记之继续营业价值（Going Concern Value）。如固定资产，以其原价减去折旧之价额表现之，与其时价之涨落完全无关。在清算资产负债表，则不仅应表现其账面价值，且同时应编列其可以变现之价值。又如存货一项，寻常资产负债表以其时价或成本为估价之标准；清算资产负债表则除表现此种价额而外，并应编列其可以变现之价额。就负债方面言，寻常资产负债表上所列者，虽其偿还期限有先后，然均假定其可以十足清偿。故何种债务有优先受偿权，何种债务无优先受偿权，无须在表上明白表示。若清算资产负债表，则以企业实行清算时，各项负债同时到期，同时清偿。故关于负债，不必以固定流动为区分也。

清算资产负债表之编制，其目的既与平时所编制之资产负债表不同，故表上所列各项目之分类，亦与寻常资产负债表有异。例如资产，在寻常资产负债表上分为流动资产、递延资产、固定资产及其他资产等类。在清算资产负债表上则此项分类法，已无意义。盖不论流动资产或固定资产，在清算时，势须同时全数变价，彼此实无所区别。至于递延资产，原系应从下期收益中减除之预付费用，但在清算以后，则根本上无所谓下期及下期利益，故递延资产即不能再有价值。所以清算资产负债表上资产项目之分类，绝非仍照寻常资产负债表之方法，所能表示其意义也。

然则清算资产负债表上之资产，应依何种事项为分类之标准，方足以显示企业在清算时之财政状况乎，曰欲观清算时之财政状况，首须悉其各项资产之变价，是否可以充偿债之用。资产虽多，变价虽巨，但若全数已供抵质之用，则在普通债权人视之，等与无资产等。凡资产之上并无抵押权或质权之设定，则其变价之收入，当可作偿债之用，在普通债权人视之，方觉其有资产之效用，是以清算资产负债表上资产之分类，应以其有无抵押权质权之决定为标准，而分为下列三类：

（1）全部价值设有抵押权或质权之资产，即全部供担保之资产。

（2）一部价值设有抵押权或质权之资产，即一部供担保之资产。

（3）未设定抵押权或质权之资产，即未供担保之资产。

例如房屋一所价值银一万元，兹将其作为一万元或一万元以上之债务的担保品，则此房屋之全部价值，均须作清偿其担保债权之用，是即属于第一类。但如此项房屋，作负债五千元之担保品，只需以其价值之一半，作清偿其担保债权之用，是则属于第二类。其未经出抵之资产，全部价值可以作清偿普通债权之用者，则属于第三类。

至于清算企业之负债，在清算资产负债表上，亦不必依流动递延或固定之标准而分类，因企业一经宣布清算，则不论其债务原定到期日之先后久暂，一律须同时偿付，是则平时之所谓固定负债者，刻已变为流动。至于递延负债，原为预收进益之性质，须待下期供给劳务或出品，以免除其债务。但在清算企业，营业大概已经停顿，则下期已无劳务或出品，可以给予债权人，是则递延债务，在平日无须以现金偿还者，此时亦须以现金偿还，而与流动负债无所区别也。然则清算资产负债表上之负债，应依何项标准，为之分类，方足以显示清算时之财政状况乎？曰欲观清算时之财政状况，须将其负债分别观察，孰者已有担保，毋庸另筹款项，以资清偿。孰者毫无担保，均待另筹款项，孰者止有一部分之担保，而仍须设法另筹一部分之款项。至于无担保各债权之中，又应分别孰者应先行清偿，孰者可以余款摊还，俾实际清偿之时，可以依作标准。是以清算资产负债表上负债之分类，应以其有无担保及有无优先权为标准，而分为下列各类：

（1）优先债务　即对于一企业所有资产依法保有留置权之债务。此类债务，又可细分为下列两类：

（甲）应付捐税。即应纳国家之捐税，依法应于现存财产中先行十足清偿。

（乙）其他优先债务。此类债务仅对于未供抵押之资产，有优先取偿之权，即先于其他无担保之债务而受清偿。

（2）全部担保债务　即所欠之债务全部均提有资产，作为担保品。其担保品之价值，较其债务额为大，或与其债务额相等。一企业实行清算时，清算人应以此项担保品之全部变价，清偿其所担保之债务，如有除剩，始可以之移作清偿普通无担保债务之用。

（3）一部分担保债务　即所欠之债务虽提有财产,作为担保,但其财产之价值较其债务额为小。

（4）无担保债务　即所欠之债务,未提有财产作为担保,且无优先债务之特质。

编制清算资产负债表之目的,在表示清算企业之财政真相,使优先债权人,全部担保之债权人,一部担保之债权人,及无担保之债权人等,得知其现存资产变价所得之款额为若干,清算了结时,各项债权可受清偿之金额为几何。故编制此表时,其各项资产负债之调查,须涉及账簿以外之一切事实,但其基础固仍以账面价值为主,不过以调查所得之材料,补充订正之而已。其格式亦如寻常资产负债表之分为资产与负债两部,每部又可各分为三栏。资产之部,分账面价额、摘要,及预计变卖价额三栏。以各项资产之账面值,记入账面价额栏,以清算进行中所能变得之预计价额记入预计变卖价额栏。其供作抵押之资产,虽详载于资产部中,但其金额则不记入于预计变卖价额栏内。因变卖所得之现金,须偿付其所担保之债务,清算人将一无所得也。负债之部,分账面价额、摘要,及预计应偿金额三栏,分别负债之为优先性质者,或为全部有担保者,或为一部有担保者,或为无担保者,列记其账面值于账面价额栏,再将普通无担保债务之金额,记入预计应偿金额栏。唯附有担保品之债务,虽记入负债之部,但其金额则不记入于预计应偿金额栏,只于对方资产项下,从其抵押品之资产金额栏内减除。此时抵押品之变现价值,若大于其所担保之债务额,则其差额可记入资产部之预计变卖价额栏内,以供清偿普通无担保债务之需;若其所担保之债务额,大于其抵押品之变现价值,则该资产之价额,须从其所担保之债务额内减除,而以其差额记入负债部之预计应偿金额栏内。关于优先债务,应于表现支付普通债务之资产额前,由总资产额中先行减除,以明普通债权者所应受偿之资产额。兹举例以说明其编制方法如下:

设周、吴两人合办之诚信合伙百货商店,因财政窘迫,资金不敷周转,债务不克偿还,于民国二十二年七月一日,宣告清算,当时该店之财政状况,如下列资产负债表所示。

诚信百货商店资产负债表
民国二十二年七月一日

资　　产		负　　债	
现金	300	应付票据	4,000
应收账款	9,000	应付账款	25,000
存货	18,000	应付未付工资	300
有价证券	3,000	抵押借款	15,000
房地产	25,000	合伙人周君	6,000
		合伙人吴君	5,000
	55,300		55,300

清算人对于该店财产加以调查，得悉事实如下：

（1）房地产系为抵押借款一万五千元之担保品，估计可以变价一万八千元。

（2）有价证券系为应付票据四千元之抵押品，时价三千二百元。

（3）存货整批出售，可得价一万三千五百元。

（4）应收账款中有二千元为坏账，三千元为呆账，其中可望收得半数，余额皆可照收。

清算人根据上列各项估计调查之结果，制成清算资产负债表如下：

诚信百货商店清算资产负债表
民国二十二年七月一日

账面价额		资　　产	预计变卖金额		账面价额		负　　债	预计应偿金额	
		全部抵押之资产：					优先债务：		
3,000	00	有价证券——由负债中减去 估价　3,200			300	00	应付未付工资——由资产中减去		
		一部分抵押之资产：					全部担保债务：		
					15,000	00	抵押借款——由资产中减去		
25,000	00	房地产： 估价　　　18,000 减抵押借款15,000	3,000	00	4,000	00	一部担保债务： 应付票据 4,000 减抵押品有价证券		
		未供抵押之资产：							

账面价额		资　　产	预计变卖金额		账面价额		负　　债	预计应偿金额	
18,000	00	存货	13,500	00			3,200	800	00
9,000	00	应收账款：					无担保债务：		
		确实者　　4,000	4,000	00			应付账款	25,000	00
		不确实者　3,000	1,500	00			资本：		
		绝无希望者　2,000			6,000	00	合伙人周君		
3,000	00	现金	300	00	5,000	00	合伙人吴君		
		未供抵押资产总额减优先债务：	22,300	00					
		应付未付工资	300						
		未供抵押资产净额	22,000						
		资产不足额	3,800						
55,300	00		25,800	00	55,300	00		28,800	00

　　上表之排列方法，系将有抵押之资产及负债列先，无抵押之资产负债列后。在清算人及股东方面观之，颇为便利。唯在普通债权人之立场言之，其所亟欲知者，非为业经抵押之资产与已有担保之负债，乃为未经抵押之资产与并无担保之负债。若为此辈债权人阅览之便利起见，则是表之排列方法，应适与上表所列示者，互相颠倒，即将未供抵押之资产及无担保之负债，列于表之首端，而将全值抵押之资产及全有担保之负债及优先负债列于表之下端也。

　　（三）预计亏损表之编制

　　上述之清算资产负债表，系清算人于就任后，法律上规定应行编制之报告表。此外，清算人为表示各项资产将因清算之举而发生之亏损数额，多另编一种预计亏损表（Deficiency Account），以补清算资产负债表之不足。

　　预计亏损表一方记载：（1）企业原有之亏损，（2）各项资产变价之损失，（3）其他特别损失；一方记载：（1）各项资产变价之利益，（2）应由各合伙人或各股东负担之损失额，（3）应由各合伙人或股东补充之不足额，或无担保之债权人所须受损之数额。兹根据前例编制诚信百货商店之预计亏损表如下：

诚信百货商店预计亏损表
民国二十二年七月一日

预计资产变现所生损失：		预计资产变现所生利益：	
房地产	7,000	有价证券	200
存货	4,500	合伙人周君	6,000
应收账款	3,500	合伙人吴君	5,000
		资产不足额（应由各合伙补偿之债额）	
			3,800
	15,000		15,000

前例诚信百货商店所有资产，以其估计变现之价，偿付债务，尚不足三千八百元。有时一企业所有资产之价值，远过其所有负债之数额，经将债务全部清偿，仍有资产可余，足以返还各投资人一部分之出资者。则上列之预计亏损表可改名为预计资本亏损表（Impairment of Capital Account）。至其编制方法，则二者相同，并无差异也。

（四）清算开始时之记录

清算会计之组织，可分为会计科目与账簿组织两部分。关于会计科目方面，除沿用清算企业账簿上原有之资产负债及损益科目而外，须再斟酌清算期内所能发生之特别交易。增设其他会计科目，如变产损益，及清算费用等类是。变产损益为表示资产变价时所生之利益成损失之科目，清算费用则为表示清算期内清算人所需支付各项费用之科目。此项科目之增设，无一定之标准，须视其实际情形如何而定也。

关于账簿组织，则清算人所应用者，与清算企业原用之账簿，除营业记录之一部分外无大差异，清算人可以仍旧沿用其旧有之组织，唯不妨酌量情形，加以变更。但为划清前后界限及责任起见，总以另立一组新账簿为宜。

清算人就任以后，倘使另立新账簿，以记载其清算期内变产偿债各项账目，则对于其所接收之各项资产负债，自须在账簿上为相当之开始记录。其记账之方法，即借各资产科目，贷各负债科目，其资产超过负债之数额，则贷入清算合伙或清算公司账户。兹述其分录式如下：

清算会计

借：接收之各项资产
　　贷：接收之各项负债
　　贷：清算合伙（或公司）

关于上列分录中各项资产负债之数额。学者间有主张用清算估计价值者，有主张即用账面价值者（指清算前正确之继续营业价值）。依笔者之意，清算人接收清算机关财产时之记账，以用各项资产负债之账面价值为宜，其理由有二：

（1）清算人在编制清算资产负债表时，其所估计之各项资产中，往往有全无价值者。接收时之记账，如以估价为根据，则对于估计毫无价值之资产，在账簿上即无记录。但如该项资产于清算进行中变得一部分现金，则清算人对于因变价而交出之资产，在账簿上将无适当之资产账户可记矣。

（2）编制清算资产负债表之目的，仅在表示各债权人可望受偿之成数。表中所列各项资产之估价，系清算人估计之变价额，在实行变卖时，未见即可卖得如许数额。清算人接受时之记账，如以估价为根据，则将来因变产所生之损益，非为其真正之变产损益，而系清算人估计变价额与实际变价额之差数矣。

因上述两项理由，清算人接收清算财产时之记账，以用各项资产负债之账面价值为较妥。譬如前举诚信百货商店之例，若清算人另行开列新账簿，则其开始分录如下：

现金	300
应收账款	9,000
存货	18,000
有价证券	3,000
房地产	25,000
应付票据	4,000
应付账款	25,000
应付未付工资	300
抵押借款	15,000
清算商店	11,000

三、清算进行时之会计

（一）一次清偿债务

清算人于查明清算企业之财产状况，编成上述之清算资产负债表及财产目录后,乃即进行其清算事务,先收取其所有对外之债权、变卖其所有之资产,然后再以收到及变得之现金,清偿其所负之债务,故清算进行时之会计,仅为关于收取债权、变卖资产及偿还债务等交易之处理,其记账手续,与普通交易,本无特异之处。唯企业实行清算时,事实上有将变产所得之现金,不待资产全部卖完,始行偿债,而将变产收入,分次摊还于债权人者。因偿债方法之有不同,故其会计,亦有繁简之差异。本节先举一次清偿债务时之实例如下:

设上章所举之例,周、吴合伙诚信百货商店之清算,假定其应收账款收得七千元,存货以一万三千元之贱价卖出,有价证券卖得三千四百元,房地产卖得二万元,其分录如下:

(1) 现金	7,000	
变产损益	2,000	
应收账款		9,000
(2) 现金	13,000	
变产损益	5,000	
存货		18,000
(3) 现金	3,400	
有价证券	3,000	
变产损益		400
(4) 现金	20,000	
变产损益	5,000	
房地产		25,000

上列四分录中,关于有价证券及房地产之变价,应悉以清偿应付票据及抵押借款两种债务。因该两项资产已经全数出抵,当其出卖收价之时,债权人立候清偿,清算人固不能以之从容存于他处,俟与其他债务同时清偿也。示其分录如下:

(5) 抵押借款	15,000	
应付票据	3,400	
现金		18,400

上列各分录过账后,清算人之现金账上,应示结存数计二万五千三百元。此项现金,应即以之清偿其余债务,唯关于清算费用及清算人之报酬,依法应于现存财产内尽先给付,今设清算人因执行清算事务共支出费用六百元,又清算人应得报酬一千元,则其分录如下:

| （6）清算费用 | 1,600 |
| 　　现金 | 1,600 |

　　此时清算人尚存现金二万三千七百元，对外债务尚欠应付票据六百元（四千元减去已偿三千四百元），应付账款二万五千元，应付未付工资三百元。其中应付未付工资一项为优先债务，依我国破产法案之规定，应先于普通无担保之债务而受偿。故清算人应以上项现金先清偿应付未付工资，其分录如下：

| （7）应付未付工资 | 300 |
| 　　现金 | 300 |

　　上列分录过账后，清算人尚存现金二万三千四百元，而查其对外负债总额为二万五千六百元，计不足二千二百元。依照民法债编之规定，此二千二百元应由周吴二合伙人补足，兹假定周吴二人依法各补足资本一千一百元，则其分录应如下：

（8）现金	2,200
合伙人周君	1,100
合伙人吴君	1,100

　　若清算人设有新账簿者，则上列分录应改为：

| 现金 | 2,200 |
| 　　清算商店 | 2,200 |

　　此时清算人实存现金二万五千六百元，适足偿还债务，而为下列之分录：

（9）应付票据	600
应付账款	25,000
现金	25,600

（二）分次摊偿债务

　　企业实行清算，事实上殊鲜有如上项所述之例，俟其全部资产卖尽以后，始一次清偿其负债者。因其所有之资产，种类繁多，绝难立时全部变为现金，实际上常需历数月或经年之久，方可结束。苟必待全部资产变现以后，再行偿债，则债权人不仅不甘久待，抑且受清算期内之利息损失。故清算人为维护债权人之利益计，多有将变产所得之现金，分次摊偿于各债权人者。此时之会计处理方法，自较上述一次清偿债务时为繁。盖企业所负之债务，有系全部有担保者，有仅系一部分有担保者，有系完全无担保者，有系为有优先权者。债务之性质既有不同，则其清偿自必有先后，而清算人之记账手续亦必较上节所述者为复杂也。兹就前例，假定其债务系分次摊偿，以说明其会计之处理方法如下：

设前例清算人先将房地产变卖，得价二万元。该项房地产因已作为抵押借款一万五千元之担保品，故此二万元，应先以之偿还此项抵押借款。其应为分录如下：

(1) 现金		20,000
变产损益		5,000
房地产		25,000
(2) 抵押借款		15,000
现金		15,000

此时清算人所存之现金，连原有之三百元，共计为五千三百元。此数应作为偿还无担保债务之用，唯查该店尚有应付未付工资三百元，依法应先于普通债务而受清偿，故该店所存现金五千三百元，应先还应付未付工资，示其分录如下：

(3) 应付未付工资		300
现金		300

此时清算人尚存现金五千元，决定将该店所负债务先行摊还部分。查该店之负债，除抵押借款及应付未付工资业已清偿外，尚有应付票据四千元，应付账款二万五千元。其中应付票据一项，除以有价证券三千二百元作抵外，估计尚不足八百元。此项不足之数，原应加入无担保债权之中，一律摊派，但在事实上则颇觉不便。盖因其担保品虽经估值三千二百元，但变卖时实值几何，此时尚未确定，则此项债权之无担保部分，究为若干，亦无确数。倘照估计不足之数，以为摊派之标准，则日后仍须照加照减，不免多所周折，不如暂时将其除外，俟其无担保部分确定后，再行加入摊还之为愈也。故此时清算人所须清偿者仅为二万五千元之应收账款，今设第一次先行摊偿总额之一成半，则二万五千元应付现金三千八百七十五元。应为分录如下：

(4) 应付账款	3,750	
现金		3,750

实际上清算人所应为之记载,决不如上列分录之简单。盖一企业之债权人事实上每多至数十百人,领还债款,决非在一日之间所能蒇事,每须经过若干时日。清算人应于每一债权人领取摊还债款时,逐一在账簿上作一分录。迨全部债权人均已将摊款领去时,则此项同类之分录,实际上已不下数十百次。上示分录不过示其记账之原理,为其合计之总数耳。

设清算人于第一次摊付债权后,将应付票据之担保品即有价证券变卖,得价银三千四百元,又收回应收账款三千元,则应为分录如次:

(5) 现金	6,400	
应收账款		3,000
有价证券		3,000
变产损益		400

上项有价证券因系供应付票据之担保,故其变价应立作清偿该项票据之用,分录如下:

(6) 应付票据	3,400	
现金		3,400

上列分录过账后,应付票据尚余六百元未还,即系其无担保之部分,应于摊偿债务时,与其他无担保债务同受清偿,并应补足第一次一成半之摊款,方与其他债务一律。而此时该店之财政状况,应如下表所示:

现金	4,250	应付票据	600
应收账款	6,000	应付账款	21,250
存货	18,000	合伙人周君	6,000
变产损益	4,600	合伙人吴君	5,000
	32,850		32,850

今假定清算人将所存现金,除酌留一部分以备将来支付清算费用及自己应得报酬之用外,决定第二次再摊还债务原数之一成,则应摊还应付票据六十元,又补摊第一次之一成半计九十元,共一百五十元,又摊还应付账款二千五百元,应为分录如下:

(7) 应付票据	150	
应付账款	2,500	
现金		2,650

同时假定清算人付出清算费用二百元,分录如下:

| (8) 清算费用 | 200 | |
| 现金 | | 200 |

设清算人于第二次摊还债款后,将价值一万元之存货,卖得八千元,又收回应收账款二千五百元,则应为分录如下:

(9) 现金	10,500	
变产损益	2,000	
应收账款		2,500
存货		10,000

上列第(7)、第(8)、第(9)三分录过账以后,该店之财政状况,应如下表所示:

现金	11,900	应付票据	450
应收账款	3,500	应付账款	18,750
存货	8,000	合伙人周君	6,000
清算费用	200	合伙人吴君	5,000
变户损益	6,600		
	30,200		30,200

假定清算人再决定第三次摊还债务原数三成半,计应付票据摊还银二百十元,应付账款摊还银八千七百五十元,其分录如下:

(10) 应付票据	210	
应付账款	8,750	
现金		8,960

设清算人最后将存货八千元卖得五千元,应收账款仅收得一千五百元,所余之二千元完全无收回希望,则分录如下:

(11) 现金	6,500	
变产损益	5,000	
应收账款		3,500
存货		8,000

上列第(10)、第(11)两分录过账以后,该店之财政状况如下表所示:

现金	9,440	应付票据	240
清算费用	200	应付账款	10,000
变产损益	11,600	合伙人周君	6,000
		合伙人吴君	5,000
	21,240		21,240

此时假定清算人应得报酬一千元，又支出各项清算费用共计四百元，则上表中现金九千四百四十元，只有八千〇四十元可供偿债之用，以与负债额相较，尚不足二千二百元。此数依法应由周、吴两人负责补足。今设周、吴两人依法每人补足一千一百元，交由清算人偿清债务，则其所有应为之分录如下：

(12)	清算费用	1,400
	现金	1,400
(13)	现金	2,200
	合伙人周君	1,100
	合伙人吴君	1,100
(14)	应付票据	240
	应付账款	10,000
	现金	10,240

四、清算终了时之会计

清算人将企业所有资产变为现金，偿清其所负债务，倘再剩有余资，应将其分配于各股东，并将清算事务作一结束之报告，此即所谓清算终了时之会计也。按上节所举之例，系假定诚信百货商店之资产，不足清偿其债务，故各合伙人仍须出资补足其缺额。有时企业在清算以后，其所有之资产，除先偿还债务外，往往尚有剩余资金，可以返还于各资主。唯在合伙或公司企业，因合伙人或股东之人数，常在两人以上，故其剩余现金究应如何分配，有时颇觉复杂。兹就合伙及公司两种组织，分别申述其清算终了时剩余现金之分配方法。

（一）合伙剩余金之一次分派

清算人将合伙债务偿清以后，如有剩余资金，自应派还各合伙人。唯在分派剩余现金以前，须将变产所生之损益，按约定分担损益之比例，先行分派。然少数学者，对于此点，有主张合伙清算或出盘时所遭受之损失,应以各资主出资额之比例为分配之标准者。其理由不外以合伙既经宣告解散实行清算,则合伙契约即行失效。故此后所受之损失,即属资本之损失,各合伙人应按照资本之比例分派,而不应以约定分担损益之比例为准。此种主张,骤观之颇似言之成理,但一加研究,殊为错误。试分论其理由如下:

第一,各种损失之归宿,固无不属于资本之减少。例如某年度营业决算发生损失,其最后结果必转入各合伙人资本账户之借方而减少其数额。此种损失之分担标准,当为约定之损益比例,至是否为营业亏耗之损失,抑为出盘或清算所受之损失,固俱属资本之损失,殊无按照两种比例以为分配之理。

第二,合伙之出盘,或清算并不即为合伙立刻消灭之事实,不过共同议决转移其全部财产,或中止其营业而已。盖合伙者两人以上因经营共同事业而约定共同出资之契约也。故合伙在企业未正式出让或清算终了之前,或各项资产价值尚未完全确定之前,仍不丧失其为合伙人资格,则因出盘所发生之损失,当然属于合伙之损失,应按照约定损益比例分担之,又更为当然之事也。

第三,对于合伙存在期间,已按约定损益之比例,分派之营业损益,在当时实际上仅为一种估计之损益,而绝非实在之损益。至合伙所负实在损益之风险,究属几何,非至合伙解散及剩余资金分配于各合伙人时,不能完全确定。譬如过去对于折旧准备或坏账损失准备之摊提,或为太高,或为太低,及其他资产之估价不准确时,均足以影响于过去已按损益分担比例分派之损益。是以在清算或出盘时所发生之损益,可视为校正过去各期估计损益之错误,而应按照约定损益分担比例为分派之标准,固不待言。

第四,所谓约定损益分担比例者,法无明文加以严格之限制,故此种约定,应释为指一切损益之分配而言,绝无仅限于营业上损益之理也。

综上四点以观,可知合伙清算或出盘时所受之损失,应按分担损益之比例而分配,不应限依各合伙人出资额之比例分配也。

合伙企业剩余现金之分配,可以分别(1)一次分配,及(2)数次分配两种情形，以说明之。兹先述剩余现金一次分配时之各种会计处理方法。

合伙之剩余现金，若于合伙财产全部变卖以后一次分派，则其变产所生之损益，已经确定，各合伙人应行分派之数额，亦自易计算。唯其处理方法，因下列各种情形，而有不同。

（1）各合伙人之资本余额，均足以抵补其应负担之变产损失者。

（2）合伙人中有一人或一人以上，其资本余额不足抵补其所应担负之变产损失者。

兹试分别举例，以说明其会计上之各种处理方法。

（例一）本例系说明合伙人资本账上之余额，均足以抵补变产所受之损失时之分配方法。设有甲、乙合伙商店，其清算后之试算表如下：

现金	24,000	
甲合伙人资本		20,000
乙合伙人资本		10,000
变产损益	6,000	
	30,000	30,000

此时清算人应将所余现金二万四千元，分派于甲、乙两人，倘使两人分担损益之比例，即系按照各人投资之数额，则分派余资之方法，甚为简便，无所加以例示。唯假定甲、乙合伙契约规定，平均损益分担，则在分配余资以前，应先将六千元之变产损失按照损益比例由甲、乙两人分担。其应为之分录如下：

甲合伙人资本		3,000
乙合伙人资本		3,000
变产损益		6,000

上列分录过账后，甲之资本余额为 17,000 元，乙之资本余额为7,000元。清算人即按此数将剩余之 24,000 元分派与甲、乙两人，分录如下：

甲合伙人资本		17,000
乙合伙人资本		7,000
现金		24,000

合伙剩余现金之分派，倘使各合伙人分担损益之比例，与其资本额之比例有差异时，应于变产损失已照损益分担之比例转入各合伙人资本

账户后,方可按照资本账上余额分派余资,如上例所述者是。倘忽视此项原则,则有时不免发生下列两种之错误:

(1) 将剩余现金按照损益分担比例分派之。

(2) 将剩余现金按照原出资额之比例分派之。

依照第(1)种方法以分派上例二万四千元之剩余现金,则甲、乙两人应各得一万二千元。其结果甲须负担损失八千元,较之所应受之变产损失六千元,尚多出二千元;至于乙则不仅可收回其原出资额一万元,且可得到二千元。此种分派法之错误,至为明显,毋待解释。

依照第(2)种方法以分派上例之二万四千元,则甲应得一万六千元,乙应得八千元。其结果甲须负担损失四千元,乙则仅负担损失二千元;而按照契约规定,该合伙之损益固应平均分派,其分派之不公允,亦甚明显也。

(例二) 本例系说明合伙清算之结果,各项负债虽已照数偿清,但合伙人中有一人之资本余额,不足抵补其应分担之变产损失。设有甲、乙、丙三人合伙组织之商店,其清算后之试算表如下:

现金	38,000	
甲合伙人		10,000
乙合伙人		26,100
丙合伙人		23,900
变产损益	22,000	
	60,000	60,000

今假定甲、乙、丙三人约定损益分担之比例,在甲为五,在乙为三,在丙为二,则上表中二万二千元之变产损失,应用下列分录转入甲、乙、丙三人之资本账户中。

甲合伙人	11,000
乙合伙人	6,600
丙合伙人	4,400
变产损益	22,000

上列分录过账后,甲合伙人之资本账户示借差一千元,即其出资额抵补其应分担之变产损失后,尚不足一千元。此数依照法律规定,应由甲以现金填补,否则清算企业所余之现金,必不足返还乙、丙两人应收回之资本余额。但若剩余现金在甲合伙人尚未填补其欠缺之数以前,即行

分派,则对于此不足之一千元,应先假定其为损失,按照约定之损益比例分派与乙、丙两人,各从其资本账上保留与此相当之数额,以备抵补将来甲合伙人无力填补其不足数额之用。然后再以其剩余现金,分派与乙、丙两人。按原来约定之损益分担比例为乙三丙二,若甲不补足其一千元之亏欠数额,则乙应负担六百元,丙应负担四百元,如是,则乙之资本额只余 18,900 元(26,100−6,600−600),丙之资本额只余 19,100 元(23,900−4,400−400),合共 38,000 元,适与剩余现金之数额相符,即按此数分派之。若其后甲合伙人如数填补其亏短之一千元,则乙可再收回 600 元,丙可再收回 400 元。倘使甲合伙人无力填补,则乙、丙两人资本额之结余数额,适足抵补甲资本账上之结欠数额。

于此有一种易致错误之方法,必须注意避免。即将变产所得之剩余现金,按照变产后各合伙人之资本余额比例分派之是也。如上例,乙、丙两人于负担变产损失之后,其资本余额乙为 19,500 元(26,100−6,600),丙亦为 19,500 元(23,900−4,400),彼此相等,故即将其剩余现金 38,000 元,平均分派与乙、丙两人,每人派得 19,000 元。此种派法,视之似无不合,但一经详细考虑,即可知错误。盖甲合伙人所亏短之一千元,将来如果无力填补,则变为合伙之损失。此项损失,依照契约之规定,乙应负担六百元,丙应负担四百元。但照上述分派方法,乙、丙两人之资本账上所保留有五百元之余额,是此时丙须向乙收取一百元,以补其不足。万一乙合伙人不愿交付此数,则丙将多受一百元损失矣。故在合伙人中有一人之资本余额,不足抵补其应负担之变产损失时,须先将亏短之数,假定其为损失,按损益分担比例从其余各人之资本账上保留之,然后再以变产所得之剩余现金分派与其余各合伙人。

(二) 合伙剩余金之分次摊派

合伙之剩余现金,往往有分次摊派者,即变卖一部分资产所得之现金,偿债而外,如有剩余,先行派还各合伙人一部分之资本。再将所余资产逐渐变卖,而以所得现金分次摊派于各合伙人是也。在分派剩余现金以前,倘若全部资产,已经卖完,各合伙人自应先行分担变产之损失。但在合伙人之资本,系属分次摊还,则变产损失,尚未确定,每次返还之现金,应如何分派与各合伙人,在其损益分担比例,与其出资比例不相一致时,实为难于解决之问题。因尚未变现之资产,或有全部不能变现而完全成为损失之可能,逐次分派现金时,不可不顾到也。此时之正常方法,应将未经变卖之资产,假定为或有损失(Possible Losses),按损益分担比例从各合伙人之资本项下保留之,然后再将剩余现金分派于各合伙人。兹分别举例,说明如下:

(例三) 设甲、乙、丙、丁四人合伙营业,约定损益平均分担,其清算后之试算表如下:

现金	19,000	
甲合伙人		15,000
乙合伙人		13,000
丙合伙人		12,000
丁合伙人		10,000
各项资产	30,000	
变产损失	1,000	1,000
	50,000	50,000

即经清算人决定先以所余现金 19,000 元,分派与各合伙人,则按前述分派之原则,清算人应先以一千元之变产损失转入各合伙人之资本账中,应为分录如下:

甲合伙人	250
乙合伙人	250
丙合伙人	250
丁合伙人	250
变产损益	1,000

然后再将所余三万元之资产假定全部作为损失,按损益分担比例从各合伙人之资本余额项下保留之,计每人应保留 7,500 元。此时各合伙人之假定资本余额应如下表所示:

	甲	乙	丙	丁	总计
原出资额	15,000	13,000	12,000	10,000	50,000
减去变产损失	250	250	250	250	1,000
资本余额	14,750	12,750	11,750	9,750	49,000
减去或有损失	7,500	7,500	7,500	7,500	30,000
假定资本余额	7,250	5,250	4,250	2,250	19,000

清算人乃根据上列各合伙人之假定资本余额,将所余现金 19,000 元分派之,其应为分录如下:

甲合伙人	7,250
乙合伙人	5,250
丙合伙人	4,250
丁合伙人	2,250
现金	19,000

此时各合伙人之资本余额应如下表所示:

合伙人资本分派表

	甲	乙	丙	丁	总计
变产前余额	15,000	13,000	12,000	10,000	50,000
变产损失	250	250	250	250	1,000
变产后余额	14,750	12,750	11,750	9,750	49,000
现金分派额	7,250	5,250	4,250	2,250	19,000
第一次分派后余额	7,500	7,500	7,500	7,500	30,000

观于上表,而知各合伙人之资本账户,除去第一次分派之剩余现金后,所结余之数额均为 7,500 元,彼此相等,与其分担损益之比例,适相符合。万一以后尚未变卖之资产 30,000 元全部损失,则各合伙人因均保留有相等之资本余额,以为抵补其应平均分担之变产损失也。

自后逐次变产所得之现金,均按照以上所述步骤计算分派之。兹设前例该合伙所余之资产,由清算人分为两次变卖摊派,其详情如下:

第二次变产:

变卖资产账面额	20,000
变卖现金额	18,000
变产损失	2,000

第三次变产:

变卖资产账面额	10,000
变卖现金额	6,000
变产损失	4,000

兹根据上述假定续示其资本分派表如下:

192

	甲	乙	丙	丁	总计
第一次摊还后之资本余额	7,500	7,500	7,500	7,500	30,000
变产损失	500	500	500	500	2,000
余额	7,000	7,000	7,000	7,000	28,000
现金——第二次分派	4,500	4,500	4,500	4,500	18,000
第二次摊还后之资本余额	2,500	2,500	2,500	2,500	10,000
变产损失	1,000	1,000	1,000	1,000	4,000
余额	1,500	1,500	1,500	1,500	6,000
现金——第三次分派	1,500	1,500	1,500	1,500	6,000

依照上述之法,逐期变产而逐期分派剩余现金与合伙人,各合伙人间可谓毫无不公允之弊。其结果与一次分派者,完全相同。今试假定剩余现金之分派,并非分次摊派,而系待全部变产竣事后,一次为之者,则变产损失为 1,000＋2,000＋4,000 即 7,000 元,此数须按照约定损益分担比例转入各合伙人之资本账中。又变产所得剩余现金为 19,000＋18,000＋6,000,即 43,000 元。其分派数额当如下列之资本分派表所示:

各合伙人资本分派表

	甲	乙	丙	丁	总计
变产前余额	15,000	13,000	12,000	10,000	50,000
变产损失	1,750	1,750	1,750	1,750	7,000
现金分派额	13,250	11,250	10,250	8,250	43,000

上表所开现金分派额与按分次摊派法中逐期分派现金之总计相较,完全相同,可由下列两表证实之:

各合伙人逐次分担损失表

	甲	乙	丙	丁	人变
第一次变产	250	250	250	250	1,000
第二次变产	500	500	500	500	2,000
第三次变产	1,000	1,000	1,000	1,000	4,000
总额(见上表)	1,750	1,750	1,750	1,750	7,000

各合伙人逐次分派现金表

	甲	乙	丙	丁	总计
第一次分派	7,250	5,250	4,250	2,250	19,000
第二次分派	4,500	4,500	4,500	4,500	18,000
第三次分派	1,500	1,500	1,500	1,500	6,000
总额(见上表)	13,250	11,250	10,250	8,250	43,000

凡清算人实行分次摊派剩余现金者,必须依照本例所述之步骤,不容稍有疏忽,否则合伙人中,如有因其分派不当,而受损害,清算人须负其责。假如下例,第一次剩余现金,系按各合伙人变产后资本余额之比例而分派,则其错误实属显而易见也。设甲、乙、丙、丁四人合伙营业,约定损益分担之比例为甲 40%,乙 25%,丙 25%,丁 10%,其偿清债务后之试算表如下:

甲合伙人		24,000
乙合伙人		27,000
丙合伙人		22,500
丁合伙人		16,000
各项资产	90,000	
	90,000	90,000

兹设清算人将上列各项资产之一部,计账面价值 50,000 元,出售得价 40,000 元,误按变产后资本账户余额之比例,分派与各合伙人,如下表所示:

合伙人资本分派表

	甲	乙	丙	丁	合计
产前余额	24,000	27,500	22,500	16,000	90,000
变产损失	4,000	2,500	2,500	1,000	10,000
变产后余额	20,000	25,000	20,000	15,000	80,000
现金——按资本					
比例分派	10,000	12,500	10,000	7,500	40,000
揭计余额	10,000	12,500	10,000	7,500	40,000

观上表,清算人误将 40,000 元之剩余现金按照各合伙人资本余额比例分派,其结果之谬误,可由下表证明之。设其后该合伙之所余之财产仅售得 10,000 元,则清算人应续编制资本分派表如下:

	甲	乙	丙	丁	合计
揭计额余(见上表)	10,000	12,500	10,000	7,500	40,000
变产损失	12,000	7,500	7,500	3,000	30,000
余额	2,000	5,000	2,500	4,500	10,000

照此分派结果,甲之资本账户,已发生借方差额计 2,000 元,如欲将其余合伙人之资本余额偿清,则非由甲合伙人补足其 2,000 元不可。万一甲不如数照缴,则清算人应负偿还之责,因在第一次分配剩余资金时,清算人若不将 10,000 元分派于甲,而保留必要之资本余额,以为将来抵补或有损失之准备,则清算了结时绝不致乙、丙、丁有此项不应负担之损失也。故清算人为保护自身及合伙人之利益计,应将剩余现金,按照下列正确之方法分派之:

甲、乙、丙、丁合伙资本分派表

	甲	乙	丙	丁	合计
变产前余额	24,000	27,500	22,500	16,000	90,000
变产损失	4,000	2,500	2,500	1,000	10,000
变产后余额	20,000	25,000	20,000	15,000	80,000
现金	4,000	15,000	10,000	11,000	40,000
按盈亏比例之余额	16,000	10,000	10,000	4,000	40,000

如是,苟财产余额 40,000 元全部不能变现时,清算人为各合伙人按照损益比例保留之资本余额,适足抵消此项损失。今假定最后一次之变产,仅得现金 10,000 元,计损失 30,000 元,则最后变产损失及剩余现金之分派,应如下表所示:

合伙人资本分派表——续

	甲	乙	丙	丁	合计
余额(见上表)	16,000	10,000	10,000	4,000	40,000
变产损失	12,000	7,500	7,500	3,000	30,000
余额	4,000	2,500	2,500	1,000	10,000
现金	4,000	2,500	2,500	1,000	10,000

（例四）上例系假定在分派剩余现金以前，各合伙人之资本余额，尚足抵补其应负担之变产损失。故各合伙人犹可享受派得一部分之现金。若合伙人之资本余额，在分派剩余现金之前，其中已有不足抵补其日后变产之或有损失者，则该合伙人对于剩余现金自无分派之权利，盖彼之资本账既早已不足抵补或有损失，则如再返还款项于彼，将更减少其资本，而其相差准备或有损失之数亦将益增大矣。不仅此也，其他合伙人且将因此而有担负两重损失之虞，盖第一，苟合伙财产全部属于损失，各合伙人将均须负担其应分担之损失；第二，苟任一合伙人之资本余额小于其分担之损失，则彼之资本账即发生借方差额，设使该合伙人无力填还其不足之数额，则其他合伙人将又须加负此项损失。

因此，在分次摊派剩余现金之时，如遇有此种情形，清算人宜按照下列原则分派之。

1. 资本余额小于其应分担损失总额之合伙人，不应享受分派剩余现金之权。

2. 其他合伙人之资本账须保留必需之余额，以为抵补：

（甲）各该合伙人应分担之或有损失总额。

（乙）各该合伙人应分担由于其中一合伙人无力填补其不足数额而生之损失。

兹为说明起见，假定有甲、乙、丙、丁四人组织之合伙，其各人之资本账及约定之损益分担比例，列表如下：

合伙人	资本	约定之损益分担比例
甲	20,000	25%
乙	40,000	20%
丙	50,000	25%
丁	60,000	30%

今设该合伙即日宣告清算，各项负债清偿后，其变产及清算事务共递延五个月，始告结束，详情如下：

	变卖资产额	变产损失	卖得现金额
第一月	50,000	10,000	40,000
第二月	40,000	2,000	38,000

第三月	30,000	4,000	26,000
第四月	35,000	5,000	30,000
第五月	15,000	6,000	9,000
	170,000	27,000	143,000

　　根据上列各项假定情形,第一月之变产损失 10,000 元,应按约定之损益分担比例,分派与各合伙人,计甲负担 2,500 元,乙负担 2,000 元,丙负担 2,500 元,丁负担 3,000 元。照以前所述分录方法,转入各合伙人之资本账户。此时该合伙之资产尚余 12,000 元,清算人应先将此数,假定其为全部损失,从各合伙人之资本余额中保留之。其各人应保留之数额如下:

甲	30,000
乙	24,000
丙	30,000
丁	36,000
	120,000

　　唯查甲合伙人之资本账,于转记其应分担之变产损失 2,500 元后,仅余 17,500 元(20,000－2,500),较上列甲应保留之数额尚缺 12,500 元。此数应按照约定损益分担比例,假定由乙、丙、丁三人分担,再各从其资本余额中保留之。其各人应保留之数额,计算如下:

乙	$12,500 \times 20/75 = 3,333$
丙	$12,500 \times 25/75 = 4,167$
丁	$12,500 \times 30/75 = 5,000$
	12,500

　　此时乙、丙、丁三人之资本余额,应如下表所示:

	乙	丙	丁	总计
原出资额	40,000	50,000	60,000	15,000
减变产损失	2,000	2,500	3,000	7,500
资本余额	38,000	47,500	57,000	142,500
减去或有损失	24,000	30,000	36,000	90,000
	14,000	17,500	21,000	52,500
减代甲负担之或有损失	3,333	4,167	5,000	12,500
假定资本余额	10,667	13,333	16,000	40,000

清算人应照上表所示各合伙人之假定资本余额,将四万元之剩余现金分派与各合伙人,并作下列分录:

合伙人乙	10,667
合伙人丙	13,333
合伙人丁	16,000
现金	40,000

　　以后第二、三、四、五等月之剩余现金,其每次分派之计算,颇为繁复。为便利查考起见,清算人可编制计算底稿(Working Papers)附于各合伙人资本分派表之后。兹示其内容如下:

各合伙人资本分派表

	甲	乙	丙	丁	合计
最初余额	20,000	40,000	50,000	60,000	170,000
第一月:					
变产损失	2,500	2,000	2,500	3,000	10,000
余额	17,500	38,000	47,500	57,000	160,000
现金(见计算底稿)		10,667	13,333	16,000	40,000
余额	17,500	27,333	34,167	41,000	120,000
第二月:					
变产损失	500	400	500	600	2,000
余额	17,000	26,933	33,667	40,400	118,000
现金(见计算底稿)		10,133	12,667	15,200	38,000
余额	17,000	16,800	21,000	25,200	80,000
第三月:					
变产损失:	1,000	800	1,000	1,200	4,000
余额	16,000	16,000	20,000	24,000	76,000
现金(见计算底稿)	3,500	6,000	7,500	9,000	26,000
余额	12,500	10,000	12,500	15,000	50,000
第四月:					
变产损失	1,250	1,000	1,250	1,500	5,000
余额	11,250	9,000	11,250	13,500	45,000
现金	7,500	6,000	7,500	9,000	30,000
余额	3,750	3,000	3,750	4,500	15,000

第五月：	甲	乙	丙	丁	合计
变产损失	1,500	1,200	1,500	1,800	6,000
余额	2,250	1,800	2,250	2,700	9,000
现金	2,250	1,800	2,250	2,700	9,000

计算底稿——第一月

	甲	乙	丙	丁	合计
约定损益分担比例	(25%)	(20%)	(25%)	(30%)	
分派现金前之资本总额					160,000
减去分派之现金额					40,000
或有损失按损益比例分派	30,000	24,000	30,000	36,000	120,000
小于或有损失之资本额	17,000				
其他三合伙人加负之					
或有损失	12,500				
乙——20/75 之 12,500		3,333			
丙——25/75 之 12,500			4,167		
丁——30/75 之 12,500				5,000	
或有损失总额或应从各合伙人变产后资本余额中减去以决定其分派现金之数额		27,333	34,167	41,000	

计算底稿——第二月

	甲	乙	丙	丁	合计
分派现金前之资本总额					118,000
减去分派之现金额					38,000
或有损失按损益比例分派	20,000	16,000	20,000	24,000	80,000
小于或有损失之资本	17,000				
应由其他三合伙人加负之或有损失	3,000				
乙——20/75 之 3,000		800			
丙——25/75 之 3,000			1,000		
丁——30/75 之 3,000				1,200	
或有损失总额或应从各合伙人变产后资本余额中减去以决定其分派现金之数额		16,800	21,000	25,200	

清算会计

計算底稿——第三月

	甲	乙	丙	丁	合計
分派現金前之資本餘額					76,000
減去分派之現金額					26,000
或有損失按損益比					
例分派	12,500	10,000	12,500	15,000	50,000

　　至第三月因各合伙人之資本餘額,均已各超過其應負之或有損失額,故各合伙人均可分得剩餘現金,而使各人之資本賬餘額減少至與損益比例相合。自後第四月及第五月剩餘現金之分派,則可按照損益比例或資本比例之任何一種為之,蓋此時之損益比例即為資本比例,兩者完全相同也。

　　(三)公司剩餘現金之分派

　　在合伙企業,各合伙人均負連帶無限清償之責任,其損益分擔之比例不必相同,苟其出資額不足抵償對外之債務及其所應負擔之變產損失,則依照民法債編之規定,應由合伙人以現金補足之。故合伙清算後剩餘現金之分派,其計算較為繁複。若在股份有限公司,則公司之股份金額均係一律,各股東皆負有限責任,其所受損失之程度,各以其所認受之股份金額為限。倘使公司因營業失敗,清算變產而受有損失,則其計算以股份為單位,各股東所有每股應負擔之變產損失,彼此相同。故關於剩餘現金之分派,其計算手續殊為簡單。即以所餘存之現金,按公司所發之股份數目,平均每股可分派若干。唯公司發有優先股者,則清算人於分派現金時,須查照公司章程之規定,優先股之優先權限是否及於財產之分派。蓋按我國公司法規定,優先股之優先權,如公司章程中,無特別規定時,只限於利益之分配,而不及於財產之分派。倘使公司章程中特別規定優先股有財產之分派優先權,則清算人應以剩餘現金先分派於優先股東,再有剩餘始可以分派於普通股東也。譬如中國紡織公司因營業失敗,宣告清算,其變產償債後之試算表如下:

現金	162,000	
變產損益	38,000	
股本——優先股		100,000
股本——普通股		100,000
	200,000	200,000

200

清算人在决定分派上项现金十六万二千元时，如公司章程中对于优先股并无特别规定，则优先股与普通股倘同为票面一百元时，每股均应派与八十一元，固不论其为优先抑为普通也。示其应为分录如下：

股本——优先股	100,000	
股本——普通股	100,000	
现金		162,000
变产损益		38,000

设公司章程有优先股得先于普通股分派财产之时，特别规定则清算人当先照票面付足优先股款，而后将剩余之数，分派与普通股东，即优先股每股应派一百元，而普通股每股只派六十二元。分录如下：

股本——优先股	100,000	
现金		100,000
股本——普通股	100,000	
现金		62,000
变产损益		38,000

（四）清算事务之结束

清算事务终了时，清算人应即结束其账目，并将清算期内之收支情形及清算结果，编制收支计算书及损益计算表，连同各项簿册送交资本主、各合伙人，或股东会请求承认。其中收支计算书表示清算期内现金收支情形之报告表，以现收现付制（Cash Basis）为基础，其编制方法极为简易，只需根据账簿上现金账户之记载，按各项现金收付总额，汇总记入。兹根据前举诚信百货商店清算之例，编制一收支计算书如下：

收支计算书
民国　年　月　日

收　入	
结转余额	300
应收账款	7,000
存　货	13,000
有价证券	3,400
房地产	20,000
合伙人周君	1,100
合伙人吴君	1,100

清算会计

收　入		
共　收	45,900	
支　出		
抵押借款	15,000	
应付票据	4,000	
应付账款	25,000	
应付未付工资	300	
清算费用	1,600	
共　付	45,900	

至于损益计算表者,乃表示清算期内所生之各项损失与利益之报告表。其内容分为利益与损失两部,利益之部列各种资产之变现利益及其他清算利益,损失之部列清算费用、清算人报酬、各种资产之变现损失,及其他清算损失;利益与损失之差额为清算纯益或清算纯损。至其格式则与普通之损益计算书无异,或用账户式,或有报告式,均无不可。兹例示一格式如下(亦根据前举诚信百货商店之例而编制):

损　益　计　算　表
民国　年　月　日至　月　日

损　失		
变产损失:		
应收账款	2,000	
存货	5,000	
房地产	5,000	
清算费用	1,600	13,600
利　益		
变产利益:		
有价证券		400
清算纯损		13,200

（五）破产之宣告

清算人在清算进行中,如查得一企业所有之财产,显有不足抵偿其债务时,在股份有限公司,应即呈请法院宣告破产,若系合伙或有无限责任股东之他种公司,则应先令各合伙人或无限责任股东,依法填补其不足之额;如合伙人或无限责任股东无力填补,则亦应呈请法院,宣告破产。

　　一企业既经破产之宣告,则清算人之事务及责任,即行终止,由法院选派破产管财人,接管其财产。依据破产法之规定,办理一切变产偿债之事务。唯在我国,破产法只有草案之编订,而迄未制定施行,故遇有破产事由发生,一切进行手续,实有无所依据之困难。本文所论,只及清算之会计,至于破产会计,则除关于发还剩余财产之一点外,与清算会计所应用之原理及方法,实无大差异。至关于破产管财人处理破产事务之手续,各国法律均有具体之规定,此则涉及于法律范围者多,而涉及于会计范围者少,故当另为文以论之焉。

（原载《立信会计季刊》第 2 卷第 4 期,1934 年 4 月）

为讨论"改良中式簿记"
致徐永祚君书

玉书我兄先生惠鉴。近来吾兄从事于改良中式簿记工作，努力服务社会之精神，深可钦佩，复承见惠尊著《改良中式簿记概说》十册，及会计杂志改良中式簿记专号十册，嘱为分发敝所同人，加以批评。此种无固无我之态度，殊可钦佩。弟不才，于会计原理，并无深切之研究，本不敢轻于尝试，只以嘱之再三，不得不勉贡其愚，维希管正是幸。

尊著中主要部分，全在改良大纲十条。其他如账户分类账簿、组织账簿表单格式及登记方法记账规则等节，均根据改良大纲而编制，属次要之问题，似可暂缓研究，兹所欲与吾兄讨论者，即在此大纲十条也。于此十条之中，弟大多数表示赞同，少数表示附条件的赞同，间有一二条，则觉尚有慎重讨论之余地，未敢曲为附和，兹分条述之如下。

（一）尊定改良大纲第一条，主张"改良中式簿记，必须采用新式会计与复式簿记之原理原则，凡中式簿记法中理论及效用与复式簿记法相符合者，仍旧沿用"。此项原则固无弟表示反对之余地。唯有一点似须声明者，即以簿记之上，冠以"中式"两字，且以之与复式簿记相对峙，似系采用一般通俗之意义，而非由科学之眼光立论也。窃尝谓世界各国，风俗习惯固有所谓中西之分，而科学上之原理原则，则不应有中西之别。如日历之有中西，衣服之有中西，则风俗习惯为之也。医学之有中西，则因中医与西医根本上之出发点不同，一偏于哲学，一重于科学也。至于簿记一样，若以书写有横直之分，字体纸张有中西之别，而谓之曰若者为中式，若者为西式，若者为旧式，若者为新式，则仍系从风俗习惯上立论，而非从科学上原理原则立论也。若在科学之立场论之，簿记只有"可以结算损益之簿记与无从结算损益之簿记"、"以人名账为主之簿记与不以人名账为主之簿记"、"以现金为主之簿记与以财产为主之簿记"、"单式簿记与复式簿记"等区别,而无所谓"中式簿记与西式簿记"、"新式簿记与旧式簿记"之分别。盖即在英美诸国簿记会计最发达之城市,其中规模简陋之企业机关,亦何尝无"以现金为主"、"以人名账为主"、"无从决算损益"、"不完全"、"单式"等簿记。考其内容,与吾国一般小商店所用之簿记,实体上无甚差异。而我国老式商店中所用簿记比较完全者,如前者盛极一时之典当票号,现在之钱庄以及其他规模较宏组织较备之商号,其簿记之内容,几无一不可以结算损益,而所有财产账目亦不专限于现金账、人名账之一部分,其记账方法之完备优良程度,与西国所用者,实无多让也。总之科学之原理原则,彼此固无二致,何来中外新旧之分。故弟对于通俗商人所用中式簿记、旧式簿记等名称,一时不敢贸然赞同,盖所谓"中式簿记"者,是否指其为单式而言? 如在中式为单式,则"中式簿记"之合复式原理者何多耶。如以中式为以收付现金为主之簿记方法,则在英美诸国中一般组织简陋之小商店,其有采用现金收付为主者,吾人亦将称之为"中式簿记"耶。故鄙意以为吾国簿记一端,本无如中西医学之久成对峙形势,不过因吾国所应用之方法,尚不及西人所常用者之完备而已。年来我国各界对于簿记之术,逐渐进步,中外一致,转瞬可期,而吾兄于改良簿记进行顺利之时,特别提出所谓"中式簿记"者,加以改良,以求其与所谓"西式簿记"者永成对抗并立之势,是则与"科学统一"之原则,似有不符也。

(二)尊定改良大纲第二条,主张簿记书写之法,不用横写而用直写,以符旧习。按我国账簿之素采上下书篇。亦与吾国书籍中文字向用直排而不用横排者同一原理。在可以适用而无困难之情形下,弟深为赞同。唯在大规模之企业组织,账簿之记录甚繁,必须应用种种专栏,以便计算金额之总数,而求过账工作之节省者,则似不可以"保存国粹"之虚名而坚主直写。盖直写不能多立专栏,记账过账工作,终不如横式之简便可行,如欲于直写之账簿中使用专栏,则账簿过高,书写及阅看均属不便。故窃意横写直写于原理上固无区别,唯依科学之立场观之,其取舍之标准,当以何者便利于应用为依归。我国关于数学簿记等书籍,其中算式公式等文字，即在旧书之上，亦以横排者为多，现在坊间所印书籍，其中如夹有许多数字及算式者，亦多将全书文字改用横排，是亦为求实际之便利计，固毋庸拘泥于习俗者也。我兄云直写并无不便，则系指账簿中不用专栏之时而言。或指使用专栏甚少时而言。但账簿之用多栏，实为簿记上一大进步。不用专栏之账簿，除范围极小，账目极少之商店，尚能勉强应付外，若在规模较宏，业务较广之企业，其总账内所列账户数目，往往多至数百或千数以上，在应用统驭账户之时，势非在账簿上多用专栏不可。虽依我兄之主张，统驭账户之应用，可将各项日记簿细加分割，另设总日记簿，每日于特种日记簿上计出每一项目之总数，而记入于总日记簿，月终有各账户结算表以为分户账细数与月计表总数互相核对之用，亦可同样得到设置统驭账之功效。然依鄙见观之，日记簿之效用，虽有多种，但其主要之作用，原在将一企业之各项交易，照其发生时间之先后，汇记于一簿，且将一项交易之记载，汇记于一处，以便按时可以查阅交易发生之先后及关系也。故在通常情形之下，日记簿之设，只有三四本者，其运用上尚不致有何困难。设或分割过细，则日记簿之重要作用，或将全失。盖一则不便按日查阅各种交易之过程，二则每项交易之涉及两种或三种事项者，无不需在两本或三本特种日记簿上重复记载也（例如现销交易既须入现金簿同时又须入销货簿之类是）。且以经济之原则而言，账簿之册数，苟能减少，则务求其减少。近来新式账簿之中，所以设置许多之专栏者，亦无非鉴于施行统驭账户制度时，日记簿分割过多之不便，故利用专栏，以减少特种日记簿之册数耳。依吾兄之主张，则凡在交易情形复杂之商店与工厂，其决算表上各科目，几无一不为统驭账户之性质，倘其日记簿亦须分割至数十册之多，则其记录及查阅之不便，为何如乎？至于用总日记簿之方法，无论在记账之工作上或时间上，终不及以采用专栏制度之便捷而合算。盖尊订总日记簿之记法，须每日将每一分日记簿中关于每一项目之交易，分别收付，计得总数，然后填入总日记簿，再将各簿收付数加以总计，会合上日结存而求出本日结存。然考分日记簿之记录，系顺交易次序而记载，并非如银行会计中之日记簿系根据传票，分别科目而记入，则每日计算每一科目之共收共付，必须在簿中逐一找寻，始得计出，偶有遗漏，必须一再查复，则其记账工作之繁重与不便，可以想见。吾人对于记账方法之设计，自亦应严守经济学之原则，以最小劳力获得最大效果为主旨，今有良好简捷之方法而不为采用，而另立其他较为繁复之方法，实为弟所不敢赞同也。

（三）尊定改良大纲第三条，主张记账方法，仍照旧沿用现款式收付之记账法，即日记簿所记各科目之收付，过入总账中并不反其收付，而现金科目本身之收付总数，过入总账时，须反其方向。此为我兄改良方案中最为主要之特色，亦即为弟所最难附同之焦点。盖以现金之收付为记账基础，在确定现金交易之收付，固属便易，然欲分别非现金或转账交易之应收应付，较之复式簿记之借贷分录法，实更复杂而困难。例如某厂机器，在某年之末计折旧一千元。在吾兄所主张之现金分录法应"收机器银一千元"、"付折旧银一千元"。如谓所收所付者为现金乎？则实际上绝无其事，所谓"会计应表示事实"之原则，为之破坏无余矣，如谓所收者为机器所付者为折旧乎？则又恰与事实相反，因机器业已用去，焉得谓之收，机器之服务实已取得，焉得谓之付耶？故现金分录法在以前企业尚不发达，财产多以现金为主之时代用之，尚无不可，目下各项财产日变繁复，所谓现金一物，事实上既已不复存在（各家所谓现金，实多为银行存款），是以现金为主之簿记方法，在他国原已使用者，无不逐渐淘汰，改以科目为主。即在我国亦显有此项趋势，若再以提倡现金收付为记账之基础，在学术上恐须受开倒车之讥，在科学进步之今日，岂相宜乎？吾兄对于此点之说明，则谓现金一物，在今日仍为最可宝贵之物，故仍可用作记账之单位。信如此也，则普遍商店之货品，亦系最可宝贵之物，其亦可用作记账之单位耶？鄙意总以为所贵乎有会计者，在能表示交易之真相而已。对于其事物之可宝贵与否，不应过问。倘所收者实非现金，而记之为收，所付者实非现金，而记之为付，此种簿记方法，无论如何，终非科学的簿记方法也。进而言之，若谓兄所主张之收付簿记，并非以现金收付为主体，乃以现金的价值之收付为主体，信如此也。则所谓现金之价值者，当即系各项财产之现金价值，其收付仍以科目为主，与借贷仍同一原理，不过反其方向耳。按此种相反记录之办法，于学理上既无较优之根据,于实施时亦并不能如我兄所言之通俗易晓。盖既无正当理由之解脱,则犹徒令人以然,而不告人以所以然,非但熟悉我国旧式账理之商人不能了解现金本身总数之何以于过入总账时须反其收付,而且为奇突。即属通晓复式簿记原理之记账员,亦或莫名其所以相反记录之原由,而大感不顺也。现在世界商业习惯,日趋大同,吾人正应提倡一致之方法,以求彼此业务上之便利。例如废阴历用阳历,废中国原有之度量衡制而改用米突制(即公尺、公升、公斤制),国人之所以不惮烦劳而日事习俗上之改革者,亦唯求与全世界相同,不肯独异,使彼此业务上发生不便耳。又如行路习惯,各国均靠右行,而英人独靠左行,各国之资产负债表均将资产列左而负债列右,而英国式者独反之,此种不与世界从同之习惯,已为举世所诟病,则我兄兹将与世界相反之簿记方法,故加提倡,是犹重行提倡阴历,及主张恢复原度量衡制,不仅与事实为无益,且亦将为举世所诟病矣。

(四)尊定改良大纲第四条,主张采用四柱结算法,谓此法较复式簿记之平衡试算法为佳。并谓四柱结算法"功用之大无与伦比"。弟对于此点亦未敢贸然附和。因我兄所拟之四柱结算表格式,除以现金为记载之基本外,其原理与通用之试算表,无甚区别。盖不过将上期试算表与本期试算表合并编制,而在其中间增添两行收付之数耳。兄谓兄之四柱结算表,较之通常之试算表,可以表示较多之事实,故功用较大。殊不知普通试算表之主要作用,原不过在检查过账工作之有无错误而已,并非欲赖以表示企业之财政情形与营业之过程也。故其作用,绝不能与结算表相提并论,亦犹长凳方凳,各有效用,断不可因长凳之位置较多,即谓其构造较方凳为良也。吾兄所拟之四柱结算表格式,除以现金为记账主体之一点而外,究其实不过为试算表之一变形耳。表中内容,与吾国原有之四柱清册相较,觉其相距殊远(盖以前之四柱清册,并不将负债列入)。即以其形式而论,谓之为四柱,实觉牵强,谓之为六栏,则颇适合。如曰此表之中,所包含之数字,及所示之账目情形,较两栏之试算表为多也,则普通簿记教科书中所示之八栏式或十栏式、十二栏式结算表,不仅可以示收付借贷之情形,同时并可示资产负债与损益之数额,其功效之大，岂不较之吾兄所主张之四柱结算表，又增数倍耶。再以四柱表之编制方法论之，亦觉其重复累赘。盖上期试算表之数字，只需取上期该表，一阅便知，何必强令制表人员，每期重复抄写，费去如许无谓之工夫乎？依弟愚见，试算表结算表之栏数及格式，本无一定，有时简单，有时繁复，是在应用之者之善于随机应变，以期适用而已。断不能即谓四柱之胜于二栏，或八栏、十栏之胜于四柱也。

（五）除上述四项以外，尊定改良大纲第六条，主张仿照复式簿记，将各账簿订定格式，编定页数，并每本账簿均附详细登记法。第八条主张依照复式簿记，确定账户名称，并明定适当之分类。第九条主张参用复式簿记，严密规定账簿之组织系统。第十条主张根据复式簿记，订定记账规则。凡此数项，均为对于我国原有簿记之种种缺点，一一采纳复式簿记之原理原则，加以改良，弟当十分同意。至于第七条主张改用戳记，于学理上无多大关系，弟亦不必异议。唯账簿格式，依据上述第二项理由。弟主应以横写及采用世界一致通行之阿拉伯字为原则，如遇可适用直写而无妨碍时，或亦不妨例外采用，要不能以直写为主体。又账簿组织系统，依据第二项理由，鄙意以为应以采用统驭账户制度为适当也。

总之我兄服务社会，改良会计之热忱，深可钦佩。唯弟总以为"改良中式簿记"似只能认为改良簿记运动中之一种过渡办法，而不可视为有学术上之价值，仅能视为小商号不得已之补救办法，而不可作为普遍之宣传。若宣传逾分，则恐将使真正科学之簿记方法，反有妨碍推行之虑矣。未知高明以为然否？窃念学术原理，必待论辩而益明，故敢据陋见之直陈，不迨之处，尚祈有以教之。

（原载《立信会计季刊》第 2 卷第 5 期，1934 年 7 月）

合并决算表之编制法[①]

一、引言

合并决算表者,合并数个联络公司(Affiliated or Allied Companies)之资产负债表及损益计算书,而成一整个之资产负债表及损益计算书,所以表示联合事业全体之财政状况与营业情形者也。考欧美各国之商业组织中,多有所谓股权公司(Holding Companies)者,以统一营业管理权为目的,而投资于其他有关系之公司,取得其股权而统制其业务。此种股权公司与其附属公司(Subsidary Companies),在法律上虽各有其独立之法人资格,但在事实上及营业上,则实为一整个之集团。若欲表示此整个集团之财政状况及营业情形,非将其各别编制之决算表,编成合并决算表不可。

股权公司倡始于英德,而盛行于美国,所谓加特尔(Cartel)及托辣司(Trust)者是也。故在欧美会计书籍中,对于合并决算表之编制方法讨论殊详。会计学者,于此问题实有一加研究之必要。但在我国,则以企业之发展较迟,故各公司间至今尚无大规模之合纵连横的合并组织(Vertical and Horizontal Combinations of Enterprises)[②]。且照我国现行公司法之规定,所谓股权公司者,根本上实无从成立。盖我国公司各股东,虽以每股有一表决权为原则,但一股东而有十一股以上者,其每股之表决权,依法应以章程规定其限制。至于每一股东之表决权及代理他股东行使之表决权,合计不得超过全体股东表决权五分之一。故一公司欲以股东资格,凭藉多数股权,以操纵他一公司之管理权,在法律上实为

---

①　本文中之一部分系译自 Finney:《Consolidated Balance Sheet and Principles of Accounting》。

②　所谓合纵组织者,例如合并铁铸厂、冶铁厂、炼钢厂、机器厂而为一个组织,即合并先后有联络性之工商企业,而成一整个组织是也。所谓连横之组织者,例如合并数个铁铸公司而成之大矿公司,合并数个机器公司而成一大机器公司,即合并性质相同之企业,而成一单纯之大企业是也。

不可能之事。因之吾国会计学者对于表示股权公司与附属公司整个情形之合并决算表,颇多认为无研究之必要。虽然,此实未能深悉我国商业近况及趋势者之言耳。盖纯粹之股权公司,在我国虽尚无其例,但一就我国商业上之事实观之,则知一公司以营业上之作用,创设他公司或投资于他公司,藉以达到合并之目的者,年来殊多其例。即如我国各大银行,近正纷纷设立保险公司,作其附属事业。至于经营制造业之各公司,尤多以合纵或连横之方式,投资于他厂。表面上虽因受上述公司法规定之限制,不能如欧美先例,径以一公司本身名义,持有他公司大部或全部之股份,但仍不妨以信托之方法,由一公司之高级职员,为其附属公司之出名股东,以求合于法律之规定。此种组织,因企业范围之日趋膨胀,而生自然之需要。事实上既有此种企业组织之存在,则合并决算表之编制,又成为会计上必要之手续矣。

更进一步言之,编制合并决算表之原理及方法,不仅适用于股权公司与附属公司间之联合组织,更适用于本店及会计独立之支店间之联合组织,所不同者,仅在本店与支店间,无所谓少数股权耳。我国较大规模之公司组织,几无不设有许多会计独立之支店,则合并决算表编制方法之研究与阐述,尤为我国会计学术上不可缓之举。爰本此意而草此篇,幸读者勿以"毫无实用"之语见讥焉。

二、编制合并决算表之作用

夫公司合并之方式原有多种,在创立合并(Amalgamation)及吸收合并(Merger)①,当其协议合并之时,各公司固各有其资产负债表,以表示其财政状况。至合并以后,则各公司之资产负债,悉已包括于新公司之资产负债表中,足以表现诸公司之全部财政状况。若公司之合并,系采股权公司之方式者,则股权公司及其附属公司各保留其独立之法人资格,自各有其资产负债表。各公司之财政状况,有各别之表示,而无合并之报告。且股权公司之资产负债表所表现者,仅为持有各附属公司之股

---

① 创立合并者,将现在两个以上之旧公司,同时解散,而设立一新公司之谓也。吸收合并者,将一公司解散,以其权利名义继续移转于他一公司之谓也。

份总数;然此等数额与附属公司之财政状况全无关系,实乏意义之可言。试观于下列震祥股权公司之资产负债表,可以了然。

震祥公司资产负债表

甲公司股票投资	30,000	股本	85,000
乙公司股票投资	50,000	公积	5,000
其他资产	10,000		
	90,000		90,000

上表中之资产,其主要部分,包括甲、乙两公司股票投资。在震祥公司之股东及债权人,殊难据以明悉该公司整个事业之财政状况,必须将其附属公司之各项资产负债合并表示,方能明显。盖自法律方面观之,股权公司不过持有两公司之股票而已。但自事实方面观之,股权公司实握有各附属公司股票所代表之净值,各附属公司之资产负债,即为本公司整个营业机关之资产负债,因在实际上诸联络公司固皆为一体也。

股权公司及其附属公司在营业年度终了时,除各编资产负债表而外,又各有其损益计算书,以分别表示其营业之成绩。然股权公司损益计算书上所示者在收入方面,其主要部分只为各附属公司之股利。究竟附属公司之损益详情如何,若仅根据股权公司之损益计算书以观察之,实无从知悉。试观下列震祥公司之损益计算书,可以知之。

震祥公司损益计算书

甲公司股利	3,000.00	
乙公司股利	5,000.00	
利息收益	120.00	
利益总计		8,120.00
除:薪金	2,400.00	
房租	1,440.00	
文具	100.00	
电力费	180.00	
杂费	500.00	4,620.00
纯利		3,500.00

上列损益计算书中所示收益一项,其主要部分仅为甲、乙两公司之股利。唯仅表示此类股利收益,则公司之股东及债权人,殊难据以详悉该公司整个营业情形。有时一附属公司在某年度中,盈余数额甚微,或竟发生亏损,但仍能从其历年提存之公积项下,拨出一部分,派发股利,则股权公司该年度损益计算书上,所列记之某附属公司股利收入,并非该附属本年度之盈余,而为其以前各年度之盈余。又如一附属公司在某年度营业发生亏损而不派发股利,则在股权公司之损益计算书上,即无该附属公司之股利收入。夫股权公司常持有附属公司股份之全部或一大部分,对于各附属公司之营业政策,有操纵决定之权;各附属公司之营业状况,在股权公司之管理人员,固应负其责任,即其股东及利害关系人,亦有详悉之必要。故股权公司在编制损益计算书时,必须将各附属公司之各项收益与费用,合并编列,始可明白显示其全体营业之情形。

依照上文所述各点观之,编制合并资产负债表及合并损益计算书之作用,即在表示各联络公司全体之财政状况及整个之营业情形,此种合并决算表,在法律上虽无根据,但在事实上则殊有需要耳。

三、编制合并决算表之前提

合并决算表之编制,有一重要之前提,即各合并公司所用会计科目之名称内容,及其分类之标准,必须先使其统一是也。盖本公司所统制之附属公司,其所用之会计科目,未必尽同。在合并决算表中,须将各公司同一种类之资产负债或同一项目之收益损失,并成一数;而为汇总之表示。则各公司间会计科目之分类及其名称与内容,苟有相异之处,自属无从着手。必先使各科目有统一的规定,然后方可从事于合并决算表之编制也。

四、附属公司投资之处理

合并资产负债表之编制,常因股权公司账上附属公司投资账户之如何处理而异其手续。故本节先将处理附属公司投资账户之方法,一加说明。

考附属公司投资账户在股权公司账上，通常有下列两种之记法：(1) 将附属公司之每期盈亏，随时记入附属公司投资账户。(2) 不将附属公司之每期盈亏随时记入附属公司投资账户。采用第一法者，股权公司除将认购附属公司股份所费之成本记入附属公司投资账户外，须于每年决算时将此项股份所代表之附属公司净值加以整理，使股权公司账簿上附属公司投资账户之记载，常与此项投资在附属公司账簿上之实值相等。按附属公司之营业结果，如为获利，则其财产净值必增。财产净值增加，则股权公司所持有之股份价值，亦必增加。故在附属公司结算账目确定利益以后，股权公司须将其所应享受之部分，记入投资账户之借方，以增加所持有股份之价值，同时记入相当账户之贷方，如"附属公司收益"(Income from Subsidiary)之类是。此项附属公司收益账户之贷差，则于结账时转入损益账户或公积账户中；反之，如附属公司之经营结果，发生损失，则其财产净值必减。财产净值减少，则股权公司所持有股份之价值亦必减少。故在附属公司结算账目，确定损失数额时，股权公司须其所应分担之部分，记入投资账户之贷方，以减少其所持有股份之价值，同时借入相当账户，如"附属公司损失"(Loss from Subsidiary)之类。此项附属公司损失账户，亦于结账时，转入损益账户中。

迨附属公司股东会议决发给股利时，股权公司须将应发股利之数额，从投资账户中转出，借入"应收股利"账户(Dividend Receivable a/c)，贷入"投资"账户。因股权公司以前已将附属公司之利益，记入投资账户，作为收益，故此项股利，并非又一重收益，不过变固定资产性质之股票投资，为一种流动资产性质之应收股利耳。换言之，即附属公司营业获利，足以增加其股份之价值，欲借入投资账户中；附属公司派发股利，则其财产净值减少，故当贷入投资账户也。

如采用第二法，则股权公司仅以其认购附属公司股份时所费之成本，记入附属公司投资账户，关于附属公司每年营业之盈亏，则不随时入账。其处理方法，至为简单，毋庸多述。

五、附属公司投资及往来科目之销除

夫合并资产负债表之编制，原视各附属公司为整个企业之一部，而使

各公司之财政状况,可以表现于一处。关于各联络公司相互间之债权债务关系,犹若一个集体内部各处相互间之关系,自无须在合并表中重复列明。例如股权公司账上附属公司股票投资账户,仅表示本公司所握有附属公司之净值或成本之数额,而在各联络公司整个营业之关系上,固非可以用作清偿对外债务之资产。倘将此项股票投资数额及各附属公司之资产,一同列入合并资产负债表中,自缘重复。又如附属公司账上之股本账户,若其股份完全为股权公司所持有,则在编制合并资产负债表时,股权公司之投资,自应与附属公司之股份互相销除。再如乙、丙两公司均为甲公司之附属公司,乙公司欠丙公司款银若干。此款在乙公司账上为资产,在丙公司账上则为负债,但因乙、丙两公司同为甲公司之附属公司,就其整个关系言之,则此项相互间之债权债务,有等于无也。故此类科目,在合并资产负债表上,亦须互相销除。兹举例以说明其处理之方法如下:

设有甲、乙、丙三公司,其财政状况,如下列各表所示。

甲公司资产负债表

乙公司股票投资	40,000	各项负债	5,000
丙公司股票投资	50,000	股本	100,000
其他各项资产	15,000		
	105,000		105,000

乙公司资产负债表

丙公司借款	6,000	各项负债	10,000
其他各项资产	44,000	股本	40,000
	50,000		50,000

丙公司资产负债表

各项资产	65,000	借入款(乙公司)	6,000
		其他各项负债	9,000
		股本	50,000
	65,000		65,000

合并决算表之编制法

根据上列三表以编制合并资产负债表，其计算底稿应如下：

资　产	甲公司	乙公司	丙公司	销除数	合并数
乙公司股票投资	40,000			40,000(1)	
丙公司股票投资	50,000			50,000(2)	
各项资产	15,000	44,000	65,000		124,000
丙公司借款		6,000		6,000(3)	
	105,000	50,000	65,000	96,000	124,000
负　债					
借入款（乙公司）			6,000	6,000(3)	
各项负债	5,000	10,000	9,000		24,000
股本					
甲公司	100,000				100,000
乙公司		40,000		40,000(1)	
丙公司			50,000	50,000(2)	
	105,000	50,000	65,000	96,000	124,000

六、附属公司盈亏之处理

在一股权公司新收买一公司之全部股份时，如该附属公司账上记有公积，也应将其销除。盖附属公司之股本与公积，为对于本公司之负债，而非对于外界之负债。且合并资产负债表乃股权公司之资产负债表，其附属公司投资之科目，如前项所述，应代以附属公司之各项资产负债；倘使将合并前附属公司所有之公积亦行列入，是其错误固至明显，甚至将使人疑此项公积为本公司之公积也。举例以示附属公司公积在计算底稿上之销除方法如下：

甲乙公司合并资产负债表计算底稿

资　产	甲公司	乙公司	销除数	合并数
乙公司股票投资	65,000		65,000	
现金	20,000	70,000		90,000
	85,000	70,000	65,000	90,000

负　债				
应付账款	10,000	5,000		15,000
股本				
甲公司	75,000			75,000
乙公司		50,000	50,000	
公积				
乙公司		15,000	15,000	
	85,000	70,000	65,000	90,000

上例为附属公司积有公积时之处理。若股权公司于收买附属公司股份时，该附属公司账上记有亏损，则此项亏损为附属公司对于本公司所有负债之减少额，亦应于合并资产负债表上销除之。盖附属公司合并前之公积既不并入本公司之公积中，则其合并前之亏损，自亦不从本公司之公积项下减除也。

兹举例以示销除附属公司亏损方法如下：

甲乙公司合并资产负债表计算底稿

资　产	甲公司	乙公司	销除数	合并数
乙公司股票投资	45,000		45,000	
现金	35,000	55,000		90,000
亏损（乙公司）		15,000	15,000	
	80,000	70,000	60,000	90,000
负　债				
应付账款	20,000	10,000		30,000
股本				
甲公司	50,000			50,000
乙公司		60,000	60,000	
公积（甲公司）	10,000			10,000
	80,000	70,000	60,000	90,000

七、附属公司少数股权之表示

在股权公司并未将他一公司之股份，全数收买，则本公司与外界股东，分别持有附属公司之净值。其为外界股东所握有之净值数额，可由其所有之股数，合附属公司之股本与公积两者比例推算之。此项少数股

合并决算表之编制法

权（Minority Interest），自应于合并资产负债上列明，举例示之如下。

设有甲、乙两公司，其资产负债表各如下列。

甲公司资产负债表

现金	65,200	应付账款	20,000
乙公司股票投资	45,000	股本	75,000
（90%）		公积	15,000
	110,000		110,000

乙公司资产负债表

现金	60,000	应付账款	10,000
		股本	50,000
	60,000		60,000

由上列两表观之，甲公司仅持有乙公司股份百分之九十，其余百分之十则为外界股东所持有。此项外界股东所握有之净值，应列明于合并资产负债表上。兹示其处理方法如下：

甲、乙两公司合并资产负债表计算底稿

资　产	甲公司	乙公司	销除数	合并数
现金	65,000	60,000		125,000
乙公司股票投资				
（百分之九十）	45,000		45,000	
	110,000	60,000	45,000	125,000
负　债				
应付账款	20,000	10,000		30,000
股本				
甲公司	75,000			75,000
乙公司		50,000		
销除本公司收买				
部分90%			45,000	
少数股权				5,000
公积（甲公司）	15,000			15,000
	110,000	60,000	45,000	125,000

根据上列底稿第五栏所列之数字，编制甲公司之合并资产负债表如下：

甲、乙两公司合并资产负债表

现金	125,000	应付账款	30,000
		少数股权（乙公司）	
		(10)％	5,000
		股本	75,000
		公积	15,000
	125,000		125,000

　　若上例中乙公司，除股本而外，尚有公积科目，则处理与上述原则相同，即将本公司所握有之公积部分销除之，而以其余为外界股东所握有之一部分，列明于合并资产负债表上。倘使乙公司账上有亏损科目，则其所有净值应为股本与亏损之差额。此时关于少数股权之处理，在原理上仍与上例所述者相同，唯编制形式上稍有差异耳。例如乙公司股本五万元，另有亏损一万元，其净值为四万元。今甲公司收买其股份总数百分之九十，照其账面估值付银三万六千元，则其计算底稿应如下（两公司之资产负债表因已抄入底稿中第一、第二两栏，不再重列）：

甲、乙两公司合并资产负债表计算底稿

资　产	甲公司	乙公司	销除数	合并数
乙公司股票投资（90％）	36,000		36,000	
现金	64,000	55,000		119,000
亏损——乙公司		10,000		
销除本公司部分（90％）			9,000	
少数股权（10％）				1,000
	100,000	65,000	45,000	120,000
负　债				
应付账款	10,000	15,000		25,000

合并决算表之编制法

股本				
甲公司	75,000			75,000
乙公司		50,000		
销除本公司部分(90%)			45,000	
少数股权(10%)				5,000
公积	15,000			15,000
	100,000	65,000	45,000	120,000

　　根据上列计算底稿中第四栏所列之数字，编制甲公司合并资产负债表如下：

甲、乙两公司合并资产负债表

现金	119,000	应付账款	25,000
		乙公司少数股权(10%)	4,000
		股本	75,000
		公积	15,000
	119,000		119,000

八、最初合并时附属公司商誉之决定

　　前数项所举各例，均系假定股权公司收买一公司之股份时，其所付之价额确与其他账面净值相等，故在编制合并资产负债表时，本公司账上之股票投资科目及附属公司账上之股本科目，可以互相销除。但若股权公司收买股份时所付之价额，较大于附属公司之账面值，则其多付之数额必为附属公司商誉之代价，其销除乃不能如以上各例之简单。兹特分项举例说明其处理之方法如下：

　　（一）本公司将附属公司之股份全数收买时　　在股权公司将一公司之股份全数收买时，其商誉之计算，极为简易，即以附属公司股票投资账户之总额与附属公司之净值额相较，其差额即为附属公司商誉之代价。例如有甲、乙两公司，甲公司以价银五万七千元买得乙公司之全部股份。甲公司除此五万七千元之股票投资外，尚有现金四万三千元，应付账款

一万元,股本七万五千元,公积一万五千元。乙公司有现金六万元,应付账款一万元,股本五万元。则其计算底稿如下:

甲、乙两公司合并资产负债表计算底稿

资　产	甲公司	乙公司	销除数	合并数
乙公司股票投资	57,000			
应销除之账面值:股本			50,000	
商誉				7,000
现金	43,000	60,000		103,000
	100,000	60,000	50,000	110,000
负　债				
应付账款	10,000	10,000		20,000
股本				
甲公司	75,000			75,000
乙公司		50,000	50,000	
公积　甲公司	15,000			15,000
	100,000	60,000	50,000	110,000

根据上表中第四栏所例之数字,编制合并资产负债表如下:

甲、乙两公司合并资产负债表

现金	103,000	应付账款	20,000
商誉	7,000	股本	25,000
		公积	15,000
	110,000		110,000

(二)本公司收买附属公司股份之一部分时　在股权公司仅收买一公司股份之一部分时,其商誉之计算较繁,此在附属公司账上之有亏损科目者为尤甚。盖附属公司之股份,既非完全为本公司所有,则关于本公司及附属公司间应销除之数额,必须按本公司所持有之股份比例计算也。例如有甲、乙两公司,乙公司股本五万元,亏损一万元,其净值仅有四万元。今由甲公司收买其股份百分之九十,付银三万八千元,则其计算底稿如下:

甲、乙两公司合并资产负债表计算底稿

资 产	甲公司	乙公司	销除数	合并数
乙公司股票投资(90%)	38,000			
应销除之账面值				
股本(五万元之百分之九十)			45,000	
减亏损(一万元之百分之九十)			9,000①	
商誉				2,000
现金	62,000	55,000		117,000
亏损——乙公司		10,000		
销除本公司部分(90%)			9,000	
少数股权10%				1,000
	100,000	65,000	45,000	120,000
负 债				
应付账款	10,000	15,000		35,000
股本				
甲公司	75,000			75,000
乙公司		50,000		
销除本公司部分90%			45,000	
少数股权10%				5,000
公积——甲公司	15,000			15,000
	100,000	65,000	45,000	120,000

观于上列计算底稿,甲公司收买乙公司股份百分之九十,按其账面值计算,只需三万六千元(股本四万五千元),减亏损九千元,付以价银三万八千元,计多付二千元,此即附属公司商誉之代价。兹根据第四栏中所列之数字,编制合并资产负债表如下:

甲、乙两公司合并资产负债表

现金	117,000	应付账款	25,000
商誉	2,000	乙公司少数股权(10%)	4,000
		股本	75,000
		公积	15,000
	119,000		119,000

---

① 表示应减除之项目。

九、合并后附属公司商誉之决定

在附属公司经本公司收买从事营业以后，其商誉额之决定，视本公司对于附属公司股票投资账户之记账方法如何而定。若本公司以附属公司之每年盈亏，直接并入股票投资账户，则其商誉额为该投资账户之总额减去本公司所持有该附属公司之股份净值后所余之差额。若本公司对于附属公司之股票投资，系按收买时所费之成本记账，则其商誉额之计算，与新收买附属公司股份之时相同，即以股票投资账户之总额与收买时附属公司股份之账面值相较，其余额即为附属公司商誉之代价。

附属公司之商誉，苟本公司所持有之股份总数无所增减，通常可不必重行计算，因有收买时所编制之合并资产负债表可资查考也。倘使本公司所持有之附属公司股份总数，发生增减，则附属公司之商誉数额必因之而生变动。考本公司所持有之附属公司股份总数，如有增减，则其情形必不出于三种：即（1）收买外界股东所持有之股份，（2）附属公司增资时股权之行使，或（3）本公司出卖所持有之股份是也。如本公司收买外界股东所持有之股份，则其所持有股份之成数自随之而增。如附属公司增加资本，以全部股份先尽旧股东比例认募，则本公司与外界股东所持有之附属公司股份，其比例固仍与前相同。但若外界股东放弃其认股权利，而由本公司应募时，则本公司所持有附属公司股份之成数即随之增加。至于本公司如出卖以其所持有之股份，则对于附属公司之股权自因之而减少。本公司持有附属公司之股份总数，既因上述三种情形而常有增减，则其商誉额自亦随之而有多少。兹试分别论之如下：

（一）增买股份时商誉之计算　股权公司因收买附属公司其他股东所持有之股份，而增加其商誉之成数时，其计算方法，与最初购入该项股份时相同，即从本公司之买价中减去该新买股份在附属公司之账面值，其余额即为商誉之价值。例如甲公司于民国二十二年七月一日为欲合并某一公司,曾收买其股份百分之七十五,共费银四十万元,其时该附属公司之账面值为四十八万元,则依上述方法计算其商誉应为四万元即四十万元中减去三十六万元(四十八万元之百分之七十五)之余数也。设其后甲公司又以银六万五千元从其他股东买入该附属公司股份总数百分之十,其时该附属公司之净值为五十六万元,则如该附属公司之股份总数于合并后并未增加,其商誉应为六万五千元与五万六千元(即五十六万元之百分之十)之差额,即九千元。因之本公司所有附属公司之商誉总额,当为四万九千元(四万元加九千元)。若本公司历年均将附属公司之盈亏,直接记入其股票投资账户,则此项商誉之决定极为简单。如上例,某公司之净值,于合并时为四十八万元,迨本公司收买其他股东所持有之股份时,增加为五十六万元,则该期间内某公司之盈余为八万元。在此八万元中,其百分之七十五即六万元,属于本公司所有,合之最初收买时所费原价四十万元,共为四十六万元,再加最近本公司收买其他股东持有股份所费之价额六万五千元,总计为五十二万五千元,是为本公司对于附属公司股票投资之实值。唯按最近该附属公司之净值五十六万元计算,则本公司持有该公司股份百分之八十五,其握有之净值应为四十七万六千元,较股票投资账户上之总额五十二万五千元少四万九千元,亦即附属公司商誉之代价也。

(二)应募新股份时商誉之计算　在本公司所持有之股份,因认募附属公司发行之新股份而增加时,其商誉额之变动,将视此项新股份之发行,是否足以变更本公司与附属公司其他股东间所持有之股份比例而定。兹再为分项说明如下:

(1)所有权无变动时　若附属公司发行新股份,本公司及附属公司之其他股东均各按其所持有之股份比例认募,则本公司与其他股东间对于附属公司之所有权,不生比例上之变动。此时商誉之决定,与新收买附属公司之股份时相同,可用数学方式说明之。

设　P＝本公司最初投资时之买价

　　c_1＝最初投资时附属公司之净值

n/100＝本公司最初投资时所取得之所有权百分数

$P－nc_1/100＝$最初投资时之商誉额

$c_2＝$附属公司增发新股时之新股本额

$I＝$附属公司获利后净值之增加额

依照上列各项假定情形论之,在附属公司尚未增发新股以前,本公司对于附属公司之所有权为 n％,则附属公司获利后,本公司之投资数额,应增加 $nI/100$。故股票投资账户上之总额,当为 $P＋nI/100$。又附属公司增发新股 c_2 时,本公司可认募 n％,则其应缴股款当为 $nc_2/100$,故

$P＋nI/100＋nc_2/100＝$附属公司股票投资之总值

$n/100(c_1＋I＋c_2)＝$本公司所握有附属公司净值之账面值

根据上列两式,以计算之,则附属公司商誉之代价应为

$$P＋nI/100＋nc_2/100－n/100(c_1＋I＋c_2)$$

上式化简后,即为 $P－nc_1/100$,亦即本公司新收买附属公司股份时所算得之商誉额。

(2) 所有权之比例有增加时　附属公司有时为筹集新资本,往往于本公司收买以后,即增发新股份。此时附属公司之其他股票,如放弃其优先认股权,则无论该项未经其他股东认募之股份是否亦由本公司认募,本公司对于附属公司所有权之比例,必因之而增加,即所有附属公司商誉之数额,亦必发生变动,其计算方法,即以本公司前后两次收买附属公司股份之总价与此项股份在附属公司之账面值相比较,其差额即为商誉额。兹举例说明之如下:

设甲公司为一股权公司,以价银十三万五千元,收买乙公司股份百分之八十。其时乙公司共有股本十万元,公积五万元。在甲公司收买股份以后,乙公司即增加股本十万元,分为一千股,每股一百元,此项新股准由旧股东照票面价值尽先认募。今设其他股东仅认募股份总数百分之十,即一千股,甲公司除如数认募股份总数百分之八十,即八千股外,更将所余一千股如数认募;则此时甲公司所有乙公司商誉之数额,可计算如下:

合并决算表之编制法

增发新股前之商誉		增发新股后之商誉		
甲公司之投资成本：		甲公司之投资成本：		
附属公司股份80%	135,000	原投资额	135,000	
		新认募额	90,000	225,000
上项投资之账面值：		上项投资之账面值：		
乙公司股本	100,000	乙公司股本	200,000	
乙公司公积	50,000	乙公司公积	50,000	
总计	150,000	总计	250,000	
甲公司所持有		甲公司所持有		
部分(80%)	0.80	部分(85%)	0.85	
甲公司持有部分之账面值	120,000	甲公司持有部分之账面值	212,800	
增发新股前商誉额	15,000	增发新股后之商誉额	12,500	

由上列算式观之，乙公司商誉之总额，在增发新股以前为 15,000 元，增发新股以后为 12,500 元，较前减少 2,500 元。

（三）股份所有权减少时商誉之计算　本公司对于附属公司增发之新股份未能按原有股份比例如数认募，或将其持有股份出卖一部分者，则其对于附属公司之所有权必随之减少。此时附属公司之商誉额，只需按其减少之比例推求即得，其计算极为简易也。

十、公司间销货利益之销除

本公司及附属公司间平时总有买卖往来。因有此种买卖，乃发生公司间销货利益之处理问题。所谓公司相互间之销货利益，不仅指销售商品之利益而言，并包括销售固定资产之利益。兹分别论其在合并资产负债表上之处理方法。

在一公司之下附属有数个公司时，各联络公司间常互有商品之买卖。当商品由一公司售与他一公司之际，在出卖公司方面，必因此项交易之成立而获得利益。然以股权公司及附属公司之整个关系言之，则此项买卖商品之利益，仅为一种未实现之利益；非俟买入之公司将此项商品售出以后，不能视为已经实现而计入利益中。此在股权公司之各附属公司，均为制造业而其制造程序前后有联络关系者为尤然。盖一产品之制造,常须经过数个联络公司,其所有之在制品依次在各联络公司间移转,直至成为制成品,运交本公司销售为止。各公司对于本公司而言,完全为附属关系;但其对外之关系,则固各有独立之法人资格,故当在一产品由一联络公司运售与他一联络公司时,其标价,绝非按成本计算,大都依照一定之卖价计算。是则此项产品,于其未成为制成品而分存于各公司时,其在账簿上虽均系按买进之成本记账,然其中殆皆含有一种未实现之利益,当其运至本公司时,则此项未实现之利益,为数定已可观。夫自各联络公司本身观之,此种产品之销售,固确为一种交易,当可计算其应得之销货利益;但自各联络公司间整个之营业观之,则此种产品之买卖,绝非真正之销货交易,不过为制造上一种继续程序而已。

各联络公司间买卖商品之利益,在商品未经出售于外界以前,既不过为一种未实现之利益,则本公司在编制合并资产负债表时,对于此项利益,自须加以销除。其法即将联络公司之存货,均比照其实际所费之成本,算出其预计利益之总额,借入本公司之公积账户,贷入公司间之商品利益准备账户(Reserve for Intercompany Profits on Merchandise Account)。此项准备账户应列入于合并资产负债表资产之部,从存货总额中减除,以求出存货之实价。

倘使附属公司尚有少数股权,为外界股东所持有,则关于公司间商品利益之处理方法,稍与上述者不同。盖将附属公司之存货,均按照其实际所费之成本计价,则自购入此项存货之附属公司之外界股东方面观之,必以成本以下之价格为估价标准,自有不合。因彼辈所注意者,为该附属公司本身之资产负债表上所列各项目之估价,是否适当,而对于股权公司之合并资产负债表上所列各项目之估价问题并不关心。是以在股权公司仅握有附属公司之多数股份时,对于其存货价格之计算,应分为两部分处理;即以属于其他少数股东之股权部分,按附属公司购入此项存货时之成本估计其价格;而仅以属于股权公司之股权部分,依照上述方法处理之。

以上所述,为关于收买后附属公司存货价格之处理方法。有时在本公司最初收买一附属公司之股份时,其公司间往往已有买卖往来与存货,则其存货上未实现之利益,是否亦应加以销除,关于此点,学者间意见不一。自法理方面论之,在股权公司未收买一公司之股份以前,根本上固不发生公司间之联络关系;该被收买之公司所有各项资产(包括存货在内)之价值,自其本身言之,固皆属正确,实无须加以重估。但自事实方面论之,倘对于此项存货之价格,不加重估,则将使收买后第一年度之营业结果,有不如营业以后各年度之弊,期初存货价格高,则该期之销货成本必高而影响其纯利之数额。故在最初收买时附属公司之存货,亦应如收买后之存货,将其未实现之利益销除也。至其销除之方法,则有两种:其一为将未实现利益额从股权公司所应享有之附属公司公积部分项下减除,其二为将未实现利益额借入附属公司商誉账户。

上述附属公司间存货之处理方法,系假定一附属公司从他一附属公司所购之货品,全系供给销售之用者而言。若一附属公司出售货品与他一附属公司,获得若干利益,而购买公司,并不将全部货品销售,但留存一部分作为固定资产以供自己使用,则在编制合并资产负债表时,对于此项公司间利益之处理,应加特别注意。按公司间之商品利益,应于编制合并报表时,用"公司间商品利益准备"账户以处理之,则属于此项固定资产之利益自亦可以援用,唯此两种准备各有其不同之点,盖商品利益准备随年度而不同,完全以公司间期末存货额之多寡而定。当此项存货已经售出,其利益已经实现以后,则此准备亦已达到其设置之目的,故仍须转入公积项下。至于固定资产,其目的在供给自己之使用,故其买卖利益之实现,不在其资产之本身,而在其所产之货品。因固定资产之折旧,系产品成本之一部,产品售出以后,其价值即可全部补价,而其昔日之预计利益,亦随以实现。不过固定资产有一定之使用期限,其每期之折旧额亦有一定,故其买卖利益之实现及其每期应转入公积项下之准备额,随每期摊提折旧额之多寡而定,此则与公司间之商品利益不同之点也。

公司间固定资产利益准备之计算方法,视公司间所有权之比例而异,分述如下:

(1) 若各联络公司间所持有之股份,均系各公司所发股份之全部,则不生少数股权之问题。此时应保留其全部利益,列作准备。

（2）若购买固定资产者为股权公司,而仅握有附属公司一部分之股份,则其所保留之利益额,应仅限于公司股权比额之部分。

（3）若公司间有少数股权之存在,而其买卖两方均系附属公司,则其利益额之计算较繁。兹特举例说明之,譬如甲公司持有乙公司股份总数 90% 及丙公司股份总数 70%。今设乙公司卖与丙公司机器一座,计价 10,000 元,此项机器,在乙公司方面,成本为 7,500 元,故乙公司因此项交易之成立获利 2,500 元。其中百分之九十,即 2,250 元,系属于甲公司所有股权比额之部分。在此 2,250 元中,有百分之七十(甲公司在丙公司所有之股权)应视为未实现之利益,其余百分之三十系属于外界股东者,可作为已实现之利益。故其利益准备额应为 1,575 元。以简法求之,则为 2,500 元×63%(百分之九十中之百分之七十)。

至于此项固定资产利益准备在每期结账时应转入公积项下之数额,则视该资产之折旧率而定。例如购买公司规定每期摊提折旧百分之十,则此准备每期应转入公积项下百分之十。如是,该固定资产摊提完结以后,公司间之利益准备账户上之数额亦完全转入公积项下矣。

十一、合并资产负债表上其他项目之处理

关于编制合并资产负债表时所须注意之主要问题,已于以上各节中详细述及,并分别说明其处理之方法。除此而外,尚有数种项目,亦应于编制合并资产负债表时加以整理,兹分述之如下:

（1）联络公司之贴现票据　在合并各联络公司间之债务时,常见有一联络公司以所收他一联络公司之票据,向银行贴现者。此项票据在出票之联络公司账簿上,系用应付票据之负债科目记账;在收票之联络公司账簿上,系用应收票据之资产科目记账,向银行贴现以后,则用贴现票据之或有负债科目记账。当编制合并资产负债表时,出票之公司与收票之公司间之债权债务,依照本文第五节所述,自应互相销除。而仅列贴现票据之数额。因该票据现已入于银行之手,则出票之联络公司对于银行即发生到期付款之责任关系,而与其他联络公司不发生债权债务之关系矣。唯学

者间对于此项负债,亦有主张仍用"应付票据"之科目以表现于合并资产负债表上者。其理由为合并资产负债表之编制,应视各联络公司为一体。故自合并资产负债表本身观之,一联络公司所出之票据,不啻即为整个企业团体之负债。且用贴现票据科目以处理之,易使阅者误会,将以为此种负债,不过为股权公司或其各附属公司之或有负债,而其实则不然也。

(2)联络公司间相互持有之公司债券　一联络公司有时或持有他一联络公司所发公司债之一部分,在编制合并表时,应将此部分公司债用"库藏公司债"科目,从债券总额中减去,而以其差额即外界债权人所持有之部分,记入于金额栏中。唯如此处理,必须公司债投资账户系按照其券面价格记账。至若该项债券在购买时,曾有溢价或折价,则此部分溢价或折价亦应从发券公司之溢价或折价中减去。唯若该项债券系以溢价或折价购自外界债权人,而其最初系按券面价格应募者,则此部系溢价或折价,可作为递延费用项目,列入递延资产项下。

(3)联络公司之资本额项目　应整理联络公司资本额项目之时,不论其在最初收买,或在收买以后,对于附属公司商誉一项,除非股权公司所持有之股权发生增减,通常均无变动。若股权公司对于附属公司投资账户系用成本记账,而其在附属公司中之股权亦无变动则在计算商誉时,共应销除之公积仅为限于收买时股权公司所应享受之部分。至于附属公司在收买以后所提存之公积,则须另行计算股权公司所应享受之部分,加入其公积项下,合并表示之。例如甲公司之股本总额为 75,000元,公积为 15,000 元,于民国二十二年一月一日买得乙公司股份总数百分之九十,费银 56,000 元,其时乙公司之股本为 50,000 元,公积为10,000元,至年终结账时,提存盈余 4,000 元为公积,则其在合并资产负债表上之处理如下:

资　产	甲公司	乙公司	销除数	合并数
乙公司股票投资(90%)				
——原价　56,000				
应销除之账面值:				
股本(50,000 之 90%)			45,000	
公债(10,000 之 90%)			9,000	

商誉			2,000

负　债

股本：

甲公司	75,000		
乙公司		50,000	
销除甲公司部分 90%			45,000
少数股权 10%			5,000

公积：

甲公司	15,000		
乙公司		14,000	
少数股权（决算后公积额 14,000 之 10%）			1,400
销除甲公司部分（收买时公积额 10,000 之 90%）		9,000	
甲公司公积（决算后增提公积额 4,000 之 90%）			3,600

若股权公司持有附属公司之股权，发生增减，即附属公司商誉之数额必变，此时可依照上文第九节所述方法计算之。

（4）**存货之编列**　一联络公司之制成品，若即为他一联络公司之原料时，各联络公司之存货，在合并资产负债表上应如何表示，或将发生问题。自各联络公司之整个团体观之，只限于将来可销售于顾客之存货，列作制成品；其余存货均应列作原料品及在制品。但就事实而论，则仍以按照各联络公司资产负债表上所列各种存货之数额编列为宜。盖各联络公司之制成品盘存，有时固各自有其销路在也。

十二、合并资产负债表之例解一

观于以上各节所述，可知合并资产负债表之编制方法，较诸寻常资产负债表，繁杂多多。兹为使读者明了此种合并表之编制方法起见，特举一实例如下，以示销除投资及往来科目，表示少数股权，及处理附属公司商誉之方法。

设甲公司为一股权公司，购入乙公司股份百分之九十，同时为合并丙公司起见，更使乙公司购入丙公司股份百分之八十。各公司于民国二十二年六月三十日之财政状况，如下列各表所示：

甲公司资产负债表

民国二十二年六月三十日

现金	30,000	股本	300,000
乙公司股票投资(90%)	220,000		
未收账款	50,000		
	300,000		300,000

乙公司资产负债表

民国二十二年六月三十日

现金	20,000	应付票据	25,000
应取票据	15,000	应付账款	35,000
应收账款	70,000	应付未付各项费用	5,000
商品盘存	60,000	股本	150,000
生财	25,000	公积	75,000
丙公司股票投资(80%)	100,000		
	290,000		290,000

丙公司资产负债表

民国二十二年六月三十日

现金	10,000	应付票据	5,000
应收票据	7,000	应付账款	15,000
应收账款	15,000	应付未付各项费用	2,000
商品盘存	35,000	股本	75,000
机器设备	50,000	公积	20,000
	117,000		117,000

＊内有 5,000 元系本公司所欠。

　　甲公司为欲表示其整个财政状况起见,编制合并资产负债表,则依上述各项所示之原则及方法,作计算底稿如下:

甲、乙、丙三公司合并资产负债表

民国二十二年六月三十日

资　产	甲公司	乙公司	丙公司	销除数	合并数
现金	30,000	20,000	10,000		60,000
应收票据		15,000	7,000		22,000

资　产	甲公司	乙公司	丙公司	销除数	合并数
应收账款		70,000	15,000	5,000(1)	80,000
商品盘存		60,000	35,000		95,000
生财		25,000			25,000
机器设备			50,000		50,000
未收股款	50,000				50,000
乙公司股票投资(90%)	220,000				
应销除之账面值：					
股本(十五万元之百分之九十)				135,000(2)	
公积(七万五千元之百分之九十)				67,500(3)	
商誉					17,000
丙公司股票投资(80%)	100,000				
应销除之账面值：					
股本(七万五千元之百分之八十)				60,000(4)	
公积(二万元之百分之八十)				16,000(5)	
商誉					24,000
	300,000	290,000	117,000	283,500	423,500
负　债					
应付票据		25,000	5,000		30,000
应付账款		35,000	15,000	5,000(1)	45,000
应付未付各项费用		5,000	2,000		7,000
股本：					
甲公司	300,000				300,000
乙公司		150,000			
销除本公司收买部分(90%)				135,000(2)	
少数股权					15,000
丙公司		75,000			
销除乙公司收买部分(80%)				60,000(4)	
少数股权					15,000
公积：					
乙公司		75,000			
销除本公司部分(90%)				67,500(3)	
少数股权					7,500

合并决算表之编制法

资　产	甲公司	乙公司	丙公司	销除数	合并数
丙公司		20,000			
销除乙公司部分（80％）				16,000(5)	
少数股权					4,000
	300,000	290,000	117,000	283,500	423,500

根据上列合并数一栏中各项数字,编制甲、乙、丙三公司之合并资产负债表如下:

甲、乙、丙三公司合并资产负债表
民国二十二年六月三十日

现金	60,000	应付票据	30,000
应收票据	22,000	应付账款	45,000
应收账款	80,000	应付未付各项费用	7,000
商品盘存	95,000	少数股权	41,500
生财	25,000	股本	300,000
机器设备	50,000		
未收股款	50,000		
商誉	41,500		
	423,500		423,500

十三、合并资产负债表之例解二

为使读者明了合并后附属公司商誉之计算及公司间销货利益之销除方法起见,特再举一实例如下:

设甲公司于民国二十三年一月一日以银 190,000 元购入乙公司股份总数百分之九十,其时乙公司之净值项下计有资本 150,000 元,公积 30,000 元,年终结账后两公司之试算表如下:

	甲公司 借差	甲公司 贷差	乙公司 借差	乙公司 贷差
现金	21,000		10,000	
应收账款	50,000		75,000	
应收未收股利	9,000			

	甲 公 司		乙 公 司	
存货	75,000		40,000	
乙公司投资	190,000			
固定资产				
——已除折旧	315,000		130,000	
应付账款		25,000		50,000
应付股利				10,000
其他负债		95,000		10,000
股本		400,000		150,000
公积		140,000		35,000
	660,000	660,000	255,000	255,000

在甲公司收买乙公司之股份时，甲公司向乙公司购入商品，用作固定资产，乙公司由此交易，获得利益 20,000 元。该项固定资产之折旧，规定每年摊提百分之十。又乙公司之存货中，有一部分系购自甲公司，其价值超过甲公司之成本 2,000 元。

乙公司本年度之纯利额为 14,000 元，除提存公积 4,000 元外，尚余 10,000 元，经股东会议决，全数充作股利。

在二十三年年终结账时，甲公司之应收账款中，有 10,000 元系乙公司所欠。又乙公司之存货中，有一部分系购自甲公司，其价值超过甲公司之成本 2,500 元。

根据上述各项事实，甲公司在编制合并资产负债表时，首须加以整理者，为乙公司存货之利益。查乙公司之股份，被甲公司收买时，期初存货中有一部分系购自甲公司，其价值超过甲公司之成本 2,000 元。此数应借入附属公司商誉账户，贷入甲公司之公积账户。又期末存货中亦查有一部分系购自甲公司，其价值超过甲公司之成本 2,500 元。此数应借入本公司之公积账户，贷入公司间之商品利益准备账户。次须加以整理者，为乙公司固定资产之买卖利益。查甲公司在收买股份时，向乙公司购入商品用作固定资产，其价值超过乙公司之成本 20,000 元。其中 18,000 元应作为未实现之利益，借入甲公司之公积账户，贷入公司间固定资产利益准备账户。至年终结账时，甲公司依照规定之折旧率，应摊提折旧 1,800 元。此数在此时已变为已实现之利益，应借入公司间之固定资产利益准备账户,贷入甲公司之公积账户。

上述各项整理分录过账以后,甲公司公积账户之贷方总额为143,800元(140,000 ＋2,000＋1,800),借方总额为 20,500 元(18,000＋2,500),计余贷差123,300元。兹示其计算底稿如下:

甲、乙两公司合并资产负债表计算底稿

资 产	甲公司	乙公司	销除数	合并数
现金	21,000	10,000		31,000
应收账款	50,000	75,000	10,000	115,000
应收未收股利	9,000		9,000	
存货	75,000	40,000		115,000
固定资产	315,000	130,000		445,000
乙公司股票投资(90%)	190,000			
应销除之账面值:				
股本(150,000 之 90%)			135,000	
公积(30,000 之 90%)			27,000	
商誉				28,000
商誉	2,000			2,000
	662,000	255,000	181,000	736,000
负 债				
应付账款	25,000	50,000	10,000	65,000
应付股利		10,000		
应销除本公司部分			9,000	
少数股权				1,000
其他负债	95,000	10,000		105,000
股本				
甲公司	400,000			400,000
乙公司		150,000		
应销除本公司收买部分 90%			135,000	
少数股权				15,000
公积				
甲公司	123,300			123,300
乙公司		35,000		

负 债	甲公司	乙公司	销除数	合并数
少数股权（结账时公积 35,000 之 10％）				3,500
应销除本公司部分（收买时公积 30,000 之 90％）			27,000	
本公司公积（结账时新增公积 5,000 之 90％）				4,500
公司间商品利益准备	2,500			2,500
公司间固定资产利益准备	16,200			16,200
	66,200	255,000	181,000	736,000

十四、公司间收益及费用项目之销除

在会计年度终了时，股权公司除编制合并资产负债表外，尚需综合各附属公司之收益与费用各项，编制合并损益计算书，以表示整个企业集团之营业成绩。在编制此项合并计算书时，应将各联络公司间之内部收益与费用项目，加以整理及销除。此项应整理及销除之收益与费用项目，约有下列三种：

（1）期初存货中公司间之商品利益额。

（2）期末存货中公司间之商品利益额。

（3）其他公司间之相互收益及费用项目。

按期初存货一项，在结账时系转入销货或销货成本账户之借方，则存货中如含有未实现之利益，自须如数减除，而转入销货或销货成本账户。至其借方之记录，如以前提存有准备者，则借入公司间之商品利益准备账户，否则，借入股权公司之公积账户；反之，期末存货一项，在结账时系转入销货或销货成本账户之贷方，其未实现之利益额应借入销货或销货成本账户。至其贷项，则记入公司间商品利益准备账户。

公司间其他相互间之收益与费用各项目，自股权公司及各附属公司之整个营业团体观之，完全为内部之收益与费用，在编制合并损益计算书时，必须将其互相销除。例如甲联络公司卖与乙联络公司商品若干，在甲公司账簿上当记作销货收入。迨此项商品经乙公司卖出以后，则在乙公司账簿上又记作销货收入。如是，同一商品之销售，或将同时为数联络公司之销货收入。此自股权公司及各附属公司整体之立场言之，销货收入一项，将不免有重复列入之弊。又如乙联络公司因持有丙联络公司之公司债，而收入债券利息若干，此项利息，在乙公司为收益，在丙公司则为费用；但综合各公司之关系之观因无所谓收益与费用也。故在编制合并损益计算书时，必须以前所述合并依照资产负债表上附属公司投资及往来科目之销除方法，将其互相销除，以求得其可以表示整个团体收益与费用之确数。

在股权公司握有各附属公司之全部股份时，其各附属公司之纯利，当可完全与本公司之纯利合并。若各附属公司尚有少数股权，则须将少数股权应得之纯利部分除去，其余额为股权公司与各附属公司之合并纯利额。

十五、合并损益计算书之例解

兹为阐明上节所述关于编制合并损益计算书之方法起见，特举一实例于下，以供读者之复按。

设甲公司于民国二十二年十二月三十一日持有乙公司股份总数百分之九十，此项股份系于五年前购入；又持有丙公司股份总数百分之八十，此项股份系于本年一月一日购入。是年终，三公司之损益表计算书如下：

甲、乙、丙三公司损益计算书
民国二十二年十二月三十一日

	甲公司	乙公司	丙公司
销货总额	300,000	225,000	120,000
减销货退回及折让	3,000	2,000	1,000
销货净额	297,000	223,000	119,000
原料盘存（二十二年一月一日）	40,000	15,000	15,000
购进原料	145,000	95,000	76,000
总计	185,000	110,000	91,000
减原料盘存（二十二年十二月三十一日）	50,000	25,000	11,000
消耗原料	135,000	85,000	80,000
人工	85,000	65,000	
制造费用	70,000	40,000	
总计	290,000	190,000	80,000

	甲公司	乙公司	丙公司
加在制品盘存(二十二年一月一日)	25,000	30,000	
总计	315,000	220,000	80,000
减在制品盘存(二十二年十二月十三日)	55,000	25,000	
制造品及进货成本	260,000	195,000	80,000
加制成为盘存(二十二年一月一日)		30,000	
总计	260,000	225,000	80,000
减制成品盘存(二十二年十二月三十一日)	45,000	50,000	
销货成本	215,000	175,000	80,000
销货毛利	82,000	48,000	39,000
减推销费	23,000	22,000	15,000
销货纯利	59,000	26,000	24,000
减管理费用	22,000	11,000	3,000
营业纯利	37,000	15,000	21,000
加杂项收益:			
设备租金——乙公司	3,000		
公司债利息——丙公司		2,000	
总计	40,000	17,000	21,000
减公司债利息	6,000		2,500
纯利	34,000	17,000	18,500

丙公司并不经营制造,仅贩卖原料,转售与甲、乙两公司并同时销售与外人。甲、乙两公司均经营制造,乙公司之产品同时销售与甲公司及外人,甲公司之商品则销售与外人。

乙公司之利益,除本年度外,其余各年度甲公司应得利益部分均仅甲公司加入投资账户中计算。故在上列甲公司之损益计算书中,无关于附属公司利益或股利之项目。

民国二十二年一月一日各公司存货中所含之公司间商品利益如下:

甲公司存货:	乙公司所获之利益额	丙公司所获之利益额
原料	2,000	1,000
在制品	1,500	800
乙公司存货:		
原料		500
在制品		800
制成品		250

民国二十二年十二月三十一日各公司存货中所含之公司间商品利益如下：

甲公司存货：	乙公司所获之利益额	丙公司所获之利益额
原料	2,500	1,200
在制品	800	200
制成品	1,800	1,500
乙公司存货：		
原料		500
在制品		1,000
制成品		1,300

本年中，丙公司共售与乙公司货品计 60,000 元，售与甲公司货品计 35,000 元。乙公司共售与甲公司货品计 75,000 元。

根据上列各项情形，以编制合并损益计算书时，吾人先须对于各公司存货中所含之公司间商品利益，加以计算整理。查丙公司在二十二年一月一日以前，尚未为甲公司合并，其因销售货品与甲、乙两公司所获得之利益，非公司间之商品利益，无须加以整理。唯对于乙公司所获得之甲公司存货中之利益额，则须加以整理。查在一月一日甲公司之存货中，乙公司之利益额满 3,500 元，按甲公司持有乙公司之股份百分数 90% 计算，其未实现之利益额为 3,150 元，其中 1,800 元须从原料盘存中减去，1,350 元须从在制品盘存中减去。分别贷入销货成本账户至二十二年十二月三十一日存货之利益准备，计算如下：

甲公司：		
原料：		
乙公司利益额 2,500 元之 90%	2,250	
丙公司利益额 1,200 元之 80%	960	3,210
在制品：		
乙公司利益额 800 元之 90%	720	
丙公司利益额 200 元之 80%	160	880
制成品：		
乙公司利益额 1,800 元之 90%	1,620	
丙公司利益额 1,500 元之 80%	1,200	2,820

乙公司：

  原料：

    丙公司利益额 500 元之 80%   400

  在制品：

    丙公司利益额 1,000 元之 80%   800

  制成品：

    丙公司利益额 1,300 元之 80%   1,040

                                                   9,150

上列各项未实现利益额，依照存货之种类计算如下：

	甲公司存货	乙公司存货	总计
原料	3,210	400	3,610
在制品	880	800	1,680
制成品	2,820	1,040	3,860
			9,150

上列各项存货之未实现利益额应借销货成本账户，贷入公司间之商品利益准备账户。

未实现利益之数额，经上列计算求出以后，则甲、乙、丙三公司合并损益计算书之计算底稿可编制如下。表中销货成本之整理及销除数两栏中之各项数额均分列用数字注明以资对照，学者可自行参阅。

甲、乙、丙三公司合并损益计算书计算底稿
民国二十二年一月一日至十二月三十一日

乙公司	丙公司	销货成本之整理		销除数	合并数
		借方	贷方		
$225,000	120,000			$170,000(1)	475,000
2,000	1,000				6,000
223,000	119,000				469,000
$15,000	15,000		1,800(2)		68,200
95,000	76,000			170,000(1)	146,000
110,000	91,000				214,200
25,000	11,000	3,610(3)			82,390
85,000	80,000				131,810
65,000				150,000	

乙公司	丙公司	销货成本之整理	销除数	合并数
40,000	————		3,000(4)	107,000
190,000	80,000			388,810
30,000	————	1,350(2)		53,650
220,000	80,000			442,460
25,000	————	1,680(3)		78,320
195,000	80,000			364,140
30,000	————			30,000
225,000	80,000			394,140
50,000	————	3,860(3)		91,140
175,000	80,000			303,000
48,000	39,000			166,000
22,000	15,000			60,000
26,000	24,000			106,000
11,000	3,000			36,000
15,000	21,000			70,000
			3,000(4)	
			2,000(5)	
2,000	————			
17,000	21,000			70,000
	2,500		2,000(5)	6,500
$17,000	$18,500			$63,500
1,700				
	3,700			
				5,400
				$68,100

（原载《立信会计季刊》第 2 卷第 5 期,1934 年 7 月）

学校成本会计述要

——在浙江教育厅附属机关会计人员讲习所的演讲

一、绪言

主席，各位先生，兄弟以前对于贵省政府机关的会计，很有一点关系。记得几年前做贵省省政府聘任会计师的时候，就觉得贵省会计方面的情形，比我国其他各省市都要清明完备得多。叶厅长原是兄弟的老同事，在这样的大热天，还如此热心提倡政府会计，真可钦佩！希望将来贵省的会计，永久做各省的模范。

通常成本会计一科，是大学商科三年级才能读到的比较高深的课程。从一般的情形来说，工厂是应该采用成本会计的，最新式大规模的银行，也有应用成本会计的，普通的商家，用的就很少了。至于学校方面，在英美各国尚且很少谈到成本会计，在我国各校，一向仅仅注重现金收支，绝对没有所谓成本会计的。但是兄弟却觉得现在中国的学校，实在是有举办成本会计的必要，所以特地拣定了这个题目，来做演讲的资料。

二、学校成本会计的意义和功用

在讲学校成本会计的意义和功用之前，我们应该先来谈一谈普通成本会计的意义和功用。要知道无论经营哪一种生意，必须先有成本。各种营业，也必须先知道它的成本，方可求出赚钱或亏本的数额。所以在普通会计中，原也有销货成本一项的。但那不过是一个总数罢了，并且是用盘点存货的方法得来的。在成本会计中就不是这样，他要知道每件产品的成本，所以是一种计算单位成本的特种会计组织。至于成本会计用很精密的方法,算得了各项产品的单位成本,究竟有什么用处呢?简单地讲:工厂里知道了产品的成本,至少可发生三个功用:第一可以节省各处的糜费,第二可以规定产品的卖价,第三可以决定营业的方针。

学校成本会计的意义和功用,也是这样。普通一般人,都以为学校不是营业机关,并不做生意,所以不必采用什么成本会计。实际上,办学校也何尝不像开旅馆和戏院,同是把劳役来供给社会呢?所不同的,一则须求出赚钱亏本的情形,一则可以不必。但是学校里工作的效能,究竟怎样?总也应该明白了解。我们平常只知道学校里每月或每年用去多少金钱,而不知道他的工作和效率。有时虽也知道他的工作,但并不知道工作和费用的关系。学校中推行成本会计,就是要想把他的工作和费用,互相参照和比较,使我们能够知道工作的成绩。所以学校成本会计的功用,也和普通成本会计的功用差不多。虽然学校规定学费,并不一定依照他的成本,对于上说货物定价这一条作用,也许是不能适用的,但学校里膳宿费的规定,有时也未始不要拿成本来作参考。此外,学校行政方针的决定,如学校的增设或废止、学生的收受或拒绝,以及糜费的节省,如教职员及工役的添雇或解职、设备及仪器的增减或改革,虽然要以学生的学业前途及福利为前提,但也未始不与成本,有极密切的关系。由这点看来,学校对于成本会计的需要,实在与营业机关对于成本会计的需要是差不多的。

三、学校是否需要成本会计

但是世上人们,认为学校无设置成本会计的需要,也是很多,关于这一点,鄙人可就反对和赞成两方面的话来说:

甲、反对的方面说:(1)学校并非营业机关,每年毕业的学生,到底不能像产品一样有卖买的价值,所以无须计算成本。(2)学校里要计算成本,非常困难,如事务多少不定,而办事员的薪给是一律要给予的,无从分派于各个单位。(3)学校里即使算出了成本,也没有什么用处,不足以资比较,说不定反多误会。(4)学校里既已有了预算,可以做节省糜费的工具,不必再计算成本。(5)要办成本会计,会计部分的职员,必须添雇，费用随之增加，得不偿失。

乙、赞成的方面，乃将反对各说加以辩驳：（1）学校虽非营业机关，但办理营业机关和非营业机关的原理，近日两者已渐趋一致，就是营业机关要的计划和管理，要趋于社会化，有时不一定专求贸利，也要为社会服务；反之，非营业机关的计划和管理，也要使他商业化，虽然必须以谋社会福利为前提，同时也不得不讲求他的效率，究竟如何？否则国家花了许多金钱，一无效率，等于白费，或者效率极微，所得不偿所失哩！学校里要知道工作的效率，就非计算成本不可。（2）计算成本，虽是很难，但工厂里的情形，比学校里情形，繁杂何止百倍十倍，也要算出他各种货品的成本来，我们何能把学校成本会计当做难事，而因噎废食呢？（3）成本数字的意义和比较的功用，的确很有限，但能供我们比较和参考，而且因为成本有高有低，我们更可以了解他所以发生高低的原因。所以学校里倘若能够办起成本会计，何尝毫无效用呢？（4）预算只规定一年内应该使用多少钱，不一定是节省糜费的工具，更不是测量工作效率的工具。因为实际情形是有变动的，预算是不变的，倘若规定预算时所假定的情形，和实际情形不符，那么我们怎样还可以持预算来做衡量工作效能和节省糜费的工具呢？只有计算成本后，才能确定事业的效率。（5）一学校年费巨万，其中糜费的地方，也不知道有多少。我们计算成本后，一定可以节省许多无谓的支出。那么每月多花数十元成本会计的经费，比较所得的益处，实在不过数十百分之一罢了。

这是就普通一般的情形来说，可知学校虽然是一所非营业贸利的机关，也未始没有计算成本的必要。非但如此，计算学校成本之后对于学校当局行政上办事上的帮助，也确实得益匪浅。其次再谈到我国的学校，尤其是公立国立的学校，对于成本会计，可以说特别有一种需要。我们时常听见教育界天天要求增加经费，而不知他的费用，已经膨胀到无以复加。倘若我们把国立大学中间的中央大学，和私立大学中间的大同大学来比较，中央大学每个学生每年需费二千多元，而大同大学每个学生每年不过四五百元。本人曾经对于中央大学教育每个毕业生的成本，加以计算，国家社会家庭以及个人在其身上所费的，总数至少要有一万数千元。说一句刻毒话，如把这一万数千元存入银行，以月息八厘计算，每月可得一百数十元，一生可受用不尽，而一个大学毕业生之能得一百数十元月薪者，可谓凤毛麟角。这是单从大学生个人一方面来讲是如此。社会国家造就这班大学毕业生当然不是专为他个人将来的生活问题，另有他对于国家社会服务效劳的重大使命，但是现在的大学毕业生，又能有几个大有贡献于国家社会的呢？

再以补习学校而论，每个学生身上，仅仅花了数十元，或十元八元，便可使他学得有一技之长，到社会上去谋生活，较之大学毕业的费去巨大金钱，捐得一个高等游民的头衔者，相去岂不太远。这几年来，许多人，天天说着教育救国，不知所救的到底是什么？是否值得花这许多钱，这实在是一个疑问。鄙人自己也是国立大学教职员出身，觉得很是惭愧！总之，现在中国的学校里，第一应该加重训练，第二也应该用成本会计的方法来讲求工作的效率，方才谈得上教育救国呢！

成本会计的方法，当然是很繁琐，断乎不是在几小时中间，会讲得了的。今天在贵所讲演，只好举其大概。以下所讲各节，意义均属简单，倘要讲求精深和实际应用，是要特别研究才行。

四、学校的分部

教育机关里，常常有一种统计的记录。这个统计，多少有点现成的资料，可以帮助成本会计的施行，不过成本会计，比较更要精细得多，仅仅凭藉些许简单的统计资料，是不够的。学校在施行成本会计的时候，第一点所应注意的，就是分部。工厂里为计算成本力求精确起见，所以各部分分得很仔细，然后再将各部归并为两大类：其一是直接从事于制造产品的生产部，其二是间接帮助制造产品的厂务部，学校里的情形，也和工厂里差相仿佛。原来无论哪个学校里面都分部分的，如教务处、事务处、图书馆等都是。但是，这种分部，不过为行政上办事上的便利计，只要事务稍繁，事实上有专职办理的必要，那么就特设一部，专司其事。至于成本会计所称之部，和这种部分的意义，有些不同。这并不是说学校里原有的部分，在施行成本会计的时候，完全不适用，只是说，成本会

246

计里的分部,是以成本的计算为中心的,他的意义比较抽象。例如工厂里将房屋的种种费用,统统归纳起来,也算是一部,称之为房屋部,就是这个道理。所以学校里在普通一般人看来,应该分为数部的,在计算成本的时候,不妨并成一部,例如将会计处的费用并入事务处计算,或将校长的秘书的费用,并入管理部计算,或竟将文书处与事务处的费用,合并计算,都须视情形而定。而在另一方面,普通一般人所不认为部分的,在计算成本的时候,也或需作为一个部分看待。例如将自来水、电灯、房屋修理费等并成一部,称之谓房屋部费用,然后再作分配。

学校成本会计里面的部分,大概说来,可以分为两大类:其一是与学生教课有直接关系的,是为直接成本部分,类似工业会计中的生产部分,如大学内的文学院、理学院、工学院等或各科各系等,其二是和学生教课不发生直接关系的,是为间接成本部分,类似工业会计中的厂务部分。间接部分中间,所包括的,有和学生教课,虽无直接关系,但有补助学生身心学业的功用的,如训育处、体育馆、图书馆等都是。有为管理全校事务的部分,对于学生的课业是间接而又间接的,如事务处、文书处等都是。有完全为一种间接费用,而为各部所共同应用的,如房屋部费用是。所以归纳起来,学校成本会计里面的分部,大约可如下表:

```
        ┌ 直接部分——各学院——各学校(或系)——各学级
全校 ┤                  ┌ 补助部分——科学馆、图书馆、训育处等
        └ 间接部分 ┤ 管理部分——事务处、文书处等
                          └ 其他部分——房屋部等
```

这是以大学校来论,若在中学校及小学校,那他的间接部分,大体多属相仿,不过组织有繁简的不同,或缺少其中一部或数部罢了。至于直接部分,则在中等学校方面,可以分为中学部、师范部、职业部等,其下又可各分为高中部、初中部,再其下,又可分为各年级。在小学方面,亦可分为高级部、初级部及幼稚院等。

就是以大学而论,也并非每个大学的组织,都和上表所示的一样。有许多大学,除日校之外,还有晨校、夜校,又有许多大学,除了各学院之外,还有研究院、专修科、训练班、推广班等。所以学校的组织,也是变化多端,很难一律。我们此地只能就其最普通者为例,加以说明。根据这

学校成本会计述要

些基础的智识，然后去适应各种不同的环境，那就要靠各人自己去研究和应用了。

此外，还有一点，应该注意的，就是大学各学院里，也常分设有图书馆、教务处、训育处、事务处以及房屋费用等部分。这许多部分，在全校说起来，当然也应归各该学院直接部分内计算，但对各学院本身讲，就成为间接费用。所以各种费用究竟应算是直接还是间接，应该对于所计算的成本而言。前面曾经说过，凡和学生教课有直接关系的为直接部分费用，否则就是间接部分费用。这句话实在太笼统，未免含糊，且让我们再来研究各部分的直接费用和间接费用。

五、直接费用和间接费用

学校成本会计里计算单位成本的范围，或者以各学院为一个单位，或者以各学科为一个单位，全视各校的情形及所要求的单位成本的精确程度而定。举例来说：假使各学院的情形，大有参差，而每学院里各科系的情形，则大体相仿，即各种单位数（学生数、学分数、上课小时数等）以及教职员薪金和其他各种费用，各科系几乎是一致的，则为简便计，不妨就以各学院为计算单位成本范围。但是，倘若各科系的单位数和费用数，各有不同，或竟大相径庭的，则为求单位成本的精密正确起见，当然要以各科系为计算成本的范围。

在以学院为范围而计算单位成本的时候，凡可以直接归入各学院负担的费用，谓之直接费用。凡不能直接归入各学院负担的费用，谓之间接费用。所以校长及教务长等的薪金以及总务处的种种费用，因为其服务的对象是全校，而不是任何一学院，当然只好算是间接费用，各院院长薪金及各院办公处费用，则因其各院各自独立，互不牵涉，当然可以算是直接费用。但在以一院内各科系为计算单位成本的时候就不同了。其费用究竟应该作为直接还是间接，也当以各科系为标准，而不可仍以各院为标准。所以各院院长的薪金，也只可算是间接费用，必定要和各科系有直接关系的，像科主任薪金之类，方才可以算是直接费用。由此可以知道，直接费用与间接费用的分类，并不是一定不变的，我们不能指定哪一种费用，一定是直接费用，或者哪一种费用，一定是间接费用。即使是大学校长的薪金，有时也未始无成为直接费用的可能。譬如我们平时约估某大学每个学生每年所估教育费有多少的时候，常常以全校为计算的范围，并不细分各院各科各系，那么校长的薪金，不也就是计算单位成本的直接费用了吗？

总之，计算单位成本的范围愈大，则其可以归入直接成本的费用愈多，而应作为间接成本的费用愈少；反之，计算单位成本的范围愈小，则其可以归入直接成本的费用愈少，而应作为间接成本的费用愈多。这里，就有应该加以特别注意的地方。要知道一所学校里所以要分院分科，其目的全在造就各种不同的人才，以应社会上种种不同的需要。例如商学院和工学院的学生，就好像是工厂里所出的甲种产品和乙种产品一样。而商学院里会计科系及银行科系的学生，又好像是甲种产品的数种不同式样。既然这样，那么学校成本会计里的计算单位成本，当然要以各科系为范围，最为精确。这正和工厂里在制造多种不同种类不同式样的产品时，应采用分批成本会计制度，是一样的道理。但是，计算单位成本的范围愈小，则可以归入直接成本的费用愈少，应该作为间接成本的费用愈多，换句话说，其计算成本的工作，较为繁重，这于前面已经说过了。那么各部费用如何计算，以及各项间接费用如何分配，不得不有详细的讨论，以下讲演各段，请分别加以说明。

六、各部费用的统计

在尚未讨论各部费用的计算方法以前，有一点应该先加说明，就是计算成本，原有两种不同的方法：其一是应用会计记录的计算方法。其二是应用统计表格的计算方法。前者手续比较繁杂，而所得结果，较为精确。后者手续比较简单，不过统计数字和账目不相联络，容易错误。所以两者互有得失，其取舍完全要看实际情形及需要而定。我们在学校成本会计里，为简省计，不妨就采用统计式的成本会计（这种方法，在不能施行完备的成本会计制度的工厂，也很多适用的）。就是每到相当时期（一学期或一学年终了时），搜集各项资料，做成统计表，凡能直接归入各部的费用,直接算入,凡不能直接归入各部的费用,就设法加以分配。现在先讲各部费用资料的统计方法。

(1) 教职员薪金 各项费用中最重要的,要算是教职员的薪金一项了。教职员在校服务的情形,也很复杂,有专任教员的,有专任职员的,也有兼任教员、职员两种职务的,也有对于校内的职务订明是兼职的。为计算各部所应负担的教职员薪金起见,我们应该设法按照他的服务时间来分配。例如教务主任兼任教授,以一半的时间教书,一半的时间办理教务,那么他薪金的半数,应归各院各系负担,其余半数,应作为教务处费用。我国各校对于教务主任等职员薪金,每于教课薪金之外,另有一定的规定,所以尽可不必依照时间分配,而可以直接把他两种薪金,分别算入教务处及各院各系。院与院间或科与科间,也常有互相担任职务的或教课的,一个教授兼任数院的课程,更是司空见惯。那么这些院与院间或科与科间互相牵涉的服务,应当设法划分清楚。为划分上的便利计,可采用一种教职员服务报告表,由各个教职员分别填报,再由成本会计员细加复核,其表格约如下:

第一式

			某某大学 教职员服务报告表					
姓名_____						填表日期_____		
教课方面月薪_____						教课以外月薪_____		
学程	院名	科系名	每周时数	学分数	学生数	职务名称	每周时间	所属部分
总计								

根据上式的表格，我们就可以求各个教职员对于各部分所服务的多少。

（2）校工的工资 学校里雇用校工，大都由事务处主持其事，就是派任职务或随时调遣的事务，也都须经过事务处的支配。所以事务处对于每个校工所应给予的薪金以及请假、旷职等情形，常有统计的记录，保存备查。这种记录最适当的方法，要算是一种卡片式的工资记录单。正面记载校工的姓名、规定工资、每月应扣工资、每月应扣饭金、每月支付工资实额，以及其他种种必需的项目。其格式如下：

第二式

（正面）

某某大学
校工工资记录单

姓名_____ 入校日期_____

年	规定工资	应扣工资	应扣饭金	支付工资实额
一　月				
二　月				
三　月				
四　月				
五　月				
六　月				
七　月				
八　月				
九　月				
十　月				
十一月				
十二月				
总　额				

上式是供一年之用的，为避免每年更换的麻烦起见，不妨增加栏数，那就可以数年连续应用了。至于这种工资记录卡片的反面，则可详细记

载工人请假及任职情形,其格式如下:

第二式
(反面)

休假记录									
例　假			病　假			其 它 请 假			
开始日期	终了日期	日数	请假日期	销假日期	日数	请假日期	销假日期	日数	理由
总计			总计			总计			

任职记录			
职务名称	所属部分	任　期	每月工资

以上是关于派有一定职务的校工记录。对于并未派定职务的校工,也应有相当的统计,其统计记录格式如下:

第三式

某某大学 零星工役记录单 姓名＿＿＿＿＿＿＿＿＿＿＿＿　　　　工资＿＿＿＿＿＿＿＿＿＿＿									
职务名称	所属部分	日数	时数	共计	职务名称	所属部分	日数	时数	共计
总计					总计				

根据上列第二、第三两式的记录，我们就可以求得各个校工对于各部门所服务的情形，而分别将他的工资，计入各部费用之内。

（3）物料用品及各项费用——各种物料及用品，常常由事务处预先购买，存储在适当的地方，以备各部门去领用，或者遇到各部门需用物料及用品的时候，直接到外界去购买。但无论如何，各部门要用东西，总得要填写领用物品单，记明领用部门及物品的种类和数量等，交与事务处。事务处根据这种领用物品单，就可把他记入各部耗用物品及费用簿中，作为一种统计的资料。各部耗用物品及费用簿的格式如下：

第四式

某某大学 各部耗用物品及费用簿										
领用或 支付日期	物品或费用 名称及数量	教务处	事务处	文书处	训育处	图书馆	体育馆	各院	其他	备注
总额										

根据上列第四式，我们就可以求得各部所用的物料及用品，而分别计入各该部之内。又上式应为每院各设一栏，推限于篇幅，所以仅设一各院栏，以为其代表。至于各部所用的其他各项费用，亦由事务处随时记入上簿。

七、各部费用的汇总及分配

从上节所述各项看来，可知学校里为计算各部的单位成本起见，对于各项费用如教职员薪金、校工工资、物料用品，及其他一切费用，都有相当的统计。根据这许多统计，我们就可算出各部所负担的各项费用。其法可以对于每一部分，编制一种费用汇总表，兹举数例如下：

第五式

某某大学 房屋部费用汇总表	
打扫工人	....
门房及门警	....
修理费	....
水电费	....
水汀	....
用品	....
其他	....
总额	....

第六式

某某大学 管理各部费用汇总表	
校长薪金	....
秘书处费用：	
职员薪金	....
文具用品	....
印刷文件	....
电报费	....
校工工资	....
其他	....
事务处费用：	
职员薪金	....
文具用品	....
印刷文件	....
账簿表单	....
电话费	....
校工工资	....
其他	....
总额	....

某某大学
补助各部费用汇总表

教务处费用：
×××× ....
×××× ....
×××× ....
   ————————

训育处费用：
×××× ....
×××× ....
×××× ....
   ————————

图书馆费用：
×××× ....
×××× ....
×××× ....
   ————————

体育馆费用：
×××× ....
×××× ....
×××× ....
   ————————

科学馆费用：
×××× ....
×××× ....
×××× ....
   ————————

医药及卫生费用：
×××× ....
×××× ....
×××× ....
   ————————

总计   ....

某某大学
商学院费用汇总表

教授薪金 ....
院工工资 ....

教室费用：
×××× ....
×××× ....
×××× ....
——————

办公室费用：
×××× ....
×××× ....
×××× ....
——————

其他费用：
×××× ....
×××× ....
×××× ....
——————

总计 ....

如欲计算各科各系的单位成本，可将各科各系的费用，汇总加以统计。各部费用汇总表编成后，就可根据各种汇总表，将各项间接费用，逐步分配于各院或各科各系分担，然后求出各院或各科的单位成本，至于分配的程序，也和工业会计中分配厂务部费用一样，就是首先把服务于各部分最多的一部分费用，先行分配，其次再把服务于各部分次多的一部分费用，续加分配，以下类推。按学校里面的费用，要算房屋部的费用，最为间接，和管理各部、补助各部及教课各部，均有关系，所以应该首先分配。其次就要分配管理各部的费用，因为他所服务的对象是全校，有关系的部分也是很多的。至于补助各部的费用，只需分配到教课各部就好了，和其他部门没有关系，所以不妨稍次再把他分配。在分配的时候，可用一种间接费用分配表，他的格式如下：

第九式

	管理各部	补助各部	工学院	理学院	商学院	农学院	教育学院	法学院	医学院	总额
	\multicolumn{11}{c}{某某大学}
	\multicolumn{11}{c}{间接费用分配表}
房屋费用分配	…… ……	……	…… ……	…… ……	…… ……	…… ……	…… ……	…… ……	…… ……	…… ……
管理各部费用的分配	═══		……	……	……	……	……	……	……	……
辅助各部费用的分配		═══	……	……	……	……	……	……	……	……
各学院费用总额			……	……	……	……	……	……	……	……

八、分配间接费用的标准及方法

在分配间接费用的时候，如其所用的标准不当，或方法不良，则所得的结果，就难正确，要想靠单位成本的大小，来测断学校工作效率的高低，也就很不容易了。所以我们对于各项间接费用的分配标准和方法，也不得不加以一述。现在分项详述于下：

（1）房屋部费用——所谓房屋部费用，包括房屋上的一切日常开支，如修理费、装修和折旧等，以及和房屋有连带关系的各项费用，如自来水、电灯、水汀和门房门警等是。至于其他足以增加房屋价值的资本支出，则不在其内。上节中说，根据各项统计表格，就可编制房屋费用汇总表,而求得房屋费用的总数。但事实上,各学校里的房屋,大都分区或分幢,为求计算上的精密起见,最好先求出各区或各幢房屋的费用,就是将各项直接为各区或各幢房屋所耗的费用,先行计入,然后再将各项为数区或数幢房屋所耗的费用,作一支配。大体说来,修理费及其他各种直接为某区或某幢房屋所支出的费用,可以直接计入,此外如电灯、自来水及门房等,大都仅能间接分配。至于分配的标准,最妥善的,当然要算是各区或各种房屋所占的面积即平方尺数。

这样,各区或各种房屋所应负担的费用,既经决定,那么,我们就可根据各部所用房屋的面积乘时间的单位即平方尺乘小时,再来分配于各部分负担。所谓平方尺小时,就是把各部所用房屋的面积,先乘每星期使用该房屋的时间,然后再乘每学年或每学期的星期数而得到的积数。每星期所用房屋,通常都以四十八小时计算。但一学期中所用的时间在各办公处,以日历的日期为标准,即每学期以二十六星期计算。而在各教室及图书馆等,则以上课的日期为标准即每学期以星期计算。如某幢房屋,全数为某部所用的,就可直接作为该部的费用,毋庸再加以分配。

我们要求得各部对于每幢或每区房屋所用的平方尺小时,以便作为分配房屋部费用的标准,为简便计,可用下列表式:

第十式

部分	每周平方尺小时				第3栏乘18周(5)	第4栏乘52周(6)	第5栏加第6栏(7)	分配率(8)
	教　室			办公处(4)				
	上学期(1)	下学期(2)	总额(3)					
总额								

某某大学
某幢房屋费用分配率表

上式中第(8)栏的分配率,是把第(7)栏所示各部分全年的平方尺小时和平方尺小时总数比例算得的。

258

（2）管理各部费用——管理各部的费用，或关于学校财政的筹拨，或关于行政事务的计划，或关于全校各部的管理。这种费用，都与学生教课，并无多少直接的关系，所以不能依照学生数或学分数等来分配。那么要分配这种管理各部的费用以及其分配所得的房屋部费用，唯一适当的标准，只有各部的预算费用额了。

（3）补助各部费用——图书馆、体育馆、教务处以及其他各补助部分的费用，连同业经分配所得的房屋部费用及管理各部费用，欲分配于各学院时，可用学生数为标准。因为学生数较多的学院，他所享受到的补助各部利益，当然也多；反之，学生数较少的学院，他所享受到的补助各部利益，当然也少。所以补助各部费用的分配，要算以各院的学生数为最适当的标准了。

（4）各院间接费用——以上所说的，乃是把全校的间接费用，分配于各学院时的方法。此外，倘若计算单位成本的范围，为各科或各系而不是各个学院，那么各学院里的间接费用，也要设法分配到各科各系去负担。所谓各学院的间接费用，包括颇广，所有一切不能直接归入各科各系的费用，如院长薪金、办事员薪金，一切用品，以及分配所得的房屋部费用，管理各部费用和补助各部费用都是的。要把这许多费用，分配到各科各系，可用学分数或学程数为标准。或者用一种混合标准，所得结果，比较更为正确。所谓混合标准，就是一方面先照各科各系的预算费用额分配，求出各科各系所应分得的数额。他方面再照各科各系的学分数分配，也求出各科各系所应分得的数额。然后再把两种结果，用加权平均法，求出各科各系真正所应负担的间接费用。平均时，普通都以预算费用上算得的数额为二权，而以学分数上算得的数额为一权。其计算可用下表：

第十一式

部分	各部预算费用额(1)	各部学分数(2)	预算费用分配率(3)	学分数分配率(4)	第(3)栏乘2(5)	第(4)栏加第(5)栏以3除之(6)
			某某大学 某学院间接费用分配率表			
			%	%	%	%
总额			100%	100%	200%	100%

上式中第(3)栏的预算费用分配率,是把各部的预算费用额和预算费用总额比例算得的。同样,第(4)栏的学分数分配率,也是把各部的学分数和学分总数比例算得的。

九、折旧问题

各项间接费用,既已采用适当的方法,分配到各院或各科各系直接部分负担,那么我们就可以计算各院或各科的单位成本了。但是还有一个问题,不得不一加讨论,那就是学校里的房屋要不要计算折旧的一个问题。

学校会计是收支会计的一种,因为学校并非营业机关,其所必须加以记录并整理的事项,无非是各种现金的收入及支出。就是学校成本会计的目的,也并不在乎计算损益,不过确定工作的效率罢了。由这点看来,学校成本会计里面,好像毋庸计及折旧投资利息以及其他种种非有现金支出的费用。但在另一方面,种种设备,凡是带有经常性质者,都应该作为本年内的开支计算。总之,学校成本会计所当注重的,全在乎某一时期内总共费去多少金钱,其单位成本的算出,也应该仅仅以这个金钱的支出为基础。

这种论调,固然不无相当理由,但就事实而论,尤其是私立学校方面,也未始没有计算房屋折旧的需要和可能。因为私立学校,倘若一旦房屋破旧,需要重造新校舍时,要想向各界立时募捐巨额款项,实在不是容易的事。所以最好在平时也计房屋的折旧,作为费用的一项。同时就可保留一部分的资金,以为将来改造新校舍的基金。再退一步来说,即使不为将来改造新校舍着想,单单为求得更为精确的单位成本,以便作比较的研究起见,也应该把房屋折旧,计算在房屋部费用之内,然后分配于各部去负担。

十、成本单位的选择及单位成本

计算各直接部分的单位成本时,究竟应该把什么做单位,确实是一个很重要的问题。成本的单位,选择不当,比较分配间接费用时所用的标准不得当,更足以毁损学校成本会计的功用。因为分配间接费用的标准,如不得当,仅使各部分配所得的费用额,略有畸轻畸重的弊病,其影响还小。至于成本单位则为成本会计的焦点，选择错误，直使所得结果，毫无意义。至少也可以说，所用的单位不同，其所得结果的意义，便完全两样。通常计算成本的单位，最重要的约有下列五种：

（1）学生数。

（2）学程数。

（3）学分数。

（4）上课日数。

（5）上课小时数。

以学生数为成本的单位，为一种最最粗浅的计算。例如，我们平常估计各校每个学生身上所花的金钱，就是以学生数为标准的，这种单位，在中小学校长，有时倒也很适用，且有计算简单的优点。但是学生数的多少，有时并不足以影响到费用数额的增加或减少。因为一级或一学程的费用，大体上总带一点固定的性质，和上课的人数没有什么大关系，所以在各级的学生数额或各学程的学生数额相差过多的时候，就不能采用学生数为单位。在大学校里，以采用学程数为佳，在中小学校里，以上课日数或小时数为佳。不过以学程为单位，也自有他的缺点。因为各学程上课的钟点，有时并不一律，同时有许多费用，却是依照钟点来算的，如教授的薪金就是一例。所以最好的标准，倒不如以学分数为成本单位。学分是学校教课的中心，用作单位，有使各部工作，趋于平衡的优点。虽然有时也有以上课两小时仅作一个学分的，但这种变化，到底是比较少的。

至于单位成本的计算，那是很简单。只需将所选定的单位数额，除各院或各科各系的费用总额就得了。有时为便于观察起见，也可以把各种不同单位的成本，都计算出来，并列表如下：

第十二式

某某大学
各种单位成本表

部分	费用总额	学生数	每学生成本	学程数	每学程成本	学分数	每学分成本
总额							

十一、成本的比较

学校成本会计的最大功用，在乎求出办理学校的效率。但是要知道办理学校的效率，仅仅计算出单位成本是不够的，非要靠着成本的比较不可。譬如某校的单位成本，每个学分是多少，求出后，在办学者方面看来，实在无从知道他的工作效率，究竟是高还是低。但若和其他学校一经比较，那就立刻可以见出他办学成绩的优劣了。

成本的比较，可以分为两种：其一是本校成本与他校成本的比较，其二是本校各期成本的比较。要想把本校的成本和其他各校的成本，互相比较，有一个先决条件，就是各学校所用的成本会计制度，应该首先求其统一。倘若各学校里所用的分部方法、分配间接费用的标准，以及计算成本的单位，各不相同，那么实在无从加以比较，即使能够勉强加以比较，也是没有多大意义的。其次要想把本校各期的成本，互相比较，也有一个先决条件，就是他所采用的成本会计制度，要能长久施行。否则，把各期不同制度下所得的单位成本来作比较，正和把不同制度的各校，来作成本比较，同样不能得到良好的结果，那是毫无疑义的。

十二、结论

鄙人演讲了这许多话，并且用许多表式来表明学校成本会计的方法，想诸位对于学校成本会计的应用，总已有相当的了解。不过鄙人这次讲演，希望得一个很奢侈的交换条件，就是贵所请鄙人用空话来演讲，鄙人倒希望诸位用事实来实行。以上所举的例，大都是关于大学校的，不过中小学校的成本计算方法，只要把分部方法略略变更，便可照例推行。诸位先生都握了教育机关会计事务的实权，而贵省教育厅又抱有改进及统一贵省各学校会计制度的宏愿，倘使学校成本会计制度，可以先在贵省开始实行，那么贵省教育事业效率的优良，一定可以做各省各校的模范了。

（原载《立信会计季刊》第 2 卷第 7 期，1934 年 7 月）

潘著《会计学》叙言

我国会计学术,导源虽古,而进步甚迟。至今各地旧式企业机关所用之会计制度,仍不脱单式簿记之窠臼,至习新式会计者,其所见所闻之原理实务,又多囿于欧美之成说与先例,而与我国之法律商情,辄有扞格不相合之弊。遍观国内二十年来关于会计一科之刊物,尚少一较为详备适用之本,以供国人研习参考之需,是诚吾国会计未能迅速进步之一原因,亦为吾会计界同人不容再缓之工作也。序伦对于会计一科,学于此,习于此,执业于此,而衣食寝处于此者,先后几二十年矣。近数年来,无日不以编著会计学一书自期,然而人事纷纭,时作时辍,洎乎去年春季,本所乃开始编辑立信会计丛书,而会计学一书实为全部丛书中最称主要之一种,从事编辑,无可再延。爰排除百务,晰夕从事,寒暑无间者,凡十有四月,计先后窜易撰稿,多至五六次,幸得同志六七人之从旁相助,草草成书,付之剞劂,以飨读者。全书计分上下两册,都凡九十万言,其内容之是否合度,立论之是否正当,编制之是否适宜。以鄙人之愚陋无状,何敢稍存自是之心。唯愿千虑之中,或有一得,足供国内学者之考究耳。兹先将本书之编制方法,说明于下:

原夫会计之作用,在乎以数字表示人类社会之经济活动。其表示之方法虽有多种,然概括言之,无非列举其资产与负债,而表示其某一时日之财政状况,此为横断面之表示;又列举其收益与费用,而表示其某一期间内事业之经过情形,此为纵剖面之表示,于是事业之全部情形,可以一览无遗,是以会计之中心,无非表示一事业之资产负债及损益,而会计学之中心,则无非为研究资产负债表及损益计算书如何可以为正确之表示而已。故说明资产负债及损益之性质,及资产负债表及损益计算书之编制及作用,实为会计学全部之纲领也,列总论编第一。

夫资产负债及损益之种类,及其增减变化,纷繁复杂,不可究诘,苟不用有系统有秩序之方法,既省时又详明之记载,将千变万化之交易,按序记录,分类而整理之,则所谓资产负债表及损益计算书者,势将无法编成,而事业之现状及过程,亦将末由而为总括明了之表示,此则会计记录之研究尚矣,列会计之记录编第二。

虽然,会计记录一编所讨论者,仅及会计上普通之原理原则,但各项会计事务之处理方法,随商业情形而有种种之不同,是对于会计上之各项实务,亦不可不一一叙述也。列会计之实务编第三。

会计之记录,既能适当而详备矣,会计之实务,亦能通晓而纯熟矣,则对于各账项之分类汇总,而归结于决算表之编制,当可达到其目的。然有特种企业,或因其组织之殊异,或因其业务之不同,而其会计记录之原理及实务,亦与一般企业,不能尽同。是在普通会计学之范围,亦应叙述其大概,俾能各为编制适当之决算表以示其财政状况与营业情形者也。列合伙会计编第四,公司会计编第五,及工业会计编第六。

以上各编,已将处理各项普通及特种交易之会计原理及实务,以及汇集各项交易记录而编制决算表之方法,一一叙明。照此种种方法而编成之决算表,其外表形式之可以期于适当明了,固已不成问题。虽然,决算表之编制,不仅须求其形式之适当,尤有待于内容之正确。倘仅凭其形式,而不详究其内容,则决算表之究能表示一企业之真实财政情形与否,仍在不可知之数,是以吾人于此,当进一步而将资产负债之内容,加以讨论焉。列财产之估价编第七。

夫决算表之形式,既明了矣,其内容亦正确矣,然对于明了正确之决算表,苟不能善为利用,是亦如眇者之于光,聋者之于声,不通文义者之于图书典籍也。故会计学更进一步之研究,则为讲求应用决算表之方法。列决算表之分析与解释编第八。

以上各编所述,均为一企业在继续营业中之会计原理及实务,唯考世间一切人的集合,未有能终生长存,聚而不散者。当企业停歇解散之际,所有财产之估价,以及试算表之编制,亦有其特殊之原理与方法,列企业之解散清算与破产编第九。

凡关于业主生存期间所以处理及表示其业务之会计原理及实务,在上列各编均已详论。唯人生不能无死亡,死亡之后,所有一切遗留之财产不能不由他人代为适当之处理,以结束其事业,此则遗产及信托会计所讨论之范围也。夫吾人一生之经济的活动,以死亡而终止,以遗产之处理完竣而结束,因之所以记载与表示人生一切经济活动之会计,亦以遗产及信托会计为最后之一编焉。

　　兹为求读者充分明了本书之编制方法起见,再将本书之次序列表示之如下:

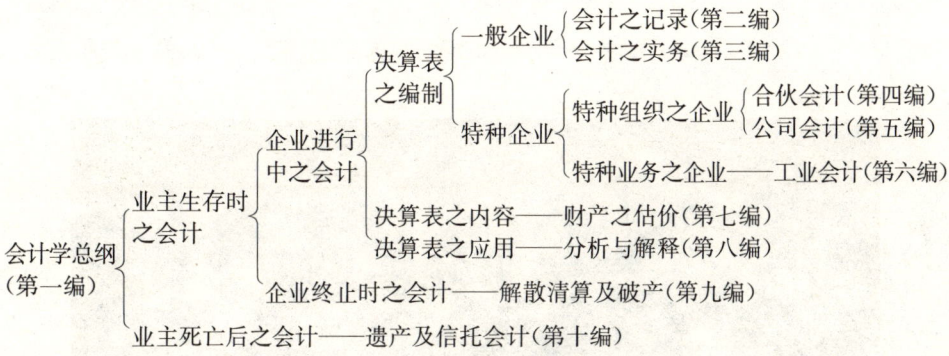

　　本书之编制方法,既经约略叙明,则对于理论上之主张,亦宜一加声述。考本书立论之主干,不外谓以流动资产表示企业之偿债能力,以固定资产表示企业之投资财力,故流动资产应以时价为准,固定资产应以成本为准,因之关于账户之分类,决算表之编制与排列,财产之估价与其分析解释等种种理论,莫不依上说为根据,以求其先后之一贯,至关于资本支出与收益支出之划分,清算会计与遗产会计之原理等等,鄙人自信之主张,亦与当代会计学家稍有出入。此则希望读者之注意与批评者也。

　　复次论本书之内容,则凡普通会计学所应包括之范围。大致均已涉及,即预算之统制及图表之应用等比较新颖之材料,亦莫不设法采入,上下两册适足供大学或专科学校继续教授两年之用,故仅以“内容详备”之末节为言,则不仅在国内已经出版之会计学各书中,堪称创作,即以欧美普通会计书籍相比拟,当亦无容多让。此则舍本逐末,恐为当代大方所笑耳。至于学校教科，首重实习，故本书各章习题，尽量多列，务使教师学生，得有充分选择之机会，且另印习题详解，俾教授此书之教师，得检阅之便利焉。

最后鄙人应向读者声明者，则本书之成，自非著者一人之力。本所编辑部同人王君澹如、陈君文麟、李君鸿寿、黄君组方、施君仁夫、唐君文瑞、顾君哲云、沈君慰萍等，或为搜集材料，或为草拟初稿，或参讨论之役，或任校正之事，或演习题之详解，盖非同志之助，此书将永无完成之日，是不可不志感也。

（原载《立信会计季刊》第 2 卷第 6 期，1934 年 10 月）

审核应收账款之原则及方法

审计之中，要以现金、存货及应收账款三项，最为重要。盖现金为交易之媒介，支付一切费用及账款之工具，而存货又为普通工商企业营业贸利之标的，其为重要，无待赘言。至于应收账款，乃由商品变换为现金之过渡阶段，当今信用制度发达时代，商场交易，以赊销之方式出之者为多，而我国习惯，尤重挂账，此所以各公司商号资产负债表中所列应收账款一项，常现巨数也。然一般人士，对于现金及存货两者，尚有相当之注意，而对于应收账款，每不甚关心，实则应收账款，乃即现金之前身，而较存货尤为流动。况就审计之立场言之，现金与存货，均有实物可供点查，其估价在现金则因其本身即为价值之标准，自无若何问题，在存货，则亦有相当之准则可循。唯应收账款，其价值之大小，在在受客户财政状况及时局商情之影响，其权大半操诸外界，故审核时，倍感困难，往往巨万之应收账款，一旦清理，尽成倒账者，证之鄙人执业会计师以来十年之经验，不乏其例也。

关于现金之审查，曾由钱素君女士作"现金之审查"一文，而存货之估价问题，鄙人亦曾为文述之，两文均载本刊第三期。此外，鄙人所作《材料之管理与会计》及莫君启欧所作《现金之管理与会计》，分见本刊第二及第三两期，读者均可参阅。独对于应收账款之讨论，本刊中尚付缺如，鄙人特草斯篇，藉供我国会计审计人员之参考焉。

一、应收账款之意义

应收账款（Accounts Receivable）为流动资产之一种，其意义乃专指由销售货品或供给劳务所发生之营业债权，为一般外界顾客所欠，而预定于一定时期内可以收回者。至于其他债权，即使亦能于一定时期内收回现金,苟非由销售商品或供给劳务于顾客所换得之营业债权,概不可与应收账款相混,必须另设科目,以示区别。盖其他应收款项如股东、董事、经理、职员等之借款,应收未收款项如房租利息之类,以及应付账款之借差等,性质既与营业客账有别,其审查手续,亦复各有不同。在审计学中,自须严密分清。故应收账款,普通有称为应收客账者,其意义似较狭切也。

应收账款之变现性颇大,在资产负债表上之排列,仅次于现金,有时或列在应收票据之后,故顾名思义,必指已经确定之营业债权,而于一定营业周转期间可以收回现金,无复其他问题者。故尚未报告已经销出之寄销或试销货品,不能作为销货,自亦不能认为应收账款,仍应作存货之一部分。此又为查账员所不可不注意者也。

二、审核应收账款之方法

甲、审核应收账款之一般手续

审核应收账款之第一步手续,为向被查机关之会计员,取得应收账款明细表(即分清账余额表),先将其合计总数,与试算表中应收账款科目相核对,以视其是否相符。在可能范围之内,此项分清账余额表,应由被查机关职员将其与统驭账户数额查对相符,然后交与查账员。而查账员对于各项分清账余额表之合计数额,是否与总清账统驭账户结数相符,亦宜在查账开始之时,先为核对。盖如分清账余额表之合计数,与各项统驭账户不符,欲加查对,费时甚多,若由查账员为之,太不经济。且此种事务,纯系会计方面之机械工作,而非查账员分内之事。但有时其职员无法查出,其错误亦有由于委托人之意旨,欲查账员代为查明者,则查账员必先进行次列第二步手续,或再进而为全部簿册单据之详细审查,以制成调节表焉。

如分清账余额表之合计与应收账款统驭账户数额查对相符,查账员应再进行第二步之手续,即将分清账余额表,按户对入分清账各户,再复核余额表之合计数额,是否正确。此种手续,不论其有无统驭账户,亦不论其为资产负债表审计或详细审计，均须为之。若以顾客之户名过于繁多，该企业平日又有完善之内部牵制组织，因而仅抽查其一部分，如无错误发现，即推定其余亦为正确，在手续上固亦无不可，但查账员仍应负其责任也。

查核应收账款之第三步手续，为将分清账各户之借项贷项，全对或抽对一部分入于原始簿，再行对及原始凭证书类，如发票及收据存根之类是。如为资产负债表审计，则抽对一部分，如无错误，即可不必一一详查。如为详细审计，则应一一为之详细审核。但若应收账款客户繁众，交易过多，内部牵制组织完备，事实上不必或不能全部查对，致使时间上太不经济时，亦不妨酌用抽查之方法。

乙、应收账款舞弊之审核

关于应收账款之舞弊，举其大者，不出两种：一种挪用现金或私收账款之舞弊，一种为捏造客账虚张资产之舞弊，兹分述如下：

（一）挪用现金私收账款之舞弊　会计事务上最易发生舞弊之源泉，厥为应收账款。或在现销货物时，作为赊销，记入应收账款，其最普通者，则为收回账款，收支员或营业员不即报告入账，而挪用其现金。商店职员之被诉侵占罪者，大半属于此类。且此种舞弊之查察，殊难发现，盖职员常用其巧妙之手段，移东补西，始移甲户之款，嗣以乙户之款填还甲款，再以丙户之款填还乙款，如此辗转移挪，往往有历一二年之久，而未为发觉者。但挪用账款，则账上客户所欠数额，必与实际所欠数额不符。苟与客户一为查对，即可发现。故查核有无此种舞弊之最有效方法，莫如向各客户发函询证。关于此点，当于次节详论之。如平时收取账款，向例给客户以收据者，则此项收据存根，为审核有无移用账款之唯一凭证，不可不详加审查。又如对于应收账款，于每月之终，先行开填全部发票及收据者，如水电公司、报馆广告业等，则于查账之时，对于未曾收到之账款，必由收账员呈验。其全部余存之收据过多，不能一一审查者，则可采用各种抽查方法，如收账员对于所须抽查之收据，均能交出无缺，则亦可推定其无弊矣。但此项收据之抽查，每不能于结账日行之。

则仅可在举行查账之日加以抽查，然后再倒核结账日应有之数额，为之调节耳。

（二）捏造客账虚张资产之舞弊　捏造客账，虚张资产价值，亦为应收账款中常见舞弊之一种。或于某客户账上多借一笔，而贷入销货，或竟凭空增设一销货客户，而膨胀其销货额。总之，此种舞弊，不在现款之挪用或移借，乃在虚增营业，夸大利益，以蒙外人。而其结果，不独使被查机关本身之营业成绩及财政状况，不能有正确之表示，且将影响于外界之债权人或投资者，查账员不可不察也。按此种舞弊，通常亦可向各客户发函询证而发现之。审查销货发票，亦为有效之方法。此外，销货客户业将货物退回，而被查机关并不将其记录，除无意漏记者外，亦为虚增销货舞弊之一种。如欲查出而改正之，除通函询证外，可将销货退回簿与退回销货时之各项单据，如客户送来之退货通知单及本店收货所出之收据存根等，逐一查对之。

丙、应收账款其他事项之审核

寄销及托人试销之货品，非经承销人或试销人报告确已销去之数额，不能为销货之记账，其所发出之商品，只能作为商品存货之一部分而不能即行作为销货，自更不能认为对于受托人之应收账款。盖商品之所有权并未移转，而受托销货之人亦尚未欠寄销人之账款也。查账员遇应收账款之中，有承销或寄销之客户，不可不加注意。

若干营业之销货，允许顾客用分期方法支付其货款者，通常亦在销售时即将总数记入应收账款，至每期收到账款，即贷入其账户。但据经验上之结果，分期付价之客账，往往不能如数收清，此所以用分期付价销货之售价，常较普通销货稍昂，盖所加者非仅利息，而包含一部分之坏账在内也。查账员对于此种账款，应加以特别之注意，必须观察其契约之性质与条款。凡贵重而庞大之货物，用分期付价契约者，如当第一期货款收到，至第二期起即已衍期而无续收之希望者，毋宁略受损失，将其货物取回，比较犹可减少若干损失。但亦有特种之货物，一入客户之手，即使取回，已成废旧，提起诉讼，又将多增讼费损失，则查账员对于此种账

270

款,除对于其估价应多提坏账准备外,并须计算其收取账款费用之准备也。

应收账款之有转入坏账损失者,例须经负责之高级职员核准,而已经销除之坏账,往往于事后又常有收回,查账员对于此两者,亦应于审核应收账款时,加以注意。

规模较大、营业范围较广之企业,对于经销各客户,常收有保证金及保证物品,以及殷实店铺之保单,此等保证金账目及保证物品保单等,亦须一并加以审核,并注意下列各点。

1. 保证之物品,最普通者为地产房屋之契据及存折存单,应审核其作价之是否适当。

2. 保单之保证人是否可靠。

3. 各客户所需交纳之现金物品保证及保单数额,如有规定者,应参照结欠之数额,互相比较,视其是否足额,倘不足额,应提出报告。

三、应收账款之通函询证

欲确定应收账款各户结欠数额之是否正确,以及职员方面有无舞弊情事,其最有效之方法,莫若直接通函向各客户询证,请其回复,已于前文略述之矣。此种通函询证办法,在我国尚不甚通行,且进行时,颇有困难之处,盖一般旧式商人,不明查账手续,以为向外界查对账目,必于本人信誉,发生不良之影响。至于接函询证之客户,对于查账员发函询证之目的,亦多不甚了解,往往引起种种误会,甚至伤失客户感情。故在我国目前之情形下,查账员欲应用此法,常为一般旧式商家所不顾。但此方法之本身,自有其相当之价值与效用,而在审计程序中占有重要之地位也。又考我国大规模之公司,亦颇有采用月结认账单者。其法于每月抄一结单,由会计科直接寄与客户,另附复函一联,如客户核对无误,即将附联填就签章寄回,以资证明。此法行之亦甚有效,至于新式之商人,对于查账员之通函询证,亦往往乐于回复。故通函询证之办法,在欧美各国,固已行之有素,即在我国,亦已渐有可以采用之趋势,查账员在可能范围之内,自当将其尽量采用也。兹将通函询征之办法与手续,详述

审核应收账款之原则及方法

于下：

向客户对账之函件，或由查账员具名，或由被查机关自行发信均可。若由查账员直接具名者，并须附有被查机关之函件，以证明其受托查账之地位，否则客户或不允答复也。兹将信函之格式举例于下，以便仿用。

1. 查账员所发之信

　　　　迳启者：本会计师受〇〇〇〇公司之委托查核该公司〇〇〇〇期间内之账目，兹查得该公司账上　尊处截至〇〇〇〇年〇月〇日共结欠货款银〇〇〇〇元〇角〇分，另附清单一纸，此数是否无误至希查核见复，如有不符，并希将不符原因详为说明以便查对，复信请用附上之信封径寄上海宁波路一百九十号立信会计师事务所为荷此致
　　　　　　公司
　　〇〇〇〇宝号台鉴
　　先生

　　　　　　　　　　　立信会计师事务所
　　　　　　　　　　　主任会计师潘序伦启
　　　　　　　　　　　〇〇〇〇年〇月〇日

2. 顾客复信（空白格式由查账员附去，如用两联式之往来结单，则此信可省）

　　　　迳复者接准
　　大函内列敝处　截至〇〇〇〇年〇月〇日计结欠〇〇〇〇公司账款银〇〇〇〇元〇角〇分　业经查核与敝处账册之记载符合相应函复即希
　　查照为荷此致
　　立信会计师事务所

潘序伦会计师

（请）签字盖章

○○○启

○○○○年○月○日

客户往来清单可嘱委托人方面预先制就，但查账员必须逐一与分清账内各该客户查对符合，然后方可寄发。

乙、函件之寄发

询证函件之寄发，有必须注意者数点，可分述如下：

1. 询证函件，须由查账员自行投邮，不可交与被查机关寄发，盖恐其将有纠葛或弊窦之客户，留而不发，或代以他信。此等函件，最好并须一一挂号寄发或专差递送，取得回单，以免遗失。

2. 询证函件，须用查账员之信封寄发，信封上并须印有事务所地址。若用委托人之信封，应将其地址划去，加盖查账员事务所地址，则倘有无法投递退回之信件，不致回至被查机关，而仍落入会计员或出纳人员之手。

3. 信内最好附去复信之信封，印就或填就查账员之地址名称，并加贴足够之邮票，以便受询人寄发回信。

丙、函件内容之讨论

查账员发出询证之信函中，虽未书明"若无错误即不必答复"之词句，但常用"如有错误请函复○○○"等语，其意义仍似相仿，盖无异暗示客户，如无错误，可以不必答复之意也。此种方法，为一部分查账员所反对，盖客户如发现寄去之结单有错误时，往往有不遵查账员之请求复信，而直接持清单至被查机关与其会计员或出纳人员接洽交涉者。此等客户，如接洽交涉圆满，常将查账员之信，交与被查机关，而不再置复，则查账员殊不能确定无答复之顾客，即无错误纠葛或舞弊之事也。

查账员倘遇委托查账之人，为旧式商人，反对通函询证之办法，则可用一变通办法。即在结账之时,由被查机关就两联结单,直接寄交客户,注明请其将复函直接寄交某某会计师,亦有若干之效果。

如通函询证与上述之变通办法,均难办到,则查账员为减轻其责任起见,可请被查机关高级职员,具函证明各户账款,数额正确,与其可以收回之程度。

向顾客直接通函询证之方法,其价值不仅在发现舞弊一项,盖未经整理之各项账目,如关于退货折让回佣代付费用等,亦可藉以查察纠正。此等因簿记员之疏忽或怠惰而发生之种种错误,若不早予纠正,则应收账款之余额,自必不能正确。苟用通函询证之办法,则顾客收到结单,如有错误,自必立即申辩。错误之原因,纵属由于疏忽,但亦同一可以发生损失。查账员审查应收账款时,对于松弛不良之记账方法,不可不注意查察报告也。

四、应收账款之估价

各项资产,除现金之价值最易确定外,莫不有估价问题之发生。各项资产之性质不同,则其估价之原则亦不一。应收账款,乃流动债权之一种,事实上往往不能全数收回,而必遭受若干坏账之损失。坏账损失数额之多寡,为经营及管理当局之责任,亦视一般经济社会之情形而定,此与查账员无关。查账员所欲确定者,为应收账款账面上之实值,究为若干,并报告被查机关,促其注意而已。

虽然,一企业应收账款之客户,每极繁多,各客户之信用,又复良莠不齐,而其结欠之时期,亦有迟早长短。且各客户之偿债能力,除视其自身之经营成绩而外,复在在受商业情况及时局安危之影响,种种复杂情形,均足以使应收账款之估价,发生困难。在设立已久,基础稳固之企业,其销货额甚为稳定者,其应收账款之估价,可根据其过去年度之成绩,而酌定其坏账准备之数额。若过去各年度所发生之坏账损失,平均为放出账款之百分之一,则依此百分一之比率,计算本年度之坏账损失,大致可以无误。然过去年度之种种情形,势不能与本年度之种种情形,完全相符,故仅依过去年度所受倒账之百分率,以计算本期之坏账损失,究未可以完全凭信,盖常有客户所欠账款情形,甚为不良,在通常市况之下,勉强可以维持信用,倘遇经济衰落或时局不宁或其他特殊情形时,恒将成为倒账,故遇去年度发生倒账之成数,虽可供作本期计算坏账损失之准备,但总不若观察实际上之账情为可靠也。是故查账员应将各个客户之账款,各别加以分析,或对于全部客户之账款,通盘加以分析,然后参以商情及时局等外界情况,而计算其应收账款之坏账损失率,始可较为正确。兹试分项详述于下。

甲、各个客户账款之分析

应收账数之估价,如事实上可能,应就各户分别估计,视其各客户之优劣与其所欠账款之是否可以全部收回,及其可以收回之程度,确定各户应提之准备数额而合计之,则较为可靠。尤以应收账款之数额极大,而户数不多者,查账员必须分别估价,以尽其职责。即户数过多而不能一一分别评估者,对于欠款额较巨之客户,亦必须详为分析审察。盖苟有一二大户发生问题,恒足使全部坏账准备数额提补而不足也。

所谓就各个客户分别估计者,其基本方法,为分析各该顾客账户之历史,以观其过去及现在销货还款之账情如何,而加以判断。分析各客户往来及结欠之账情,普通有下列两种方法。

1. 以各客户过去还款之迅速与否为标准而分析之。

2. 以各客户过去还款之方法如何为标准而分析之。

兹试分述之如下:

(一)以各客户过去还款之迅速与否为标准而分析之　第一种分析方法,为观察应收账款分清账各客户还款之迅速程度,而断定其账情之良否,通常得分为下列数类:

1. 每期取货每期归清者　此为最良好之客户,不必多加注意,盖应收账款本应如数可以收回,查账员所欲知者,即为其是否可收耳。此等客户,以前既能每期归清,则查账员对于其账款,如量其情形可能收回,自不必多费顾虑矣。例如下列某甲账户之情形,逐次取货,即逐渐将货款如数偿清,并无拖欠若干之情事。如上期结转而来之800元至1月20

日完全偿清,1 月 10 日所欠之货款,至 3 月 9 日全数偿清,直至 6 月 30 日结转下期者,仅为末次 5 月 15 日所欠之货款 560 元而已。由此可知某甲之偿债能力,甚为优裕,当不致发生倒账也。

某　　　　　甲

民国二十四年		借方	贷方		余额
1,1	上期结转	800		借	800
1,10	取货	500		借	1,300
1,20	来款		800	借	500
1,15	取货	600		借	1,100
3,9	来款		500	借	600
3,15	取货	300		借	900
3,30	取货	400		借	1,300
4,14	来款		600	借	700
5,15	取货	560		借	1,260
5,15	来款		300	借	960
5,30	来款		400	借	560
6,30	结转下期		560	借	—

2. 每期付账之时不能如数付清必拖挂若干者　此项拖挂之数,依商业上之经验,每不能如数收清,故对其拖欠之部分,不得不提存若干坏账准备。此种客户,较第一项之客户,固属稍次,但亦不可谓不良,盖经营商业者,亦各有其苦衷,欲图营业之发达,销货数量之增加,则此等顾客,尚在欢迎之列也。例如下列某乙账户之情形,每次付款常不能如数还清,如 1 月 15 日还来上月结转之款,即拖欠 100 元。又如 2 月 20 日还来 1 月 28 日之货款,又复拖欠 150 元,至 2 月 29 日始再补还清讫。按 1 月 28 日所该账款,为数仅 400 元,而某乙犹欲分两次支付,足见其经济之周转能力,不甚灵活。然彼虽常拖欠若干,不久仍能补清,且至本期之末,亦只结欠 550 元,则其账情尚可,唯不如上述某甲之情形为佳耳。

276

某   乙

民国二十四年		借方	贷方		余额
1,1	上期结转	400		借	400
1,12	取货	500		借	900
1,15	来款		300	借	600
1,28	取货	400		借	1,000
1,31	来款		600	借	400
2,16	取货	600		借	1,000
2,20	来款		250	借	750
2,29	来款		150	借	600
3,21	取货	500		借	1,100
4,5	来款		400	借	700
4,20	取货	500		借	1,200
4,30	来款		500	借	700
5,15	取货	400		借	1,100
5,31	来款		600	借	500
6,10	取货	500		借	1,000
6,30	来款		450	借	550
6,30	结转下期		450		—

3. 滚欠之数额日渐增多而销货之数额并不为比例之增加或滚欠之数额虽不增多而销货之数额日渐减少者　此等客户,非其营业退步,即其财政状况日趋不佳,其所欠账款,有酌提坏账准备之必要。例如下列某丙账户之情形,其取货之数,逐次渐减,而结欠之数,则反呈渐增之趋势,其营业之不振。财政之拮据,当可预测也。

审核应收账款之原则及方法

民国二十三年		借方	贷方		余额
7,1	上期结转	200		借	200
8,3	取货	300		借	500
9,2	取货	150		借	650
9,30	来款		400	借	250
10,8	取货	250		借	500
11,4	取货	200		借	700
12,28	一月十日支票		300	借	400
2,5	取货	100		借	500
3,28	来款		120	借	380
4,9	取货	80		借	460
6,29	来款		50	借	410
6,30	结转下期		410		—

4. 积欠之数额历久不动,唯后日按期所取之货则按期付款者　此种客户所积欠之账款中,或有纠葛,查账员必须查询明白。即属并无纠葛,如此情形,其结欠之账款,亦等于底账,依商业上之经验,将来大半不能收回,有多提准备之必要。例如下列某丁账户之情形,每次货款,均能于30日之内如数还清,则其财政状况之良好,可以断言,唯上期结转之货款800元中,仅于1月15日还过350元,嗣后即搁置不还,倘无纠葛情事在内,绝不如此,故应加以注意,并向被查机关之职员,询明其原由而采取适当之处理为是。

民国二十四年		借方	贷方		余额
1,1	上期结转	800		借	800
1,10	取货	400		借	1,200

民国二十四年		借方	贷方		余额
1,15	来款		350	借	850
2,6	取货	350		借	1,200
2,9	来款		400	借	800
3,8	来款		350	借	450
5,8	取货	360		借	810
6,7	来款		360	借	450
6,30	结转下期		450		—

5. 规定分批支付之货款后欠之款业已支付而前欠之款尚未支付者

此与前项情形相同。其中或有纠葛，或被经收账款之人所挪用，不可不加注意，例如下列某戊之账户中，3 月 25 日所欠之款，业于 4 月 25 日还清，其他各款，亦已先后清偿，唯 2 月 15 日之货款，则历久不还，如其货款，规定分批支付者，则其中倘无问题，必无如此情事也。

某　　　　戊

民国二十四年		借方	贷方		余额
1,1	上期结转	400		借	400
1,15	取货	300		借	700
1,31	来款		400	借	300
2,15	取货	400		借	700
2,28	来款		300	借	400
3,15	取货	350		借	750
4,15	取货	300		借	1,050
4,30	来款		350	借	700
5,15	取货	400		借	1,100

审核应收账款之原则及方法

民国二十四年		借方	贷方		余额
5,31	来款		300	借	800
6,15	取货	400		借	1,200
6,30	来款		400	借	800
6,30	结转下期		800		—

6. 已停止交易之客户 交易业已停止,而账款尚未付清,固属大半难收,但亦未可一概而论。欲探明其性质,究属良莠如何,第一须查知其停止交易之日期,第二须查询其客户过去现在之情形,第三须视其有无订定偿还之数额与办法,第四须考察其停止交易之后,有无陆续还过款项,第五须将其结欠之数额,与平时之交易数额相比较,第六须推究其结欠之数额,是否形似尾欠。综上数项,加以分析观察后,而该户结欠账款,是否可收及可以希望收回之成数,当不难明了矣。兹亦示一账户之例如下:

某　　　己

民国二十三年		借方	贷方		余额
7,1	上期结转	400		借	400
7,5	取货	300		借	700
8,8	取货	240		借	940
11,10	现款		200	借	740
12,28	一月十日支票		500	借	240
1,10	退票	500		借	740
1,20	现款		200	借	540
2,10	现款		100	借	440
2,15	退货		120	借	320
2,25	现款		70	借	250
6,30	结转下期		250		—

观于上表，某已自民国二十三年7月1日至8月8日止。为时仅一月有余，其取货两次，合之上期结转数额，共达940元，至8月8日以后，则只有还款不再取货，足见已与被查机关停止交易，而其账款，则在努力催收中无疑。再观其所还款项，数额大多极小，较大者，为十二月二十八日所付一月十日不能收取之支票，到期又复退票，此后付款逐次减少，且有退货之事实，足见其经济之困难，营业之减退。且自2月25日还过70元后，直至6月30日，从未还款。故此项结欠之账款，必难收回，自以全部列作坏账为宜。

（二）以各客户过去还款之方法如何而分析之　第二种分析方法，为检查应收账款客户总账之借贷各项，以视其还款是否均用现款偿付，而断定其账情之良否。例如客户之向付现款者，而忽改付期票，此大率表示其财力之退步。借项应仅为销货及应归客户负担之费用，若发现有退票等事，则此客户之财力及信用，必已丧失。著者曾亲遇一事：某公司有一重要职员，经公司之允许，在外埠自营若干分店，平时各该分店结欠公司之账款至巨，及至年终，在账面上均如数偿清。著者审知该职员数年来之营业，颇不顺利，平时甚形竭蹶，何以巨万之账欠，可以顿时付清，不无可疑。再一考查其年终之贷项，均由转账簿过来，其分录之对项，为应收票据及暂记欠款，始知其用三月以上之远期支票，再益以暂记欠款之转账，付清其所欠之账款，盖此人极爱颜面，在经理前恳求应允，如此办法。再查决算日以后之账簿，一二三月份尽量赊去货物，分文未曾付款，不转瞬而又积欠巨万之账款盖此一二三月份所收之款，悉以应付其上年所出之远期支票，尚且不足，有再为展期者，故查账员若遇此种情形，而不注意其账户之贷项，将不知其底蕴也。

各销货顾客账户既经分析之后，对于有疑问之各客户，必向被查机关职员提出种种之问题，如客户之经济情形、财政状况、偿债能力，个人性格以及向该客户催收之经过情形等，有时并须请其提出往来文件，加以审核。凡此均与决定各该户账款之实值有极大之关系，使查账员不能仅从职员之答复，以为估计，必须加以审别。大致公司高级职员对于应收客账，常失之过于乐观，良以坏账愈多，颜面攸关，且普通人之心理，对

审核应收账款之原则及方法

于自己财产,苟有一线希望,绝不肯认为已经损失。至于被查机关之低级职员,则又常失之过于悲观,而指高级职员所认为可收之账为不可收,盖亦有其心理。一则彼等鉴于过去催收之困难;二则低级职员之能力胆量,比较弱小,往往认为无法收取;三则此等账款,常需多费手续而觉可厌,在彼不如直截爽快剔除之为愈也。被查机关之职员,既有此不同之心理作用,则查账员于是不得不运用其个人之才力与审别抉择之能力,而加以适当之判断矣。

是故,应收账款之估价不难,而难在账户之分析与决断之才力,应收账款之分析已详见前节所述,学者倘能融会贯通,应用自如,复以入社会服务之经验。而训练其决断之能力,则应收账款之估价,固非难事耳。

乙、全部客户账款之分析

欲确定收账款之实值,其最可靠之方法,莫如逐户加以分析,而分别估定之。但在范围广大之企业,其客户繁多,动以千百计,若欲一一加以分别评估,常为事实与时间所不许,故不得已只可就其应收账款之全部,分析观察,以决定其可以收回之成数及其应提存之坏账准备数额。应收账款全部之分析观察方法,可分下列三项述之:

1. 将客户分类观察之。

2. 计算应收账款之放账日期。

3. 参阅应收票据数额而观察之。

兹分别述之如次:

(一)划分客户为若干类而分别观察其各类总数　划分之方法,或以其可收之成数为标准,或以其结欠之时期为标准。至于以结欠之时期而为划分时,复可有两种标准。兹为示例如下:

(1)以各户可收之成数为划分之标准(单位:元)

如数可以收回不成问题者	84,000
虽可收回但须略受损失或折让者	24,000
仅有收回半数以上之希望者	13,000
账目有纠葛难于如数收回者	14,000

已提起诉讼及必须涉讼方可收取者	8,000
店已闭歇或人已逃亡只有追保者	6,000
无法收取者	4,000
合计	153,000

（2）以各户结欠之时期为划分之标准（单位：元）

（第一种）结欠不满一个月者	34,000
结欠一个月以上者	57,000
结欠三个月以上者	45,000
结欠半年以上者	23,000
结欠九个月以上者	18,000
结欠一年以上者	11,000
结欠一年半以上者	4,500
结欠两年以上者	2,000
合计	194,500
（第二种）本年十二月份营业结欠	34,000
十一月份营业结欠	17,000
十月份营业结欠	6,000
七月至九月份营业结欠	11,000
一月至六月份营业结欠	4,000
以前各年营业结欠	3,000
合计	75,000

我国一般旧式商店，大都按季收账，则查账员在分析其应收账款时，可将其分为一季以内者、一季以上者、两季以上者等，而观察之。以账款结欠之时期为其分析观察之标准，仅适用于账款之分批收取或分月开单计算者。我国除较大之公司外，采用此种分批或分月计算方法者尚少，但如卷烟业，其账款之采分批收取方法者甚多，则用上列第一种分析方法，甚为便利。他如广告、水电、电话等公司之账款，则系按月开单计算者，用第二种分析方法，甚为便利。至于我国一般商业习惯之按季收账，又不将各时期之账款划清计算，而用全部滚欠之方法者，则欲以结欠之

审核应收账款之原则及方法

时期为标准,而分账款为数组,事实上殊难施行也。

（二）计算应收款之结欠时期或周转率（即应收账款与赊销数额之比率） 应收账款结欠日期,亦称应收账款之周转率,其计算方法亦有两种；一为以每月之余销数额,除月终应收账款总数而得之比率。例如本身月份中赊销数额为一万元,月终应收账款为一万五千元,则其结欠日期或放账日期为四十五天。一为以每月平均收款数额与一年中应收账款之平均数额相比,例如每月平均收款一万元,而一年中之平均应收款数额为一万五千元,则其放账日期,亦为四十五天。二种计算方法难异,所得之结果,则常相仿。盖在普通情形之下,每期之收款数额与赊销数额,常属相仿,所相差者,少数放出之倒账耳。第二种计算方法,通用于每年计算一次,第一种计算方法,则每月可以计算。唯商场之中,每月销货数额,时有上落,则采用第一法时,最好将本月终之应收账款数额,减除本月之赊销数额,再除以上月份中之赊销额,所得商数,乘以三十,再加本月份日数,即为放账日数,可列公式如下：

（月终应收账款额－本月份赊销额）÷上月份赊销额×30＋30＝放账日期

例如月终之应收账款额为 14,400 元,本月份之赊销额为 10,000 元,若上月份之赊销额为 8,000 元,则其放账日期可计算如下：

$$(14,100 - 10,000) \div 8,000 \times 30 + 30 = 46.5 (天)$$

如上月份之赊销额,非为 8,000 元,而为 11,000 元,则其放账日期应为：

$$(14,400 - 10,000) \div 11,000 \times 30 + 30 = 42 (天)$$

是计算所得之放账日期,因逐月赊销数额不同而有异,与实际情形,较相吻合。盖就上述二种情形而言,上月份之赊销额如为 11,000 元,则较 8,000 元,多出 3,000 元,但月终结欠之应收账款额,仍为 14,400 元,足见其收回之数较多,故其放账日期自较短也。但若采用前述之第一种计算方法,则此两种情形下之放账日期相同,皆为 43.2 天[$(14,400 \div 10,000) \times 30$],其与事实不甚相符,从可知矣。

284

如放账日期在两个月以上者，则其计算公式如下：

$$（月终应收账款额－本月份赊销额－上月份赊销额）÷$$
$$再上月份赊销额×30＋30＋30＝放账日期$$

上法仅适用于账款之按月计算者，足为管理方面之参考，以审察收账员之勤惰。我国习惯，放账常不能按期分清，则仅可以第二法计算其一年中之平均数额耳。

此种分析方法，若将按期计算，编成统计，积多数时间而参阅之，可以知营业兴衰，及客账进出之趋势，与夫收账员之勤惰，乃极有价值之统计资料也。

（三）应收票据数额之参阅　应收账款与应收票据有密切之连带关系，故在采用各个账户之分析方法时，对于其各个客户之账款，应观察其偿还账款，是否均用现金，或有用远期支票或其他票据，以宕塞一时者，从而断定其账情之优劣，前已言之。吾人在采用全部账款之分析方法时，亦有引用此种办法之必要，即在分析应收账款时，必将应收票据之数额，互相参阅。如客户常用远期支票或期票支付账款者，则应收账款之数额虽然减少，应收票据之数额增加，结果固仍无所轩轾。且远期支票到期，果能如数兑现，固仅变换债权之形式。若到期而有退票情事，则其以票据付账，乃一时之搪塞耳。查账员若不加审察，而对于客户只作账款之远期支票，或他种应收票据，并不设置坏账准备，一旦发生退票等事，则实际上之坏账损失，势必超出所提之坏账准备，其不能表示正确之财政状况也可知。故查账员在审核坏账损失时，对于下列各种之应收票据，亦应予以考虑，而提存足够之准备，加入坏账损失中计算之。

1. 因账款过期而出之票据。
2. 无价值之票据。
3. 委托律师代收之票据。
4. 票据到期未曾照兑而换出之新票。
5. 过期已久之票据。
6. 过期拒付之票据。
7. 账款催收数次不着，而最后交涉结果，分出若干之期票。

审核应收账款之原则及方法

8. 有抵押品之期票其抵押品不足票面之数额。

丙、坏账损失之决定及计算

对于被查机关所提之坏账损失准备，决定其是否正确时，除分析其客户之内容外，复须参照被查机关放账期限之长短、同业之成例、商业情况之盛衰，以及国内外时局之安危，而精密考虑，斟酌增减之。盖坏账损失之大小，每因企业性质之不同而异，则同业之成例，自为良好之借镜。但同类企业之每个商家，复因彼此所用放账收账之政策不同而殊也。其次在商业萧条、市面不振之际，坏账将随之而增多；在商业兴旺、百货畅销之际，坏账将随之而减少，此为一定不易之则例。至于时局之安危，则直接将影响及于商业之荣枯，而间接将影响及于坏账损失之增减。如上海在"一·二八"战事之后，停歇之商店甚多，而勉强挣扎，仅维持其喘息者，更不可胜计。故各家公司商店之坏账损失，较前突增，是一例证也。总之，查账员常审核应收账款之坏账损失时，不仅须观察被查机关客户之账情，同时复须参照其营业政策与当时一般之商业情况及时局方克有济耳。

至于坏账损失之计算方法[①]，亦有两种：其一为观察估计法，其二为经验百分法。被查机关究宜采用何种，比较适当，亦应加以审定。譬如，被查机关营业之范围甚大，应收账款之客户众多，对于欠户之财政状况，均不甚明了者，则若采用观察估计法，以计算坏账损失，所得结果，甚难正确。如在设立较久之营业中，每有采用经验百分法以计算坏账损失者，但因其计算百分率之根据，过于陈旧，不得其当，致所估计出之坏账损失额，亦难正确。为查账员者，应一方运用其个人之经验与学识，他方参酌企业之性质与情形，而对于被查机关之管理当局，有所建议，务使该企业对于坏账损失之估计，既合原理，又切实际，不失为一种最妥善而最合乎科学之方法。就原则上言之，若在营业范围狭小、客户不多，且对于欠户财政状况，均能明了之企业中，则不妨建议采用观察估计法，若在向

---

① 此两法之详细说明，见潘序伦著《会计学》下册第七编应收账款章。

来采用经验百分法之企业中,则需视下列三种情形,而定其计算百分率之根据可也。

1. 若被查机关平时现销额与赊销额间常有一定之比例,则计算坏账之百分数,不妨以销货总额为根据。

2. 若平时现销较多之商店,则以赊销总额为计算坏账百分率之标准,自较以销货总额为标准,更为精确。

3. 若平时以赊销为大宗营业之商店,则以应收账款余额为计算坏账百分率之标准,最为合理。

丁、坏账损失之处理

上项所述,系关于坏账损失之决定及计算,今再进而讨论实际发生坏账损失时之处理问题,举如发生坏账之会计处理方法,有否谬误,以及有无假坏账之名,而挪用收得账款情事等是。按通常处理坏账之方法,非为直接转入坏账损失,即转入坏账准备。此两种方法,不应同时并用。若平时将坏账悉数转入坏账准备科目者,则期内实际之坏账数额,须自准备账户中找寻之。而本期结账时账上之坏账准备额,乃为上期结转之数额,加本期所提存之数额,再减去本期销除之数额。查账员可将期初之坏账准备数额,与期末之数额相比较,或将本期提存之数额与销除之数额相比较,再注意期初及期末之应收账款余额,而加以互相比较之观察,则对于坏账及坏账准备两科目之数额,是否正确,又可得一概念矣。

对于转入坏账损失或坏账准备之应收账款,首先,须查询其历次催收之情形,若发现有因收账不勤而致变成坏账损失者,则查账员须于报告书中说明此项职员之过失。其次,凡自应收账款中剔除之坏账,均应查明有否经过负责人员之签准,以防舞弊,有保证抵押之应收账款,转入坏账准备或坏账损失时,应查明其保证及抵押品,是否已为适当之处置。所收回之价值,抵除账款后亏缺之数额,与转入坏账之数,是否相符。

对于已剔除作为坏账损失之应收账款,亦并非为绝对不能收回者,事实上在剔除之后,或许可以收回一部或全部,在重行收到时,应查明其

审核应收账款之原则及方法

会计处理方法，是否适当。通常如重行收到之账款，数额并不甚大，则可将其贷入本期之收益，数额比较大者，则须贷入公积，亦有不问其数目之大小，概行贷入坏账准备账户者，但无论如何，对于重行收到账款之处理方法，可不必将从前已经剔除之应收账款欠户，重行开立，而徒多一结转之手续也。

戊、应收账款估价时所应注意之事项

当估计应收账款之价值时，查账员尚需注意下列数端：

（一）销货折让或回扣　在外国商业习惯上，有一种现金折扣，即货款在一定期限以内付清者，给以百分之几之折扣。此等现金折扣，常较借款之利息为高。在结账之时，以依据应收账款之数额，计算其应给之现金折扣而减除之，求得应收账款之净值为宜，盖此等折扣，为本期销货所应负担之损失，自不能延使次期负担。否则应收账款之估价，既不正确，而本期之纯益，亦复不正确矣。但在我国，则此种现金折扣之办法，尚属少见。唯对于顾客每期销满若干之数额，于付账时给予若干之回扣者，则往往有之。且我国商场习惯，还账时常有若干之折让与抹尾，付账者非得此些微便宜，似觉不快，收账者亦常愿意相让，以维感情，而图日后之交易。此等回扣折让及抹尾，虽未能于事前一一计算，查账员亦不能完全疏忽而不加注意也。

（二）他种货币之账款　营业之范围，可推至外埠或及于国外，为迁就营业起见，对于外埠或国外之客户，常用各该客户当地之货币。因汇兑率之高低不定，此种应收账款之价值，亦变动不定。各项交易之有用他种货币计算者，在记账之时，亦应将原币记入，然后以当日之汇兑率折成本位币。迨账款收到之时，乃用原始记账时汇兑率所折成之本位币，与付款日汇兑率所折成者相较，其差额即为汇兑盈亏，应加以分别之记录。在决算之时，对于此种尚未收清之账款，自亦应用决算日之汇兑率以作整理记账也。

（三）收账一事是否习于疏忽或怠惰　商业上一部分之倒账，常由于管理上之不注意。久欠之过期客户，或由于客户之延宕付款，或由于公司人员之收取不力,查账员不可不审察其情形,倘有疏忽或怠惰之事实,应忠告被查机关之当局,设法以改良之。

五、销货客户以外应收账款之审核

以上所述之应收账款皆指销货客户所欠之账款而言。此外尚有非客户所欠之其他应收账款,如借出款、联络公司(Affiliated Company)欠款、公司职工欠款、应付账款借差及应收之赔偿损失等款。此等账款,既非营业客户所欠,则应与普通之应收账款,划开另列,以清界限。而其审核之方法,亦与普通应收账款不同。唯其审核及分析估价之原则,则与普通客户账款,固无甚异殊也。总括言之,关于此等账款,查账员应注意查明者,约有下列两点:

1. 各该账款是否均属确定之债权。
2. 其结欠之余额,是否均未过期,而在短时期内可以收回现金。

例如联络公司欠款,与普通应收账款之性质不同。必须审核联络公司之账目报告,调查其财政状况及收益能力,有时联络公司之欠款,且不能并列于流动资产。盖此等欠款,往往数额颇巨,虽往来频繁,抑若极为流动者,但在两个公司营业关系继续存在之时,其结欠数额,事实上每无减低之机会也。

又如职员工友欠款,往往数额颇巨。应请各欠款之人,签认其数额之是否正确,并审查其对于债务之有否能力清偿。盖依商业上之经验,职工欠款,虽各承认数额无误,但每无力偿还或且无意偿还。俗语所谓"千年不赖万年不还"者,多指此等欠款而言也。我国商业习惯,对于职工欠款,多与应收账款各不相混。另立暂记科目以记载之。

六、应收账款在资产负债表上之处理

1. 到期日在一年以内及一年以上应收账款,资产负债表上之流动资产,除现金而外,其最富于流动性者,厥为应收账款与应收票据,以其在相当时期内即能变成现金故也。但应收账款之到期日若在决算日后一年以上者均应分别另列之。例如公司商号销售货品,用分期付价之方

法者,往往可延长至数年之久,则其不属于流动资产也明甚。盖习惯上商品之销售,其收回账款之日期,论批者通常至多两月,论月者按月收取,论季者按季收取,至于过期而拖欠不付,当为另一问题。若其收款日期,订定在一年以上者,亦包括于普通应收账款之内,而作为流动资产,则与流动资产之定义不符,固无待言矣。

常见资产负债表上之应收账款,有杂以顾客货款以外之他种账项者,如预付款项、公司职员透支、未收运输公司或保险公司之损失赔偿、预付货款及保证金等,更有因进货退回而生之应付账款借差等。此等借方余额,每属不易收回,且其性质,根本与客户账款不同,是以在资产负债表上,除为数极小者,为简便计,固不妨包括于应收账款之中外,均应分别另列,而表明其各该项目之特殊性质焉。

2. 契约上之预付款项 有时资产负债表上之应收账款,实际上亦有为契约上之预付款项者。兹举著者亲历之实例以明之;某织绸厂与某丝行订约,购取多量之生丝,规定货款以定期分付,而货物则不问每次交送若干,仅须于一年之内全部交齐。至该绸厂举行结账之期,在资产负债表上,即将其已经付款,而丝则尚未送到之部分,包括于应收账款之内。在此种情形下,查账员若未将其资产负债表改正,委托人即以之为向银行借款而提出之报告表,则在厂方为取得不应得之信用,而在银行方面,可谓完全受其蒙蔽。盖资产负债表上之应收账款,固银行家所视为最良之流动资产,而最易变成现金者。今此种预付款项,其收回日期,实须俟其定购之生丝送到,织成绸疋,并经销出之后,始能易取现金,故其变现性,殊为缓慢也。又有某丝商预付巨额之款项与丝厂,数达数万元之多,而于其资产负债表上,即将此种预付账款,包括于应收账款之内,并不加以说明。后经调查,方知此种预付款项,仅换得某家营业不利、年有损失之丝厂股权。且该丝厂所有之资产,为厂基、机器、原料、在制品与制成品等,论其价值,尚远在预付款项以下也。

又在一公司破产案中,其资产负债表经详细审查后,发现其中有一为数达五万八千元之巨款,系七年前为公司职员所侵吞者,在公司账簿上,则有时并于"应收账款",有时列作"投资",询之公司当局,则又强为解释,谓公司每年在利益中,提出准备若干,以减少其数额,原望于数年之中,全数提尽,唯事实上未能如愿等语。夫将此种款项包括于应收款款之内,作为流动资产,虽不论会计学理者,亦必知其为不合也。

亦有在应收账款内,包括营业上之递延费用如预付房租以及其他预付费用等者,按此等预付费用,断无收回现金之可能,以之作为应收账款,实属大谬。

3. 分期付价之应收客账　分期付价之应收客账,倘在一年之内可以收清者,则减去适当之坏账准备后,不妨并于其他应收账款,而作为流动资产。

4. 未收股款　未缴股款之已经催告者,固为应收之款项,但其性质与其他应收账款不同。亦不应包括于应收账款之内。盖股款若为过期而不付者则其原因或为企业本身经营之不善,或因其他事故,股东不愿支付,若欲强制执行,亦颇费手续。但若尚未到期,则可调查各股东之经济状况,倘属家境优裕,并愿意支付或必能支付者,则届时公司可以如数收齐,不妨包括于流动资产之内也。

5. 抵质之应收账款　查账员对于被查机关方面之应收账款,应确定其有无抵质在外或转让于他人等事实。盖应收账款往往有已经向外抵质,但账簿中并不记录,因而在资产负债表上,并不加以说明者,读者必将被其蒙蔽,而对于银行家之考虑放款,关系尤大,是以查账员最好请公司负责人员如董事等,用书面负责证明其应收账款并无抵质等事实,方为妥善。

6. 应收账款之贷方余额　应收账款如有贷方余额时,其总数应包括于资产负债表上之负债类中,绝不可由应收账款之借方余额之总数中减去之,而将其净额列作资产。

7. 坏账准备　编制资产负债表时,有将应收账款总额,列入资产类,而将坏账准备列入负债类,以示相抵者,此种处理方法,不若径将应收账款总额与坏账准备两者,一并列入资产类之里面一栏,而将两者相减后之净额,列入资产类之外面一栏,较为妥善。亦有仅将应收账款减去坏账之净额,列入资产类中者,则其理由,谓以巨额之应收客账总额,与巨额之坏账准备,同时并列,实易引起误会,不若将坏账准备,不列示于资产负债表之为愈。故此种处理方法,亦未始不可。至销货折让及回佣等准备,亦应一并减除,且此种准备,其数额较坏账准备,易于确定,大抵在结账之前,必能预先决定也。

（原载《立信会计季刊》第 2 卷第 8 期,1935 年 4 月）

我国公司会计中几项法律问题

公司会计之处理方法，全视各国法律规定之不同而有差别，会计学者，类多知之。我国在民国三年制定公司条例，对于公司招募股份、处理财务、分配盈余之手续，规定已详。民国十九年国民政府立法院据以改订公司法，凡公司条例中所有缺漏之处，大都加以补正，故内容益见完备。吾辈处理公司会计，似可倚作根据而不再生困难之问题矣。孰知其中尚有多点，于法无具体规定，即有规定，亦略而不详。因而发生问题，或竟发生不易解决之问题者，实比比皆是。兹就本人所见，提出下列十余问题，以资讨论。凡此诸题，本人有认为可以作具体之答复者，有认为不易解决者。其中本人不能作具体答解之问题，希望会计界同人及法律专家代为答解或决定，其为本人所能答解之问题，则希望指示其谬误焉。

一、公司章程得为分期募集股款之规定否

按我国公司法之规定，股份有限公司之股份，以全数募足为准则。但实际上各公司所订章程，颇有分期募集股款之规定者。例如"本公司股份总额定为银元一千万元，第一期先行招足五百万元"，或"本公司股份总额定为银元一千万元，分三期招足，第一期招足四百万元，第二、第三两期各招足三百万元，其第二、第三期开始募股之日期及募足之期限，由董事会随时决定之"等等。此种规定，一以显耀公司预定组织之伟大，一以减省增资时股东会开会议决之麻烦，自属一种简易办法。此种章程规定，就作者经验所及，颇有为主管官署所核准者。其所发给之公司登记执照，在资本一栏之下，注明"资本总额银元一千万元，第一期招足五百万元"等字样。近来主管官署对于此种办法，似已不若以前之通融，如上例，其登记执照中，即注资本五百万元，不再加注预期资本总额之虚数

矣，此实为正当之解释也。盖以作者所知，以前有某公司者，其资本总额，定为三百万元，第一期先行招足之数，仅为十万元。彼时亦得主管官署核准登记。此公司自经成立之后，对处辄自称为三百万元之公司。而陆续招募其股份，漫无期限之限制。实失公司法规定之原意。鄙意以为公司既明定有增资之办法，则在须要增资之时，随时可以照办，何必预先虚张其资本之数额，以资不肖者作招摇于经济社会之工具哉。在公司章程中，故不妨规定为"本公司股本定为银元五百万元，此后如需增加股本，随时由股东会议决办理"云云。以示公司日后之股份总额，尚不止现在招募之数，斯已可矣。至若分期募股之规定，核与公司法之意旨不符，似未可以允准也。

二、公司股本招募尚未足额时可以即向认股人收取股款否

我国公司股本之募集，按照公司法关于股份有限公司之规定，分募股缴款两步手续。第一步先行募足股份总数，第二步再行催缴第一次股款。非若英美公司不问股份募足与否，可以随时出售其股票收得其股银也。唯查《公司法》第九十七条规定："股份总数募足时发起人应即向各认股人催缴第一次股款。"所云"应即"，不过为催促之辞，并无限制之意。在股份总数尚未募足时，既无禁止其向认股人先行收取股款之规定，则如仿照英美出售股份办法，将募股缴款并为一番手续，随时募股，随即收款，固非法所不许。但我国公司照此办理者甚少，何耶？因我国公司发起人之招募股份，应预定募足股份总数之期限，逾期未能募足，认股人即可撤销其所认股份（《公司法》第九十四条第一项第五款）也。故认股人苟不愿于应募时即付股款，而须待至股份总数募足时始行缴付，藉以实行其撤销之权利者，发起人实无从强迫其预付也。又在发起人方面言之，认股人预缴股款，万一股份总数未能募足，而致认股人撤销其所认股份时，发起人应连带负担返还股款之责任，故为稳妥起见，自以募足股份后再行收取股款为宜。

三、公司未成立前所收股款可以动用否

公司未成立前，所收股款是否可以动用，此一问题，法律上并无明白

具体之规定，因之各家见解，亦有不同，有谓不可动用者，有谓可以动用者，证之事实，亦两端具备，即如代公司收受股款之银行，对于公司筹备处或发起人前来提取股款，每有拒绝不付者，谓须俟公司开过创立会选出正式董事，然后由董事代表公司向支代为收存之股款，方可照付，此即承认公司在未成立前，不可动用股款者也。实际上则有许多公司，不待股份总数之募足，不待第一次股银之收齐，不待创立会之完毕，董事监察人之举出，或公司登记手续之完成，而随时将所收股款动用，或用以购买厂房设备，或竟用以开始营业。此项动用股款之行为，究竟是否需要，是否合法，倘使动用股款而发生损失，应由何人负其责任？实为亟待研究之问题，兹将此问题分成三项，试为答解如下：

1. 公司在未成立前，是否有动用股款之需要？收集股款之目的，自在及早运用，而绝不在长期存放于代收股款之银行，以期获得存款些微之利息。唯所谓运用者，可分两种方法。一为公司开业之准备，一为公司业务之经营。就前者而言之，则凡购取基地、建筑房屋、装置设备、试验出品等均是。就后者而言之，则凡购买原料成品、雇用职员工人、实行制造推销等均是。在公司股份总额尚未募足或第一次股款尚未收齐之前，无论为营业行为或为准备行为，俱以不动用股款为是。因万一发起人不能于公司法第九十四条第一项第五款所规定之期限以内募足股份，或不能于第一百零八条所规定之股份募足后六个月内，收齐第一次股银，则认股人均可撤销其股份，而股款有随时发还之需要。若将其动用，不仅发起人之责任太巨，即认股人撤销认股收回股款之举动，亦将一无保障矣。若第一次股款已经缴足，则创设公司最要之一着已经完成，虽公司法一〇八条后段有"第一次股款虽已缴足而发起人不于三个月内召集创立会者认股人得撤销其所认股份"之规定，但此事之可能性，比较微弱，实例亦少，彼时若着手于开业之准备，以免公司事业之延迟，事实上当有此需要也。

2. 在公司未成立前动用股款，是否违法？查旧公司条例第五条，"公司非在本店该管官厅注册后不得着手于开业之准备"，是公司成立前动用股款之行为，实为明文所禁止也。现行公司法则将公司条例上条删去,是则在公司实行登记(即公司条例所称注册)以前,已默认其可以着手于开业之准备,即承认其股款之不妨先行动用矣。至于公司在未成立前即先行开始营业,于法亦未见有禁止或处罚之明文。故动用股款当非违法。

然则代收股款银行,拒绝发起人之支用股款,必待正式被选之董事用公司名义前来动支,方肯支付,岂有法律根据乎?曰,缴款者以股款交付代收股款之银行,原望其妥为保管及交付,考发起人之法定任务,原不过限于募股收款召集创立会等行为,至于公司业务之筹备与进行,原应得股东公选之董事担任之。代收股款银行,为保障认股人之利益计,拒绝发起人支款,自亦有其权衡。唯此举应视招股章程中对于股款之支付如何规定以为转移,如招股章程中有容许发起人随时支用股款之规定,则银行自不能拒绝,因招股章程,即系发起人与认股人间之契约也。

3. 动用股款等有损失,其责任应谁属?公司法中虽无明文禁止公司在未成立前动用股款,然曾规定认股人在公司未成立前得因种种原因而撤销其股份,倘使发起人于事实上动用股款,亦只能认为无因管理之行为,由发起人自负其责,即认股人以合法的手续撤销其股份,其股款必须由发起人负责全数付还,有动用股款而发生损失,自应由发起人负担也。

唯若招股章程中订明股款可以随时由发起人动支,作准备开业之用或竟作营业之用者,则其责任固有不同。因此时认股人实已承认发起人之管理行为,即在公司未成立前不啻为事实上之合伙,则发起人如无违背公司法或认股书中所定招股收款开会之期限,自不能对于认股人负损害赔偿之责也。

四、创立会为公司不设立之议决时所有公司债务应由何人负担清偿责任,所有公司已发生之设立费用应由何人负担损失

创立会为公司不设立之议决时,公司股东,可有两种方法取回其股款,一用撤销股份之手续向发起人索回股款,一用清算公司之手续,而分摊其余资。如用第一法,则彼时公司债务,自应由发起人负责清偿,已发

生之设立费用,亦应由发起人负其损失。唯于此究应采用何种解散方式,公司法上并无规定,颇使人有莫知适从之慨。

唯照法理言之,本题当依发起人在公司筹备期内是否有不合法定或约定手续之行为,而异其答解。如公司之招股收款召集创立会等手续,在招股章程或认股书上,均定有完成之期限。关于筹备营业一点,招股章程中亦应有明白规定。发起人筹备各事,是否逾越所定期限或权限,如已逾限,则认股人原可撤销其认股而索还其股款。此时所有公司之负债及设立费用,事实上必须由发起人负责矣。倘使发起人毫无违反规定之行为,则股东无权撤销其认股,即使创立会为公司不设立之议决,亦系出于各股东之自愿,所有公司之债务及损失,自应由股东全体负责也。

五、公司设立费用虽无冒滥但为数甚巨,主管官署或创立会亦得将其裁减否

公司法第九十二条及一百零四条,规定设立费用如有冒滥,主管官署或创立会得裁减之。考冒者,假借之谓,即以非属公司之设立费用羼入报销也。滥者,宽纵之谓,即不经济或可以节省之费用,亦动支而加入报销也。虽然近来有许多公司,在其筹备设立时期,遭遇天灾人祸或市面不景气之特别影响,以致招股缴款之手续,非常延缓,公司经年累月,未能创立完成,以致筹备费用,为数特多,但按其性质皆属不得已之正常用款,确无冒滥情形。试问此种为数过巨之设立费用,主管官署或创立会,亦得将其裁减否!若果将其裁减,应令发起人负责补足乎?或将全体股东之股份为比例之核减乎?是亦一困难问题也。

作者曾见我国某处有一某公司,原定资本总额为二十五万元,正在进行筹备之时,适该处突遭空前之水灾,百业停顿,以致预定之招股收款,不能如期足额,预定之开业日期,不得不一再延长,但预先租定之店屋,到期不能不支付租金,预先雇定之职员,到期不能不支付薪工或维持费。迨隔两年之久,股款虽已招足,而设立费用已达六万余元,超过股份总额四分之一。若论其支出性质,则又均属必需,并无冒滥。当该公司呈请主管官署为设立之登记时,主管官署以开办费为数太巨,有虚张公

司资本之影响,批令核减。公司当局呈复实情,并声明已经股东会议决,以后各年倘获盈利,决先将此项开办费弥补清讫,再行分派股利,随即主管官署之允准,并核准其登记。

依照作者之意,设立费用虽无冒滥而为数过巨,其影响同系虚张资本。如采稳健主义,自应加以核减。此在创立会以议决行之,则出于公司股东之自愿,实属不成问题,唯在公司本身不愿核减,而主管官署坚令核减,公司是否有遵从之义务,则颇有问题耳。

虽然,在事实上,"冒滥"两字,原无标准,设立费用如属过巨,则终可谓之冒滥,而令其核减也。

六、有限公司登记成立后各股东对于公司在登记前即已发生之债务所负之责任如何

股份有限公司各股东之责任,以缴清其股份之金额为限(《公司法》第一百一十二条第一项),对于公司之债务,不负清偿之责任,固夫人而知之。但股东之有限责任,必得公司成立后,方能发生效力。所谓公司之成立者,照现行《公司法》之规定,须在主管官署核准公司设立登记之时(《公司法》第五条),盖应行登记之事项,非经登记,不得对抗第三者,故有限公司在未经主管官署核准登记之前,其股东与公司之关系,亦犹合伙人之与合伙,对于公司之债务,应负连带清偿之责任(最高法院判例),此亦夫人而知之者也。唯有限公司设立登记,虽已经主管官署核准,但其股东对于公司在未经核准登记之前即已发生之债务,所负之责任如何,则为一不易解决之问题,兹将两方面所主张之理由,分别列述如下:

有一部分之法律家及会计家主张,有限公司登记成立之后,各股东对于公司在登记完成前即已发生之债务,不负任何清偿之责任。其言曰,公司之组织及其他行为,倘步步按照法律规定之手续进行,则虽在登记之前,所有一切行为,于法亦不能不认为公司之行为。查商人通例之规定,凡非照公司法办理者,不得称公司,反言之,即谓公司虽在组织时期只需其各项手续,尽照公司法之规定办理,便为合法之公司,其行为即为公司之合法行为,不必待登记以后,方为公司也,方为公司之行为也。

至于登记之效力,不过确认公司之法人资格,使其各项行为,可以对抗第三人而已。此项效力,当可追及公司成立以前之一切法律行为。考民法之规定,关于胎儿权利之保护,视胎儿为已产生。夫公司之着手组织,犹胎儿之尚在母腹中也。公司之核准登记,亦犹法律上胎儿之产生也。胎儿在未产生之前,关于其一切权利,可视为已产生,俟后一经产生,则以前为胎儿而为之各种行为,其效力即可追认确定。则公司在未登记之前,关于其各种行为之进行,亦可视为已经成立,此于公司之招股收款开会议决行为,即莫不皆然,则于公司之担负债务,亦何独不然。所以公司在登记前所负之债务,在公司当局,在公司登记手续完成之前,固当负无限责任,但在登记之后,则此项债务之责任,即移为有限性质。此项理由,作者在两年之前,亦曾为此主张(见本人著《我国公司会计中股本账户之研究》,《立信会计季刊》第 2 卷第 1 期,第 44～45 页)。

兹再为上说加一反证,即解散之公司,于股东会议决解散后十五日内,即须向主管官署呈请解散登记,但公司在清算程序中,在清算之范围内,视为尚未解散者(《公司法》第五十二条)。夫公司在解散登记之后,已失其法人之资格,其股份有限之效力,仍可延及于解散登记之后,则何以不能追及于设立登记前哉?

虽然,反对上项主张,而谓股份有限公司之股东,在公司登记成立之后,对于公司在未登记前已负之债务,应续负连带无限之清偿责任者,亦正大有人在。其言曰,公司法明白规定,公司应行登记之事项,非经登记,不得对抗第三人。股东之有限责任,即为应行登记之一事项,则在未经登记之前,自无对抗第三人之效力。公司未经登记,其有限责任不能生效,在此时所举之债务,自应由股东负无限责任,初不因嗣后之登记而变更。且自保护债权人之立场观之,亦以使负无限责任为当。

于此主张上一说者,则谓自保护债权人之立场言之,公司等以股份有限之名义,向第三者接洽举债,第三者即已明悉其为股份有限矣,则在登记成立之后,即令公司对于债权人负有限之责,亦不能谓对于债权人之保护欠周。是说也,仍不能称为全有理由。因股份有限公司当组织之初,号称资本若干,究竟能否招足,股款能否缴足,银钱以外财产抵作股银者是否确值如许，设立费用及发起人之酬报，有无冒滥，股份总额，是否核减，在债权均属无从知悉。倘使公司在最初发起招股之时，号称资本一千万元，因而得借入巨额之款项，不料其股份经创立会或主管官署之核减，登记时竟仅有一百万元，其时公司之债权人，不将无端失其保障乎？夫合伙改为公司，只能移转其资产，而不能变更其合伙人对于合伙债务之责任。今公司在登记之前，其法律上之地位犹合伙也，一旦以核准登记而成为有限公司，自不能因而变更其股东对于原负债务之责任也。

查最高法院尚无关于此项问题之判例，司法院亦未有关于此点之解释，故对于以上两说，尚未知其孰是孰非。不过就本人所知，上海第一特区地方法院曾有合于后说之判决（即判令股东对于公司在未登记前之债务负无限责任）。此项判决，复经江苏高等法院第二分院之维持，不过该案随即和解，并未有最后确定之判决。

依作者目前之主张，则似以后说为可取，因作者曾亲见许多公司，初不即行登记，俟后债务日巨，股东为避免责任起见，速行办理登记，登记完成之日，即为其倒闭清算之时，以致使债权人受损失者，其例殊多。若令股东对于登记前已经负担之债务，续负无限责任，则此弊可免也。

再进一步言之，公司在未开创立会以前所举之债务，其无限清偿之责任，宜由发起人负担之。因彼时公司之认股人，对于公司事务，尚未取得丝毫管理之权，自不宜代人受过负责也，开过创立会举出董事之后，公司之事务，已由代表股东之董事负责管理，此时新生之债务，方由一般股东负无限责任，若此则对于权责之对待，始见公允。虽然，此不过言公司对外之责任耳。若言公司内部发起人与股东间之责任关系，则已在上文第三、第四两题之答解中，论及之矣。

又有一点，应加补充，即股东在公司登记成立之后，对于公司登记前已经发生之负债，应负连带无限责任，固如上述，但其责任之负担，应为之定一期限。逾此期限，即因时效而消灭，方为公允。查无限公司股东转让其股份时，对于公司在其转让前所负之债务，仍负连带责任，唯此项连带责任，于转让后经过两年而消灭。如援用此条法意，则股东对于公司登记前已发生之债务所负之无限责任,似亦可为规定于登记经过后二年而消灭也。

七、公司股东可否以对于公司之债权抵作股款

关于此项问题,查现行《公司法》第一百一十二条第二项有明白之规定,即"股东不得以其对于公司之债权抵作股款"是也。虽然,此项法律规定,殊不合于公司之理财原则,故在事实上亦未尝发生效力。盖公司之发生债务,如其原因系属正当,则必有相等数额之金钱或相等价值之金钱以外之财产,付与公司。公司对于其确定之债务,应以现金,或相等价值之其他财产以为清偿,断无可以短少或抵赖之理,则以应付之现金或其他财产抵作股款之收入,省却收付之麻烦,有何不可,而需被法律之禁止耶?

或谓《公司法》此项规定,系指公司增资时之债权及股款而言。盖公司因财政窘迫而需增资,其时对于公司之债权,恐不能有十足之价值,若准其抵缴股款,则恐其他以现金缴付股款者,相形受损耳。是说也,似是而实非。盖若公司财产不足抵偿其负债,应即申请与债权人和解或宣告破产。苟和解未经成立,或破产未经宣告,则所负债务,依法仍须十足偿还,何能短少分毫。世有许多公司,当其财政窘迫,无力偿债,将陷于倒闭之时,只有恳求债权人将其债权改作股本,以轻公司负担,而维持其生命者。此时公司债权人若肯以对于公司之债权,改作股本,在公司理财方面言之,欢迎之且不暇,岂尚有禁止之理哉?倘对于公司之债权,已不足其面额之价值;则其股本之价值,必已等于零,股东自愿以优先受偿之债权,易一无从取偿之股份,是对于公司本身之财政,及对于公司其他债权人之利益,均有大利,法律加以禁止,殊无理由。

若谓容许股东以对于公司之债权,抵作股款,则将使以现金缴付股款者,裹足不前,于理亦不可通。盖债权等不抵作股款,岂不即须将所收得之现金股款,清偿之乎。即如下例,其对于公司之债权,虽已不足其面值,但仍可用和解方法,减少其债额,使之与真实资产之数相符,而后准其抵缴股款,未为不可也。

资 产 负 债 表

资产	100,000	优先负债	50,000
损失	<u>200,000</u>	普通负债	100,000
	300,000	股本	<u>150,000</u>
			300,000

  观于上表，优先债权 50,000 元仍确值其面额价值，以之抵缴股款，与以现金缴付，并无差别。至若普通债权 100,000 元，只能值其面额之半数，如债权人愿意将其折半抵缴股款，则亦与以现金缴股无异也。按之实际情形，认股人以对于公司之债权抵付股款者，其例甚多。公司法此项禁条，即少理由，故无拘束力也。

八、公司应行公告之决算表册其内容之详略应有规定之标准否

  查《公司法》第一百六十八条规定，"董事应将其所造具之各项表册，提出于股东会，请求承认，经股东会承认后，董事应将资产负债表损益计算书及公积金与股息红利分派之决议案公告。"夫公积金与股息红利之分派，其项目每甚简单，故公告之内容，其详略实不成问题。至于资产负债表及损益计算书之内容，可详可略。详者可以分列子目，多至数十百项，略者可仅列一总数，如下表所示：

资 产 负 债 表

流动资产	—	流动负债	—
固定资产	—	固定负债	—
其他资产	—	资本	—
		公积	—

损 益 计 算 书

销货成本及推销费用	—	销货	—
管理费用	—	纯损	—
财务费用	—		
纯益	—		

或较上表更为简单而如下式：

资 产 负 债 表

资产总额	—	负债总额	—
		资本公积总额	—

损 益 计 算 书

收益总额	—
损失总额	—
纯益或纯损	—

公司所公告之表册，其简略虽如上表所示，亦不能谓为违法，因公司法既未说明公告之表册，究应详至若何程度，亦未说明不应略至若何程度，更未规定公告之表册，其内容是否应与股东会所通过者一律，故实毫无标准也。大概言之，公司公告之表册，如其内容过详，则被同业见之，不免泄漏其业务上之秘密，而生不利。如其内容过略，则阅者势将毫无所知，公告之效力全失。故为补救此项弊端起见，主管公司之官署，理应规定一种详略适中之标准书表格式，至少亦应规定一种详略之标准，通令各公司遵照编制，以资公告。此与公司之会计公开，关系甚巨，望工商业之主管官署，迅即注意及之也。

九、公司以前积有亏损，本期获得应从盈利中先提法定公债再行弥补亏损乎，抑当将盈利优先弥补亏损再提法定公积乎

此项问题，可举一实例以表明之。

某公司在某年度决算完结时之资产负债表如下：

某公司资产负债表
某年度末日

各项资产	1,000,000	各项负债	500,000
历年亏损	100,000	股本	400,000
		本年纯利	200,000

试问本年纯利 200,000 元应先提十分之一即 20,000 元为公积金，

然后弥补 100,000 元之亏损，余 80,000 元以作分派之用乎；抑应先行弥补 100,000 元之亏损，其余 100,000 元中提十分之一即 10,000 元为公积金，余 90,000 元作分派之用乎？

主张第一说者谓，《公司法》第一百七十条有"公司分派盈余时应先提出十分之一为公积金"之规定。以盈利弥补亏损，亦为分派方法之一种，自应依照上条规定，在 200,000 元之盈利中，先提 20,000 元为公积金，然后弥补亏损，有余再供分派。

主张第二说者则谓，《公司法》第一百七十一条规定有云："公司非弥补损失及依前条规定提出公积金后，不得分派股息及红利。"则弥补损失应在先，提存公积金应在后，故上例只需提存公积 100,000 元可矣。

上两说各有其法条之根据，颇难断定其孰是孰非。但依会计学原理论之，则前说非而后说是也。盖弥补损失，原为公积重要作用之一端，在已经提存之公积，尚可尽量将其弥补损失，何况尚未提存公积之盈余哉？如下例，某公司历年亏损计 100,000 元，本盈利亦为 100,000 元，如照第二法，以之先补亏损，则两项互相抵消，而无余额。

某公司资产负债表
某年度决算日

各项资产	1,000,000	各项负债	500,000
历年亏损	100,000	资本	500,000
		本年盈利	100,000

若照第一法先提公积 10,000 元，再补亏损 90,000 元，则其分派后之资产负债表将如下示：

某公司资产负债表
某年某月某日

各项资产		1,000,000	各项负债	500,000
历年亏损	弥补后余额	10,000	资本	500,000
			公积	10,000

上表之中，公积与亏损同时并示，殊不合会计原理，其时应即将公积 10,000 元与亏损 10,000 元对冲，则其结果，适与先以盈利全数弥补亏损，实毫无异也。

或谓在此例中，第一法与第二法之结果，虽适相符合，但在前例中，第一法实较第二法为稳健，以其可以多提公积也。是说也，亦未见其然。盖稳健不宜过度，如谓稳健系绝对善良之政策，则公司法中何不规定盈利全数应提作公积乎？夫前例中之盈利 20,000 元，在常年固可分派股息红利至 180,000 元之多，兹因弥补亏损之故，只有 90,000 元可供分派，本年营业对于已往及将来损失之弥补，已负担至 110,000 元之巨额，不可谓不重，即使公积有加提之必要，亦以期诸来年，使各年负担均平为宜。

十、各种公积弥补亏损之先后次序如何

公积之种类，大别之有三。一曰法定公积，即依照《公司法》第一百七十条规定，必须提存十分之一之盈余，及超过票面金额发行股票所得之溢价是也。二曰特别公积，即因特种用途而提存之特种公积或准备，如购置准备、扩充准备、意外损失准备等是也。三曰任意公积，即不属于以上两种而任意在盈利中加额提存之公积也。夫公司决算遇有亏损，自应以其公积为之弥补。唯其账上若同时有法定公积，特别公积及任意公积三项，则其亏损究应先以何种公积弥补之乎？关于此点，鄙人于拙著《审计学》中曾一度讨论及之。并谓此项处理方法，全视公司当局之意旨而定，法律固并无明文为之规定。然考公司当局之主张，可有极端之两种：其一为先以法定公积抵补，其余不足之数，转入任意公积，再有不足，方始动用特别公积。其二为先将任意公积如数抵补，不足之数，或从特别公积中转去，如特别公积中无可动支，即将其转入法定公积账户中抵消之。前者之主张，其目的在于最近期内可以分派或多派股利，后者则受稳健主义之支配。因法定公积原以弥补亏损为其主旨，故吾人自不能以前者之主张为非是，但为巩固公司之财政基础起见，自以后者之主张为可取，兹再申论之。

按《公司法》第一百七十一条规定"公司分派盈余时应先提出十分之一为公积金"之用意，原不外预防将来发生亏损时可作弥补之用，以维持资本之原额，不致因营业损失而有亏蚀。故以法定公积弥补亏损，似属

合法之正当处置，特别公积及任意公积之有无，可以置之不问也。且特别公积及任意公积，均为股东不必定须提存而以自由意思提存之公积，并非如法定公积之以弥补营业亏损及维持资本原额为主旨，故不妨另有其自身之目的，则亏损之弥补自应先以法定公积充之，而后再及于特别公积及任意公积也。更进一步言之，公司往年获有丰厚之利益时，如当局者并不提存任意公积及特别公积，则以后年度发生亏损，其势亦必动用法定公积也。

由上述理由观之，法定公积应先于任意公积及特别公积以弥补亏损，似属理正言顺，无可訾议。唯由另一方面言之，亏损即用法定公积弥补之后，则公司当局可以自由将普通公积及特别公积，派作股利，是不啻间接将法定公积作分派股利之用也。且法定公积所应弥补之损失，究指本期营业纯损而言，抑指资产减除负债资本及法定公积后之纯损而言，法律未有明文规定（按公司法中对于法定公积之用途，并未规定，弥补损失持资本之说，亦系由一百七十一条推论而得）。如将损失两字，释为后者，则当先以任意公积及特别公积弥补之，再有损失，方可动用法定公积也。

虽然，特别公积中，如偿债基金准备等项，每为契约所束缚，不能随意移作别用，如并无其他公积，以之弥补亏损犹可如一方有法定公积，一方将偿债基金准备弥补亏损，则债权人虽免发生异议也。是故，揆情度理，亏损之弥补应仅以任意公积（或称盈余滚存）充当，继之以各种并无契约关系之特别公积或准备，其次为法定公积。

十一、公司资产涨价可据以增加股本否

例如某公司最初招股收款，共得现金一百万元，彼时公司股本即为一百万元。嗣以一百万元购进地产，数十年之间，涨价十倍，假定其负债并未增加，则其净余资产已有一千万元。此时资产涨价九百万元，假定其为确实可靠，并非暂时之虚涨，则该公司可根据此项涨价，增发九百万元之股份否？关于此点，在会计学原理言之，绝无问题。盖资本不过为一企业净余价值之数额，最初公司净余价值为一百万元，则其股本亦为

一百万元,现在其净余价值为一千万元,则其股本亦当增为一千万元。虽然,此种增加股本之办法,有若干法律专家认为在我国公司法上,殊有问题。盖查现行公司法关于资本之增加,只规定添募新股之一法(《公司法》第一九〇条及一九二条至一九四条),并未及资产增估或公积转拨之一法,则除添招新股而外,应用其他项方法以增加其股本者,殊欠法律上之根据也。照作者之意,以为公司增资时,法律既许其以金钱以外之财产抵作股款,则涨价之财产,即金钱以外之财产也。只求其估价确实,并无冒滥,即以在公司自己管理下之财产,抵缴认募之股款,有何不可。

十二、法定公积是否可以转作股本

下示某公司之资产负债表中,既有足额之法定公积,复有巨额之任意公积。

某公司资产负债表

各项资产	3,000,000	各项负债	1,000,000
		股本	1,000,000
		法定公积	500,000
		任意公积	500,000

今问此项公积,是否可以转作股本? 按此题之答解,当与前题"公司资产涨价是否可据以增加股本"之答案相同。盖公司资产涨价,而负债资本不变,其结果即为公积之加增,根据资产之涨价而增加股本,其情形与将公积转作股本,实无差异。

虽然,法定公积受法律之限制也特严,非任意公积可比,其是否可以转作股本,颇有讨论之价值。

或者曰,法定公积为法律规定必须提存而明白指示其为不可分派于股东者,将其改作股份而分给股东,同属分派之一法,故系违法。答者曰,以股份分派与各股东,公司之资产并未丝毫减少,公司之实际资本亦并未丝毫加增。派得股份之股东,亦未受丝毫实益。盖法定公积表示各股东对于公司资产所具有不可返还之所有权,股份之性质,亦是如此。故法定公积与股本,实属二而一者,转作股份,有何不可。且以事实证之，如上述之公司，股本定额 1,000,000 元分为 10,000 股，每股 100 元。现在公司有法定公积 500,000 元，任意公积 500,000 元，共计有净值 2,000,000 元，若在通常情形之下，则每股之市值应为 200 元。今将股份加发一倍，而公司之净值不变，则每股之市值，将等于其面值，而为 100 元矣；以面值 100 元之股份两股，替换市值 200 元之股份一股，除形式有变更外，其实际并未变更也。若再换一形式，上述公司，可将其每股面值 100 元之股份一万股，折为每股面值 50 元之股份两万股，则以前每股市值 200 元者，今只值 100 元，与上项方法，将 100 元之股份增为两万股，每股面值仍为 100 元者，实际上并无区别也。故禁止法定公积之转作股本，实际上纯属无谓。且以法定公积之目的论之，无非为弥补亏损与扩充营业而设，兹将法定公积改作股本，是以永久扩充营业为目的。而不再以弥补未来亏损为目的，将来亏损之弥补，复有待于日后法定公积之重提，是以法定公积转作股本，对于设立法定公积之意旨，不特并未违反，并且更进一层。即对于债权人之保障，亦更加一层。是无可以禁止之理也。且观夫公司法各条，并无法定公积不得转作股本之明文规定，至于以股份派与股东作红利，在英美各国，并不增收所得税，是承认其实际上并非资产之分派也。故法定公积之可以转作股本，实不待再费辞也。

但或者又曰，答者之言诚辩矣，但仍未得法律之真意也。夫公司法之所以规定于每年盈余之内必须提存十分之一为公积，直至公积数额达于资本总额二分之一始行止提者，盖期望一般公司终有一日得有资本半数之公积，为公司对外信用之第二重担保也。上述股本 1,000,000 元之公司，在最初组织之时，其对外信用之担保，初为 1,000,000 元。稍遇固蹶，公司信用，即须跌落。兹已有法定公积 500,000 元为公司对外信用之第二重担保，是立法之目的已达矣，若将法定公积改为股本，是一面扩张公司对外之信用，而一面又取消其对外信用上之第二重担保，是与会计上所采取之稳健主义，既有不合，且与立法所采取之稳健主义，亦适违反，故曰不可。

照作者之意，以上两种主张，均有其充分之理由，未便强判其是非，依作者经验，亦尚未见我国公司有将法定公积改作股本之先例。是有待于司法院之解释,或实业部之准驳,以决定此项问题矣。

十三、公司公积股东以外之人有分配之权利否

近来公司劳资两方,对于公积及盈余滚存等项之分派,每多发生争执。在股东方面,则主张公积及盈余滚存等项之所有权,属于公司本身,而公司之所有权,则属于全体股东。故公积及盈余滚存等项,间接属于股东所有,职工绝对无份。但在职工方面,则每以公司章程订有职工分派红利之规定,公积及盈余滚存,均为尚未分派之红利,若为分派,则职工自当按照章程规定,派得若干。

按照作者之意,此项问题,不能仅依法律规定,而求答解,应视其公司章程分派盈利之规定,及其提存公积及滚存盈余之情形而决定之。例如某一公司,股本总额为 1,000,000 元,其章程规定盈利之分配方法如下:

"公司年终决算,如有盈余,先提十分之一为法定公积,再支股息八厘,如再有余,作百份分派:

股东红利五十份

职工红利三十份

特别公积或准备二十份"

某年公司获利 200,000 元,照章应提法定公积 20,000 元,支付股息 80,000 元,加派股东红利 50,000 元,职工红利 30,000 元,特别公积或准备 20,000 元。考职工方面,在法律上并无必须分派红利之规定。此处派得之 30,000 元,出于公司股东之自愿,职工若已派得其规定之数额,对于其他数额,当然不能主张其他重复之要求。故不论法定公积或特别公积,实属于股东之所有,与职工无份也。

若上述公司章程,有如下列规定:

"公司年终决算,如有盈余,先提十分之一为公积,再派股息八厘,如再有余,股东派得八分之五,职工派得八分之三,唯股东会得以议决停止股息红利一部或全部之分派。"

则其情形,自有不同。例如本年获利 200,000 元,除依法提存公积

金 20,000 元及分派股息八厘计 80,000 元外,其余 100,000 元经股东会议决全部拨作特别公积。则此项未经分派之 100,000 元中,职工应有八分之三即 37,500 元之所有权也。若股东会议决连八厘之股息亦不予以分派,而将 180,000 元全数拨入特别公积中,则此时之特别公积 180,000 元,如在日后分派,则股东应得 142,500 元职工仍得 37,500 元,不能谓职工无份也。

至于超过票面金额发行股票所得之溢价,依法应全部入于法定公积,故应直接属于公司所有,间接属于股东所有,而职工无份焉。

又如公司因资产涨价重估而发生之公积,虽非法定公积之一种,但依会计原理,为资本公积(Capital Surplus)之一项,其取得不关系于职工之努力,是否应由职工照章参加分派,实为一不易解决之问题。依照作者之意,资本公积,在公司理财上言之,多不能派作股利,自亦不能派作职工红利。倘在可以派作股利之情形下,则职工照章要求参加分派,于法亦无不合。故公积除股东之外,究竟有无分派之权,应先考查公司章程之规定,再详细分析其公积之性质及其提存之历史,方能决定也。

十四、公司得将自己股份收回抵债否

考旧行公司条例第一百三十二条:"规定公司不得自将股份收买及收作抵押,其因股东失权或抵偿债款而暂由公司收存者,应即定期公估出售。"现行公司法中,则将此条改为"公司不得自将股份收买或收为抵押品。"原条例所规定该条之后半段,已被删节。似乎即使遇有股东失权情事,或即使股东欲将其股份向公司抵当债款,公司亦不得暂行收存,定期公估出售矣。其实关于股东失权之事项,现行《公司法》中有第一百二十一条及第一百二十三条,已有详密规定,无需再在此处为之重复规定。唯关于股东将股份抵债,公司是否可以收受,收受之后,究应如何办理,现行公司法并无若何规定,但在事实上则常见发生,此系公司法之缺漏。例如某公司某股东,负债甚巨,宣告破产,但其资产中有公司股份 10,000 元,同时欠公司债款 10,000 元。此时公司若不将其股份抵其债款,而听

其破产管理人将股份变价,摊还各债权人,则公司所能摊得者,为数恐属极微,自不若主张债权与股份之抵消,尚可不致受损也。或谓公司为准股东将其股份抵债,不啻可以自由减少公司之资本总额,此属违法行为。殊不知公司不将股份收回抵债,而致受有坏账损失,岂非实际上之减资乎?收回股份抵债,公司并无损失,不过为名义上之减资。名义上之减资,尚可将收回之股份照旧出售,以补足之,若实际上之减资,即系损失,非俟营业获利,直无法可以补偿,两害相衡,自取其轻,故公司将自己股份收回抵债,于会计原理上绝无可以禁止之理。严格论之,公司法明文之所禁止者,仅为自将股份收买或收作抵押,而未及收回股份抵偿债权,则抵债之举,当非违法也。

虽然,公司如可将自己股份,随意收回抵债,毫无限制,则公司当局可时时用作减资之间接方法,其弊甚大。故法律中应规定仅在股东宣告破产或确实无力还债之时,公司方可许其将股份抵偿。如股东尚有偿债能力,则断不可随便许其将股份抵还债务也。至于收回之股份,定期公估出售,亦系应有之手续,现行公司法将此段条文尽行删去,似系疏忽。

十五、各项簿册文件之保存问题

查《公司法》第二百一十二条规定:"公司之各项簿册及文件,应自清算完结登记后保存十年,其保存人由清算人及其他利害关系人申请法院指定之。"此在成立多年久不清算之公司,殊觉发生困难,因照此条文意义,公司之簿册文件,必保存至清算后十年,方可销毁,如永不清算,则年复一年,陈陈相因之簿册文件,永久有保存之必要,不仅使公司耗巨大之保管费用,且令公司管理当局负永不终止之责任,殊属无谓。考商人通例第二十八条规定:"商人之商业账簿,及与营业有关系之书信,应留存十年。"前项之期间,自商业账簿终结之日起算,最为合理。最近国府公布之会计法,规定各官署簿册单据应行保存之期限,各视其重要性而别其久暂,有须保存一年、二年或五年、十年者,有须永久保存者,此法亦最为合理。深望立法院仿照上项规定,将公司法酌加改正也。

我国公司会计中几项法律问题

十六、"公司亏折资本达总额三分之一时董事应即召集股东会报告"所谓总额者究何所指

《公司法》第一百四十七条第一项"公司亏折资本达总额三分之一时,董事应即召集股东会报告。"此项条文,在目前工商业极端不景气状态之下,几成为公司董事对于公司债权人或股东负责与否之关键。盖董事若未依照此条办理,即为有过失,有过失,即须赔偿公司利害关系人之损失也。然不料如此重要之条文,立法者竟因文字上小有疏忽,致其意义模糊不明。盖所谓"资本达总额三分之一"者,究指章程规定之资本总额而言乎,抑指已缴之资本总额而言乎?例如某公司章程规定资本总额为一百二十万元,先缴半数计银六十万元。则董事之召集股东会,应在亏损达四十万元时乎?抑在亏损达二十万元时乎?

主张第一说者,谓观察该条之文义,既未指明已缴之股本,则当然系指章程规定之总额而言。虽然,法律之所以设此规定者,原以董事对于公司财政之筹划,宜未雨而绸缪,毋临渴而掘井耳。先收股额半数六十万元之公司,待其亏至四十万元,再行开会筹商补救,不论彼时半数未收之股款,事实上当极难收集,即使可以收得,然原须以资本六十万元经营之公司,兹仅以二十万元勉强维持,以待各股东之加缴股款或另筹救济,当得谓非临渴掘井乎?稳健何有哉。

再考公司法此项条文,原系从旧颁公司条例第一百六十一条第一项"公司亏折总资本至半数时,董事应即召集股东会报告"脱胎而来。推立法者之意,以为公司亏折资本至半数,始行筹议补救,未免太迟,故改"半数"为"三分之一",俾更合于稳健政策。但原条例之所谓半数者,定当指已缴资本之半数而言,必非指规定资本之半数而言。因股本先缴半数,若照后说,则亏达总额半数之实收资本,已荡然无存,彼时董事始谋救济,恐舍申请宣告破产一途之外,无他法矣。岂不与立法者未雨绸缪之意,大相刺谬乎?

若公司条例中此项条文所称"半数",应释为已缴资本之半数,则公司法所称三分之一,自亦应作同一之解释,凡股款未经缴足,各公司之董

事,对于此点,不可不深切注意也。

上述各项问题,不过为作者随想所及,摘下以供同志之讨论。尚有几项问题,如"公司应于何时开始记账"、"公司应用之股本账户有几"则在作者"我国公司会计中股本账户之研究"一篇中论之已详(见立信会计季刊第二期),兹不赘述。此外如再见有其他问题,当不避浅陋随时提出,以与会计界同人共同商讨焉。

民国二十四年九月作于立信会计师事务所。

（原载《会计杂志》第 6 卷第 4 期,1935 年 9 月）

我国合伙会计中几项法律问题

余既作《我国公司会计中几项法律问题》一文,发表于上期本杂志中,以求教于当世矣。继念我国现行《民法》关于合伙会计之规定,亦有数处含糊不清,使人无所适从,或致解释分歧。兹以私见所及,续作本文,尚祈国内法律专家及会计同志,不吝指正。

(一) 合伙人得以劳务代替出资,所称劳务究系何物? 又劳务出资与分配损益及剩余财产之关系若何?

依照《民法》第六百六十七条第二项之规定,合伙之出资,得以劳务代之。此处所称劳务,不知究何所指? 如谓系合伙成立前已经积聚之劳务,是指劳务之结果;由企业之立场视之,应称之曰开办费、设立费,或依其性质而名之曰无形资产(如专利权、意匠权①、版权等等),不应称之曰劳务。如谓系合伙成立后陆续供给之劳务,则此劳务在企业获利后所取得之相当报酬,应称之曰执行业务人或职员之红利,不应视为出资之报酬。如云劳务系以前积聚之劳务,则此劳务,自可估作相当之价值,以代替现金或其他财产之出资。在合伙本身视之,不问其出资之种类如何,其有价值也相同,其为出资也相同,何以《民法》第六百六十七条第三项有"以劳务为出资之合伙人(除契约另有订定外)不受损失之分配"之规定。此不可解者一也。如云劳务系以后提供之劳务,则在合伙开始组织之时,此项劳务,尚未积成价值,即使折作股数算入,亦等于虚股红股,何以此种虚股,在退伙时,依照《民法》第六百八十九条第二项规定,亦得由合伙以金钱退还? 此不可解者二也。

---

① 即知识产权。编者注。

查大理院民国三年上字第八六号判例,略谓"何者应认为劳力出资,要视合伙时曾否将劳力折作股数,算入于合伙股份之内以为断。若并非声明折算,虽因其信用干济,为被任为掌铺之唯一原因,亦不得以劳力出资论"。则凡以劳力代替出资者,不问其为以前已经积存之劳力,或以后陆续供给之劳力,应以其价值,折作股数,算入合股资本之内,当无疑义。兹根据此项解释,试提出下列两例,以资讨论。

甲、乙两人,组一合伙药店。约定各出资一万元,甲以现金缴纳,乙以其历年辛苦试验发明之有效良方若干则,作价一万元,代替出资。此即将以前"劳力折作股数,算入于合伙股份之内"者也。依理论之,此种合伙,甲、乙两人自应共享利益,共担损失,方为公允。但若甲乙之间,并无特别约定,则乙可根据《民法》第六百六十七条第三项规定,不任其损失,而唯享其利益,此种法律规定,得谓之公允乎?

又甲、乙两人,组织合伙如上例,但乙准将其日后之全部时间,服务于药店,作为劳力出资银一万元。不图一二年后,合伙营业不佳,乙即声明退伙,彼时,合伙之剩余资产,适等于甲之出资银一万元。乙意根据《民法》第六百八十九条第二项,"退伙人之股份,不问其出资之种类,得由合伙以金钱抵还之"之规定,要求均分资产五千元。乙原未有确实之资产缴入合伙,乃一转瞬间,竟可分得他人缴入合伙之资产,此种法律规定,得谓之公允乎?

窃以为劳力,应释为日后继续之服务。劳力出资,既许其不负合伙之损失,以体恤劳力者之缺乏财力,则合伙之剩余资产,在其他合伙人原出资额之范围内,应不许其参加分配,以防止其有不当利得(剩余资产若超过原出资额,则其超过之数,实为盈余,自应准劳力出资一同分配)。至于以前积存之劳务,不论其形式如何,性质如何,应与金钱或其他资产,同视为有价值之物,盖以广义言之,凡百有价值之资产,无一非劳力之结果也。故若以此种劳务代替出资,应视同其他资产,借入设立费、开办费或其他无形资产账户,不以劳力出资论。同时此种股份,应与现金或其他财产之出资,一同负担损失,在退伙或散伙时,自亦应按股派得剩余财产。我国《民法》,关于此点规定,至为错乱,亟应修正。在《民法》未修正时,合伙人只能以合于上述之要点,订入合伙契约中,以资补救而已。

(二) 合伙人得以信用为出资否?

我国《民法》,明定合伙人得以劳务为出资,但并未提及是否可以信用为出资。查公司法第七十三条规定:"(两合公司之)有限责任股东,不得以信用或劳务为出资。"由此推知两合公司之无限责任股东,可以信用或劳务为出资。两合公司之无限股东,既可以信用或劳务为出资,则无限公司之股东,当无不可以信用或劳务为出资之理。若无限公司股东可以信用为出资,则同负连带无限责任之合伙人,当无不可以信用为出资之理矣。至于以信用出资者,照例当系富有资产之人,且对外为第三者所信赖,与以劳务为出资者不同,应与其他合伙人同受损失及利益之分配,同负清偿债务之责任,自属不成问题。唯剩余财产之分配,则在其他合伙人原出资额之范围内,以其无实在资产之缴入,似应与劳力出资,一律不得参加也。关于此点,我国《民法》,失之简略,允宜补订,以求明确。

(三) 不执行业务之合伙人,得查阅合伙关于账目之文件凭据否?

《民法》第六百七十五条规定:"无执行合伙事务权利之合伙人……得随时检查合伙之事务及其财产状况,并得查阅账簿。"查账仅以账簿为限,而未及于有关账目之文件凭据,实觉疏漏。查公司法第二十二条规定:"(无限公司)不执行业务之股东,得向执行业务之股东质询公司营业情形,查阅财产文件。"此处仅提及文件而又未提及账簿,亦似疏漏。但如广为解释,尚可谓账簿凭据等物,均已包括于"财产文件"四字之内。再查公司法第一百五十六条规定:"(股份有限公司)监察人得随时调查公司财务状况,查核簿册文件……"又第一百五十七条规定:"监察人对于董事所造送于股东会之各种表册,应核对簿据(即谓账簿及凭据)调查实况……"其中关于监察人查账之权,规定最为明了。夫合伙中不执行业务之股东,其地位适等于有限公司之监察人,则其查账之权,自亦应与监察人相等,其得随时查阅文件凭据,当无问题。兹所欲提出者,我国立法者对于法条之文字,每不免参差疏漏,刁顽之辈,有时不免借此推诿。

盖作者已亲见某执行合伙业务之合伙人，根据《民法》第六百七十五条之限制，以拒绝他合伙人查阅文件单据矣。

（四）合伙无盈余时，可以分派股息否？

遍查《民法》关于合伙各条，未见有限制合伙分派股息之规定。则合伙虽在无盈余时分派股息，于各合伙人，当非违法。唯会计学者于此，颇有主张反对之论议者，其理由有二。一谓依《公司法》之规定，无限公司若无盈余，不得分派股息，合伙组织实际上与无限公司极相近似，故援例不应于无盈余时分派股息。二谓《民法》第六百八十二条有"合伙人于合伙清算前（即指在营业进行中），不得请求合伙财产之分析"之规定，无盈余而分派股息，即为分析合伙财产，故属违法。虽然，是两说也，均不足据。盖无限公司在法律上有独立之人格，可以自行主有财产，与合伙之无法人资格者不同。且无限公司资本数额，须经向主管官署登记手续，自未便任股东任意减少，至于合伙，则资本若干，法律取不干涉主义，不妨以股东之同意而随时增减也。又《民法》第六百八十二条所谓"合伙人于合伙清算前不得请求合伙财产之分析"者，并非指不得分析也，仅谓不得请求分析耳。所谓不得请求者，乃指合伙人对于合伙财产之分析无请求权耳（《民法》之请求权不待被请求人之同意，即可行使之）。果如合伙人对于分析财产之举，全体同意，则实行共同分析（即减资）或单独分析（即退伙）固为法律所许可。然则无盈余时分派股息，苟得合伙人全体同意，自属可行矣。

（五）合伙财产，不足返还合伙人之出资时，究应如何分派返还？

设有甲、乙两人组一合伙，甲出资 60,000 元，乙出资 40,000 元，营业损益，则约定各半分派。该合伙在某日之财政状况如下：

资产	100,000	负债	50,000
负债	50,000	合伙人甲资本	60,000
		合伙人乙资本	40,000
	150,000		150,000

兹者，甲、乙两人决定散伙清算，将现剩资产，尽先返还负债

50,000 元。尚余资产 50,000 元。而合伙人资本计共 100,000 元。于是遵照《民法》第六百九十八条"合伙财产不足返还各合伙人之出资者，按照各合伙人出资额之比例返还之"之规定，将资产 50,000 元之 6/10 即 30,000 元，返还于甲，将其 4/10 即 20,000 元，返还于乙。

上述之分配方法，虽属合法，实有错误，因其与分派损益之约定不合也。正当之分派方法，应将 50,000 元之损失，先照约平均分派于甲、乙两合伙人。分派之后，甲资本户之贷差为 35,000 元，乙之贷差为15,000 元，所有剩余之财产，即应按照此数返还于甲、乙。

至于《民法》第六百九十八条之规定，确有模糊不清之弊。理应改为"合伙于返还负债及分配损益后，若有剩余财产，应按照各合伙人之资本余额，比例拟还之"。则无上项之误解矣。

（原载《会计杂志》第 6 卷第 5 期，1935 年 11 月）

单位成本之意义及其重要

一、单位成本之意义

单位成本者即其成本之计算，以产品或工时之每单位为其基础者也。制造业在采用普通会计制度之下，固亦未始不能求得产品之成本，唯其所求得者，仅为制造或推销各种产品之成本总额。如其所制造者，仅有一种均匀划一之产品，则以一期内之总产量除总成本，即为该期间内产品之平均成本，唯此亦不过为一种平均数而已。吾人苟欲求得产品之实际单位成本，诚非采用成本会计莫办。于此尤须注意者，在成本会计制度之下，当计算产品之实际单位成本时，仍不免运用平均之方法，唯其范围较为缩小耳。例如设吾人对于产品成本之计算，采用分批成本制度时，仍须将每批产品之原料人工及制造费用等成本总数，汇集于该批产品之成本单上，然后以所制产量除之，即为其单位成本。故除每批产品仅为一件外，仍须经过平均之手续。然则所谓实际成本与平均成本亦仅为程度上之差异耳。唯一批中之各件产品，系于同一时期同一情况下所制成，故假定其成本均属一致，而其平均成本即近似于实际成本矣。

在无论任何工业之中，欲计算其产品之单位成本，则必有一问题发生，即应选择何项单位较为适当是也。通常一种单位之选定，须受两重限制，其一为产品之性质，其二为日常惯称之数量。其由产品性质所决定者，则有件、打、磅、斤、吨、罗、加伦、卷、码或其他各种度量上之计算标准。唯若其产品于日常应用上，恒以五磅或五码等为标准者，则其单位即应为五磅而非一磅，或为五码而非一码矣。无论何种工业，其计算产品成本之单位，均应照上法选定，使于日常应用上最感便利为佳。

此外，尚有一点可注意者，即单位成本之变化是也。一种制成品之单位，常为多项制造工作上各种单位之结合，故制成品之单位成本，亦即各项工作上各种单位成本之总和也。试以印刷工业为例以明之。按排字机上所用之单位，例以每千字计算之，排版部之成本单位，普通概用页数或生产时间计算之。在印刷房中，其置放字版于印机上之工作，以版数计算之，其印刷成本，则以每千份计算之。在装订部中，则以每千页或每千钉眼计算之。至印刷完成之书，则以千部为单位矣。故所谓一千部书之单位成本者，实以一千字为计算排字成本，以一千页为计算之排版成本，以每版为计算之置版成本，以一千份计算之印刷成本，及以一页或一千钉眼为计算之装订成本之总和也。

至单位制造成本之内容，则根据美国财政部之规定，应如下示；

1. 凡购入之原料商品等项，则为其发票上之价格，减去贸易或其他折扣，再加上运费及其他为获得货物所必要之费用。唯严格如现金折扣，仅合公平之利率者，其减除与否，得随纳税人之自由意志而定。

2. 若系制造之产品，则包括（甲）所耗用之原料物料成本，（乙）直接人工成本，（丙）必要之各项间接费用，包含相当数额之管理费用在内，但推销及资本报酬则不在此列。

上列成本之规定，不失为一种良好之会计方法，唯亦有例外，盖有时（1）存储费用及栈务部费用可加入原料成本内；（2）投资利息及租费可加入在制品及制成品成本内；（3）实际销售之货物，其成本可以包括推销费用也。

根据上举规定下之单位成本，可示之如下：

原料之单位成本：

发票价格	100.00
减：贸易价格	40.00
余额	60.00
减：现金折扣（任意）	1.20
余额	58.80
加：运费及卸货费用	3.00
加：车力	1.00
总成本	62.80
在制品与制成品之单位成本：	
原料成本（见上表）	62.80
直接人工	51.60
主要成本	114.40

制造费用(不包括利息利益及推销费用)	35.40
管理费用	18.20
总成本	168.00

就理论上而言,原料成本须包括在应用原料前所必需之一切费用在内,故原料之存储费用,当亦为其成本之一项,唯因各种原料之存储地位有大小,存储时间有长短,存储工作有难易,欲将所有存储费用作适当之分配,殊非易易,因之习惯上常不将其加入原料成本内计算,而另行作为制造费用之一项目以处理之。

二、单位成本之重要

单位成本对于制造业之重要,可分下列三方面言之。甲、单位成本对于推销政策方面之重要;乙、单位成本对于工厂管理方面之重要;丙、单位成本对于存货估价方面之重要。兹分论之于下。

甲、单位成本对于推销政策方面之重要

制造商欲求其推销政策之成功,则必对于产品之单位成本为相当之注意。良以产品卖价之厘定,固非仅将其单位成本加上预计应得利益所可奏事,此外尚有各种因素颇多,如销售地域之性质及地位,产品独占与竞争之程度,制造商对于整个产品之销售计划,市场上新出产品之势力,以及各种产品之成本等项,均与厘定某项产品之卖价有直接间接之关系。然该项产品本身之单位成本及其组成部分,当不失为其决定卖价之主要力量也。

制造商除须求得各种产品之单位总成本外,复应求悉其所包含之内容。例如某公司制造甲种产品之单位成本,根据过去记录计算之结果,有如下表所示:

原料 4 码@1.50	6.00
人工 10 小时@0.75	7.50
制造费用	8.00
单位总成本	21.50

假定将来原料价格降至每码 1.25 元,而工资率则增至每小时 0.80 元,更假定将来销货额能扩大一倍,则每单位之制造费用可以减少

25％，在此种情形之下，其制造成本将如下示：

	已往成本	将来成本
原料 4 码	6.00	5.00
人工 10 小时	7.50	8.00
制造费用	8.00	6.00
	21.50	19.00

制造商制定推销政策时，不独须计算不同时期之单位制造成本以为根据，同时对于各种不同制造方法下之单位成本，尤须分别计算之，例如机器制造与手工制造之单位成本，应用旧机器制造与应用新机器制造之单位成本，每天九小时工作与每天八小时工作之单位成本，一种工资制度与他种工资制度之单位成本，一种原料与他种原料之单位成本等。每种计算之中，均应同时求知其单位制造总成本及其组织之要素焉。

推销政策之规定，除单位制造成本外，每件产品之发行成本，亦有求知之必要。盖最后设定之卖价，须能包括一切制造与推销成本以及一部分财务及管理费用，并须加以投资应得之相当利益也。是以在上述之单位制造成本上，应再加以下列各项：

单位制造成本	19.00
单位推销成本	2.00
单位财务及管理成本	3.00
利益——投资额之 10％	2.00
卖价	26.00

此项单位成本之计算，颇属重要，虽有时卖价之决定，不能完全以成本为根据，但无论如何，成本之计算实为决定卖价时必要条件之一。例如卖价因同业竞争而有抑低时，吾人将各种产品之成本与卖价互为比较，而得下列之资料：

	甲种产品	乙种产品	丙种产品	总额
卖价	10.00	14.00	16.00	40.00
单位总成本	7.00	15.00	14.00	36.00
利益（或损失）	3.00	1.00	2.00	4.00

观于上表，可知制造并销售三种产品之结果，仅获利 4 元，但若将乙种产品停止制造，则可获利 5 元，故此种比较，足使制造商避免无利可图

之产品,其有助于推销政策者,良非浅鲜。唯有必须注意者,有时为保持产品之全备计,对于不利之乙种产品,仍须继续制造与推销也。

吾人若进一步探究在不同产量下之单位成本,则可知其与推销政策更有重大之关系。夫减低卖价,其结果往往足以增加销货及生产之数量,而产量之增加,亦足以使单位成本减低,间接足以增加利益。兹假定各种产量下之单位成本及其卖价如下:

产　量	单位成本	卖价	利益
20,000	1.62	2.00	7,600.00
30,000	1.62	2.00	11,400.00
40,000	1.60	1.95	14,000.00
50,000	1.60	1.95	17,500.00
60,000	1.58	1.90	19,200.00
70,000	1.56	1.85	20,300.00
80,000	1.56	1.80	19,200.00
100,000	1.55	1.75	20,000.00
150,000	1.35	1.60	37,500.00
200,000	1.25	1.50	50,000.00

经如是研究以后,制造商即可设法调节其推销政策与工厂管理矣。

工厂中对于生产某种商品,往往须有相当之预备工作成本(Setting-up Cost)。除此种成本以外,则产品每件之单位成本,即随生产数量而有比例之增加。例如预备工作成本假定为 100 元,变动成本(Running Cost)为每单位 0.02 元,列表如下:

产　量	预备工作成本 每单位	变动成本 每单位	单位 总成本
1,000	0.100	0.02	0.120
2,000	0.050	0.02	0.070
3,000	0.033	0.02	0.053
4,000	0.025	0.02	0.045
5,000	0.020	0.02	0.040
10,000	0.010	0.02	0.030
20,000	0.005	0.02	0.025
50,000	0.002	0.02	0.022
100,000	0.001	0.02	0.021

单位成本之意义及其重要

此种单位成本之求得,对于推销政策及数量折扣（Quantity Discounts)之决定,颇有价值,盖卖值中可以包含相当之折扣数额,以备将来实际售出时给予顾客以若干之便宜也。

乙、单位成本对于工厂管理方面之重要

就工厂管理方面而论,单位成本之计算,亦属重要。吾人为谋工厂中各项制造工作能充分发挥其效力起见,必须将不同时期不同情形以及不同方法下之产品单位成本,互为比较也。

制造工作效率高低之衡量,最好以其实际情形其应有之理想情形比较而得之。以言单位成本,即将其实际单位成本与标准单位成本相较是也。此项比较手续,为近年来成本会计之新发展,其简单程序可列举如下:

1. 对于每种产品,可先制定一标准单位成本,以表示在生产效率高强之情形下,其实际单位成本所应达到之程度。

2. 然后将产品之实际单位成本,与所制定之标准单位成本相比较,以视其工作效率是否高强或低劣。

3. 将实际单位成本与标准单位成本间相差之数,分析为下列六种基本差异（Variances）:

（1）原料价格之差异——即实际所付之原料价格,超过或不及标准所定价之数。

（2）原料数量之差异——即实际所用原料之数量,超过或不及标准所定数量之数。

（3）工资率之差异——即实际工资率超过或不及标准工资率之数。

（4）人工效力之差异——即实际所费人工时间超过或不及标准人工时间之数。

（5）制造费用价格上之差异——即实际所付各项制造费用之价格,超过或不及标准价格之数。

（6）制造费用效力上之差异——即工厂制造上实际所需之时间,超过或不及标准时间之数。

4. 最后推求其所以发生上列六种差异之原因,从而断定工作效率低下之所在,唯有时如可证明标准成本不适宜,则当加以改正。

为例证上列各项起见,假定某种产品之标准成本规定为 11.75 元,而其实际之单位制造成本则为 12.20 元,其间相差 0.45 元,则为六种基本差异并合或抵消之结果,试表示如下:

原　料	标准单位成本		实际单位成本			差　异	
	5 码@1.00	5.00				原料价格,5 码@0.12	
			5 1/4 码@1.12	5.88			+0.60
						原料数量,1/4 码@1.12	
							+0.28
人　工	5 小时@0.60	3.00	5 1/2 小时@0.64	3.52		工资率,5 小时@0.04	
							+0.20
						人工效力,1/2 小时@0.64	
							+0.32
制造费用	5 小时@0.75	3.75	4 小时@0.70	2.80		制造费用价格 5 小时@0.50	
							−0.25
						制造费用效力,1 小时@0.70	
							−0.70
		—		—			——
	总额	11.75	总额	12.20		净额	+0.45

由上表分析之结果,即可知实际成本与标准成本相差者究在何处,然后再推求其所以发生此六种基本差异之原因,即可从而确定各部应负之责任,并设法减少浪费及停工等损失,以达到减轻成本之目的也。

　　丙、单位成本对于存货估价方面之重要

欲使资产负债表上所列之原料在制品及制成品等存货有正确之价值,则单位成本之计算,亦颇重要。在普通会计制度之下,各项存货价值之计算多属估计性质,其正确程度,甚难可靠。将此种决算表呈与银行向之借款,银行方面常易起怀疑。设采用成本会计之方法,而能使单位成本随时确定者,则其决算表必更为正确,而于制造商亦较有价值。不仅向人告贷时如此,即以之是示于股东、顾客及信托机关等,亦莫不皆然也。

我国今日政府已通过所得税条例,想不久将来即可见诸实行。但所得税之征收,每须以决算表为参考,则单位成本之求得,更属必要。盖欲期收益之可税额有正确之表示,并能为财政部迅速核准起见,首须对于各项存货正确计算其单位成本也。

三、结论

由上所述,可知单位成本之计算,非常重要。制造业欲使其推销政策之决定较为合理,欲使工厂管理较易推行以及欲使其存货估价较为正确均必须对于产品之单位成本为相当之注意。然我国各工厂现仍大都采用普通会计制度,鲜有改用成本会计者,故其单位成本之决定,除随意估计外,实无他法,当此商战剧烈之现代,欲求我国极形脆弱之幼稚工业,能不为世界经济恐慌之巨浪所摧毁,诚非加以改弦更辙不可,是则唯有望我会计界同仁之努力于推广成本会计耳。

(原载《会计学报》第 1 卷第 1 期,1936 年 6 月)

《会计学报》序

　　夫一种学科之发达,有赖于学术界之倡导者殊多。我立信会计学校之设也,虽不敢谓为倡导会计学术之先驱,要亦负担其倡导责任之一部分,自成立以来,迄今已逾八载有半,毕业同学之散处海内外各地者,为数达六千五百余人之多,平素向有同学会之组织,除联络情谊外,亦为研究会计从事深造之总枢纽。曩者,各同学会以研究心得,编行《会计季刊》,出至四期,改由本所续编,至去年秋季,归中国会计学社办理。今各同学积数年研求之结果,复感有重行出版刊物之必要,乃有《会计学报》之刊行,可见其研究与推广会计学术之心切为何如矣。

　　虽然,一种刊物之发行,欲求其销路畅而效力宏,以遂其推广会计学术之志愿,必于编辑方面力求其切合时代之要求。然则,当今时代对于会计学报之要求如何?曰一方新式会计之需要甚切,他方旧式会计之根蒂犹固,应如何加以改良革新是也。鄙意会计学报欲达到此项目的,可注重于各种会计制度之调查。盖我校同学,为数甚众,凡农工商学政各界,所在均有,且都从事会计工作者,则不独各就其本业着手调查,既为便易,复以各人对于该业营业情形,熟悉异常,当能自由运用其既有会计知识与经验,以图改良。学报所载制度,除业已获得各该企业当局许可者外,可不标明其商号或公司名称,如能参合同业而汇集记述,然后再加以改良方案或整个完善会计制度之设计,更由各同学以及其他读者提出讨论研究,则其价值尤大。附录方面,亦可多刊各种会计规程或章则。如是,则不数年间,百业会计或能逐一改良,焕然一新,亦未可知。前余编辑《立信会计季刊》,首重各业会计制度之拟定,然对于固有会计制度之调查,则未能多所尽力,此则亦望诸同学之努力者矣。

　　其次,除会计制度之调查而外,会计理论之探讨与介绍,当甚重要,唯所载论文亦以浅近为主,尤以文字方面宜明显畅达,条理并然,即上述会计制度之调查,亦应以有系统有组织之方法叙述,否则若将各种资料庞然杂陈,徒使人阅之不得要领,则其内容纵有价值,亦殊难引起人之注意也。

以上两端,公为鄙人偶感所及,录之于此,以贡献于诸同学之前。是为序。

(原载《会计学报》第 1 卷第 1 期,1936 年 6 月)

对于我国新颁所得税
法规之意见

一、绪言

所得税在现代赋税制度中,为一种最公平最合理之良税,已为各国所公认,故我国施行所得税,在原则上绝无可以非议余地,何况当此非常时期,所得税富有弹力性及确实性,尤适宜于财政上特殊短绌之弥补,及非常需要之供给,凡我国人,自应赞助政府尽力推行。然所得税一方面为公平普及确实而有弹性之良税,同时在施行上则较他税为繁复,英美德日各国,自创设所得税以来,其条例屡经修改,其施行细则之规定十分周详,乃每年判例中遭遇种种特殊问题,而觉法制规定尚有未达公平便利之原则者,所在多有。我国所得税暂行条例及其施行细则颁行伊始,当亦难免与其他各国初行时有同样不周之处,吾人自宜加以研究,督促政府,随时改革,以求充分发挥其优良之特质,鄙人现草拟此文,发表对于我国所得税法规之意见,实系出于赞助促进之心愿,故预先声明者也。所述各点,或有不公之处,尚望社会人士予以指正耳。

二、所得税之分类问题

(1) 所得税之制度,有分类与综合两种,所谓分类制度者,系就纳税人之各种所得,分别课税,如工商营业,课以营利所得税;土地房屋,课以土地房屋所得税;薪给报酬,课以薪给报酬所得税;证券存款,课以证券存款利息所得税等是。所谓综合制度,系就纳税人之总所得课税,即将纳税人之各种所得,加以归并,然后除去种种费用及免税额,就其余额为课税之标准。此两种制度,各有优劣,然比较言之,要以综合制度为合理。盖前者之利,在于征课手续之简单易行,而其弊则在不能充分表现各人之纳税能力与其纳税额之关系。至于后者,在计算及征收手续上,固较多困难,但能就各纳税人之负税能力,课以适当公平之累进税率。为使充分发挥所得税优良之特质起见,实有舍纯粹的分类制而取相当的综合制之必要。否则所谓所得税者,亦不过一种收益税之别名而已。我国现行所得税制度,系采用纯粹的分类主义,计分营利事业所得、薪给报酬所得,及证券存款利息所得三种,而各别加以课税,此种办法,固属一国初创所得税时难于避免之途径,但总希望其逐渐改为综合所得税,方较合于赋税原则焉。

（2）第三类证券存款利息所得,一律采用比例税率,大所得者与小所得者纳同样之税,初视之似甚公平,但一究其实,则知小所得者之负担甚重。良以所得愈大,则其生活费用所占之比率愈小,负税能力亦大。所得愈少,则其生活费用所占之比率愈大,负税能力亦小,今不问其所得之多寡,一律课以比例税率,自未免忽略轻课小所得之原则。虽云,此项所得税,必须用扣缴方法课税,方免种种困难（如因公债公司债及股票之不记名,及银行存款户名之易于假托等,难以采用申报方法课税,即其一例）,而扣缴方法之结果,又不能采用累进税率以重课大所得,故不得不采用与日本所得税法规定第二种所得之相同的方法,而将资本利息之所得,分立一类,独立课税。但此种办法,究属具有收益税之意味,而全失所得税之精神,为政府增加税收,固云得计,但混称比例利息所得税为良税,则属不确。我国政府应在可能范围内废除此第三类所得税,将其与他项所得,综合而课以累进所得税,手续上之困难与避税情形之发生,固属难免,但征之他国税制,亦并非绝无办法也。

（3）公司营利须课所得税,而由营利中发给公司股东之股利,尤须课税,是否病其重复,固为税制原理上之一大争点。但独资及合伙商店之营利,因无所谓股利,只需征课一次所得税,资本主或合伙人由纯益中提取资金,可不纳税,两相比较,确欠公平。故鄙意我国公司营利课税以后,股利不再纳税,藉免公司组织之商业机关,与合伙独资组织,相形见细。否则亦须另行在税制上设法,使其平衡。

三、所得税之免税问题

（1）我国所得税条例中,对于纳税人之家庭负担,未有减免之规定,故家口繁众者须与家口稀少者纳同额之所得税。此点亦为未能顾及各人负税能力之处,而欠公平者也。旷观欧美德日各国,无不有家庭负担减免之规定,几已成为所得税制度中不可或缺之要件。我国所得税方在施行伊始,容有种种困难,不易办理,唯总宜设法改革,增设家庭免税之条文,使家口繁众者不致感受负担过重之苦。

（2）储蓄金之免税,仅限于公务员及劳工,范围太窄。夫储蓄所以防将来不时之需,并积聚资金,以便将来用之于生产之途,其应奖励,自不因其是否为公务员及劳工而有殊。政府既对公务员及劳工之储蓄金免税,则其他任何国人,无不可以享受同样之权利。唯有必须注意者,公务员及劳工之储蓄金,法律上有规定,其余一般人民则并无法定储蓄金,自应加以规定,使有相当之限制而后可。

（3）夫保险所以预防将来之不测,而谋社会全体之安宁,其在欧美各国,久已成为习惯,各国所得税法,多对于相当数额之保险费规定免税或减税者,例如英国:"凡生命保险费,即依纳税人为本人或其夫或妻支付保险费之实数减免,唯最多以其所得六分之一为限"。我国一般人民,对于保险一项,尚未更有相当之认识,自有奖励之必要,故非增设免税之条文不可。

（4）公益捐款及费用,应准自所得中扣除,而免其纳税,以资奖励。盖凡捐款以办公益事业者,固皆仁义为怀,似不致斤斤于微数之所得税款,然好名务誉,亦为人情之常,政府对于人民之公益捐款,倘准其在所得中扣除,予以免税,则人民急公好义之心,将益见丰富,同时,所免税款,或仍能捐助他人,于公于私,两得其宜。

（5）证券存款利息未设免税额,一般劳苦阶级,略有积蓄,略生利息,亦须纳税,似与人情未合,似应规定利息所得未达若干元者免税。此项办法,虽有流弊,然终有防止方法。

四、所得税之税率问题

（1）第一类及第二类之税率，级数太少，每级相差太巨，将来实行结果，将有所得相差甚小，而纳税多寡殊多之现象发生，故应缩短级与级间之距离，减低累进税率，使成一种平稳渐增之状态。至第一类所得税之计算，采用全额累进税制，更易发生畸形现象，兹设例如下：

	资本实额	所得额	所得合资本率	税率	纳税额	所得净额
甲公司	2,000	399	19.95%	60‰	15.96	383.04
乙公司	2,000	400	20.00%	60‰	24.00	376.00

观于上例，可知乙公司多获所得一元，结果反须多付税款 8.04 元非特背理，且易引起匿报所得额之弊。关于此点，财政当局，会于所得税暂行条例草案说明书中举示其补救之策，谓所得之超过额，如尚少于前后两联税级应纳税款额之差数，只令其纳税一元，如是办理，则可免上述畸形现象之发生，唯现行所得税施行细则中仍付缺如，非设法补救不可，或俟明年一月一日开征时，于营利所得税征收须知中特为规定之。

（2）第一类税率规定所得合资本实额百分之二十五以上者，一律课税千分之一百，过此即不再累进，此项累进限度，未免过低，对于获利极厚之人，征税尚觉太轻。盖一般企业能获利百分之二十五者，固已甚高，但因特种原因而获更高之利益，为其资本之一倍或数倍者，在商业旺盛之时，不少其例，其税率当可较千分之百更为累进也。

（3）第二类税率规定最高以百分之二十为限，较之英国之最高率达百分之六十六及美国之最高率达百分之六十三者，相差甚巨。我国人之薪给报酬所得，达每月一千一百元以上者，其超过额即永以千分之二百计算，不再累进其税率。实则我国薪水阶级，虽以低额者为多，而每月一千一百元之所得，在通都大邑生活程度之高贵而论，亦只能列为中等阶级，其真正每月所得超过此数者甚多，其税率仍与中等阶级相同，实嫌过轻，故有提高其累进限度之必要。

（4）证券存款利息所得，一律课以百分之五之所得税，对于百万千万巨富之家存款债券上不劳而获之所得极巨者，其纳税负担，实嫌太轻，殊欠公平。虽云此类税率,如用累进方法,而重课大所得者,则资本将有逃赴外国之虞,但亦未始一无补救之办法。

五、所得税之计算问题

(1)所得税之计算,第一须决定纳税人所采用之会计制度。会计制度有两种:一为收付实现制(Cash Basis),一为权责发生制(Accroal Basis)。考各国所得税法规,凡法人或营利事业,类多应采权责发生制,而个人则大都可以采用收付实现制。是因权责发生制之会计,较为繁复,个人方面,恐未易照办。但在营业机关则因其规模较大,自望其采用权责发生制,而期其计算之正确也。按吾国所得税法规定,所有第二类、第三类之所得,观于暂行条例第七条、第十一条及施行细则第十六条、第十七条中所有"给予"、"付给"、"领取"诸词,知确系采用收付实现制者。唯于第一类营利事业之所得,究系采用何项会计制度,则颇有疑点。查施行细则第十五条谓"计算第一类所得,应就其收入总额内,减除营业期间实际开支、呆账、折旧、盘存消耗公课及依法令所规定之公积金,以其余额为纯益额",观于折旧及盘存消耗之扣除,则觉耗损费用方面系采用权责发生制者,唯观于"收入总额"四字,则又觉收益方面系采收付实现制者。收益损失两方之计算标准,似有冲突,此则亟应加以改正者也。改正之法,只需将"收入总额"改为"收益总额",即可表示权责发生制之意义。

(2)我国第一类营利事业所得税之计算,以纯益合资本实额之比率为标准,此与英美各国之径以纯益之绝对额为标准者有异。惟其如此,资本实额之确定,甚属重要。所得税施行细则中规定:有公积者得按其总额,以三分之一并入资本计算。是其结果,将使各公司因公积之有无而负税有不公平之弊。按公积为股东利益保留于公司中以供运用之部分,与实缴资本功用相同,实无所用其歧视,今若仅以公积之三分之一作为资本计算,将使公积多者多纳税款,一般人民咸将视提存公积为不利,其对于工商业发展之影响为何如乎?有谓允许全部公积计作资本,则公司提存公积,不免有随意增减之流弊。但此项流弊,在允许以公积三分之一计作资本时。亦可有同样之发生也。简单合理之方法,似应将法定公积之全部,作为资本,而任意提存之公积,可不予计算,则借增加公积之方法以逃避一部分之税款者,亦可免矣。

（3）法定公积不过为股东收益之保留部分,所得税施行细则中规定计算第一类所得,亦应将其由收入总额中扣除之,似有未合。果如是,则将来法定公积倘有发作股利之一日,是否须先作为公司之营利,而与其他利益同时纳税。倘属如是,则徒费手续而增麻烦,不若于提存年度征税较为便利而公平;倘属不然,则其性质既属营利,并无免税之理由也。

（4）业务费用及所得减除数,应有较详细之规定,现行施行细则中之规定,实嫌太简,将来实施,未免发生困难。若一一均需待诸财政部之临时解释,势将不胜其烦,政府人民,均感不便。兹闻财政部将定"所得税征收须知"一种,不知其内容如何?唯照法规体例而论,关于计算所得之详细规定,自应在施行细则中规定以求统一为宜也。

（5）本支店及本分事务所在划分资本与分别记账之情形下,各别计算所得,在公司与独立人格之意不符,在自由职业者与累进率之适用有碍。盖既称本支店或本分事务所,则常属同一机关,其资本之所以划分,记账之所以分别者,无非为事实上之便利与周密起见耳,合并计算,当无困难也。

（6）营利事业所得税,自明年一月一日起施行,究系依据明年之所得额征税,抑系依据今年十二月底结出之所得额征税,或系依据其他标准征税,出入颇大,急应参酌外国成例,规定估定税额之基年。外国有采用当年之实际所得或预计所得为准者,有以过去三年或五年之平均所得为准者,有以前一年之所得为准者。鄙意过去我国工商各机关之会计制度,尚多简陋,欲以三数年之平均所得为计算营利所得税之依据,为事实上所难能,但若欲以当年之所得为依据,则征收之期,将待至二十七年春,无形中延迟一年,即实际上少收一年之第一类所得税矣。

六、所得税之报告问题

（1）第一类甲、乙两项,于每年结算后三个月内报告,所谓结算者,究系指规定之结算期乎?抑或结算完成之日乎?如指前者,则三个月之期限太短,如指后者,则三个月之期限又太长,似应酌为增减之。

（2）各工商机关所得额报告以后,例须经过调查之手续,唯此项手续,殊为麻烦,在政府及人民双方,均感不便,如能免除,自属最佳。查公司商号之账目,凡经会计师查核证明者,当可推定其为正确,故施行细则中,实可增订下列一项:"所得税之申报书,经会计师之查核证明者,得免除其调查"。一以稍节麻烦与征税费用,同时亦可以使社会人士重视查账,以促进工商业焉。

（3）行政诉愿,不特手续繁复,费用甚多,抑且旷日持久,不便孰甚。似宜于各省及财政部设复审委员会,以为代替。

七、所得税之纳税问题

第二类所得税须按月缴纳,自由职业者既归入第二类,自亦应每月缴纳,但律师及会计师事务所等,其各月份之所得,相差每甚悬殊,非俟一年终结,不能知其每月所得之平均额,故自由职业者之纳税,似应改为每年一次。

八、结言

以上各项意见,不过略述其大要,限于篇幅,未能详加申述。幸本所现设所得税科(第一班业已于十月二十一日开课,第二班正在招生,定于十二月一日开课)可逐项详论之,将来本科讲义编成后,当再出版,以就正于当世焉。

（原载《立信月报》第 4 期,1936 年 11 月）

非常时期之会计问题

一

　　非常时期一词，为平常时期之相对词，泛指政治、经济、金融、财政及社会情形等之非常变化而言。此等非常变化之原因如何，后果如何，本文不欲深论。本文仅拟就非常时期会计学原理原则所发生之变动，及会计学在非常时期之任务加以研究而已。

　　非常时期之普通解释为现状之困难时期。是以政治上所谓非常时期常指国难时期，经济上之非常时期常指经济衰落以至金融财政之危急剧变时期。会计学所研究者为如何记载公私经济之变动并计算其结果，似乎仅与非常时期之经济金融财政问题有关。然而我人当知政治上急剧之变化，与经济问题息息相关。因之本文拟先就目前经济情形下之会计问题为一大概之论述，然后再推测将来形势而研究当时之会计原理原则焉。

二

　　在所谓经济之平常时期，公私经济绝非无所变化。唯其变化，常趋向于与兴盛发达之途。例如物价为继续缓慢之上腾，企业每年之纯利益陆续增加，因之资本之发行股票及公司债之方式投入企业者为数亦多。同时纵物价指数陆续增高，然而币值无激烈之变化，至少法定通货与金属币材之价值仍能相等。然在经济困难时期则不然。此时物价惨跌，经济衰落，企业之获利减少或甚至亏损，而其演变之结果，且使政府采用禁金出口，统制汇兑等手段，造成事实上之通货膨胀。此经济上非常时期之特点也。

　　自会计学者之目光观之，非常时期所予会计实务之影响虽有多端，

336

然其最大者则为资产之再估价问题。按在平常期间,物价虽继续上涨而为势缓慢,会计学者,于估价问题常适应实务家之要求而为稳健之主张,诸如流动资产之估价,向以成本与时价孰低说占优势,固定资产之估价,则主张以成本为标准之学说最为盛行。同时资产增价处理问题之研究亦根据此种稳健之原则而进行。所以然者,盖以物价上涨为普遍的趋势,此种估价标准,虽不能使企业之资产负债及损益情形为正确之表示,然而于企业之理财则有害而无弊故也。但在非常时期则此种标准殊难适用。请申论之。

战后世界经济,经一九二四、一九二五年恢复以来,经一九二九年之经济恐慌而日形衰落。嗣后各国政府采用种种恐慌对策,而膨胀通货常为此种对策之手段或结果。因之自物价指数上言,一九二九年以后曾为一度剧烈之下降,而一九三三年以后,物价又有上涨之趋势(在我国,物价之下降及上涨,为一九三三年至一九三五年间之事)。此种事实,迫使会计学者及会计实务家不得不首先注意"如何处理资产之跌价问题",随后又不得不更进而考虑"如何处理因通货膨胀所引起之资产增价问题"。最后则凤昔主张之传统的估价原则发生动摇。最近三四年来各国会计文献对于本问题之论著颇多,非无故也。

如何处理资产之跌价及增价,在企业理财上言为一种政策,在会计实务上言为一种技术或手续,且更与本文次节所述记账单位问题有密切关系。我国会计学界于本问题之介绍,据作者所知有施仁夫君之工场资产之鉴定,顾准君之币值变动会计及卢其昌君之币值变动时会计方法之研究等文(见会计杂志第七第八卷),作者于此不欲为详细之讨论。作者所欲论者,盖为传统资产估价原则受事实上之影响,究应如何修正是也。

前既言之,传统的资产估价原则,其产生之时代背景为经济繁荣时期。在经济之非常期间,资产之跌价及增价实不能任令其自然发展而不予修正,且亦不能希望于一次修正之后,该项修正价值即可代替前之成本价值而予以维持,不再改正。是则不论会计学者及会计实务家主观上之估价原则究为若何,其所采用之估价标准事实上已为时价而非成本。而且目前经济状况,可谓尚未安定。物价水准将来当有如何之变化,现在不能预断。但其可能有激烈之变动,似无疑义。在此情形下,资产之采用时价为估价标准,将为一般之趋势。是则传统的资产估价原则发生动摇,将代之以新的原则,即不论流动资产或固定资产,一律应用时价为估价标准,实为非常时期会计学之第一特点。

近来会计学者于流动资产之估价,主张以时价为标准者渐多,唯对于固定资产之估价,多数仍主张以成本为估价标准,仅于必要时将资产价值重行鉴定。若干学者,更以为固定资产价值之变动,主要原因为币值之变动,因之主张应用处理币值变动之会计方法,以整理固定资产之价值。作者于此实未能完全同意。按物价之变动,虽即为货币购买力之变动,然而在通货价值并无十分激烈变动之时,无论整个经济界或某一企业,心理上仍信仰法定通货为交易及计算之单位,在会计上欲改用其他虚空之标准为记账单位,事实上实不可能。此种实际情形,迫使吾侪会计学者不得不应用改正资产价值之方法以处置资产价值之变动,而无法应用改正记账单位价值之方法以处置此类事实。币值变动会计之研究,在今日,其效用仅限于说明原理,供会计实务家之参考,非至币值急遽跌落如大战期内及大战以后之德法诸国者,实未必能见诸实施也。

因上原则,大部分会计学者虽明知用作记账单位之法定货币价值并不安定,理论上有改正之必要。然而实际上之种种困难,又迫使会计实务家及会计学者不得不维持旧有单位而不变。资产价值之变动,则以普通方法改正之。欧美会计文献近来于资产价值之鉴定问题讨论颇多,殆亦实际上需要使然。唯此处有一问题焉,固定资产价值之鉴定究应视为应用传统的估价原则(以成本为标准之原则)时之临时修正办法欤?抑应视为传统的估价原则之修正欤?依作者之意在经济之平常时期,资产价值之鉴定不使估价原则发生何等变动,然在经济之非常时期则不然。盖环顾世界主要国家(我国在内),六七年来,物价始而暴跌,继则又复增涨,将来变动如何,此时犹难预测。企业之鉴定其资产价值者,六七年或不止一次而有二三次,此后或犹当继续重行鉴定。且此等事实便于会计实务家及会计学者以重要之教训,教训维何?币值本身无所谓安定,物价亦永不能安定,应用一成不变之成本价值,理论上、事实上均所不通。

338

由是而言，今日传统的资产估价原则发生动摇，而代之以新的原则，事实上已在施行，理论上亦复日趋成熟矣。

三

非常时期会计之第二特点为币值变动会计方法之采用。按近年来货币购买力变动剧烈，尤以各国采用人为的管理货币政策，使通货实际上膨胀之后为然，在此时期，通货与原定金属币材间之价值比例脱离，造成"不固定"或移动"固定"点之结果，因而自会计学产生以来即认为可靠之记账单位，不复为会计实务家及会计学者所信任。德、法、美、日各国学者，竞起研究处理币值变动之会计方法，实际事势所趋，无可避免者也。

处理币值变动之会计方法，有将记账单位固定于某一种标准单位，而将货币之流动价值，换算成为此单位者；亦有采用逐期货币之流动价值为记账单位，而将前此账内各项数字，换算为流动币值者（前者称为溯及法或后退法，后者称为前进法），但两者有一共通之特点，即确认向来应用之记账单位为不可靠，更正会计上之表示，自更正记账单位着手，而非如普通会计方法之仍旧承认记账单位为有效，而应用普通方法以改正资产之价值也。

然而我人设回溯币值变动会计方法之产生及其应用之历史，可以断定此项方法之实际应用，当在币制较现在更趋于混乱之时代，换言之，当在大规模对外战争爆发以后之时期，兹请分别论之。

按币值变动会计之发源地为德国。大战期内，德国政府因筹措战费，发行大量之政府债券，并以之为准备而发行纸币，至一九一八年十一月止，德国之通货总额为一九一三年之五倍弱，物价指数则为一九一三年之二点五倍弱。嗣后在一九一九年至一九二三年之内战及与协约国议和赔款等之交涉期内，更发行大量之纸币，结果纸币，每一兆马克仅值一金马克，以致原有通货制度全部崩溃。为补救起见，德国政府允许国有铁路局、各州市商会及大公司发行货币代用券，通货种类遂更趋庞杂。在此情形之下，企业习用之记账单位已完全失去效用，且因币值急遽低落,故表面上因低价买进高价售出所生之利益,实大半为空虚的利益。同时企业资产负债表内各项目之数字,其所代表的货币价值前后亦绝不相一致。德国公私机关,感于此种事实上之需要,因之于一九二一年五月,由国家经济审议会、财务委员会组织小组委员会,讨论会计法规之修正。其间累经迁延,至一九二三年十二月始公布实施金马克贷借对借表之命令,规定企业应以金马克(值美金之 10/42)为固定的记账单位,将各种资产负债项目一律换算,于一九二三年十二月底编成金马克之资产负债表。此时德国币制,尚未恢复安定,故可视为币制混乱时代,实施币值变动会计之第一实例。

战后,法国通货价值较之战前亦跌落甚巨,最低仅及战前之八分之一。唯程度远不如德国之烈。此时事实上亦已需要应用币值变动会计之方法,益以受到德国学者研究及实施之影响,因之法国学者于本问题之讨论亦极为热烈,大体上主张以金法郎为标准记账单位者较占优势。唯不久以后(一九二六年底),法国政府重行恢复通货安定,因之企业除按新定币值改正其资产负债值而外,实际上并未使用币值变动会计之方法也。

自德、法两国于币值变动会计有较深刻之研究及实施而后,美日各国学者于本问题之研究亦较盛。至一九二九年经济恐慌爆发,币值又有实质上与形式上之变动,于是向之研究币值变动会计者,现转而主张实际应用币值变动会计。然此种主张,迄今犹未见实施,资产价值之变更,多用重行估价之方法以纠正之。仅币值变动会计之理论及观点,都已为会计学者所采用而已。

币值变动会计之过去历史,使我人得以推定此种方法,将实施于币值为急剧低落之时期,而币值之益趋低落,则必为大规模对外战争期内或战后期内之事实,此由二十年来世界货币史可以证明。至在我国,民国十六年武汉政府及本年粤桂事变,武汉及粤桂币值曾为急遽之跌落。然而此种跌落,在无论何种情形下均为部分的现象,币值之急遽变动,不在对外战争期内不致发生也。

我人今日可以断言,全国大规模之对外战争为政府及全国同胞所一致赞成而准备实行者,此种战争,将为今日困难之非常时期之最高点,亦为结束今日非常时期所不可避免之办法,则今日币值变动会计之理论研究,将为他日实施上之准备。而理论之研究与实施之准备,自为吾侪会计学者之责任也。

币值变动会计之实施,虽云将在战时通货更趋膨胀之时,然而其情形与战后德、法两国当有不同。盖战前会计实务家及会计学者于记账单位几抱完全信任之态度,战时之种种事实,对于会计实务家及会计学者为未曾遇见之新奇经验,自无从立即拟定办法。而办法既经拟定,其实施且尚有许多阻碍。迄于今日,会计实务家及会计学者之观念已有变更,而实施办法,亦有战后德国之实例可资参考。则事变之来,已不足使会计实务家及会计学者惊惶失措,币值变动一至相当程度,币值变动会计自易于实施也。

然而我人于币值变动会计之目的,则尚不得不有所论例。按通货膨胀之实施,固使企业之应用普通会计方法者有巨额虚伪之利益,以致企业之资本,无形中化为利益。变动会计之兴起,实为依企业家之目的,改正此等虚伪之利益,使政府征税,不致过巨,社会视听,得所校正。然而我人试一检视大战及战后德国之情形,当知通货膨胀实为一种普遍征税之性质,凡拥有实质货币及债权者,币值低落之结果,其所有货币数量虽仍保持原数,但货币购买力则已大为减低。丧失部分,即等于向政府缴纳之税金。至于薪给生活者之实质收入,自更减低。此在各种企业,虽亦有同一遭遇,然而因战时生产增加,营业旺盛,常能获得利益,至少亦不致损失过巨。战后,德国改用金马克会计时,各企业将资产负债价值重行评定之结果,净值数额有超出资本原额甚巨者,即以此故。战争中大部分国民忍受极大牺牲,而小部分国民则获得巨利,此于全国上下对国家所负义务上言,实不公平也。

我国之对外战争,将为湔雪数十年来国耻之战,亦为积弱之国,奋起驱敌之战,则全国国民之负担允宜公平,始能上下一心,贯彻胜利。大战及战后德国之情形,绝不应重见于我国。换言之,消费者及债权者因通货膨胀而忍受若干负担,企业家不应例外,亦应有同一比例之负担。但通货膨胀未必使企业蒙受损失,其负担应根据其纯益计算之。币值变动会计之应用即为根据确实之记账及计算单位,计算企业之确实损益,而确定企业所应负担之战时特别税,承受之公债者也。

于此尚有会计以外之若干问题可附带述及者,即战时企业对国家之负担,不仅应就所获纯益数额中按累进率提存一大部分,即企业未曾获有利益者,在不妨碍企业经营之范围内,亦应提存一部分供给国家作为战费之用。此种主张,骤视之似无理由,实则债权人及薪给生活者因通货膨胀所受之损失极巨,在通货膨胀期内,损失并不重大之企业家,略多负担,尚不能谓为不公平也。

总之,战时币值变动会计之应用,将为不可避免之事。而其应用也。不全为企业家计,亦为国家财政计。换言之,不仅因企业家欲保存其资本额不使丧失,且就国家筹战费之立场而言。企业会计有确实明了之表示,当亦为公平征收之一基本条件也。

四

战时会计学不仅应予各企业之损益以精密之计算,使政府征税得有标准,而于战时资源之统制,亦应提供妥善之办法。盖政府征税因与战时财政有密切之关系,而物资之统制即粮食、衣料、日用品,及军需品等之统制调节,不仅与作战前线之军心有绝大之关系,后方防务之巩固,亦系于统制之成效如何者也。我人设想像战事一起,物价必立即腾贵,而敌人亦必设法运动奸商收买其需要之商品。在此情形下,奸商私运出口,或囤积不售之事,难免发生。防止之道,唯资源统制一途而已,至如若干种来源缺乏之物质,且应限制每人之使用量,则尤非依赖资源统制不可矣。

常人或以为物质统制一事,与会计无密切之关系,实则不然。按人类社会必需物品之生产、分配及消费,以至资本之蓄积及消耗,自经济学观点而言,实为一整个过程。唯在私有财产制度及自由竞争制度之下,人类社会之经济行为,由各个不相关联之私营企业,在获利润目标之下,以交换手段进行之而已。会计记录既为私营企业经济行为之记录,则此

342

种记录实已包括该企业在整个经济结构中所为之生产,分配及资本之蓄积及消耗等行为在内。例如,某一矿业公司,年产巨额煤铁,平时其售价若干,销售数额若干,或售予何人,政府既不加顾问,而在企业之决算表上亦无显明之表示。然而在企业之账簿内,则均有详尽之记载。例如矿产之出产记录,记载矿产出产之数量及成本,而销售之账簿,则于购买者之人名、身份、购买数量、价格等等,记载亦必极详细。合全国矿业公司之全部记载加以观察,即能知全国煤铁之产量、煤铁之消费者,及煤铁价格之详细情形。经济统计,设能根据各企业账簿记载而编制,必较根据市场情形而编制者更为详细。资源之统制而能对各企业为个别有效之监督,亦必较之规定价格限制购买者之身份等得更大之效果。而欺瞒私营等事亦必无从发生矣。

资源之统制,既有待于对各企业为个别之监督,则企业会计中向占不甚重要地位之购买、制造、销售等等记录,必一变而为极其重要之记录,必要时且应造具详细之报告表册,呈送政府。而政府之检查企业账簿,不仅应检查其损益之结果,且应检查此等与物资之生产及分配有关之账簿矣。

作者以为此种事实上之变迁,将使会计学之本质,稍稍有所变更。按营利事业会计,其基本目的为依资本之立场计算其利润,表示其财政状况,至购买、制造、销售等等之记载,不过为获得利润一大目标下所不可缺少之管理记录而已。然而此类记录,就国民经济之立场以观,则与获利之多少,其有同等重要性,特以在私营业之自由竞争政策下,遂不为人注意而已。迨至战时,经济政策自由竞争转而为绝对统制干涉,会计学不复能再以资本主之目的为目的,而稍稍趋向于社会化之途。此不可不辨者也。

战时之企业会计于政府之物资统制既有极大之帮助,同时会计学亦因政府统制物资之故而稍稍改变其目的,然而完善之制度,必须有运用此项制度之方法,方能收到实际之效果。尤以政府统制,于私人利益,必有所限制与妨碍,欲避免干涉而私营不法营业之商人,为数必不在少,此征诸既往而可信者也。由是如何自会计上帮助政府完成物资统制,不仅为学理上之问题,且亦为一行政上之问题矣。

按物资之产销集中于少数大规模企业者,政府之统制较易。而其产销机关分散者,设非政府设局公卖,则无论出售价格或购买者之身份,均无从为严密之稽核。我国工商企业,规模均不宏大,尤以粮食产销,分散特甚。在此情形下,欲阻止不法营业或囤积不售,均难期有良好之效果。过去年岁歉收,政府设定最高价格,结果完全无效,非无故也。

在此种情形下,作者窃以为现今政府所用之超然主计制度,实可以仿用于须待统制物品之产销机关。盖此等企业之营业情形,应用稽核监督等方法,实难以为最详尽之了解,而各企业之会计人员,则于企业之存货数量、成本价格、销售情形、购买者之身份均所深知。政府而能以政治力量,集合同类企业之会计人员于政府管理之下,则政府无须待设管理机关,而耳目已深入于一切企业。隐瞒欺诈,均无所施其技矣。

(原载《会计学报》第 1 卷第 2 期,1936 年 12 月)

本所附设会计补习
学校创办日校缘起

　　序伦及同人等创设立信会计师事务所以来，业已十载，于兹十载之中，序伦等朝夕所从事者，不仅为谋本所业务之发展，以期于社会有所贡献，而于提倡会计学术及养成会计人才两端，亦曾尽其最大之努力，立信会计丛书之编纂，立信会计学校之创设，盖均本此目的以赴者也。居常以为会计师事务所之业务，对于社会各界，虽有其重大之价值，然提倡学术，培育人才，则为百年树人之计，其意义更为远大。唯有优越之会计人才，庶政府与企业之会计能日臻于完善，间接足以促进国家社会之进步，收效迅速而宏大。否则，即有会计师代各企业整理账目，规划会计制度而实施上不得其人，其效果诚属有限也。

　　溯自立信会计补习学校设立迄今，亦已九易寒暑，其间毕业学生，计达五千余人。或由各工商政府机关专函前来延聘；或由本所代为设法介绍至各机关服务；或由各机关保送前来研究，毕业后即于各该机关主持或助理会计事务；或由各生自行投效各机关而经录取。凡此诸生，无不深蒙各当局之赞许，故于各业会计之改进，颇多参加努力之机会，而得各尽其绵力。夫以我国今日会计实务界之状况，与十年前相比较，不难发现一极大之差别。在十载以前，熟习会计学之原理与实务者，限于国外留学生与各大学学生，而今日则会计学知识已比较普遍于各工商机关矣。十载以前，铁路、银行等企业已有良好而统一之会计制度者，其比较低级之会计人员，多数以能遵循一定之方法从事其职务为已足，至于整个会计制度之系统，与夫一般会计之原理原则，或未能深知，今日则研究之风气，已比较普遍。会计学术之普遍化，国货会计学之创建与进步，或为十年来会计界之一新现象。此种可喜之现象，虽为各大学各同业与夫各级政府工商机关领袖努力提倡推行之所致，然立信会计补习学校毕业同学之工作，或亦不无微功存于其间，此种情形，益使序伦等欣慰奋发，而力图立信会计补习学校之扩充，此增设日校之缘由一也。

我国今日无论政商各界，无不有一种积极精神之表现。就政府而言，已不仅以建立廉洁政府自期，且进而企图发挥最大之行政效率。工商各界承四五年来经济衰敝之余，亦深知科学管理与优良会计制度之重要；且值今岁经济复苏之机会，对于此点益加注意。益以所得税制准于二十六年实行，更予工商企业改进会计之工作以极大之推动。值此时机，吾侪从事会计工作者之责任，自将益趋重大，而社会对于会计人才之需求，亦必愈见殷切。此种伟大时季，实予序伦等以继续奋发努力以贡献于国家社会之最大督责，而力图立信会计学校之扩充，此增设日校之缘由二也。

立信会计补习学校迄今日为止，已设有夜校、晨校、星期校、函授校等四校，揆其性质，则均为业余补习性质，入学者几百分之九十以上为现在任职于各工商政府机关之职员，其上课时间，悉行配置于业余时间。此种制度，使教授上有一绝大之优点，即学者能以书本知识与其实际经验相印证，以理论推实务，以实务证理论，可收事半功倍之效。但亦有其缺点：即业余补习学校上课之时间限制过甚，以致肄习时期过长，且与会计有关之其他各种课程，尤难旁及；唯就另一方面言，普通一般商业专门学校所习之课程固多，而求学之年限更长，抑且费用浩繁，非一般中小阶级人士所堪负担。揆情度理，似可于一般补习学校与普通商业学校之间，增设一种中间性质之学校，其所设学课，务求适乎其中，既不太偏，亦不过广，而肄习时间，在一二年左右，则一方以补夜校等部之不足，他方又可取夜校等部之所长。此使序伦等益感有将立信会计学校增补扩充，而增设日校之缘由三也。

顷者，日校章程，业已草定刊印，共分初中高三级，除各种簿记会计外，凡一切与会计从事人员有密切关系者，亦设专科研究之，并有必修选修之分，以资伸缩。每周上课时间，多至二十小时以上，教授务求学理与实务并重，尤注重于实习，将来毕业学生，虽无高中或大学之资格，然对于会计实务方面之纯熟,定可较商科毕业者为胜,证之本校夜校、晨校,及函授等校各班学生,在政商各机关应试录取之结果,以及由本校介绍至各机关服务者之成绩,实堪自信而信人者也。

或以为专门人材之养成,为各商科大学之责任,会计日校之创设,将不免于越俎代庖之讥。然序伦等以为大学校之入学程度,限制较严,一般有志研究会计而无规定之资格者,只能望门兴叹,则不限资格之会计专修学校,实有其创办之必要。且商科大学学生与会计实务界之接触,虽亦密切,然本校添设会计日校,则学员之实习机会,必较一般商科大学学员为多,从而其适应企业界之需要亦强。此外,本日校因其分成初中高级,又以学员之出身关系,必能供给社会以簿记员、会计员、会计主任等各种人材,而此等人材之服务效能或能兼具大学学生之技术水准与中学学生之刻苦耐劳能力两者。总之,日校之设,完全为补充商科大学与补习学校两者之不足而冀于其间略尽绵薄者也。

唯序伦等暨本所同人之能力有限,益以本所业务纷忙,时间精力两感不足,欲期日校有良好之成绩,不能不赖教育界暨会计学界诸先进对于本校教授方法教材选择等方面,多予襄助与指正,而学员毕业后更赖工商各界领袖之信赖与录用,此则序伦等所深望者也。

(原载《立信月报》第 6 期,1936 年)

上海市商会所得税问题
研究会议决案之总检讨
——上海市商会所得税实际问题研讨会上的演讲

诸位主席、诸位先生：

　　自政府制定公布关于所得税之各项法规，并定期开始征收各项所得税以后，全国各地各界，显然已为唤起莫大之注意，或编著专书，研究所得税之理论与实务，或发为论文，评断制度本身之优点与缺漏，而演讲会研究会之举行，亦所在皆是。然究其讨论范围之广大，而切合实际，则应首推贵会。贵会会期赓续六月，参加讨论者，包括镇江、无锡、嘉兴诸地商会，及上海市商会所属各同业公会，计一百二十七单位，代表一百九十五人。聚集各地各业领袖于一堂，并有徐永祚会计师及严谔声先生参加讨论。会议之成功，可不待闭幕而预卜。果也，会议结束时，计得关于营利事业所得、薪给报酬所得及证券存款所得三方面及会计问题之议案四十余件。洋洋大观，殊堪钦庆。敝所同人等连日在报端捧读贵会之决议案，亦曾连日集会，加以研究，兹承上海市商会之召，到贵会演讲，谨就贵会各项议决案，参照敝同人等研究所得之意见，分析为数类而检讨之。各决议案中有与敝同人等业经发表之意见相同者，或敝同人等可以完全同意者，仅就其用意稍加阐述。另有若干议案，敝同人等大体赞同，唯请诸位先生参考同人等已经发表之意见，至于有少数之议决案，在敝同人等另有其他意见者，则愿为较详之释明，以就正于诸位先生，事理因公开讨论而愈明，想必荷诸先生所赞许也。

一、与敝所同人意见相同之议决案

　　（一）营利事业所得，请改照第二类薪给报酬所得所用之超额累进制课税,并将累进级数增加。

考政府对营利事业所得采用金额累进制课税之理由,不外为图计算之便利。盖营利事业所得税,先须就收入总额内减除营业期间实际开支、呆账、折旧、盘存消耗公课及依法令所规定之公积金,以其余额为纯益额,再与资本实额求得所得率,然后依此项所得率,以求得应纳税额,手续已甚繁复,若再用超额累进之方法,以定应纳税额,当然更较麻烦。然所得税原应以负担公平为基础,今若仅图计算之简单,而使事实上常有所得增进甚少而纳税额增进颇多之流弊,原非事理之平。请改按超额累进制课税,自属正当之要求。至应分级数,甲、乙两项仅五级,每级距离千分之二十,丙项分级较多,每级距离分千分之十及千分之二十两种。亦宜不避繁琐,将级数增加,使级与级间百分数之距离缩短,益以超额累进制之适用,则营利事业者于所得税之负担,可兼备公平合理之条件矣。

(二)公积金不应只以三分之一并作资本实额,应并入全数。

公积金不论其为遵守法令之强制规定所提者,抑为任意提存者,要皆为股东应得利益保留于公司中,以供运用之部分。其功用与实缴资本完全相同,实无所用其歧视。今若仅以公积之三分之一作为资本计算,将使公积多者多纳税款,商人视提存公积为不利,任意公积之提留,更将罕见,使事业基础日就单薄,其影响工商业之发展者,为何如乎?准以全部公积金并作资本,以奖励各项公积之提存,减少工商业滥行增资,以图减轻纳税负担之流弊,实要图也。唯公积金在营业年度内如有增减,应随时报告主管征收机关备案,资产负债表中,并应明白列示各项公积金之名目及金额,以便稽考。在公积金有增减之时,并须照计算平均资本之方法,计算其每月终之平均公积额(参阅第一类征收须知草案第七条),则又不待言也。

(三)公积金不应只以法令规定者为限,并作资本实额。一切公积如准备金盈余滚存,均应作为公积金。

查施行细则第七条,对于得以并人资本实额之公积金,并未加以限制。是公积金云云,自应照广义解释。乃第一类征收须知草案第五条规定,"施行细则第七条第二项所称之公积金,以依法令所规定之公积金为限",剥夺细则所已给予营利事业者之一部分权利,似属缺乏根据。兹请将盈余滚存及其他任意公积一并视作公积金,并入资本实额计算,自亦为合法之要求。

（四）证券存款利息所得税,应改用累进制（议决保留）。

分级累进制之适用,及勤劳所得之轻课,为所得税之基本理论。我国现行税制对于资本所得,即专属不劳而获所得性质之证券存款利息所得,仅采比例制的千分之五十之轻课,殊有薄待勤劳所得者及忽视轻课小所得者之原则之嫌。良以所得愈大,则其生活费用所占之比率愈小,负税能力亦大。所得愈少,则其生活费用所占之比率愈大,负税能力亦小。今不问其所得之多寡,使年得万金利息之富户,与年获十元之小储蓄阶级,同照千分之五十之比例税率纳税,自失公平。故改用累进税制,在理论上当属必要。唯因此项所得税,现为确定税收简省手续起见,系采扣缴制。倘使改行累进课税,因户籍法未能实施之故,化分户名,以图逃税之流弊,必然发生,徒启奸诈之存心,无裨实际,而资金外流之危险,更不可不先事预防。本案议决暂予保留,确甚允当。

（五）薪给报酬税率,累进太速,级数太少,应酌加级数,缩短距离。

现行税制对于第二类薪给报酬税率之厘定,拘泥于已往公务员缴纳所得捐之计算,使千分之五至千分之二百之累进距离,在每月平均额三十元至一千一百元之限度内,全部适用。换言之,即累进制精神之实用,至一千一百元为止。所得达每月一千一百元以上之人,其超过一千一百元之额,永以千分之二百计算,不再累进其税率。其结果对于小所得者,虽尚公平,对于大所得者,不免厚待,而中级所得者之负担,比较最重。实际上我国勤劳所得阶级,虽以低级者为多,而在通都大邑,每月一千一百元之所得者,如自由职业阶级之医师、律师、会计师等,以生活程度之高贵,亦只能列为中等阶级。每月所得超过此数者甚多,其税率乃与中等阶级相同,自非持平之道。果能增加级数,缩短级与级间之距离,例如将原距离千分之二十,缩短为千分之十,则所得在一千一百元以下之人,胥受其益矣。

（六）请增关于"强制储金"及"生命保险金"之免税规定。

暂行条例规定公务员及劳工依政府法令规定所提存之储蓄金之利息为免税所得。此种宽免,独不及于公司行号之职员,已属偏枯。即就法定储金言之,利息可以免税,而储金本身不能免税,亦非奖励强迫储蓄之道。夫储蓄所以备将来不时之需,并积聚资金以便投放于生产建设之途。节储富力,培养资源,允宜普遍奖励,自不应以储蓄者是否为公务员或劳工而有差别之待遇。凡属就每月所得项下强迫扣除之储蓄金,不唯应免除其利息之所得税,储金本身亦应作为扣除数目,由所得中扣除。但为限制巧立名目逃避纳税计,属于一般人民之强制储蓄,亦应制定法令,以资遵守。至于生命保险,所以预防将来之不测,而谋社会全体之安宁。兼以祛除人类相互倚赖之恶根性,在欧美各国,久已成为习惯。各国所得税法以是对于相当数额之生命保险费,多已规定免税或减税。我国生命保险事业,亟待提倡,允宜增设免税条文,以示提倡。

二、敝所同人完全同意之议决案

(一)营利事业所得税,请自总结束后即廿六年二月十一日起征课。

(二)营利事业获利起征点,请从合资本实额百分之五,提高至百分之十。

上列两条本于纳税义务人之立场,请求政府在培养税源之原则下,予以宽免,自应加以赞同。

(三)征收须知草案第十二条第五款"房屋工厂仓库机械工具器具及船舶等修理费用足以增加其原有价值或效用者",删去"或效用"三字。

增加效用虽与维持效用之含义不同,然究尚未达于增加价值之境地,况因增加效用之结果,当年收益可望增加,不应认作资本支出,自属正当。

(四)证券所得征税,在股票只限于股息,不及红利。

此在第三类征收须知草案第二条已有明文规定。

(五)商店活期往来存款,与固定存款不同,应免征其利息所得税。请在第三类征收须知第四条中"分支店间"下加"以及其他工商业"七字。

商店对于银钱业之活期往来存款,以运用为前提,且因订有透支契约之故,当能转存为欠,以资周转,与定期存储款项、以图利殖者不同。习惯上常为按月结算利息,因季节之关系,一年以内,若干月常为存账,虽可得少额之存息,然若干月转为透支,须付大宗之欠息,两抵绝少余裕。若拘泥于暂行条例第七条第三款之规定,每月结算,扣税一次,不唯手续太烦,负担上亦不合理。拟请仿照银行钱庄之放款,及银钱业同业间或其分支店间之往来款项,所生利息之办法,归入营业收益项下计算所得税,不由支付利息之银行钱庄扣缴所得税,实为必要。即退一步言,必须扣缴,亦应通年扯计,方不失公平。

(六)各业应援引银钱业例,对于扣缴所得税,请给还五分之一之手续费,以贴公允。

银钱业扣缴存款利息所得税,财部既准给予五分之一之手续费,以试办一年为度。其他各业对于所收存款,既负扣缴所得税之义务,为公平计,自应一律给予同率手续费,以资激励。

(七)薪给报酬起征点,请提高至每月五十元。

民国二十四年六月,行政院向立院提出之所得税暂行条例,计七章三十一条。其第七条规定,薪给报酬所得之免税额,本为每年六百元(十八年一月之草案,则为二千元,民国三年一月,北京政府颁行之所得税条例,则为每年五百元)。后经立法院改低,为每月平均三十元。立法当局原意,或系为养成人民缴纳直接税之习惯。吾人姑舍理论上之衡断标准,而就事实上言之。月得三十元者,每年仅课税六角,而需申报十二次,缴纳税款十二次,列入所得名簿,及为所得额之决定调查,及其他手续,缺一不可。政府因此所增加之劳费,必甚可观。所得是否偿所失,尚属疑问。如将免税额提高至每月五十元,则课税范围,大加缩小,在家庭生活负担免税未有规定以前,亦可消弭若干不公平之缺憾。此一议决案,实有使政府及大多数之纳税人,交受其利之功用也。

(八)小额扣缴税额,请准变通,每半年扣缴一次。

此示兼谋扣缴义务者及征收机关之便利,闻主管机关已可同意,唯须订立一最高数额为标准,否则易滋藉欲欠缴之弊端也。

(九)独资店主或股东自兼经理,应就实际状况,自行酌定薪给。

(十)资本主自兼经理,因营业方面之需要,而支出之应酬交际等费,如有账单,可作开支。

(十一)独资连家商店,店账与家账应分开。

(十二)各业应规定通用账簿,以资一律。

（十三）请商会速组织各业会计制度设计委员会。

（十四）审查委员会应速成立，并延聘商会及各同业公会代表参加。

（十五）所得税事务处调查所得税时，应随时会同各业公会办理，以免纷扰。以上七案，或就扣除数加以确定，或于会计制度加以重视，或于调查审查程序，贡献意见。敝所同人均甚赞同。

（十六）照条例细则及征收须知严格解释，地方政府及团体会同出具之借据，不能视为地方政府发行债票之一种，于发息时扣除所得税。

（十七）上级政府，每有以公债券交地方政府向各银行抵借款项，以作各该地方需用，并指定该项公债之中签票款与息金为摊还借款本息之用。则地方政府领取是项公债息金，应予退税。

以上两案关系证券所得之课税问题，审究文义，并采探精神，自应如此解释。

（十八）抚恤金养老金赡养费之息金，请在暂行条例第二条第三类中，增加一款，准免纳所得税。

条例第二条，规定残废者劳工及无力生活者之养老金等，得免纳所得税，而利息则否。与法定储蓄金本身不能免税，而利息可以免税，同有理论上之缺点。理宜就其息金一并免税。

（十九）存货作价方法，已在资产估价方法内订有规定。所谓时价，应包含同业规定之衡平价格在内。

资产估价方法第五条规定，时价指结算时当地市面通行之价格而言。所谓市面通行之价格，自应以交易所之记账价格为准。如缺乏此种价格时，同业规定之冲平价格，自为时价之唯一标准。

（二十）所得税不包括在公课范围之内。

所得税以就年度所得课税为其基本原则。得为减除之公课，指所得税以外对于国家或地方之捐税而言。衡以各国立法例及施行细则第十五条之文义，应作如此之解释。

三、敝所同人大体同意唯请参考同人等已经发表意见之议决案

（一）请解释营造厂营利事业所得，系照包工结算，抑照全年营业结算。

此即我国所得税法究采"收付实现制"（Cash Basis）抑采"权责发生

制"（Accrual Basis）之一问题。查第一类所得税征收须知草案第九条规定：“称收入总额者，系指营业上实收及可收之总收益而言。”第十条规定：“称实际开支者，系指营业上已付及应付未付之必要合理费用及呆账折旧盘存消耗以外之其他损费而言。”是已明白规定所有一切营利事业之会计制度，必须采用权责发生制，而不准采用收付实现制也。换言之，即营造厂营利事业，不能仅就全年营业上实际收入之利益结算，而需就已包工程之预期利益结算，其为不合理自不待言。美国实施所得税制，距今七十七年，该国工商会计制度，亦最进步，然对于“权责发生制”之使用，亦不过始于一九一六年。我国会计知识，未能普遍进步，会计制度亦未普遍改良，必欲责令全体纳税人采用完备无缺之权责发生制，为精密之损益计算，实为事实上所难能。矧建筑厂营利事业，与分期付价销货之业务相同，性质特殊，风险甚大。即就会计原理上论之，亦应采用收付实现制，而不能采用权责发生制也。征收须知草案中对此不设例外，条例细则上，更无兼采收付实现制之规定，自属缺陷。

（二）家庭生活负担之减免，应予规定。

扶养无自救力之近亲属，为法律上所规定之义务。我国人民，素重道德，大家庭制度，独为社会组织之基础，纳税义务人之所得相同，而因家境不同，负担各别，实际上负税能力，即难等量齐观，各国所得税制，对于家庭生活负担，罔不设免税规定，即本于此种理由。益以我国人民家族互助之风尚，甚于他国，尤有订行此项免税规定之必要。考英、美、法、德、日之减免情形，有如下表所列：

国别	英	美	法	德	日
六十岁以上之父	二十五磅	四百金元	二千法郎	—	一百日元
六十岁以上之母	二十五磅	四百金元	二千法郎	—	一百日元
妻	五十磅	一千五百金元	三千法郎	一百马克	—
未成年者子女	五十磅	四百金元	三千法郎	一百马克	一百日元
次子女每人	四十磅	四百金元	三千法郎	一百马克	一百日元

我国税制，宗严格的分类课税制度。于创行伊始，力求征税手续之简单，与调查费用之减少，郑重采用泉源扣缴之方法，以避免综合征收之

354

潘序伦文集

繁复程序。家庭生活负担，应予减免，在理论上自属必要。然现行税率，在小额所得阶级，究不为高。倘设每月十元或二十元之免税额，在纳税人方面，每月不过省纳税款五分或一角，无大补于家庭生活。而政府方面，因此必须支出巨额之调查计算经费，颇不合算，执是言之，现行税制不设家庭负担之免税规定，亦自有其用意。吾人一方固望政府能将薪给报酬所得之免税点提高，并允证券存款利息所得，酌量添设免税点，以作暂时之救济，同时亦愿人民缴纳直接税之习惯，逐渐养成，税制亦将由简入繁，税率由低提高，然后采用家庭负担减免之规定，似未晚也。

（三）征收须知草案第十二条第三款"自由之捐赠"应将公益慈善者除外。同人等以为自由之捐赠，不如改为"与营业无关系之自由捐赠"。盖自由之捐赠，有不属于公益慈善之性质，而与营业有关系者，如工商机关对于顾客为必要酬应礼品之赠送，或因使用人在营业上有特别劳绩或长久服务之关系，或因疾病伤亡等事故，而支给相当赠与金，按其性质，既无合同之规定，亦无法律上之义务，实为该机关之自由赠与，既为营业上获取主顾之代价，或受领劳务报酬之一种，允宜作为营业上之费用。即考之英美成例，凡捐赠之款，其与营业有关，而直接间接，有增加营业收益之可能者，均得作为业务费用，而在总收益中减除。其有业务条件之赠款，即无法律上或契约上给付之义务者亦同。我国征收须知草案中如将自由之捐赠改为"与营业无关之自由捐赠"，则可使经营事业之人，取得若干营业上之便利，间接亦可助长盈利之收入。至此某项捐赠之款究与营业有无关系，应待主管征收机关及审查委员会审查纳税人之各别情形而决定之，非可在征收须知中规定概括的标准也。

（四）呆账除营业期间实际损失者外，应包含决算时应收账款中合理预测之损失，请在资产估价方法第十九条，加列"合理预测之只呆账损失"一项。

（五）呆账折扣，请在开支项下增加"合理预测之呆账损失"一项。

上述两议决案，同对估价方法第十九条专采个别剔除法表示不满。然按之各国成例，对于呆账之处理，仅能就个别剔除法或综合准备法择一采用。在所得税之征收上，更不能容许一机关并用两法，以得规避纳税之便利。原议决案似拟请求准将两法并行,在学理上殊有未合。原夫综合准备估计呆账方法之采用,可使账款户数较多之商家,减少估计呆账工作上之困难。如在美国,即以采用个别剔除法为原则,而以综合准备法为例外。我国第一类征收须知草案,将综合准备法完全废弃不用,自非合于进步之会计原理。唯一机关同时并用两法,亦属不合。

四、敝所同人另有意见之议决案

（一）请停止营业税之征收。

此案研究会已决议暂行保留。考营业税不以是否获得盈余为纳税之前提,性质上为间接税,且为地方政府之税收,表面上虽与所得税为直接税兼为中央税者不同,但实质上均为就营业而征税,确系重复。以此例彼,则如交易所所纳之交易所税,公用事业所纳之专利税,究其实际,亦均与所得税有相当之架叠。所得税实行以后,税收必日渐增加,进而成为国税之主要泉源。中央财政基础既别有寄托,即在地方,亦可用附加税之方法,统一征收,不仅营业税、交易所税、公用事业税等叠床架屋诸税均应请求停征,即如其他性质不良之盐税出口税等,亦应请求逐渐减免。关于此点,我纳税人应于所得税施行之初,即向政府请求明令表示逐渐废除重复税与恶税之决心。故在同人之意,本案正宜扩大其请求范围,似不宜予以搁置也。

（二）商店官利请准列作实际开支。

官利列作开支,虽为深固之商业习惯,然在民法及公司法上,实无若何根据,衡以会计原理,亦有未合。盖如将官利列作开支,在股份有限公司结有亏损时,股东分派之不当利得,即足侵害公司债权人之利益,在合伙或无限公司组织结有亏损时,虚计股东之收益,实反增加其负担也。同人等以为请求将股本官利,得自收益总额内减除则可,若认作实际开支之一种,请求删除第一类征收须知第十二条第一款,在理论上未免缺乏根据。更进一步言之,第一类甲、乙两项营利事业所得之获利起征点,如提高至百分之十,则本案更可不成问题,因官利常在常年一分以下,营利所得起征点既经提高,则官利已经免税,不宜再作为开支,在所得额中扣除,而获得两重免税之利益也。

（三）征收须知草案第十二条第四款"营业上扩充或改革设备之费用"应将"或改革设备"五字删去。

原案之理由,想为改革设备之费用,性质上非资本支出,而应作为营业上之实际开支,执是以言,扩充之费用,又与改革设备之费用,有何区别。同人等以为此款原文不如改为"营业上扩充设备或改革设备之费用而因此增加其价值之存续期间在一年以上者"。换言之,某种设备费用如其价值之存续期间,不满一年,纵使属于扩充或改革营业性质,亦不能认为资本支出,而应从本年度收益总额内扣除之,似此界限显划,可杜不少争议也。

（四）依据施行细则第十二条第二项解释,个人一时营利事业所得,交易所经纪人可以扣除,店号所做者,不宜扣除。第一类征收须知第廿二条之规定似与抵触。

查施行细则第十二条规定之一时营利事业所得,应于各个交易结算时,结算其所得额,如有支付所得之机关,由该机关业务负责人代为扣缴,如无支付机关,始由纳税义务人或其他代理人自行缴纳,为施行细则第十九条第廿七条第二款所明订。复查暂行条例施行细则及征收须知,均无不得扣除之规定。唯按征收须知草案第十三条之规定,已经扣缴之所得税,得于应纳之所得税额中扣除之。此案就施行细则第二项"非营业之个人为前项买卖,而不于约定期日以现货交割者亦同"之文义,解为商号所做投机交易之所得,不必按次扣缴税款,似为曲解。

（五）存款利息所得税已被扣缴,自应从总收益内扣除。

查征收须知草案第十三条规定:"营业收益中已纳之所得税,应于应纳之所得税额中扣除之。"本案则主张应从总收益中扣除存款利息之所得,而非从应纳税额中扣除已纳之利息所得税款。此当视纳税人盈利合资本实额之百分率如何而定其合算与否。譬如甲企业之盈利数,合资本实额百分之十五,课税率为千分之六十,则以从总收益内扣除利息所得额为合算,因存款利息所得税率只为千分之五十也。又如乙企业之盈利数,合资本实额百分之十,课税率为千分之四十,则以照征收须知之规定,即自应纳税额内扣除千分之五十之已纳存款利息所得税额为合算。上列两种计算方法,结果不同,又因各个企业之盈余情形,而各有利弊,其抉择标准,殊不容易,似不如仍照须知草案办理,以息争端也。

（六）商店有房地产,不问系本业收入,抑副业收入,均须算入收益总额内课税。

（七）不以房地产为营利目的之法人,投资房地产而有所得,该项所得可否于计算纯益时,将其扣除,议决应由有关系者各自办理。上列两案议决要点,第六案谓须算入收益总额内课税,而第七案则又谓应由有关系者各自办理,意义似乎不甚一致。

所谓以房地产"为本业"或"为营利目的"者,可有两种解释。一指以房地产之租赁买卖为营业之范围而言,如地产公司是也。一以房地产为营业本身之必要设备而言,如工厂之自有厂基工场,银行之自有行址是也。在此种情形之下,其房地产之持有,或为其营业之本体,或为其营业之工具,其房地产上之收益,自应并入其营业总收益内,当无问题。

但如公司商店之持有房地产,既不以之为营业之本体,又不以之为营业之工具,仅因资本有余,购作投资之一项,则其收入,自不能作为营利之所得,援照个人不动产收入不纳所得税之例,应准除外。此点在条例及细则中,虽无明文规定,但其解释,自应如此也。至于公司商店之房产收入,既不作为其营业收益,则其房产之价值,自亦应从公司资产中,划分独立,方不致以不纳税之资产,膨胀其资本额。故同人之意,以为营利事业,若以纯粹投资之目的,购入房地产,则应请政府准其将房地产会计,划分独立（如银行之有储蓄部然）,房地产部之收益,与个人同等待遇,不征所得税,最为合理。

（八）论件工资,系以件为单位,一件或非一人所造成,现行条例无规定,不课税。

查第二类薪给报酬所得,本不以定期给付或定量给付为限,其不定期者,就其实际经过期间计算,主管征收机关且有决定所得额之权,不必纳税云云,似无根据。如每人每次支付报酬数额,在免税点以上,自应纳税。

（九）定额之膳宿费舟车交际费，不应照薪给报酬论。

依理似宜以实际必需而可以报销者为限。

（十）著作权版税应免税。

以提倡文化论，固属当然，唯著作家之负税能力，有时较劳力阶级为大，就其所得课税，亦难断为有失公平。

（十一）商誉即营业权，可在十年内提净。

第一类征收须知草案所附之资产估价方法第十三条，将营业权及著作权之折除年限，呆定为十年，太缺乏弹力性，事实上常多窒碍。商店公司之营业期间，多于合伙契约或公司章程中规定，固以超过十年者为多。然因营业性质之特殊，不足十年者，亦不罕其例。商誉之取得及使用亦同。其超过十年者，政府允许其在十年内，将营业权之价值折除净尽，似尚不失为提倡会计稳健之原则。若或种营业，原不作十年之计，而必强将其营业权分作十年折除，实觉太不近情。至于著作权之有效年限，虽有法律规定，但实际上著作之性质大有不同，即其价值存续期间之久暂，亦大有差异。其有时间性之著作品，英美各国允许纳税人于发行年份全数折除。至于大部分之教科书、歌曲、图画等类，其价值之寿命，在事实上亦多不能延长至十年之久。上述之营业权或著作权，若以固定之年限，强为规定，则恐为缴纳所得税而编制之决算表，其内容将与依实际情形而编制者，大相径庭。其不能表示纳税义务者真实之财政情形及营业结果，可以断言。开办费限定不得在少于五年之期间内提净（估价方法第二十三条规定，开办费之摊提，每年至多不得超过原额百分之二十）。本于上述同一理由，自亦有其窒碍难行之处也。

（十二）商店记账，应得保留实收实付制。议决，在第一类征收须知草案第九、第十两条，已有规定。

查草案第九条规定："称收入总额者，系指营业上实收及可收之总收益而言。"第十条规定："称实际开支者，系指营业上已付及应付未付之必要合理费用及呆账折旧盘存消耗以外之其他损费而言。"

是可知现行税制，明白采用权责发生制，即应收应付制，而摒除收付实现制，即实收实付制之适用。此点吾人绝不能认为满意。盖我国工商业规模狭小,会计凌乱者,所在皆是。兹于创行所得税伊始,强行较为完备之权责发生制之会计方法,事实上亦不可能。况如营造厂之营业,及分期付款销货之营业,尤有采行实收实付制之必需。同人等主张在各业会计制度未臻完备之时,政府应准许实收实付制之采用,唯公司行号究拟采用何种制度,应呈报主管征收机关备案。以后如改用他制,亦当事先呈准。庶可减少利用制度之更易,逃避纳税之弊端。本论案承认征收须知草案之规定为当,对于保留实收实付制(即收付实现制)之提案,以解释方式,予以否决,似有未当。

以上各项意见,系就敝所同人讨论之结果,简单叙述之,以就正于贵会各位代表并祈国内工商各界及税制专家,指其谬误,毋任咸幸。

(原载《立信月报》第 7 期,1937 年 1 月)

致财政部所得税事务处函(一)

——陈述对于第一类营利事业所得税征收须知草案应行改正各意见

窃维我国所得税暂行条例及其施行细则,颁行伊始,在立法院及大部修订该项法规之际,因时间过促,致条文内容,未免有不周之处。兹者,大部于条例及施行细则之外,增订第一类营利事业所得税征收须知,第二类薪给报酬所得税征收须知,及第三类证券存款利息所得税征收须知,用以补充条例细则中规定未周各点,用意甚盛,至深钦佩。所有第一类及第三类所得税征收须知,已以草案名义,先行发表,更足征所得税。主管诸公,慎重法令内容,广采各方意见之至意,尤所欣幸。敝会计师等因本身职务所关,平日对于所得税之会计方面各项问题,每加研究,对于大部此次颁布之所得税征收须知草案,深觉其详备周密,可以解决许多关于所得税计算方法上及申报缴纳手续上各项问题。唯其中亦有不少可以商榷改良之处,兹谨就敝会计师等管见所及,陈述于下,敬备采择,此后如有所见,仍拟随时贡其刍荛,以期征收须知之订定得臻尽善,是所至祷。

一、查第一类征收须知草案(以下简称草案)第五条规定:"施行细则第七条第二项所称之公积金,以依法令所规定之公积金为限。"此项条文,剥夺施行细则所已给予营利事业者之一部分权利,太无根据,应请删除,或加以改订。查施行细则第七条所称之"公积金",按其文义,实不以依法令所规定之公积金为限,盖施行细则中对于公积金或储蓄金,凡明认其应依政府法令所规定之数为限者,均经明文指出(见施行细则第十四条及第十五条)第七条所称之"公积金",未经明文指定为依法令所定者为限,则自可包括各项公积在内,此乃第一类所得税纳税人在施行细则上已经获得之权利,似不能以征收须知之规定而剥夺之也。

推此案所以如此规定之用意,或以各项公积种类繁多,不易确定,故除法定公积之外,一概不予承认。其实申报人在申报时,原应附具资产负债表,检查此表,即可确定其公积之总数,似无特别困难。若谓各项公积,易于虚增,难于稽核,则无限公司及合伙独资组织之资本,亦何尝不易于虚增,难于稽核,何独对于公积而加歧视哉。

敝会计师等所认为最简单而合理之方法,原为法定公积应全部并作资本计算,而任意提存之公积则可不予计算。因法定公积为法律所强迫提存之公积,其作用与资本毫无区别。法律既强其提存,自应许其全部计作资本。至于任意公积,则由业主自由提存,故不妨依照法定手续,随时将其改作资本,或将其尽量分配。不将其任何部分计作资本,事实上亦无多大困难。唯此点与施行细则之本身有关,似可作为修订施行细则时之参考。

二、查草案第九条"称收入总额者,系指营业上实收及可收之总收益而言",第十条"称实际开支者,系指营业上已付及应付未付之必要合理费用及呆账折旧盘存消耗以外之其他损费而言",是明白规定所有一切营利事业之会计制度,必须采用权责发生制,即英文所谓 Accrual Basis,而不准采用收付实现制,即英文所谓 Cash Basis 也。关于此点,从促进会计改良之标论之目,固属极可赞佩,但从实施方面而论,极多窒碍难行之处,似应另订变通办法。

考美国为所得税制最发达之一国,亦为工商会计最进步之一国,但其所得税之历史,则知"权责发生制"之使用,竟迟至一九一六年方受法律上之准许。一九〇七年美国内地消费税局对于公司纯益之征税,及一九一三年之所得税法规中,均规定公司纳税人应纳之所得税额,应以实际收支为计算之根据。良以会计知识未能普遍进步,会计制度未能普遍改良之时,原不能希望多数纳税人采用权责发生制,而为精密之损益计算。但事实上采用权责发生制之纳税人,为数亦属不少,如必强令全体一律采用简单之收付实现制,亦不免发生窒碍。是以美国财政部,不得不迁就商业习惯,于细则上规定,准许纳税者于计算纯益时,得采用盘存,并得计算已发生而未偿付之费用。此种会计原则,在美国一九一六年之收入法中,方为正式采用。至于今日,"收得实现"与"权责发生"两种制度,可由各人自由采用。唯既一经采用,则须继续用之,不能任意更改。其有必须由收付实现制改用权责发生制,或由权责发生制改用收付实现制者,必预于年度开始后三个月内,报告所得税局,经其核准,以防纳税人之取巧避税。夫以美国工商会计之发达,而尚许收付实现制及权责发生制之并用,则以吾国一般工商会计之陈旧简略,而必欲责全体纳税人以采用完备无缺之权责发生制,实为事实之所难能。我国内地各处无论矣,即以上海、天津、广州、汉口等通商大埠而论,其中小阶级之商人,每多仅设现金簿或日流簿一种,以记载其各项交易之收支数额。此种商人,如必欲令其采用权责发生制,以计算其实收及可收之总收益及已付与应付未付之费用,恐须大增其处理会计事务之费用,间接即增重其纳税之负担也。至于有数项特种业务(如分期付价销货及长期工程之类)即在会计原理上论之,亦应采用收付实现制,而不能采用权责发生制,草案中并不为之设置例外,似有未周。窃以为我国所得税法规中所称之会计制度,应照美国办法,任令纳税人自择。"收付实现制"可,"权责发生制"亦可,唯一经采用,即不许其任意变更,变更之际,必须预得主管官署之许可,此则推行既可尽利,而流弊亦可免除矣。

三、草案第十二条规定,"自由之捐赠",不能认为营业上之必要费用,如纳税人将其列入损益计算中,应于计算纯益时将其剔除云云。所谓"自由之捐赠"云者,究作如何解释,仍不明了。例如商店所捐助之祝寿飞机捐款、援助绥远捐款、水灾旱灾捐款、青年会慈幼会等捐款,论其性质,并非受法律之强迫而必须捐助者,其为自由之捐款无疑也。但此种捐款,姑无论国家社会对之,应予以特别奖励,不应更不许其作为费用,而禁止其自收益总额中减除。即在实际上论之,此等捐款,何莫非营利事业者为保存商誉之必要的支出也。再论赠款,工商使用人因营业上有特别劳绩或长处服务之关系,或因疾病伤亡等事故,而向雇用机关收受赠与金,按其性质,既无合同规定,亦无法律义务,实为雇用人自由之赠款。但按之实际,何莫非为过去劳务之报酬。若云自由之捐赠一律不准作为营业上之费用,姑不论营业机关对于公益慈善之捐款及对于使用人之赠恤,势将为之减少。即以业务本身而论,实系用于业务之款,不过其法律上之方式为自由之捐赠而已。政府若不许其作为费用,似觉太苛,此则敝会计师等期期以为不可者也。

按英美成例,凡捐赠之款,其与营业有关,而直接间接有增加营业收益之可能者,均可作为业务费用,而由总收益中减除。其有业务条件之赠款,即非负有法律上或契约上给付之义务者亦同,如赠与久任经理之特别酬劳金,及赠与受伤工人之特别恤金等是。唯在付给赠款人方面,既经作为业务费用而免纳所得税,则在收受人方面,自应算作其所得之一部分,而照缴所得税,此项原则,殊属合理,且在政府方面,亦无税收上之损失,实可采用。故敝会计师等以为草案第十二条第三款"自由之捐赠"字样,应改为"与营业无关系之捐赠",则可免除上述之流弊。至于某项捐赠之款,究竟与营业有无关系,是则不能在征收须知中为概括的规定。留待主管征收官署或审查委员会审察纳税人各别情形而决定之可矣。

四、查草案第十六条"甲乙两项营利事业因合并解散歇业转盘,经清算或清理后,其剩余之财产额超过原有资本实额者,就其超过部分,照暂行条例第四条税率课税"。所谓原有资本实额,当指实缴股本而言。则照此条规定,所有法定公积、任意公积、未分盈余等等,在清算分派时,均须照一时营利所得而课税,其为重复,实不待言。因一商业机关之剩余财产,其超过资本实额之部分,除法定公积依法尚未纳税,秘密公积在事实上尚未纳税外,其余任意提存之公积金、准备金及历届盈余滚存等等,当已于历届决算后,照缴第一类甲乙两项之所得税,何以在清算分配之时,又须令其再纳第一类丙项之所得税耶?查施行细则第二十一条规定:"第一类甲乙两项之营利事业,因合并解散歇业清理经结算后,仍有所得时,亦应课税。"此条所称之所得,当指清算期内之所得而言,绝不能指清算期前已经提存及已经纳税之任意公积金、准备金及盈余滚存而言。故草案第十六条之规定,殊不能谓其意义与施行细则相合,自应照加修改。

五、查草案第二十三条规定，纳税人被调查时应提示"该营业年度或前年度交易进出及银钱收付之必要账簿，或资产负债性质之誊清簿，或其他足资证明之文件"云云，观其连用数个或字，似觉纳税义务者，若能提出该营业年度交易进出及银钱收付之必要账簿，即可不必再另提出资产负债性之誊清簿。或如能提出资产负债性质之誊清簿，又可不必再行提出交易簿及银钱簿。又如提出本年度账簿，即可不必再提上年度账簿，如提出上年度账簿，又可不必提出本年度账簿。再如提出账簿，即可不必再提证明文件，既提证明文件，即可不必再提各项账簿。更进一步言之，誊清簿仅以资产负债性质者为限，则似关于损益各项之誊清簿，竟无所用其提出。细按此条规定，似为逃税及避免查账者大开方便之门，且对于查账技术上之需要，似亦不甚符合，或者此条文字间有错误，亦未可知耳。

照敝会计师等本身之经验而论，查账时所应查及之账册文件，原无一定，必须视被查事件之个别情形而定。在会计制度完备之机关，则传票上缺一签字，足为事态严重之表征，而需加以根究。至于旧式商店，对于证明文件，素不重视保存，则仅要据账册而查核之，亦为事实所必然。且检查之范围有广有狭，被检查之期间有长有短，所以需要检查之文件簿册，实难为具体的列举的规定。查施行细则第三十四条规定，当地主管征收机关得要求申报人提示有关纳税额之证明文据，最为妥当。征收须知中似不必另为列举的规定，反足以启示提示人以藏匿文据之途径。即云检查员对于纳税义务人，如可以任意要求其提示种种文据而一无限制，恐开检查员以留难需索之门，故不得不将可以要求提示之文据，加以明文限制。是则为因噎废食之办法，且文据不全，检查难有结果，则不如并检查一举而废除之，反为省事矣。鄙意以为各地主管征收机关，应斟酌各地工商业会计情形，规定纳税义务人应行提示之文据，或与当地工商同业公会会商决定之，最为妥当。草案二十三条应予酌改。

六、第一类所得税征收须知后附资产估价方法，各项规定，查与会计原理，多所符合。唯规定尚嫌简略呆板，似尚有补充及修改之必要。兹就鄙见所及，摘与数点如下。

甲、估价方法第十三条，对于营业权及著作权之折除，定为十年。此不仅缺少理论上之根据，且与事实相差太远，必须改为较有弹力性之规定，方便实施。盖商店公司之营业期间，多于合约或章程中规定，或超过十年，或不足十年。其超过十年者，政府允其在十年之内将其营业权之价值折除净尽，似尚不失为提倡会计稳健之原则。若其营业原不作十年之计，而必强将其营业权分作十年折除，实觉太不近情。至于著作权之有效年限，虽有法律规定，但实际上著作之性质，大有不同，即其价值之久暂，亦大有差异。其有时间性之著作品，英美各国允许纳税人于发行年份全数折除。至于大部分之教科书、歌曲、图书等类，其价值之寿命，在事实上亦多不能延长至十年之久。若以一律之年限强为规定，则恐为缴纳所得税而编制之决算表，其内容与依实际情形而编制者大相径庭，其不能表示纳税义务者真实之财政情形及营业结果，可断言也。

乙、查折旧率计算表将各项固定资产之折旧年限，均为分别规定，若者六十年，若者三十年、十年等等，而称之曰最短耐用年数。其实法律上所称之最短年数，即实际应用上之最长年数。盖商人为减少纯益计，必采用法律容许之最短年数，则折旧率表之应用，事实上必致十分呆板，毫无伸缩余地，与上述甲项情形，具有相同之缺点。窃以为固定资产之折旧，不仅为物质陈旧消耗之结果，更含有"不适用"及"废弃"之原因。例如事务所建筑物之为钢骨水泥或砖造者，其最短耐用年数，表中定为六十年，以物质上之陈旧消耗言之，固无不合，但若计及建筑物式样或内容之不适用而需及时废弃，则此项最短折旧年限，殊觉太长。试观上海市内之事务所建筑物，几曾见有保存至六十年之久，而不拆除改造者乎？是以敝会计师等以为该表所规定之各项固定资产之最短耐用年数，不能即作其最短折旧年数，必须就实际情形，另为规定也。且在通都大邑，工商各界每多租地造屋之举，其建筑物之折旧年限，当然不能以其耐用年数为标准，而需以其租地年限为准。此点在折旧率计算表后附之说明中未见有何规定，似属疏漏。

再按折旧一项，以原理论之，同一物件之使用年限，与其使用之情形，大有关系。例如同一品质之两汽锅，因其用水性质，有软硬之分，用煤品质,有高下之分,管理升火工人之技能,有优劣之分,工厂所在地之气候,有干湿之分,汽锅本身之使用,有忙闲之分,故其每年之折旧率,亦断乎不能相同,而必须分别为之估定也。考美国方面,对于各项固定资产之折旧率,系由各地税局向各地同业公会咨询后规定之。此法最能切合实际之需要,而可免呆板之弊病。在征收须知中,即认为应有相当的具体规定,以免毫无标准之困难,亦应将原规定为若干年者改为"若干年至若干年",在此最高最低限度之间,各工商业应采用之折旧率,准由各地所得税办事处与各地同业公会会商决定,呈由财政部核准,则呆板之弊及毫无标准之弊,均可免除矣。

或者谓日本方面,对于税率系用固定年限计算,现我征收须知草案已将其各项年限缩短,政府对于商人已极体贴,不应再有异议。须知以立法经验而论,新法必良于旧法,日本人对于会计之一般学识,未敢认为进步,其所规定之折旧率,殊不足以取法也。

丙、按估价方法第十九条,对于呆账之计算,仅承认各别账款估计之方法,而不承认综合准备估计之方法,此在账款户数极多之商家,实使其在估计呆账之工作上,发生重大之困难。查估计呆账之方法,为会计学家所公认而在会计书籍及实务上加以提倡者,一为各别估计法,一为综合估计法,在美国方面,以采用第一法为原则,但账户繁多,不便或不能各别估计者,则可应用第二法,唯其综合估计之方法,须详加说明。此种规定,最为适宜。征收须知草案中将综合估计法完全废弃,似非合于进步之会计原理也。

七、尚有一点,系关于文义上之修正。查草案第七条所规定之计算方法,固甚适当。唯所谓"就营业期间相当于全年度之比例换算其资本额"者,文义似甚牵强。即实例中所谓"营业期间为三个月,资本额为十二万元,三个月相当于全年之四分之一,故该期间之资本额应为十二万元之四分之一,计为三万元"云云,似不可解。因资本额非损益额可比,只能有每年每月或每日之平均数,而不能以时期之长短分割其一部分。在此三个月之营业期内,资本额每日为十二万元,并非三万元。故此条文字,应改为"就全年相当于营业时期之倍数换算其纯益额"云

云,则意义通顺矣。兹仅将本条文字,酌改如下:

"甲乙两项营利事业,其营业年度不满一年或营业年度有变更者,计算其所得时,应就全年相当于该营业期间或新旧交替期间之倍数,换算其纯益额,再计算其合资本额之百分数。例如资本实额为十二万元,营业期间为三个月,所得纯益为三千元,全年为三个月之四倍,则全年之纯益额应相当于三千元之四倍,计一万二千元,合资本额之百分之十。"

上述各项意见,仅就原草案各条有改订之必要者而言之,至于应行补充各点,正在详加考虑,当随时陈其管见,以供采择焉。此上

财政部所得税事务处主任高　副主任梁

（原载《会计学报》第 1 卷第 3 期,1937 年 1 月）

致财政部所得税事务处函(二)

——对于征收须知草案续陈应行补充改正各点

敬续陈者,序伦等曾于本月二十二日奉上一函,将序伦等对于大部所颁布之第一类所得税征收须知草案,认为应行改正各点,详为陈述,当荷督及。兹再将序伦等对于第一类所得税征收须知草案认为应行补充各点,及对于第二类、第三类所得税征收须知草案认为应行改正补充各点,列述于下。一得之愚,尚祈参酌采纳是荷。

甲、对于第一类营利事业所得税证收须知草案认为应行补充各点

(一)在国内国外均有营业机关,而其本支店间之营业损益,并无独立会计,不能各别计算者,其例甚多。此其国内外营业所得,必须为之划分。实施划分之方法,不外两种。一曰分摊法,一曰估计法。但分摊与估计之标准如何,征收须知中毫无规定,应予补订。否则在国内外有本店及分支店者,势将无法以计算其国内或国外部分之所得也。

(二)所得税暂行条例施行细则第二条,规定各国外交官之所得,免予征税。唯此项规定,殊嫌粗疏。盖所谓外交官者,仅指大使公使代办等正式外交官而言乎?抑包括领事及使馆等处之雇员而言乎?所谓所得者,仅指其外交官职务上之薪给所得而言乎?抑指其职务以外之所得,如证券存款利息及营业利益等,一并免税乎?是亦应在征收须知中明白规定,以资补救者也。

(三)查第一类所得税征收须知草案,对于普通贩卖业之商店及制造业之工厂,关于其收益额如何计算,规定较详。唯对于具有特种性质之营利事业,如保险公司,营造厂及分期付价销货商店等等,关于其收益

额之应如何计算，尚无规定。查国内此等厂商，为数甚多，日后申报纳税，必感无所遵循，似应即在征收须知中妥为规定。

（四）"公课"应如何解释，其应包括之内容，究属如何。似应补予规定。因公课之种类与性质，大有差别，非任何公课，皆可从收益额中减除也。例如土地之升科税，及改良道路之特征款（Special Nssessment），以及一切可以增加纳税义务者资产价值之征课，似不应列在扣除之数，而应作为资本的支出。又如向外国政府缴纳之资本税、营业税、所得税等，是否可以视为公课而一例减除，均应在征收须知中明白规定。因在我国国境之内，（中国）香港注册、美国注册之公司极多也。

（五）矿业林业机关，所有矿地林地之耗竭（Depletion），应如何计算，征收须知中未有明文规定，似应补入。

（六）施行细则第十二条："买卖与本业务无关之物品证券或金银货币，而其所得又不在本业务收入项下计算者，以一时营利事业论。"此条所谓买卖，必须设一时间上之限制。例如买进之物，二年一年或数个月之内仍行卖出，而有所得者，应予课税。此项时间限制，应视其物品性质之为固定资产或流动资产而酌为增减。如其出卖在此年限之外，则为资本之增值（Capital increment），而非一时之营利，不当缴纳所得税。此项时间之限制，极其重要，细则中既未规定，征收须知中自应补入，以免纠纷。

（七）查草案第十五条规定，"上年度之亏损，不得列入本年度计算"，与暂行条例及施行细则之规定，固无不合。但在事实上，确有使纳税人感觉困苦之弊。例如某公司资本十万元，前数年营业，连年失利，共计积亏至八万元之巨，本年幸得机会，获得三万元，则弥补已往之亏损，尚不足五万元。有何能力可以纳税？若前年亏损，不能与本年盈余抵除，则在本年须纳千分之一百之最高率所得税，计三千元。政府对于纳税人，殊太苛待，而有悖于能力纳税主义之原则矣。查英国法制，六年以内之亏损，准其在本年盈余内抵除，实为培养税源之唯一方法。我国似应采用。此虽为条例中之问题，似未可在讨论征收须知时提出，但事实上征收须知草案中，纠正或补救条例细则缺点之规定正多，关于上年损失可以抵除一点，似亦应在补救之列也。

乙、对于第二类薪给报酬所得税证收须知草案认为应行补充修改各点

（一）查草案第一条规定公务人员之范围，第二条规定公务机关之工人夫役为非公务人员。但兵士警士等人，究否作为公务人员，或视同工人夫役，不作为公务人员，似欠明了，似应明白规定。

（二）查草案第四条"公务人员因公支领之费用，不属于薪给报酬之范围"。所谓支领之费用，自当以实报实销者为限。如不实报实销，而仅支领整数，自应加入薪给内一并课税。关于此点，请予明文规定。

（三）查施行细则第十六条第一款，以退职金养老金等置在薪给之列。但照实际情形而论，此种退职金养老金，往往包含已经缴纳所得税之薪给的一部分（例如雇用职员之机关，按月从职员薪给中扣留一部分，另由机关点补一部分，凑成一数，积存若干期，于该员退职养老时，一次给付之）。则细则该条所称应行纳税之退职金养老金者，应在征收须知中明白解释为未经纳税之部分，方免重征。

又此种退职金养老金之一部分，实为储存薪给之利息。此利息之部分，应照第三类所得纳税，不应以其全部金额照第二类所得纳税。凡此种种，细则中毫无规定，似当于征收须知中补为规定。

（四）查施行细则第十七条规定，自由职业者及其他从事各业者，可以在其所得中先行扣除费用之第四款，为"其他业务上直接必须之费用"。本草案第九条，复将此项直接必须之费用，定为下列四款：（一）业务用具修理费；（二）广告费；（三）公会会费；（四）文具邮电及其他杂费。查此项列举的费用在事实上殊嫌疏漏。兹参考英美各国对于自由职业者及其他从事各业者准予扣除之费用，及中国会计师协会所定会计师事务所会计规程草案中，所列损失类各科目，拟请将"直接必须之费用"补充如下：

1. 公会会费出席会议所必须之费用。

2. 业务使用人膳费（以在业务所供给者为限）。

3. 公课费用。

4. 业务上必须之应酬费。

5. 复委托公费。

6. 为委托人所垫付款项之呆账损失。

7. 业务用具之折旧。

（五）业务所会计制度，应否采用权责发生制？抑应采用收付实现制？抑两制可以任择其一而采用之？征收须知中尚无规定。查"权责发生"与"收付实现"两制，倘可任意择用，又可任意变更，则纳税人可以设法逃税，故应有明文规定之限制。唯考英国自由职业者之会计制度，一律采用收付实现制。其所得为其"收支账"（Statement of Receipts and Disbursements）上之余额而非其"损益账"之余额。我国征收须知中，似亦应加入一条，规定事务所应用之会计制度，以资一律，而防逃税。

（六）查草案第十三条第二款规定"以借支方式代替发薪者，应就其各该月所借之实额缴税"。所谓"借支"者，应考虑其法律上之效力。如确系借款性质，日后有扣还可能，自不应预扣所得税。如确系预支薪金，日后无扣发之可能，则可按折扣发薪之例处理。本款规定，一方面似觉衍文，一方面又不承认确有借支之事实，似可删除。

（七）查草案第十六条末项，"其在该年内每月月薪如有增减者，应于补税时，比照上列方法计算之"。此原因条例规定第二类所得，依照每月平均额定其税率。故年终支领奖金分红等等，应重为计算其每月平均所得而补税，固甚合理。唯从反对方面言之，减薪之举，亦所常有。须知中只有补税之规定，而无退税之规定，似嫌疏陋。例如某甲从一月份起，原支月薪六百元，每月扣税二十三元六角。六个月内共已缴税款一百四十一元六角。但从七月份起，减支月薪为三百元，直到十二月底为止。每月应扣缴税款五元六角，六个月共扣三十三元六角。两项共扣税款一百七十五元二角。但在该年度内，其每月平均薪额为四百五十元，每月应纳税十二元六角。十二个月只需纳税一百五十一元二角。唯被已扣缴一百七十五元二角。但在该年度内，其每月平均薪额为四百五十元，每月应纳税十二元六角。十二个月只需纳税一百五十一元二角。唯被已扣缴一百七十五元二角,故应申请退税二十四元,方为合理。此项规定,当须补入。

(八)再查条例规定第二类所得应以每月平均额计算课税。但在薪给报酬之以月计者,并未指明其为若何月份或若干月份之平均额。然则第二类领取月薪之纳税人,是否亦适用历年制而平均其所得?或是否可按照第一类所得之结算方法,依照习惯上之年度而为平均?或是否只能以实有所得之月份而为平均,其无所得之月份,不能加入平均?此等问题,极属重要,遍查条例及细则,均无明白规定,则在征收须知中,自应补予规定。例如上举实例,应否准其退税,与其所得额之如何平均,极有关系。倘使以原支薪额之六个月为一平均期间,即无须退税,若以一年十二个月为一平均期间,则必须退税也。又如某甲一月至六月份,支月薪六百元,七月至八月份,因病告假,停止薪金,九月至十二月份减支薪金每月四百元。是则该甲之每月平均所得,究系领薪之十个月之平均额,计五百二十元乎?抑系全年十二个月之平均额,计四百三十三元三角三分乎?是亦一极重要而需明白规定之事项也。

(九)查草案第十九条,"自由职业者及其他从事各业者之所得,如无固定支付机关或雇主者,应每六个月结算所得一次,申报缴纳所得税"云云。似应将"如无固定支付机关或雇主"一语,改为"自己设有业务所或无雇主"。因自由职业等者之所得,其属于常年性质者,大都有固定支付机关,但因其业务所之费用,须从其所得中扣除。故所得税能由支付机关代为扣缴。征收须知容许其每六个月结算一次者,因其业务所有开支,且其每月所得多少不均之故,而非因其有无固定支付之机关也。

(十)政府机关对于公务人员,营业机关及职业事务所对于雇用人,所给予之膳宿车马贴费,或供给膳食宿舍以及车马等之使用,其所值之金额,是否应计入公务人员或雇用人之薪给中,一并纳税?本草案中,未有规定。查此等事实,甚为常见。倘认为应行计入薪给所得,自应明白规定。倘认为可以不必计入,亦应为之定一限度,以免借此减少其薪给之名义上数额,而无限制地增加此等贴费也。查美国成例,凡膳宿车马等等,若雇主为求使用人服务上之便利计而供给之者,则贴费或其价值,不作为其使用人之薪给。苟非为雇主服务上之便利，而为使用人自己之生活费用者，则应并入其薪给中，计算所得。此项原则，至为合理，似应补订于本草案中。

丙、对于第三类证券存款所得税征收须知草案认为应行补充修正各点

（一）查草案第二条规定，"股票利息系指股息而言"，则股份红利似已无须纳税。以此减轻公司股票纳税之重复，固属佳事。但若不于同时为股息定一最低限度，则恐公司均将修改其章程，取消其股息或官利，而股份之所得，全以红利为名，则此条之效果，势必使股票所得税全部逃避矣。

（二）查草案第三条规定："存款利息包含左列各款，（1）银行钱庄所收存款之利息，（2）银钱业外商号团体及个人借与公司商号款项之利息。"内中第二款不仅在文字上有不易解释之困难，即在意义上，恐亦大有问题。第一，所谓团体者，究指何物，殊欠明了。第二，依照此款文字，严格解释，个人借与个人之款，公司商号团体借与个人之款，以及公司借与公司商号之款，均不包括于本草案所称之"存款利息"中，无须纳税。此项解释，是否正确，有无意义，均成问题。故应另予明白规定，方能使人了解。

（三）查草案第四条："银行钱庄之放款及银钱业同业间之往来款项，其所生之利息，应归入营业收益项下计算，不征收存款利息所得税。"规定固属甚当。但营利机关之存放款项，其所被扣缴之存款利息所得税，依照第一类征收须知草案第十三条之规定，仍可于应纳之所得税额中扣除，究其实际，亦等于不征存款利息所得税，故上述第四条之适用，并不以银钱业为限也。是以本条末句"不征收存款利息所得税"。似应改为"无须由支付利息机关代扣存款利息所得税"，方为正确。

（四）关于零存整取之款项，其利息所得，如何计算，似应加以规定。兹依照本草案第七条关于寿险保险金视为存款利息所得部分之计算方法，拟条文如下：

374

"零存整取之存款,其整取金额,超过实际存入金额之部分,作为存款利息之所得。"

（五）关于整存零取之款项,其利息所得如何计算?其税额应在何时扣缴?亦均应加以规定。例如整存金额一千元,约定在十二年即一百四十四个月之期间内,每月支取金额十元。按照美国成例,其利息之计算及所得税之缴纳,有两种办法。第一,以最初一百个月所取每月十元之金额,视为本金之返还,不扣所得税。从第一百零一个月起,每月所支之十元,均作为利息所得,而于支付时照扣所得税。第二,从第一个月起与第一百四十四个月为止,每月所支之十元,以精密之计算,划分为本金与利息两部,而照扣其利息部分之所得税。我国究取何种办法,应明文规定。以意度之,则第一法比较简单稳健,应予采用。此上

财政部所得税事务处处长　高

　　　　副处长　梁

（原载《立信月报》第 7 期,1937 年 2 月）

致财政部所得税事务处函(二)

所得税与工商管理之关系

——在无锡及宜兴县商会演讲

诸位主席、诸位先生：

今日贵会举行春宴，鄙人与李文杰会计师，辱承见召，到此演讲所得税问题，至为荣幸。关于所得税问题，各处商会多有研究会之设立，贵县工商发达，人才经济，冠于全省，对于所得税问题之研究，当然较他处为深。敝立信会计师事务所同人，近因本身职务关系，对于此等问题，自亦加以相当之研究。所有敝同人等在他处发表之意见，大都陆续发表于敝所之月刊。今日带来最近两期，分送诸位，请求指正与参考，不再复述。今日拟讲题目，专就所得税与工商管理之关系，略为申说。自所得税开征之后，在工商管理方面，几乎一举一动，无不与所得税发生相当关系。有时此种关系，甚为重要，未可忽视，是以关于所得税问题之知识，实为工商管理人员必须具备之常识。

吾人讨论所得税，可从两方面立论。一从政府方面着想：应根据下列原则，将所得税法规制定成为完备无缺之法规。第一，纳税人负担要公平；第二，纳税手续要简便；第三，逃税情形要防止。吾人立于纳税人方面着想，也有几个原则：第一，申报纳税应诚实，不可隐匿逃避，此在积极方面，是尽国民之天职，在消极方面，是免蹈法网。第二，在法律规定之范围，应尽量节省其所得税；在政府只望纳税人将应纳之税照数缴纳，并不希望其法外多纳，但纳税人在营业期中，为各种行为因不明法律规定，而生错误，往往不免有法外多纳之事，此应留意免除者。所有为政府方面着想，而提出之意见；均在敝所同人致所得税事务处函中，在及上海市商会讲演稿中详细论及。今日所拟涉及者，仅为工商界纳税人着想，而提出之问题，观察出发点有不同，故着意亦有区别；并非鄙人专为纳税人计算，而不为国家计算，此应请诸先生体会者也。

敝人兹从工商机关之创立为始,讲至其清算解散为止,所有管理上之一举一动,几无皆须考虑到所得税问题;倘使不加考虑,即不免有多纳税款之损失。唯问题太多,今日所能涉及者,只为一鳞一爪,即为诸先生一隅三反之用耳。

第一步先讲工商机关之创立:一个机关之设立,其先决问题,厥为筹集资本,但是筹集资本一事,与所得税之关系殊大;因营利所得系按照资本额合成百分数而定其税率,所以资本额之大小,实与日后应纳税额有关。普通一般见解,以为资本愈大,纳税额可以愈小,其实问题何常如此简单。第一问题要决定的,即说一工商厂号,其资本额应否决定在二千元以下,以享受免税之利益;第二问题即资本若须增加,则其所得税是否与其营业税可以互抵;第三问题即为资本与借款间之多少究应如何决定:此项问题,又极复杂;如某一营利事业,其利益合资本额常不能满百分之五,即一分五厘,则以借款改作资本为合算,如营业利益合资本总额常在二分半以上,则以借款不改作资本为合算,此间应如何斟酌决定,是为工商管理者所不可不考虑者也。

第二步讲人员之雇用:关于雇用人员最重要之问题,厥为薪给报酬之决定,此与所得税亦有莫大之关系;例如职员之报酬,应采纯粹薪给制度乎?抑应采纯粹分红制度乎?或兼采两种制度乎?薪给在营业机关本身,可作开支,从总所得中扣除,只需由职员纳一重税,若用分红制度,则在机关本身,既须纳营利所得税,收受薪给之人,又须纳报酬所得税。又如职员待遇,应否供给膳宿,亦与所得税问题有关;因照最近所得税事务所之解释,职员月薪在三十元以下者之膳宿供给,可不计入所得,三十元以上之人,即使供给膳宿,亦须依其价值,算入所得。

第三步讲建筑厂房:此问题似与所得税相离甚远,但实际上亦有密切关系;因厂房最重要之问题,即为其使用年限及折旧问题,折旧之计算,规定于第一类所得税征收须知中(现尚为草案),钢骨水泥的厂房,至短须照四十年折尽,木造厂房,至短应照二十年折尽,然则某一工厂,倘只预备营业三十年,最好不必建筑钢骨水泥之厂房,又如租地造屋,大致可以依照租地年限折旧,然则建筑钢骨水泥厂房,而不预备使用四十年者,只有用租地造屋之一法,所得税与厂房之建筑事项,竟有如许关系,殊足注意也。

第四步再讲借款:一机关计算借款,所有利息,在借款机关作为开支,在贷款人则应在所收利息上缴纳利息所得税。对于借贷条件上,似与所得税无甚关系,其实不然,例如一独资商店,依照第三类征收须知草案,若由商店名义借款,则须纳所得税。若由店主私人名义借款,则无须纳所得税,则店主私人名义借款,再交商店作为资本,岂非可以免税乎?(此种情形为法律上之缺点,自须改正方可防止此种取巧行为)又贷款人与借款机关订立借款条件,有时亦与所得税发生关系。

第五步再讲贷款:贷款与人,成为坏账,可从总收益中扣除,我国法制,对此尚无任何限制。但在他国,对于贷于亲友之款,出贷时并不希望归还之款,与不肯依法催收之贷款,均不得作为坏账。在我国现行法规之下,既无此种限制,则许多正当或不正当避税方法,难以尽行防止,管理人员,不可不知。其他如设立分支店,进货销货,亦均无一处不与所得税问题有关。至于办理决算,分配红利等事,则直接与所得税发生关系,其应顾虑到所得税之各项问题自属当然。

最后提及一业之解散清算所得:即其剩余之财产类超过原有资本实额者,按照第一类所得税征收须知草案第十六项,亦应照一时营利课税,此法律上实有一部分之重复课税,然商人在不得不遵守法令之情形下,只有在清算前,对于已经纳税之公积及盈余滚存等,预为分派。此则在准备清算时,所须预为顾及者也。

以上所述在工商管理上应行虑及之所得税问题,不过为一鳞一爪,其他问题,无从尽述。唯即此可见所得税与工商管理之关系,殊为密切而重要。一般工商管理人员对于所得税一科,不可不加以相当之研究也。上海市商会方面,已设有所得税专门委员会,聘任工商专家与会计专家,担任其职。各业当局可以一同研究,苟有不易解决之问题,即可提交委员会研究答解,研究结果,有时亦可呈请政府采纳施行。贵会方面似可照办,日后如承顾问,敝所各会计师,自无不乐贡刍荛,以答厚意也。

(原载《立信月报》第 8 期,1937 年 2 月)

为我国所得税几个重要问题作答

——民国二十六年三月八日在实业部纪念周演讲稿

主席,诸位长者、诸位先生:

鄙人承主席见召,今天来此演讲,自觉才疏学浅,班门弄斧,贻笑大方,还祈原谅。

鄙人今天所要讲的题目是"为我国所得税几个重要问题作答"。查所得税问题,在上海已经很受一般人民的注意。不论士农工商,多要把它来研究一下,或者请个专家来演讲指导。鄙人已经在上海和各处,把这个题目讲了好几十次。这因为所得税和各个人都有直接的密切的关系,加以注意和研究,实在是纳税人对于自己应有的义务。不过在南京首都地方,一般人民,对于这项问题,反而显然没有上海人民这样的注意,这在推行新税方面说来,多少有些阻碍。此次大部周次长命鄙人来讲这个题目,定为促进首都方面一般人士的注意而起。不过鄙人以前在各处讲演所得税,大都是批评和研究的性质。今天到此地来讲演,却要说几句和现行所得税法制辩护的话。在诸位先生或者以鄙人到政府机关来演讲,便要说政府方面的话,要笑鄙人是个投机家,这个鄙人也不必绝对否认,但是我国所得税现行法制,虽不免有可以批评的地方,但何尝无它的立法意义和理由呢?难道一般人民随便发表的意见,倒反为立法院财政部诸公所想不到的吗?

鄙人今天演讲的内容分为下列六节:(一)所得税何以称为良税?(二)所得税比较他种赋税何以较为公平?(三)所得税的实施,要如何方为公平?以上是关于所得税一般的原理。其次再讲(四)各界对于我国所得税制度最严重的批评。(五)本人对于这种批评的答解。(六)附带还要说,大部对于推行所得税应有的协助。

（一）所得税何以称为良税？我们常常听一般人说，所得税是个良税。但究竟它良在什么上呢？良税的原则第一是要公平。公平的意思，便是说人民负担税额的多少，要看他纳税能力的大小。能力大的该多纳税，能力小的便该少纳，无能力的便该不纳。所得税是依照这个原则而征收的，所以我人认它为公平的良税。

（二）所得税比他种赋税何以较为公平？从赋税的历史上说来，抽取赋税的客体，已经有多种的变化。最初是把"人丁"来做抽税的对象，各人纳相等的税。这在社会经济不发达，各人的财富能力无甚差别的时候，原是很公平的。但后来各人穷富悬殊，每人纳相同的丁税，便成为最不公平的事实。所以便改把"财产"来做征税的标准。起先所谓财产，大都是不动产，性质相近，做纳税的标准，也是很公平的，但后来财产的变化渐多，有多项的财产，虽有他的价值，但是并无孳息，所以无力负担赋税，且有许多无形财产，虽有价值，虽有孳息，但无从估计他的价值，所以容易逃税。又有许多人民，如公务员、职业家等，虽无财产，但年有巨额收入，能力并不算小，但得永久享着免纳各种赋税的特权，亦觉太不公平。所以财产一项，后来也不能算是征税的公平标准了。于是有人主张把各人"消费"的数额，来做纳税的标准，他的理由，因为财力和收入比较大的人，消费额一定较多，财力和收入均不见佳的人，无可消费，消费额一定很少。故从各人消费的多少，可以推测他的财力收入的大小。所以消费额好做征税的标准，此说虽不无相当理由，但也是不能认为公平。因穷人的消费额，每是他收入金额的全部，且大有超过收入额的可能。富人的消费额则常常为他收入额的一小部分。所以消费税在事实上是轻课富人而重课贫民，亦是不公平的。所以又有人主张把生产或收益来做课税标准。凡属财产或事业如有生产收益，则课以税，无生产收益，则不课税，税额的大小，相当于他生产收益额的多少。这固然是个比较公平的方法。但同是一亩田一宅屋，或是贫人所有，或是富人所有，倘若不问他所有主的贫富，而在其收成和房租上，课同一的税额，何能算是公平呢？所以赋税学家最后主张，把各人的所得，作为纳税的标准，不把物做课税的对象，而把人做课税的对象。把上述各种课税的不公平现象，一概免除。这所谓改间接税为直接税,实是赋税上一大进步。

（三）所得税的课征,要如何方为公平? 但是所得税的课征,必须具备四项条件,方能达到真正公平的境域,否则所谓公平,仍不过是假的,现在把这四项条件,略述如下:

甲、轻课小所得重课大所得 这个原则,换句话来说,便是累进税率的适用。例如甲每年所得一千元,乙每年所得一万元,丙每年所得十万元。如果照比例税率课税,三个人每年纳税各等于他所得的十分之一,则甲年纳一百元,乙纳一千元,丙纳一万元。这在表面上看来,似乎是公平的,其实很欠公平。因为甲必要节省了许多必需的费用。方能省下一百元,交给政府。丙省下一万元,还有九万元,生活费用上仍可十分奢侈,丝毫不受纳税的影响。所以公平的办法,所得税率应该照所得的增加而累进。譬如甲年纳十元,乙年纳一千元,丙年纳三万元,方算公平。

乙、个人所得应综合课税不应分别课税 这是说一个人的所得,不论他是何来源,都应该合并计算总数,然后适用上述的累进税率纳税。不该容许一个人把他各类所得分别计数,分别纳税。因各种所得,如准其分别计数,分别纳税,则累进税率的适用,是要失掉它一大部分的效力了。

丙、轻课劳力所得重课不劳所得 劳力所得例如薪给工资等类,不劳所得便是财产上的收益和资本的利息。以劳力获取所得,是要受许多精神上体力上的牺牲,所以应该少纳些赋税。至于不劳所得,在所得人方面的安然享受,不需精神体力的牺牲,所以应该多纳些赋税方为公平。

丁、课税不可重复 这是说某项所得,既经课税,不可重课,这理由是很明显的,不必细说。

（四）各界人士对于现行所得税制度最严重的批评。根据上述所得税的四大原则,以观察我国现行的所得税制度,则颇觉有多点可受我人訾议的地方。今把各界人士所已经发表的各项意见,归纳起来,则有下列五点的批评,比较最为严重。

（甲）我国所得税不采用综合制度,而采用纯粹的分类制度,把所得分成三类各别纳税,因之纳税人的全部纳税能力,不能表现,而累进税率之运用,亦成偏跛,不照上述第二个原则,所以不能达到真正公平的目的。

为我国所得税几个重要问题作答

（乙）不劳所得，即证券存款利息所得，课税甚轻（只百分之五），而劳力所得，即薪给报酬所得，课税反极重（最高额为百分之二十），与上述第三原则，根本相反。

（丙）第三类证券存款利息所得税，不适用累进率，而第一类营利事业所得和第二类薪给报酬所得反适用累进甚速的税率，亦是轻课不劳所得和重课劳力所得的一种不公平的表现。

（丁）第二类所得税不设家庭负担减免的规定，也和能力纳税主义不合。

（戊）公司股票的股利所得税，和公司本身的营利所得税，实为重复课税，和上述第四项原则不合。

（五）对于上列批评的答复。以上各说，不能说他没有相当的理由。但一种税制的设定，必须考虑到多方面的情形，断不能完全采用理论上的主张。现在鄙人可代政府，答复上列各项的批评如下：

（甲）1. 综合制是过分偏于理论，世界各国中间，仅有美利坚一国的所得税，系采纯粹的综合制，日本最初创办所得税，原是采用纯粹的综合制，但不久便改用分类制。可见综合制的不易实行。

2. 英国初创所得税，亦是用分类制的，年来方在分类制度上建立综合的办法。

3. 照我国工商及个人会计情形，和国人对于缴纳直接税的习惯看来，综合所得税制度是断难在目下施行的。倘若施行这种制度，恐怕逃税便无方法可以防止。不过日后在分类所得税制度上渐渐加入综合的办法，也是政府应有的手段。

（乙）1. 在我国现状之下，资本课税不能过重，以防资本的逃避隐匿。

2. 说我国不劳所得税甚轻，是可以的，若说我国劳力所得税甚重，则是不可。因我国税率比较英美最高税率，尚低数倍。譬如有一物件，值币一元，甲以三角钱购得，乙以六角钱购得，甲乙均占便宜，不过乙所得的便宜，不如甲的便宜是了。

3. 还有一重要理由，即受薪给报酬的人们，以前除公务员外，迄未纳过任何直接赋税，不若营利事业，早就被征课了各种的赋税，如营业税、专利税统税等。所以收受薪给诸人，纳税稍多，似亦应当。至于公务员，则所得税率，比较原有所得捐率，已经减轻，更不成问题也。

（丙）第三类所得，因我国未举行财产登记，故资本的转移分析，极为容易。所以在收税技术上，不能用累进税利率，以催促他的逃税。

（丁）家庭妻子负担比较重大的人，应该减免他一部分的所得税，这固是极正当的理由。但我国所得税方始创行，力求征课方法的简单和调查费用的减省，也是重要，并且现行税率，在小额所得阶级，究属甚低，倘设每月十元或二十元的减免额，在纳税人方面每月不过省纳税款五分或一角，对于家庭生活，并无大补。但是政府方面，因此必须详细调查各纳税人的家族人口，多用经费，大不合算。所以实际上还是不设家庭负担减免的规定为是。等待日后税率提高再设这种减免规定，并不算迟。

（戊）税收的重复，只是对于一个人（包括自然人和法人）而言的。若是对于两个人而言，则各种赋税，原多是重复的。公司营利所得税是公司以法人资格纳的，股票利息所得税是股东纳的。若说这样是重复，那我受报酬，应当纳税，我把我已经纳税的报酬付给我的汽车夫做工资，该车夫再要纳税，也可说是重复课税了。岂非不通。不过公司股票利息应纳所得税，较之其他无限性质的商业组织所发股东红利无须纳税，不免相形见绌，这是确定的。所以政府应该用别种方法来减轻有限公司的负担，也是应当的。

（六）大部对于所得税的施行应给予的协助。鄙人最后还要略说一些大部对于所得税的施行，应给予的协助。现在我国最重要的所得税便是第一类营利事业所得税。这种税率，是照盈利所得合资本额的百分数而累进的。所以营利事业的资本，必要有确当的计算。如听各业虚抬它们的资本额，则便是逃税的张本，应该设法防止。查营利事业是大部所主管的。他们资本的增减，有各种法定手续，也要经过大部的核准，所以大部对于各业资本额的准确决定，是负有相当的责任。查营利事业的组织，按照我国现行法律，分为独资、合伙、无限公司、两合公司、股份有限公司、股份两合公司和合作社等，在股份有限公司、股份两合公司的有限责任股份部分，所有募股收款验资创立增减资本提存公积清算解散等手续,多有公司法替他详细规定,所以他们的资本额,还不能由股东或董事等随意增减。但是法定验资登记等手续,还不能算十分完备,并且关于把公积盈利增估各种有形无形资产转作资本等问题,在公司法规中间,还没有详密的规定。所以公司如果要虚抬资本,也非办不到的。大部方面已经顾到此点,所以最近批复公司呈请增资等项案件,已临时定有种种新的办法,例如把旧的固定资产、申估价值,作为增资,必须先向大部提出价值的证明文件,得到允准,方可着手办理增资手续;无形资产的估价,应由专家提出估价意见书,一并呈部等等。这是极应当的。但这种零碎片断的办法,恐终不能应付这种新生的环境,希望大部对于公司设立增资时在验资方面应加补充的手续,详细补充规定于公司登记规则中间,使一般商人都可了解遵办,这实在是目前切要的计划。

至于无限性质的商业组织,资本额的增减,原可听各股东间或合伙人间自由的约定,或由资本主个人意思的决定,法律上原无一定手续。这种组织,如要设法虚增虚减它的资本(即减至两千元以下以便全部免税),法律上实少防止的办法。所得税的逃避,当然是极易的事了。所以鄙人主张这种组织的所得,根本上不应把合资本额的百分数,作为税率累进的标准。应该照个人一样,把它们的所得额本身,作为税率累进的标准。这不仅因它们资本额的决定,无从检查,资本额的虚增虚减,无从防止,也因无限商业组织经营事业的大小,根本上并不靠着它资本额的大小,而实在靠着它资本主的信用。所以根本上无须把它的所得合它的资本额。日后修改所得税法,希望立法院诸公注意到这一点。但为应付目前已经发生的环境,大部方面,对于合伙独资无限公司等,似应临时规定一种资本检查的办法,至于这项具体办法,究应如何规定,自不能在今天匆促的讲演中来详细讨论。鄙人受财政部所得税事务处的特约,专门研究防止逃税方法,而研究各种营利事业确定资本的方法,自是防止逃税方法中极关重要的一步,所以对于这个问题,正在研究,并且稍有具体意见,如承大部下问,自极愿竭诚贡献的。

(原载《立信月报》第 6 期,1937 年 3 月)

本所创办立信会计专科学校缘起

昔者,我国工商各界,对于会计一项,向不重视。因此本所创立之初,即深觉各公司商号及工厂之会计制度,简陋残缺,实有改进之必要。然欲改良各业会计制度,自必先从造就相当之会计人才入手。乃于民国十七年春,在本埠开设会计夜校,俾会计职员及职业学生,均得利用业余时间,补习会计学识技能。唯是远道学生,每苦不能舍职来沪入学肄业,因之于十九年八月,增设函授学校,嗣应环境需要,又设立晨校日校星期日校。更于川滇黔康各省中心地之四川重庆设立分校。以上乃本所办理会计补习学校之经过情形。九载以还,入学者为数已达七千余人,毕业学生之服务于社会者,亦幸得一般工商家之信任,藉使展其所学。是本所对于养成普通会计人才之目标,可谓已得相当之成就。唯查社会之进演,无时或已,企业之组织,亦愈形繁复。处现时代的立场,欲负改进会计之使命,盖非创办会计专科学校以造就高等专门人才不可。本所数年以来曾集中同人心力编著立信会计丛书,迄今已出版者计有三十余种,关于会计学术之书籍,种类略备,以之作为会计专科学校之教本,亦勉可适用。会计专校一旦建立,则所有丛书可借学子研求之力,而时加修订,俾切实用,一方并可将丛书版税,充作学校基金。此项版税,嗣后每年可收两万元,用以补助专科学校经费,已无虞不足。序伦复出执业十年所积余之现金六万元尽数捐作本校建筑基金,本所各会计师,又共同捐助图书数千册,再由本所于本期业务收入项下捐拨本校设备费五千元。总计基金一项包括现金及财产,总值有十七万元之巨,以之办理一会计专科学校暂时不致竭蹶。今岁正值本所创业十周,故决于本年起,创设立信会计专科学校,

以资纪念。学校一切章则，均按照教育部所颁法规办理，期于最短期内，呈部立案，俾卒业同学，可应政府高等考试，或充任会计师。兹者，校董会业已呈请立案，校舍亦已觅定。所有本所附设之补习学校，拟即改为专科学校之补习科，决定于两年间，在本埠中区地带，自建校舍，以垂永久，至于今后，校务之进展，则全赖于工商各界及全校同学之时赐协助也。

（原载《立信月报》第 10 期，1937 年 5 月）

告立信会计补习
学校全体同学书

诸位同学：

　　本所创设会计补习学校已满十载，入学肄业及卒业各同学，数逾八千，各同学在国内各地工商机关及政府公团担任会计事务，多能胜任愉快，此诚本校莫大之荣幸也，本所同人深维会计补习教育，不易养成高等专门人才，欲使我校成为国内会计学术之中心，非将本校扩充为专科学校不可，同人等持此素志，已历四年，唯以能力薄弱，未敢轻举，本年上学期本校为外埠远来就读之青年学子谋时间上及修学上之便利计，添办日校，增加上课时间，缩短修业期限，使来学之士，在二三学期之短时期内，即能修毕大学商学院会计系各项主要课程，以利就业，并代办宿舍，使学生无居住上之不便，开办以后，入学者多至六十人，复以所得税施行后，各界需用会计人才更亟，同人等深感造就会计专门人才之专科学校，其设立不容再缓，爰由本所同人捐出财产及现款共计十七万元，作为立信会计专科学校之基金，原有立信会计补习学校，拟即改为专科学校附设之补习科，敦聘专家担任教授，预定在两年以内，在上海公共租界中区觅购适当地点，自建校舍，完成立案手续。现在本校校董会，已于四月十五日成立，呈报开办手续经核准后，即可开始招生，诸位同学，平时对于母校之状况，关注甚切，兹闻母校扩充为专科学校，谅必深感欣慰，同人等自觉未来之责任艰巨异常，甚盼诸位同学不时以加指助，期副社会所加于同人等之热烈期望，同时母校成立以来，本年已届十周年，序伦极愿诸位同学与本所同人抱一共同信念，即立信会计专科学校不仅为立信会计师事务所所有，实际上应为立信会计学校全体同学所有，基于此种信念，诸位同学不仅在物质上应随时随地予同人等以协助，尤望在精神方面互相团结，以共维立信之光荣，他日在我校成为吾国会计学术之中心，岂仅序伦个人之荣誉，岂仅本所全体同人之荣誉而已哉，上海诸位同学，发起筹集立信专科学校奖学及图书设备等基金，以为母校十周年扩充纪念，同人等欣闻之下，兴奋异常，我立信同学遍于国内各地，果能全体起而响应，效果必大可观，谨以本校成立经过布告诸位同学，兼以企求诸位同学之同情表示焉。

（原载《立信月报》第 10 期，1937 年 5 月）

论战事损失之处理办法

——并答奚玉书会计师

自奚玉书会计师主张将此次工商机关所受之战事损失，列作递延资产，分年摊提，并呈奉经济部，咨准财政部，以"尚可照准"等语批复以后，奚会计师又复拟有"处理战事损失补充办法草案"十条，送请本市会计师公会，提出讨论。鄙人承奚君不弃简陋，嘱对于其所提办法，尽量发表意见，故敢不揣愚昧，提出下列各点意见，俾供奚君与会计师公会同人及一般工商界人士参考焉。

一、战事损失并非递延资产，而系纯粹损失

查一般中外会计书籍，对于递延资产之意义，原有一致不移之规定，即本期已经支出之费用，而有（一）"节省以后各期费用"或（二）"使以后各期营业受其惠益"之两项作用者。则其所能减省后期费用之部分，或使后期营业受其惠益之部分，在会计原理及实务上，可许其列作递延资产。而用种种公允的比例，俾以后各项之收益，分担其一部分之摊提数额，例如本年中预付本下两年度之广告费共两万元，则在本年之末，应将预付下年度之广告费，用"预付费用"科目，列入资产负债表中递延资产项下，自属毫无问题，盖此预付下年度之广告费一万元，所有各项广告，本年尚未刊登，须待下年登出，则自可节省下年度如许之现金支出也。设下年度已无登载广告之需要，则此项预付广告费，当可收回全数或一部分。又如本年度举行大规模之广告宣传，计费两万元，所有各项广告，均已在年内登出，企业自经此次广告宣传，以后各年度之营业，当有相当之增益，但此项广告费两万元，在事实上已全部成为费用，而不复有"预付"之名义，故会计学者称之曰递延费用，以别于真正之递延资产。保持稳健态度之

企业家,多主将此项递延费用,尽量作为本期之费用,因此项费用日后可能发生之效益,或不如预料之可靠也。在比较不甚稳健之企业家,则认为此种递延费用之效益,既可延及下期,自不妨将一部分列作本期之递延资产。于此可见会计学者对于预付费用之应列作递延资产,固无丝毫异议,唯对于递延费用之应否列作递延资产,则赞同与反对者已参半矣。

至于递延损失一项,复与递延费用之意义不同。递延费用固为递延损失之一项,但递延损失之内容,则较递延费用之范围为广。在会计原理上言之,损失一经确定,即应以公积准备或盈余滚存等项抵除,抵除不敷,再应以股本抵除,而为减资之手续。盖既名损失,则其不能节省下期之支出,且不能有益于下期之营业也甚明。而损失之不能作为资产,固无待赘论也。但企业有时遭受特殊损失(如水火风雷兵战贼盗等意外损失等),其数甚巨,非各期之营业盈余所能负担其摊提额者,则会计学者亦不反对将其作为递延损失,暂为另立科目。不与原提公积准备盈余滚存及本期损益等科目相并,使其每年之摊提数额,可由各年结得之盈余抵充。本文所论之战事损失,即此种递延损失之一项也。

考"损失"为资本类科目,而非资产类科目。详言之"损失"为资本类科目之减除项目,在资产负债表中,应列入资本项下,不应列入资产项下。此一如"折旧准备"为资产类科目(详言之则为资产类之抵除科目),在资产负债表中,应列入资产项下,不应列入负债项下也。兹将战事损失在资产负债表上之地位,举例表示如下。

某公司资产负债表
某年某月某日

资产类		负债类	
各项资产	100,000	各项负债	30,000
减折旧准备	20,000	资本类	
资产总额	80,000	股本	40,000
		公积	10,000
		偿债基金准备	20,000
		本期纯益	20,000
		资本总额	90,000
		减战事损失	40,000
		资本净额	50,000
	80,000		80,000

战事损失科目,在分类账(俗名总账)中,系与其他资本类科目,如公积准备本期纯益等科目并存,不使互相抵消。因如此方可将战事损失分年摊销也。唯在资产负债表上,则应将战事损失从资本总额中减除,以求得资本之净额焉。

二、报缴所得税时,对于所得额之计算,与历年之损益决算无关

战事损失既非资产,何以经济部、财政部批复奚会计师文中,将其摊提方法,与营业权及开办费等无形资产,相提并论耶? 兹将该项部批录下,以作本文讨论之根据。

"经济部批商字第二五〇九五号原具呈人会计师奚玉书

二十七年十一月三十日呈一件呈请颁订工商各业对于战事损失处理规则祈鉴核由呈件均悉查原呈所拟战事损失作为递延资产以逐年盈余摊提只补一节事关所得税税收经咨准财政部二十八年三月一日第三四二八号咨复略开为体恤商艰维护各业基础起见尚可照准至摊提方法在第一类营利事业所得税征收须知所附估价方法中均规定有相当之限制如营业权之折除以十年为计算标准又如开办费之摊提每年不得超过原额百分之二十此项抵补战事损失之摊提应仿照营业权之规定以十年为最短之摊提年限等由过部至原呈关于资产损毁后公司商店之业务是否仍应继续进行及决定增资或减资等项手续商业法规均有相当规定无须另订规则仰即知照此批"

案查上述经济部批文之语气,只因战事损失之摊提,有关所得税税收,故转询财政部,而决定分年摊提之办法耳。至于财政部咨复经济部文中,只云在计算应纳所得税之所得额时,战事损失之摊提,亦可仿照营业权之折除,以十年为计算标准;并未承认此项损失,作为资产之一种。考所得税施行细则及征收须知中,对于所得额之计算方法,原有多处与会计上结算损益之方法不符。例如有种费用,在营业决算时,当可作为损失,而在计算纳税之所得额时,则不得由收益中减除。又如法定公积一项,在计算纳税之所得额时,可予减除,但在损益计算书上,断不能将其列作损失。即如固定资产之折旧,坏账之计算,在所得税报告单上应计之数额,与在一般损益计算书中应计之数额,亦每不相同。因所得税征收须知中所定计算折旧坏账之方法,非一般会计实务及理论,所能认为适宜,故只能应用于所得税之计算,而并不能普遍适用于各业会计之决算。故经济部根据财政部之咨复,而作上述之批文,其作用亦只限于纳税所得额之计算,并非谓工商业之年度决算及一切法律关系,均可根据此批办理也。

虽然,以上所称仅属会计理论上应有之处理办法,实务上对于各种递延损失,固亦有列入资产方面者,则吾人岂可抹杀一切事实,坚称战事损失之不可列入资产方面乎?曰,此须视损失数额之大小而定。若损失为数尚微,以原有公积盈余抵补之后,其余额尚未及资本总额三分之一者,则在编制资产负债表时,将其作为资本之减除项目固甚合理,即暂时将其列入资产项下尚无重大妨碍,此不过为会计项目在决算表中之表示问题,对于各方面尚不发生利害关系也。但若损失之数已达资本总额三分之一以上者,则其处理,已不仅为一会计问题,实已成为一法律问题。考我国公司法规定,损失达资本总额三分之一以上者,董事应即召集股东会报告,此时"战事损失"自当全部由资本项下减除,以明公司之资本净额,断不可仍将其列入资产方面,使公司之财政状况,含混不清也。

按照所得税条例施行细则及征收须知各规定,本年度之损失只能以本年度之利益弥补之,不得转入下期,以减少下期应纳税之所得额。现在财政部为体恤商艰起见,特许商人将其战事损失之一大部分,转由下期盈利弥补。但此为计算纳税额时,对于特种损失之一种特殊处理方法,非谓经此处理之后,即可将战事损失认作资产也。他国所得税法规中,亦有规定一企业某年度之营业损失,超过其资本之某项比例者,则此项损失,可分数年摊除。此种办法,无非使商人之遭受巨额损失者,得于下年度之所得额上,少缴其一部分之税款耳。非谓损失之分年摊提部分,即属递延资产也。

三、战事损失分年摊销之办法,在计算纳税额方面言之,对于商人利害参半

战事损失分年摊提之办法,对于商人有利有害,兹举二例以说明之。

例如，某公司资本一百万元，历年营业甚为稳定，故其历年盈利数额，甚为平均，每年均约十万元。本年公司不幸，遭受战事损失三十二万元。公司经此损失以后，其获利能力自有减少。假定此后十年，公司每年获得数额，虽有减少，但仍甚稳定，每年约为八万元，计合资本额百分之五以上，未满百分之十，依法应课税千分之三十，即每年应纳税二千四百元。如将战事损失分作十年摊提，则在每年八万元之收益中，可以扣除损失摊提额三万二千元，尚余四万八千元，合之资本额，已在五厘以下，则该公司在十年之内，可以完全不缴所得税矣。

又如，某公司资本一百万元，在民国二十六七八年三载之中，陆续遭受战事损失三十二万元，唯在二十七八两年，因特殊市面关系，各获巨利二十万元。但自民国二十九年至三十六年之间，则因无非常利益，故每年获利均不足资本额百分之五。倘使战事损失，依照通常规定，可于当年盈利中减除，则该公司二十七八两年之盈利，各减战事损失十数万元，或适可合于免税之规定。自二十九年起公司获利不丰，本属毋庸纳税，但兹以战事损失之分年摊提，反致二十七八两年之收益额，不能尽量与战事损失相抵，而需缴纳巨额之所得税，比其损失，较之上例所能节省之数，恐有超过而无不逮。是因收益额之愈巨者，其税率之累进亦愈高，且须另纳非常利得税。

由上述两例观之，吾人可知工商企业在民国二十六七八等年营业上获利无多者，则分摊战事损失于以后各年度，可以减免其所得税之负担。唯在此等发生战事损失之年度，获有巨额之营业利益者，则甚为不利也。唯考财政部咨复经济部文中，只有准许商人分年摊提其战事损失之意，对于商人之愿将其战事损失尽由当年盈利抵补者，则并无禁止之明文。不过商人之欲将其战事损失分年摊提者，必须以十年为最短之摊提年限耳。如此，则凡于去年及本年获得巨利之企业，仍不妨将各该年内所发生之战事损失，尽量以各该年份之盈利相抵。但相抵不足之数，则不能将其递延至下期再行摊提矣。

四、战事损失之分年摊提，不影响于民法公司法各项规定之实施

战事损失既非资产则在其未经以盈余公积准备等项如数弥补以前，

或所提存之盈余公积准备等项数额,尚未等于战事损失之数额以前,自不得将各期盈余,派作股息。此点不仅在法律上似无争执之余地,且在商业理财之原则上,亦复无可反对。至于《公司法》第一四七条"公司亏折资本达总额三分之一时董事应即召集股东会报告"之规定中,所谓亏折,自当包括战事损失而言。又同条第二项"公司财产显有不足抵偿债务时董事应即申请宣告破产"之规定,所谓财产,尤不能指为包括战事损失而言。因战事损失确系该条所称之亏折,法律固未问及其亏折之原因如何也。且战事损失绝无可以抵偿债务之作用,故不能作为公司之财产也。此等法律规定,固不能以一纸部批,而变更其效力。何况部批中明谓"关于资产损毁后公司商店之业务是否仍应继续进行及决定增资或减资等项手续商业法规均有相当规定"。则战事损失之分年摊提,并不影响于公司法中对于分派股利召开股东会及申请宣告破产各规定,当不待辩而自明矣。

五、结论

综上四点意见,鄙人以为财政部允将战事损失分年摊提一事,只为计算所得税之补充办法,对于工商企业之损益决算,当无任何影响。故各业在最近各年度办理决算时,仍不妨将公积准备及本期纯利,尽量与战事损失抵消。且必须如此,方堪称为稳健之办法,而为理财家及会计学家所赞许也。至于报缴所得税时,只需在所填报告表中,将战事损失额之十分之一从各年所结净收益额中减除之,即得应纳税之收益额。此亦如现行办法从净收益额中减除十分之一之法定公积,如出一辙。每年应提之法定公积既可作为收益额之减除数,与损益决算毫无关系,则每年可摊之战事损失,自亦可作为收益额之减除数,而与损益决算无关也。

吾人可认财政部对于经济部之咨复只将战事损失之分年摊提,作为一种任意办法,并未有必须如此摊提之意。但战事损失如用分年摊提之办法处理者,则对于商人纳税方面,有利有害,已如上例所示。故战事损失是否应于发生年度尽量摊销,或分十年摊提,必须由商人自行择定,方不致受损也。唯此项解释，是否合于财政部之见解，尚不可必，拟乞由奚会计师再呈财政部，以期确定，而便遵行。以上各点意见，未敢自是，还祈奚会计师及会计师公会诸同仁，尽量指正，是所感盼。

（原载《立信月报》第 2 卷第 4 期，1939 年 5 月）

所得税之报缴与爱国心之表现

我国所得税制度实施于民国二十六年，上海工商各界，咸以所得税为最优良之税制，一致拥护。故是年春夏两季，薪给报酬及证券存款两种所得税已开始报缴，营利事业所得税虽未至报缴时期，而各方研究讨论，从事种种准备，情况至为热烈。讵是年八月，战事爆发，十一月，工商各界际此炮火弥天，营业停顿之时，报缴所得税之研究准备，自不得不暂时搁置。翌年（二十七年）春季，工商业之受战事损失较少，全年尚有少量利益可得者，为数寥寥，其间亦仍有依法报缴所得税者，忠忱为国殊可钦佩。至各业薪给报酬所得税，则续缴与停顿者参半云。

去年以来，本市因各地避难者之众多，对外汇价之高涨以及货物内运之增多，工商企业之中，有一部分于战时浩大损失之余，忽又呈繁荣之状态。凡战时并未受损之商厂，去年固获利颇丰，即战时受损之企业，于弥补损失之外，间亦仍有盈余可得者，依法均应报缴所得税。

唯处目前特殊环境之下，上海所得税征收机关，无法行使其催缴之职权，于是多半商家以为政府机关既不催缴，则亦不必缴纳，以图躲避于一时，此岂我国民应抱之态度耶？夫纳税为国民之义务，在平日固应按期报缴，在此时尤应自动缴纳，绝不可托故延宕。值此抗战期间，政府之责任綦巨，人民之责任更重。吾民鉴于国家危难之重大，常思如何从各方面输助于国家。而在法律上负有纳税义务之人民，岂忍心逃避其责任乎？年来后方民众，皆知自动节约献金，冀在个人能力范围以内，极力从经济方面帮助国家，此实为爱国心之表现，沪上工商各界，爱国自不后人，亟宜将上年应纳所得税，如数补缴于本埠中央银行，此后并宜自动按期续缴，以尽责任，是亦所以表示商家对于国家观念之认识也。

然后方能依照条例第三条确定税率，此系一般的情形，手续亦较为复杂,如系税率不能按照资本计算之营利事业(即一时营利事业所得之一部分),办法较为简单,但须依照条例第四条所定税率,乘以纯所得额,即可得应纳所得税额。以下请就上开两种情形分述之。

一、税率得按资本计算之营利事业

此项营利事业如其资本不满二千元(但官商合办之营利事业及属于一时营利之事业除外),或其纯所得额合资本实额不满百分之五者,得免缴所得税(条例第一及第三条)。如合于应纳所得税之情形,则其应纳所得税额之决定,应依照下列三步骤:

(甲)决定资本实额;

(乙)决定纯所得额——即课税所得额;

(丙)算定其纯所得额合资本实额之比率并查择其应纳税率及应纳税额。

以下简约分述之:

(甲)决定资本实额。依照条例第七条规定:"称资本者,谓照公司组织实在缴足之股金,或其他组织实际投入之本金。其有公积金者,得按其总额以三分之一并入资本计算。"至信用或劳务之出资,不应包含在资本之内,而公积金则为法定公积、任意公积、盈余滚存等项之统称。在营业年度中资本或公积金额有增减者,应以该年度资本或公积金之各月末平均额为该年度之资本。又为一类须知第五、第六、第七等项所明订。据上所述,例如某公司某年度六月份止实收资本十万元、公积金一万元,七月份以迄十二月份止资本增加为十五万元,公积金增加为一万四千元,则其资本额应为六个月乘十万元,六个月乘十五万元之和,而以十二个月除之,所得之数计为十二万五千元。公积金额应为六个月乘一万元、六个月乘一万四千元之和,而以十二个月除之,所得之数计为一万二千元,公积金之各月平均额一万二千元之三分之一为四千元加资本各月平均额十二万五千元。某公司某年度之资本实额即为十二万九千元。

(乙)决定纯所得额。依照细则第十五条之规定,须以决定下列两

所得税之报缴与爱国心之表现

项为其前提：

收入总额共计若干？

营业期间实际开支等项减除数共计若干？

（1）所谓收入总额者，系指营业上实收及可收之总收益而言，如有营业上之必要或习惯，亦得仅以实收者为范围（一类须知第十及第十二项）。举凡营业上之主要收益、投资收益，及其他一切收益胥属之。存货之估价，与决定收益之关系最大，一类须知所附资产估价方法第一、第二、第三、第四、第五、第六、第七、第十七、第十八、第十九、第二十等项规定綦详，限于篇幅，兹不赘述。

（2）营利事业计算其纯益时，基于会计原理，应从收益总额（欲称毛利）内，减除各项直接及间接之费用。税法既以纯所得额为营利事业之纳税标准，自应允许将各种费用自总收益内减除。唯有若干项目，在会计原理上应作为费用或损失应自收益中减除者，在税法上或因财政政策关系不能认为可以减除者，更如依法令所规定之公积金，本为盈余分配之项目，而税法则又认其为减除数之一项，此税法所以名可得减除之数为减除数，而不以费用及损失称之也。

参考细则第十五条及一类须知第十一、十二、十三、十四、十五等项及资产估价方法之规定，减除数之内容如下：

（一）实际开支　指营业上已付及应付未付之必要合理费用及呆账，折旧，盘存消耗，公课以外之其他损费而言。如有必要或习惯，亦得以已付者为范围。至后列各款，则不能认为营业上之必要合理费用及损耗，如纳税义务者列入损费项下，应于计算纯益时将其剔除：（1）资本之利息；（2）股东，董事，监察人，经协理及其他使用人所摊分之利益；（3）自由之赠与；（4）营业上扩充或改革设备之费用足以增加其原有价值者；（5）房屋，工厂，仓库，机械，工具，器具及船舶等之修理费用足以增加其原有价值者；（6）经营附业及本业以外之损失；（7）水火风暴之损失受有保险赔偿金之部分。

（二）呆账　销货账项，应收账款、应收票据及各项欠款等债权：（1）因倒闭、逃匿、和解或受破产之宣告或其他原因致债权之一部或全部不能收回者；（2）逾期二年，经催收后未能收取本金或利息者，方得列为损失。

（三）折旧　依资产估价方法所附折旧率计算表二种及其说明十一项算定之。

（四）盘存消耗。

（五）公课　所得税属于盈余分派之性质，不得列作损费，至营业收益中已纳之所得税，应于应纳之所得税额中扣除之。

（六）依法令所规定之公积金　以《公司法》第一百七十条第一、第二两项提存之公积金及超过票面金额发行股票之溢价为限，至公积金已达资本总额二分之一以上者，其所提公积金，即不得作为法定公积金。

收入总额及减除数之合计数额既已决定，自收入总额中减去减除数合计额，即为课税所得额。

（丙）算定所得额合资本实额之比率并查择其应纳税率及应纳税额。例如，某公司某年度纯所得额为一万二千九百元，资本额一百十二万九千元，所得额合资本实额百分之十，应课税率即为千分之四十（条例第三条），以此税率乘课税所得额一万二千九百元，某公司即应纳营利事业所得税五百十六元。依照条例第八条、细则第二十四、第二十六条一类须知第十九项之规定，某公司负责人应于某年度结算后三个月内，填具第一类所得额甲种报告表并提出财产目录、损益计算书、资产负债表或其他足以证明其所得额之账簿文据，报告当地主管征收机关，听候其调查决定。并应于次年三月一日起至五月末日止之期限内一次缴纳之。

二、税率不能按照资本计算之营利事业

在交易所为物品证券或金银货币之买卖，往往无确定之资本，而所得数额又常甚为巨大，税法特将其列入一类，准其不按照资本计算所得税率，满一百元之所得免税，一百元以上之所得，则照条例第四条规定之税率，计算其应纳税额。至其课税所得额则仍为纯所得额，如佣金等项损耗，可列作减除数也。

所得税之报缴与爱国心之表现

营利事业所得税之申报与缴纳，有一定之期限，其决定亦有一定之程序，兹者财政部已为上海市工商界特定变通办法，准将申报与缴纳所得税两手续同时为之，暂免主管征收机关调查决定之手续，度为热心拥护所得税制之工商各界所乐闻，本文特将所得税应纳税额之决定程序，择要说明，以供各界人士之参考焉。

（原载《立信月报》第 2 卷第 4 期,1939 年 5 月）

国立编译馆拟定经济学名词初审本中与会计有关各名词之讨论

国立编译馆近顷有经济学名词之拟定,承其以初审本寄赠,嘱为审查,并发表意见。循读是项初审本之内容及其说明,知是项名词之范围:涉及经济学原理,经济思想史与经济史三项,但其中所列与会计有关各名词,为数亦不在少,盖会计学术本与经济学有密切之关系,经济学名词必包括若干与会计有关系之名词,实为势所必然也。本所同人对于经济学一科,愧无深刻研究,不敢就全部名词发表意见,至于会计名词,则五、六年来,因编著立信会计丛书之需要,曾累加研讨,近方有《会计名词汇译》修订本之刊印。故于接到编译馆经济学名词初审本后,即将本所《会计名词汇译》一书与经济学名词对照参阅,就二书所同列之名词,无论其译名异同何若,悉数为之列出,有如下表。然后集合本所同人群加研究,讨论结果,对于编译馆所拟名词,有表示同意者,有认为本所所拟译名较为妥当者,有同意于编译馆之译名,但认为尚有可予增删之处者,有尚未能获得确定之译名,仅能提出若干意见以贡献于编译馆及海内会计学界同人,俾作参考者。凡此本所同人研究所得,除另行汇集,寄陈编译馆以供参考外,复因学术名词之拟定,与学术界实务界之关系綦切,故不敢自秘,复以发表于本刊,以供我会计界同人之研究也。

以下为经济学名词中各有关会计名词与本所会计名词汇译拟定名词之对照表。至各项名词之研究,当于次期本刊发表之。

英 文 原 名	国立编译馆拟定	立信会计师拟定
Acceptance	承兑	承兑;承兑汇票
Account	账	账;账户;会计科目

英 文 原 名	国立编译馆拟定	立信会计师拟定
Accounting	会计学	会计;会计学
Accounting System	会计制度	会计制度
Accumulation	聚积	累积;积聚
Actual rate of interest	现时利率	实际利率
Adjustment	调整	整理
Advances	垫款;预付	预付;预付款项
Advertising	广告;广告术	广告
Agency	代理店	代理;代理处;代理人
Agent	代理商	代理人
Allotments	分地	分配;分配数
Allowance	津贴;减免	津贴;折让;备抵
Amalgamation	合并	创立合并;合并
Amortization	摊还	摊销
Annual expenditure	岁出	岁出
Annual revenue	岁入	岁入
Annuities	年金;年债	年金
Appraisal	估价	估价;重价
Appreciation	评价;涨价	增价
Appropriation	占有	法定支用数
Articles of association	协会规约	公司执照,公司章程
Assessment	课税	摊派税捐
Assets	资产	资产
Association	联合;协会	社;会
Audit	审计	查账;审计
Auditing	审计	查账;查账审计学
Auditor	查账员;审计员	查账员
Authorized capital	法定资本;基本资本	额定股本
Average	平均	平均数
Average cost	平均成本	平均成本
Bad debts	呆账	坏账

英 文 原 名	国立编译馆拟定	立信会计师拟定
Bailee	受托人	受寄人
Balance	差额;结余;对照表	差额;余额
Balance sheet	资产负债对照表	资产负债表;平准表;资产 负债平衡表,差额数
Bank deposit	银行存款	银行存款
Bank discount	银行贴现	银行贴现息
Bank draft	银行汇票	银行汇票
Bank loans	银行放款	银行放款
Bank reserve	银行准备金	银行准备
Banker's acceptance	银行承兑	银行承兑;银行承兑汇票
Bankruptcy	破产	破产
Beneficiary	受益人	受益人
Bill	票据;证券	票据;账单;收费通知单
Bill of exchange	汇票	汇票
Bill of lading	提单	提单
Bills discounted	贴现票据	贴现票据
Bonus	红利;纯益	花红;奖金
Book value	账面价值	账面价值
Bookkeeping	簿记	簿记
Broker	经纪人	经纪人
Budget	预算	预算
Budget estimation	概算	概算
Budget making	编制预算	预算之编造
Budget statements	预算书	预算书
Budget system	预算制度	预算制度
By products	副产品	副产品
Call loans	活期放款	通知放款;活期放款
Capital	资本	资本;股本
Capital assets	固定资产	资本资产
Capital gains	资本收益	资本收益

国立编译馆拟定经济学名词初审本中与会计有关各名词之讨论

英 文 原 名	国立编译馆拟定	立信会计师拟定
Capital income	资本所得	资本收益
Capital loss	资本损失	资本损失
Capital outlay	置产费用	资本支出
Capital stock	股本	股本
Capital surplus	资本公积金	资本盈余
Capitalization	资本化；资本还原	资本总额；资本化
Capitalized value	资本化价值；推算所得之资本价值	资本化价值
Cash	现金	现金；现款
Cash account	现金账	现金账户
Cash sales	现售	现销
Cashier	出纳员	出纳员；收支员
Certificate of deposit	存款证书	存款证；存款单折
Certificate of indebtedness	债务证书	借据
Certified check	保付支票	保付支票
Charges	费用	费用；借入
Charter	特许状	执照
Chattels	动产	动产
Check；Cheque	支票	支票
Circulating assets	流动资产	流动资产
Circulating capital	流通资本	流动资本
Combination	联合；合并	联合
Commercial paper	商业票据	商业票据
Commission	佣金	佣金；手续费
Commodity	商品	货物
Common stock	普通股	普通股
Company	公司	公司
Compound interest	复利	复利
Consignee	收货人	承销人
Consignment	寄售	寄销品；寄销

404

英文原名	国立编译馆拟定	立信会计师拟定
Consolidation	兼并；统一；整理	创立合并；合并
Constant cost	不变成本	固定成本
Constant expenses	经常费用	固定费用
Conversion	兑换 交换；调换公债	转换
Copyright	著作权	版权
Corporation	公司；职业基尔特	股份有限公司
Cost	成本；费用	成本
Cost accounting	成本会计	成本会计
Cost of labor	劳动成本	人工成本
Cost of reproduction	再生产费	再生产成本；重制成本；重造成本
Cost price	成本价格	成本价格
Cost value	成本价值	成本价值
Credit	信用；贷方	贷；贷方；贷入；信用
Creditor	债权人	债权人
Cross check	横线支票	横线支票
Cumulative preferred stock	积蓄优先股	累积优先股
Current account	活期存款	活期户
Current assets	流动资产	流动资产
Current liabilities	活期债务	流动负债
Debenture	债券	信用公司债
Debit	借入	借；借方；借入
Debit balance	借方差额；收方结余	借差
Debt	债务	债务
Debtor	债务人	债务人
Deed	契据	契据
Deferred shares	延期付息股	后取股
Deferred stock	延期付息股	后取股
Delivery	交割	交割；交货；送货
Demand draft	即期汇票；见票付现证券	即期汇票；即期票据
Demand notes		

国立编译馆拟定经济学名词初审本中与会计有关各名词之讨论

英 文 原 名	国立编译馆拟定	立信会计师拟定
Deposit	存款	存款;保证金;蕴藏量
Depreciation	折旧;贬价	折旧
Depreciation fund	折旧基金;贬价基金	折旧基金
Direct cost	直接成本	直接成本
Direct labor	直接劳工	直接人工
Direct labor cost	直接劳工成本	直接人工成本
Directors	总理;董事	董事
Discount	贴现;折扣	贴现;折扣;贴现息
Dissolution	解散	解散
Dividends	股息;份额	股利
Documentary bills (drafts)	押汇汇票	跟单汇票
Documents	契据;证据	单据
Domestic draft	国内汇票	国内汇票
Double liability	两重责任	加倍责任
Draft	汇票	汇票
Drawee	付款人	付款人
Drawer	立票人	发票人
Drawings	提存;开票	提款
Earned income	勤劳所得;勤劳赚得;勤劳收入	已获收益
Earning power	收入力;赚得力;营利力	收益力
Earnings	收入;赚得	业务收益
Effective rate of interest	实际利率	实际利率
Endorsement	背书	背书
Endorser	背书人	背书人
Excess profit tax	过分利得税	过分利得税
Exchange	交换;汇兑	兑换;汇兑
Excise tax	消费税	营业税
Expenditures	经费;支出;费用	经费
Expenses		费用

英 文 原 名	国立编译馆拟定	立信会计师拟定
Extraordinary expenditure	非常支出	临时支出
Face value	票面价值	票面价值
Factor	代理商；要素	代理人
Factory cost	制造成本	制造成本
Factory expenses	制造费	制造费用
Fair market value	公平市价	公平时价
Fair value	公平价值	公平价值
Fees	规费	公费
Final account	决算	决算账户
Financial statements	财政状况表；财政报告	决算表
Finished goods	制成商品	制成品
Fiscal year	会计年度	会计年度
Fixed assets	固定资产	固定资产
Fixed capital	固定资本	固定资本
Fixed charges	固定费	固定费用
Fixed costs	固定成本	固定成本
Fixed deposit	定期存款	定期存款
Fixed expenses	固定费用	固定费用
Fixed liabilities	固定债务	固定负债
Floating assets	流动资产	流动资产
Floating capital	流动资本	流动资产
Floating charges	流动费	流动费用
Floating debts	短期或流动公债	流动负债
Floating liabilities	流动债务	流动负债
Foreign exchange fluctuations	外汇变动	国外汇兑涨落
Foreman	工头	监工；工头
Franchises	特权	专营权
Freehold	自由管业	不动产所有权
Freight	运费	运费
Frozen assets	冻结资产	呆滞资产

国立编译馆拟定经济学名词初审本中与会计有关各名词之讨论

英 文 原 名	国立编译馆拟定	立信会计师拟定
Frozen credits	冻结信用	呆欠
Funded debt	有基金之公债	长期债款
Funds	基金	基金;资金
Future delivery	期货	远期交货
Futures	预定物	定期交货;远期交易
Gains	利益;利得	利益
Gifts	惠赐;赠与	赠与
Going concern value	继续经营价值	继续营业价值
Goods	物;货物	货物;商品
Goods in process	未制成品;制造中商品	在制品
Goods in transit	运送中商品	运送中货品
Goodwill	商誉	商誉
Government bonds	公债票	政府债券;公债
Governmental accounting	政府会计	政府会计
Gross earnings	总收益	业务总收益
Gross income	总所得	总收益
Gross revenue	总收入	总收益
Gross profit	总盈余	毛利益
Ground rents	地皮租金	地租
Guarantee	保证人;保证	保证
Guaranteed stock	保息股份	保息股
Hedging	买现卖期	抛买(卖)
Holding company	操纵股份公司	股权公司
Hypothecation	抵押	质押
Idle time	怠工时间	停工时间
Immovable Property	不动产	不动产
Income	收益;所得	收入;收益
Income account	收益账;所得账	岁计账;损益计算书
Income tax	所得税	所得税
Increment	增益;增值	增价

英 文 原 名	国立编译馆拟定	立信会计师拟定
Indebtedness	债务;负债	债务
Indirect cost	间接成本	间接成本
Indirect labor	间接劳工	间接人工
Individual proprietorship	个人所有权	独资
Indorsement	背书	背书
Inheritance taxes	遗产税	遗产税
Insolvency(Insolvent)	破产	无力偿付;无偿付能力
Inspectors	监察人	视察员
Instalment	分期付款	分期付款
Insurance	保险	保险
Intangible assets	无形的资产	无形资产
Interest rate	利率	利率
Intrinsic value	原有价值	实值
Inventory	存货	存货;盘存;财产目录
Invested capital	投入资本	投入资本
Investment	投资	投资;资本
Investment trust	投资信托;投资信托公司	投资信托
Invoice	发票	发货
Joint cost	连结成本;联合成本	联合成本
Joint products	连结生产物;联合生产物	联产品
Joint stock company	股份公司	股份公司
Joint ventures	合伙投机	短期合伙
Labor	劳工;劳力	人工
Labor cost	劳工成本	人工成本
Labor turnover	劳工移动	人工周转率
Land	土地	土地;地基
Land contracts	土地契约	土地契约
Lease	租借	租赁;租赁契约
Leaseholds	租业	房地租约
Letter of credit	信用凭单	信用证

国立编译馆拟定经济学名词初审本中与会计有关各名词之讨论

英 文 原 名	国立编译馆拟定	立信会计师拟定
Liability	债务	负债；责任
Liability insurance	责任保险	雇主责任保险
Life annuity	终身年金	终身年金
Limited company	有限公司	有限公司
Limited liability	有限责任	有限责任
Limited liability company	有限责任公司	有限公司
Limited partnership	有限合伙	有限合伙
Liquid assets	流动资产	流动资产
Liquidation	清账	清算
Loss(Losses)	损失	损失
Manufacturing expenses	制造费	制造费用
Market price	市价	市价
Market value	市场价值	现时价值；时价
Materials	原料	原料；材料
Merchandise	商品	商品；货物
Mortgage	抵押	抵押；抵押权；押款
Mortgage bonds	抵押债券	抵押公司债；抵押债券
Mortgage debentures	抵押社债；抵押债券	抵押公债或公司债
Mortgagee	承押人；抵押债权人	受押人
Mortgagor	抵押人；抵押债务人	出押人
Movable Property	动产	动产
Negotiability	流动性；可转移性	流通能力
Negotiable instruments	流通证券	流通证券
Net amount	纯额	净额
Net assets	纯资产	资产净额
Net capital	纯资本金	资本净额
Net earnings	纯收益	营业净收益
Net income	纯所得	净收益
Net indebtedness	纯债务	负债净额
Net loss	纯损失	净损

英 文 原 名	国立编译馆拟定	立信会计师拟定
Net prcceeds	净收益;纯收益	净收入
Net profit	纯盈余	净利
Net revenue	纯收入	净收益
Net value	纯价值	净值
Net worth	纯值	资本净值;净值
No par value stock	非额面价值股票	无面值股份
Nominal capital	名义资本;名资本	设定资本
Nominal rate	名义利率;表面利率	名利率
Normal cost	经常成本	正常成本
Notes	票据	票据
Notes payable	应付票据;到期票据	应付票据
Notes receivable	应收票据	应收票据
Obligation	债券	债;责任
Open account	未清账	未清账
Operating expenses	事业费	营业费用
Order	记名;定单;定货单	单;定单
Original capital	原来资本;原始资本	原投资本
Orginal cost	原来成本;原始成本	原始成本
Original value	原来价值;原始价值	原始价值
Outlay	费用	支出
Output	产品	产量
Overhead	间接费用	制造费用
Overhead charges	间接费	制造费用
Par	平价	票面额
Par value	面值	面值
Participating preferred stock	参加的优先股	参加优先股
Partners	社员;合伙人	合伙人
Partnership	合伙	合伙
Partnership agreement	合伙契约	合伙契约
Patents	专利;特许	专利权

国立编译馆拟定经济学名词初审本中与会计有关各名词之讨论

英 文 原 名	国立编译馆拟定	立信会计师拟定
Payee	受款人	受款人
Payer	付款人	付款人
Payment	支付	支付
Payroll	工资单	薪工单
Pension	恤金	恤养金
Piece work wage	计件工资	计件工资
Preference shares(stock)	优先股	优先股
Premium	贴水;酬金;保险费	保险年费
Present value	现在价值	现价
Price	价格	价格
Prime cost	原始成本	主要成本
Proceeds	贷金;实益;收益	货价收入
Productive labor	生产的劳工	直接人工
Product	生产品	产品
Profit(Profits)	盈余;利润	利益
Profit and loss statement	损益表	损益计算书
Profit sharing	盈余分配制;分红法	利益分派
Promissory notes	期票;本票	本票
Promoters	发起人	发起人
Property	财产	财产
Property account	财产账	财产账户
Property assets	不动产	资本资产
Property dividend	财产份额	财产股利
Proprietorship	所有权	资本;投资数;业主权
Protect	拒绝支付	拒绝证书
Public funds	公共基金	公共团体基金
Purchases	购买	购买;购货(料)
Qualified acceptance	限制承受	附条件承兑
Quick assets	流动资产	速动资产
Quotations	行市;挂牌行市	价目;价目表

412

英　文　原　名	国立编译馆拟定	立信会计师拟定
Rate	率；定率；行市	率；比率
Rate of discount	贴现率	贴现率
Raw materials	原料	原料
Real property	不动产	不动产
Real value	实际价值	实值
Rebate	回扣；打折扣	回扣
Recapitalization	再投资本	资本之重定
Receipt	收据	收据
Redemption	偿还	偿还
Redemption fund	还本基金	偿债基金
Rediscount	再贴现；再折扣	重贴现
Refund	偿还	回扣
Refunding	借债还债；新债换旧债	调换
Relative value	相对价值	相对价值；相关价值
Remittance	汇款	汇款
Rent	租金	租费
Rentals	租金	租费
Replacement	还原	重置
Replacement fund	还原基金；抵补基金	重置基金
Reproduction cost	再生产成本	重制成本；重造成本
Reserve	准备	准备
Reserve fund	准备金	准备金
Reserve liabilities	保证责任；准备责任	准备负债
Resources	资源	财源；资力；资产
Rest	盈余	盈余
Returns	报酬；收益	退回；退货
Revenue	收入	收入；收益
Royalties	特许权使用费	租费；版税
Salary	薪金	薪金
Sales	销售；贩卖	销售；销货

国立编译馆拟定经济学名词初审本中与会计有关各名词之讨论

英 文 原 名	国立编译馆拟定	立信会计师拟定
Salvage	救助费	残值;残料;救助及捞救
Securities	证券	证券;有价证券;担保品
Security	担保;抵押品	担保
Selling cost	推销成本;贩卖成本	推销成本
Selling expenses	推销费用;贩卖费用	销售费用
Selling price	卖价	售价
Share capital	股本	股份
Shareholds	股东	股东
Sinking fund	偿债基金	偿债基金
Sleeping partner	隐名股东	隐名合伙人
Solvent(Solvency)	资力;偿付能力	有偿债能力
Standard cost	标准成本	标准成本
Stock company	股份公司	股份公司
Stock dividends	股票份额;股票红利	股票股利
Subsidies	津贴	奖励金;补助费
Surplus	剩余	剩余数;盈余
Surplus fund	剩余基金	剩余金
Surrender value	退保金额	保险积存金
Suspense account	暂记账;悬账	暂记账户
Syndicate	工团	银团
Tangible assets	实际资产	有形资产
Taxable profit	可征税的盈余	可征税的利益
Taxes	租税	税捐
Time deposit	定期存款	定期存款
Total cost	总成本	总成本
Trade acceptance	商业承兑汇票	商业承兑汇票
Trade association	同业公会	同业公会
Trade mark	商标	商标;商标专用权
Trade name	商号	商号;商号专用权
Transaction	交易	交易

414

英 文 原 名	国立编译馆拟定	立信会计师拟定
Transfer	转账;过户	转让
Transportation	运输	运输费
Trial balance	试算表	试算表
Trust	归并营业;托拉斯	信托;托拉斯
Trust company	信托公司	信托公司
Turnover	周转;销场	周转
Underwriting	包销;海上保险案	包销;保险
Undivided profit	未分配盈余	未分利益
Unearned income	不劳所得	递延收益
Unfunded debts	流动公债;无基金的公债	非长期债务
Unit cost	单位成本	单位成本
Unlimited company	无限公司	无限公司
Unlimited liability	无限责任	无限责任
Unproductive capital	不生产的资本	不生产资本
Unproductive labor	不生产的劳工	不生产人工
Valuation	估价	估价
Value	价值	价值
Variable Cost	可变成本	变动成本
Variable expenses	可变费用	变动费用
Vendor	卖主	卖主
Wage rate	工资率	工资率
Wages	工资	工资
Warrants	支付通知单;仓库证券	认股权证;支付命令
Waste	浪费;荒地	耗费
Watered stock	虚额股票;水股	掺水股
Wear and tear	耗损	耗损
Working assets	营业资产	运用资产
Working capital	流动资本	运用资本
Worth	值	值

（原载《立信月报》第 2 卷第 10 期,1939 年 11 月）

我国会计学术之追溯

我国会计之术，导源甚古，周礼天官篇已有"司会主天下之大计，计官之长，以参互考月成，以月会考月成，以岁会考岁成"之说，唯数千年来，我国抑贾贱商，视会计簿记为市侩之术，既无专学，亦未成为专业，历史流传，仅知政府机关于其财政收支，有簿籍记载与四柱清册之报告而已。商家综核收支，计算盈亏，固各有其传统方法，然其会计制度，类皆疏漏，亦未见学者之著文以研究与讨论也。时至今日，钱典二业之账簿组织及记载方法，尚属谨严可法，然此乃此类营业，因事实上之需要，积数十百年之经验，逐渐形成之会计制度，而会计一学，始终未为人所重视也。

逊清光绪中叶，清廷锐意维新，兵工厂、纺织局、造币厂、铁路、海关、邮政、银行等相继举办，欧西各国之会计方法，遂亦东渐。其时我国各界，多不谙理财经营之学，国内铁路，又多系举借外资创办，是以财务行政之权，悉操借款国家之手，会计制度，亦遂从借款国家之铁路会计方法订定，他如海关、邮政，悉委外人经办，会计制度，自亦效法外人，服务于各该机关者，各依外人之指挥办事。是时对于我国会计学术虽无多大裨益，而所予刺激实深。

光绪三十一年，我国第一部新式会计译著《连环账谱》出版。是书为龙溪蔡毅若氏所编译，以木刻本刊印于武昌，所据原本究系何书，未可考查，究其内容，同为宗十九世纪意大利三式簿记而译述者，因其所列记账方法繁累异常，不易通行，故所予事业界之影响极微。宣统末年，谢霖氏所编银行簿记出版，是书为我国银行会计之嚆矢，亦吾国银行改用新式会计之先声。

建元以来，会计学术渐始发展：

民国元年，北京政府审计处设簿记讲习所，聘杨汝梅（予成）氏为教授，传习新式官厅簿记及会计办事程序。杨氏官厅簿记讲义，因得于翌年出版。

民国二年，北京政府交通部所组织之统一铁路会计委员会亦告成立。其时朱启钤氏长交通，力倡统一铁路会计，饬拟办法。该会由路政局长叶公绰氏主之，聘美国亚当士氏（H. C. Adarns）为顾问，并举派欧西回国各员分赴各路调查，开会先后凡七十余次，讨论一切大纲细目。至民国三年，始由部颁行铁路会计各种则例。各路会计制度，大体均依此项则例，为统一之设定，完成我国会计界空前伟绩。

民国三年及四年，北京政府先后颁布审计法、会计法、审计法施行细则、支出单据证明规则等法则。

民国四五年间，中国银行聘谢霖、杨介眉等氏改革簿记，试行新式会计制。旋交通银行亦相继聘谢氏等从事同样工作。嗣后各银行纷纷效行，银行会计制度，遂得以为统一之设定。

综观此四五年来之事变，可知我国会计学术，已渐始萌芽，尤以银行会计影响于我国会计界为最巨，盖银行界与工商界之关系至为密切，银行会计制度为工商界所效用，自属便易也。

自民国六七年至民国十六年间为止，适当欧战之际，列强东顾无暇，我国新式企业渐始呈蓬勃之象，纱厂、面粉厂等创设颇多，银行业务亦趋发达，于是会计学术，日见发达。东南繁盛之区，公私大学及专门学校因事实上之需要，多添设商科，簿记会计之译著，亦遂逐渐增多。新式会计之应用范围，亦自政府、银行、铁路等扩大及于工商企业，民国十年左右，商务印书馆、南洋兄弟烟草公司等，均先后改用新式会计，其他企业，采用者亦多，惜限于见闻，未能一一调查列出耳。

民国十六年，国民政府底定东南，十七年全国统一，国内建设，渐合常轨。是时东南一带，因厘金撤废，税制更定，纺织、水泥、橡胶、火柴及其他日用品工业创设渐多，加以国内商业科学之研究已较普遍，合理化经营之时机日趋成熟，因而工商会计之改进极为显著。促进是项趋势者，会计教育之普及实有以致之。当民国十六年以前，国内大学及专门学校之商科，所用簿记会计教本，悉为英美原版书籍，与我国会计实务，实属格不相符。坊间所出书籍，又以普通簿记为止，比较高深之书籍，偶见一二而已。民国十七年春，立信会计补习学校创立，十九年拙著《高级商业簿记教科书》出版，民国二十二年，拙编立信会计季刊及徐永祚氏所编会计杂志刊行，至民国二十五年止，拙编《立信会计丛书》，出版已至三十种，其他各家撰著，种类亦多，超乎以前任何期间以上，而会计补习学校之设立，几遍于国内通都大邑，会计教育，亦普及于一般工商企业中之会计实务人员。并以商事日繁，事业家咸感改革其会计制度之需要，于是不仅规模较大之工商企业，纷纷改革其会计制度，即规模较小之企业，亦风起景从。

民国二十三年，徐永祚氏鉴于我国旧式商人之未习新式簿记者，不易将收付观念改为借贷观念，惯用墨笔直写者，不易改为钢笔横写，故提倡改良中式簿记，将旧式簿记加以改良，直接应用，而不主立即改中式簿记为西式簿记。徐氏主张，使旧式商店之欲改旧式簿记为新式簿记者，得一捷径，制造厂商中管理方法较旧，司理会计人员之习于旧式簿记之应用者，风从亦众，成效颇著。

至民国二十六年，所得税制颁行，计算应纳税额，一以实际盈余与资本为标准，于是良好之会计制度，不仅为经营与管理上所必要，亦为求纳税公平所不可缺。各地商业与同业公会，于热心讨论税制之余，改革会计制度，成为一时风尚。于是会计教育更趋普及，会计学术之研究亦益趋精深。是时会计著作，因十余年来会计应用之经验，已能创作较合国情之专门会计，如雍家源氏之中国政府会计论，顾准氏之银行会计及拙著股份有限公司会计等书，均其显例。

民国二十六年秋间，我国工商企业方极繁荣，全国建设方以一日千里之势猛进，会计学术与职业，方处前所未有之黄金时代，而平津淞沪，战事突起，蓬勃之情况顿挫。东南平津之交通工商事业，尽毁于炮火，然会计学术之研究，仍未见有过甚之停滞也。二年以来新版及改订版之会计译著，不下二十余种，内容视前益为进步，上海各大学专科学校及补习学校肄习会计之学生，较之战前，无多逊色。复观乎西南经济建设，无时

418

不在积极开发中,会计专才,需要孔殷,而会计人才之培育,会计学术之进展,乃必然之趋势。二年来我国会计教育,自东南一隅,普及于全国,日后会计界丰盈之收获,正此时所种之因也。

至在政府会计方面,预算法、公库法、决算法、审计法、中央各机关及所属普通公务单位会计制度之一致规定、一致规定实施公库法之处理办法等,均于战后先后颁布施行,中央各机关与各省市政府之会计制度,较之战前,更臻完善,而与北政府时代相比,几不可同日而语也。

展望前途,战事胜利后,全国各地,百废俱兴,建设事业,均在激剧进展中,而会计学术界空前热烈情况,拭目可待也。

(原载《日用经济》第 1 卷第 10 期,1939 年 12 月)

本届决算后各企业应予
考虑之增资问题

我国所得税及过分利得税之征收，对于营利事业所得之应纳税额，均依其净收益合其资本百分率之高下，而定其累进税率。其间所得税一项，尚可以公积三分之一加入资本实额计算，但在过分利得税，则公积一类不得加入资本额计算。故如甲、乙两营利事业，其实际资本同为二十万元，某年度所获净利益同为六万元，甲企业之账面资本为十八万元，公积为二万元，乙企业账面资本仅为五万元，公积为一万元，其余悉数暗藏账内留作秘密公积，则乙企业应纳所得税及过分利得税之数额，将数倍于甲企业。于此可见，各企业资本额之如何规定，与纳税额之关系綦巨，企业当局不可不加注意也。

在二十八年中各业颇多获利，且其利益数额，有时颇巨。各业对于所获利益，大致照例不全予派分，总须留存一部分以为扩充，或周转之用。是项留存利益，除股份有限公司依法应行提存之法定公积而外，其余部分究竟作为公积或未分盈余，抑即用以增加资本，是与二十八年度之纳税事项，固无关系，但与二十九年度之纳税数额则影响至大，企业界倘欲使以后各年度之纳税数额不致过度受损，则宜在二十八年度决算以后，尽量将留存未派之盈余悉数改作资本，不应任其留为公积。换言之，各企业于二十八年度决算办理终了之后，应斟酌实际需要情形办理增资手续也。

办理增资之手续，兹就独资合伙及股份有限公司三者分别言之：

一、独资企业年终结账之时，若有利益，可不经何种程序，立将利益额全数转入资本项下。其原有资本以业主存项名义入账，或有暗藏资本，亦宜尽数转入。资本额增加以后，应向所得税征收机关为资本之申报。

二、合伙企业年终结账时未分利益,股东存项暗藏利益等项转入资本之办法与独资事业相同。唯将各该项目加入资本时,应按各股东原有股数分派,又资本增加后,应重订合伙议据,俾合伙议据所列资本数额,得与账上所记资本额相符合。

合伙资本增加后,亦宜向所得税征收机关增加资本之申报。

三、股份有限公司增加资本之手续,较之独资及合伙均为复杂,鄙人所著股份有限公司会计一书,对于此点曾为详细之论述。简略言之,本年度股份有限公司若有巨额之利益,连同过去年度之公积,加入股本,或更重估公司资产价值,以资产价值之增加部分悉数加入股本,而不另招募新股,则其手续大致如下:

甲、得以转作股本之公积及盈余,仅为法定公积以外之公积、盈余滚存、各项资本准备及重估价之利益。至于法定公积一项,理论上本亦可转作股本,但政府主管部例不允许。此以经济部暨前实业部,总认为公司法规定公司之增股,只有招募新股之一法。故以法定公积以外之各项公积及盈余滚存转作股本,可认为公司先以此类公积、盈余派予股东,然后再由股东缴入公司作为股款,法定公积既不许派作利益,则转作股本自在禁止之列也。

乙、以各项公积及盈余转作股本,在方式方面言,可有两种办法,即:(一)并不增加公司股份而仅增加每股已缴之股款;(二)增资之部分,增发新股,故增加公司之新股。用前法时应令各股东掉换新股票,新股票中每股款额应予增加。用后法时则应增发新股票,如老股一股,增发新股一股等是。

丙、股份有限公司之增资应经如下之手续:(一)召开股东会,议决修改章程,即修改公司章程中关于公司股本总数、股数、每股金额等之规定;(二)若决定增加每股股款,如某公司股本一百万元,每股一百元,现从公积、盈余中增加公司股本至二百万元,每股增至二百元等,则从公积、盈余转入股本之部分,作为公司各股东就应受之分配,抵缴对于公司之未缴股款,此时各股东对于公司应出具股利之收据,公司对于各股东,

本届决算后各企业应予考虑之增资问题

则出具股款收据。并换发股票;(三)若决定增加公司股数,如上例某公司增资一百万元,规定股数增为二万股,每股仍是一百元,各股东持老股一股者,各增发新股一股,则各股东应另填认股书,并各签具以得受分配之利益抵冲公司新股股款之书据。此项手续办完后,公司应召集增股后之股东会,照公司法第一九三条及一九四条规定办理一切手续。

丁、增资手续办理完竣,应向所得税征收机关为增加资本之申报。

按以上所述各种企业组织办理增资之手续,以独资最为简单,而以股份有限公司最为复杂,股份有限公司办理增资手续,原来须处处按照法律规定,而公司法关于公司增股手续之规定,又极为严格,故非熟悉公司登记之法律手续者,办理总难十分顺手。在另一方面言之公司增股,究竟增加多少,所增部分从何处转出又与会计问题有密切关系,决定之时,亦宜听从专业会计师之意见。本所办理公司增股事务极多,对于增股之会计问题、法律问题及登记手续等项至为熟悉。各业倘为纳税上不致吃亏,而以增资之会计与法律事务见询,自当详为答复也。

(原载《立信月报》第 3 卷第 1 期,1940 年 1 月)

股份有限公司盈余转作
股本问题之研究

我国公司法关于股份有限公司增股之规定，仅指新股之增募而言。至于以积存盈余转作股本，分发股票，如他国公司所常见之股利股份（Dividend Stock）者，在我国公司法中，无明文之规定，但在实际上，则我国公司以其盈余转作股本者，甚多其例。本文所述，大都根据我国已有之实例，以讨论各种盈余之转为股本，是否可行，如属可行，则其程序又当如何。我人且以为公司法关于此种增股方式之不加规定，实系缺漏，而应予增订者也。

考股份有限公司以盈余转为股本，可有下列各项方式：

一、以法定公积转为股本；

二、以任意公积及各种准备转为股本；

三、以未分配之盈余滚存及本期纯益转为股本；

四、重行估计资产价值，公开秘密盈余而以之转为股本。

上述各项方法，不过为便于理论上之讨论而设，实际上公司之将盈余转作股本者，多以几种方式同时并用。例如重行估计资产价值，公开秘密盈余而以之转为股本者，多同时将业已提存之任意公积、盈余滚存等项，一并转为股份。其间问题所在，厥为各该种盈余可否转作股本，兹分别讨论于下。

一、法定公积是否可以转为股本？ 公司之法定公积，可否转作股本，法律家、会计家之见解，颇不一致，有以为公司法对于法定公积，仅限制其不得派作股息及红利，但并未规定其不得加入股本。且以法定公积转作股本，不得谓为股利之分派。盖此时公司资产并未因之而减少，资本净值亦未因之而增加，不过将原为净值之公积，转入同属净值之股本，对于公司之偿债能力与收益能力,两无所损,自亦不致减少债权人之保障,故其加入股本,于法意当无抵触。反对之者则以为公司法对于法定公积一项,所以规定其不得作为分派股利之用,且规定其非达公司股本之半数,不得停止提存者,实有视为公司对外信用之第二担保之用意,如将法定公积,转作股本,实际上等于撤销其对外信用之第二担保,不免有损债权人之保障,故法律不应予以允许。依作者之意,反对法定公积之转为股本者,其所持理由,偏于理论,似欠充分。不过以前我国公司之将法定公积转作股本者,未能得政府主管机关即实业部之核准,则确系事实。但政府所以不许公司以法定公积转作股本者,非在公司理财上或会计上,主张任何理由,而只为对于公司法一种严格的解释而已。因现行公司法对于股份之增加,仅规定募集之一法,而对于盈余之转作股本,未经规定,则在原则上只有认盈余为不可转作股本。不过政府在事实上所以准许公司将其他盈余转作股本,而只不许将法定公积转作股本者,则因其他盈余原可由公司任意分派,如不许转作股本,则在公司方面,尽可将盈余先行分派,再由各股东将派得之款,重行缴纳新股股款,法律实无从制止。唯有法定公积一项,依法本不得派作股息及红利,故不能假定其有先行分派再行缴纳之两重手续,因而不许其转作股本也。

二、任意公积及准备是否可以转为股本? 任意公积及各项资本准备,公司法中并未限制其用途,且亦不禁止其派作股利,当可听其转作股本,原则上不成问题。唯在程序方面,则近来主管部又采取一种法律上严格的解释,即认此转股事项,不能以股东会多数决议之方式决定之,必须由全体股东签具新股认募书,一如另行招募之新股者然。此项办法,亦为主管部只认招募新股为增股之唯一法定途径,而对于盈余转作股本,不认其在法律上有何地位。故仍以上述一贯之见解,对于各股东愿以其可派得之盈余部分转为股份者,视同新股之认募与抵缴,此则应任各股东之自行决定,而不能以股东会之多数决定者也。实业部此项意见,以现行公司法之文义观之,自未可认为根据,唯将任意公积及准备转作股本,如在程序上必须取得全体股东之同意,及其签具之认募书,则在股东人数众多而散居各处者,事实上殊难办到。是不啻在实际上对于此等公积准备之转为股本,加以限制矣。

我国公司此时所采用之实际应付方法,则仍以股东会之多数决议,为将任意公积及各项准备转作股本之根据,唯公司对于不愿以其盈余部分转作股本之股东,应即派给现款,而由公司董事负责另招新股东,以补其缺额,于此可见我国公司法对于盈余转为股本一节未予明文规定,实予公司扩充计划以一重大障碍。日后修正公司法时,自应加以补正也。

在已指定用途之各种准备中,如有对外契约之关系者,自不可将其转作股本。例如偿债基金准备一项,设系在公司发行公司债之信托契约中规定其必须提存者,则此项准备,在公司债未经清偿之前,自不得转作股本也。

三、未分配盈余是否可转作股本？公司每期决算所得之纯益,及上期结转之未分配盈余,可否直接转作股本,此亦为一实际问题。吾人如将未分配之盈余细加分析,则知其中实包含数个部分,即:（一）应纳所得税,（二）应提存法定公积,（三）照章应分配予发起人董事监察人及职工之分红,（四）应提任意公积准备及可以派作股息红利之部分。以上第一部分之应另行提出,交入国库,实不成问题。第二部分之提存,则受法律之限制,该项数额,设混入未分配之净益,直接转入股本,其是否合法,当随法定公积可否转作股本问题之如何解决而定。如认法定公积为不得转作股本,则未分配盈余中该部分数额,自应另行保留。又第三部分之可否转作股本,亦为一事实问题。如果公司章程明定发起人及职员有领受纯益分配之权利,则以发起人及职员应行领受之分配部分,不予分配,而将其转为股本,分给股东,自不能谓为合于章程规定。至于第四部分之数额,本为股东所有,且亦为股东所得任意支配者,则其可以转作股本,自无疑义也。

由上所述,可知未分配之盈余,其所有权及支配权各不相同,则将其直接转作股本,既不合理,抑亦易启争端。因之,苟欲将未分配盈余转作股本,自应先予照章分配,然后以可以转作股本之任意公积准备及未付股利部分,转为股本,方合程序也。

四、重估资产之增价即公开之秘密盈余是否可转为股本？按重估资产价值时,所有资产之增价,每包含两种成分。其一为以前各年度隐藏之营业利益,其二为由资本收益(Capital Income)而引起之资本增价(Capital Increment),例如固定资产在以前各年度内多提折旧而抑低之价值,设因重估价值而仍记入账内,则此时因资产增价而增加之盈余,实为过去年度隐藏之营业利益。又如固定资产因时价之高涨而增加之价值,则为一种资本收益,当视为资本之增加数。资本之增加数,无论其是否转作股本,总当视为股东投入资本(Paid in Capital)之一部分,则其转作股本①,反可视为保全此项盈余,不使流作其他用途之一种保障。至于过去年度隐藏之营业利益,揆其性质,实与决算后未分配之纯益相同,亦可分为应补缴之所得税、法定公积、发起人及董监职员之分红、任意公积准备等四部分。不过因其已经隐藏,而后公开,其实际性质如何,不易为人所发觉。我国公司往往于若干年度内竭力隐藏利益,以后加以公开,立即直接以之转作股本,有时未为发起人,及公司职员所反对,亦未受行政机关之批驳者,均以此也。

但我人以为过去年度隐藏之营业利益,其性质既为未分配之盈余,则当其公开之际,亦当依据税法、公司法、公司章程之规定,一一计算应行提作未付所得税、法定公积、发起人及职员分红、及任意公积准备等部分。其中任意公积及准备自可转作股本,其他或予支付,或予保存,当悉依法律章程办理也。

以盈余抵充股本时,在方式方面言之,可有两种办法,即:(一)并不增加公司股份而仅增加每股之已缴股款,(二)以增加之部分,增发新股。前法之应用,限于公司股款并未收足之时。此时各股东所持有之旧股票当更换新股票,而其手续亦可应用公司法关于收取未缴股款之规定,故颇为简单。后法之应用,则公司股款,当已收齐,而其程序,则适用

---

① 因资本利益而引起之资本增加,可否入账,可否以之增加股本,与所得税法令之规定,尚有关系。按之我国现行所得税条例之规定,如果以此项数额同时增加资产与资本之价值,必使公司每期得提存多额之折旧摊提而减少纯益之绝对额,又使公司之资本实额增加而抑低其纯益率,在纳税上将有极大之利益,故为我国所得税法规所不许。但此系目前办法,将来必有变更也。

增募新股之规定,约言之当如下述。他如增发新股票等办法,则为另一问题矣。

一、董事将可以转作股本之各项公积准备数额加以整理,并提出增加股本之方法;

二、股东会对于上述方案,依变更章程例加以议决,并依股东以财产抵缴股款之办法,选派检查该项抵缴股款之财产,是否确实(实即检查公司全部资产负债之估价是否正确);

三、在上述股东会决议以外,更应由全体股东签具认股书,交存公司,以资凭证。

以上各项,完全因公司法对于盈余抵作股款并无特别规定,故不得不勉强模仿增加新股之方法办理,已如上述。盖如检查抵缴股款之财产,是否确实,全体股东应签具认股书等程序,均为增募新股之办法,而勉强应用于盈余抵充股款之时者也。

(原载《立信月报》第 3 卷第 2 期,1940 年 2 月)

各企业亟应考虑之增资问题

　　本届决算以后，工商业所最应注意之问题，即为所得税与过分利得税之应如何缴纳。本所为适应企业界是项需要计，已于本刊三卷一期发刊决算问题专号，资以讨论各项有关系之决算问题。唯是纳税一事，不仅与决算时收益之计算有关，且与各业资本之大小有关。盖依照目前税法，获得同额利益之商业，凡资本愈大者纳税义务愈轻，资本愈小者则纳税义务愈重也。夫小资本之企业，固不应虚增其资本数目，但大资本之事业，其账面资本少于实际资本者，则目前到处可见。此种情形，不免使企业在纳税上吃亏不少，补救之道，唯增加资本之一途，此本刊所以继决算问题专号之后，复有增资问题专号之发刊也。

　　所谓企业之实际资本，少于其账面资本，则纳税时必致吃亏者何耶？我国现行税法，对于所得税及过分利得税之征收，系以所得合资本额之比例以定其纳税率之高下。企业账面上设有公积之存在，在所得税法规尚允许以其三分之一加入资本计算，至在过分利得税则更根本不允许将公积加入资本计算。故如甲、乙两公司，其实际资本各为二十万元，本年收益各为十五万元。甲公司资本二十万元，悉以资本名义列账，乙公司资本则仅以五万元列账，其余五万元以公积列账，十万元则暗藏账内，不列为资本项目，则两公司纳税数额之不同，竟有如下表所列示。

　　甲公司
　　应纳所得税：一万五千元
　　应纳过分利得税：三万五千五百元
　　共计：五万零五百元
　　乙公司
　　应纳所得税：一万五千元
　　应纳过分利得税：六万二千六百二十五元
　　共计：七万七千六百二十五元

由上所述，可知乙公司之资本因未充分表示于账面，致其纳税数额较之甲公司须增二万七千一百二十五元之巨。夫纳税为国民之天职，事业界秉国民之良知与守法之精神，决无故意逃税之理，然工商业因账面资本之未充分表现，而致缴纳无义务之税款，实为一种无名之损失。政府本纳税公平之原则，亦不希望有此逾分之税收。是以国内工商业办完本届决算时，亟应确定其实际资本额，若其账面资本额远在其实际资本额之下，则应即日考虑增资问题。唯目前所办之增资，与民国廿八年份所得及过分利得所应纳税之数额，已无关系，但设目下不办增资，则下年纳税复须吃亏，此不可不注意者也。

　　我国工商界人士，过去多喜将其利益暗藏账内，不列为资本。考其原因，无非为少发股息，便利经营，使每年结账，每能以小资本博得大利益耳。当时账面资本大小，不发生实际利害关系，如此办法，尚无不妥。然而现在资本大小，发生纳税上之直接利害关系，事势所趋，暗藏办法，已非得计，此又今日工商界所不可不知者也。

　　　　　　（原载《立信月报》第 3 卷第 2 期，1940 年 2 月）

各企业亟应考虑之增资问题

过分利得税税率问题^①

——与《新闻报》记者谈话

考过分利得税为所得税以外之一种新税，其征收仅限于非常时期，在政府方面创制此税，固自有其需要与立场，凡我商民际此非常时期，自应抱定牺牲精神，何得对此良税妄肆批评，不过此次政府于仓猝之间，制定该项条例，对于事实方面及企业利害方面容有考虑欠周之处，其中最关重要之点，即为税率问题，按过分利得税修正条例之规定，凡企业利得超过其资本额百分之廿者，即须缴纳过分利得税，按其超额利得之百分之十至百分之五十，即凡企业之利得，超过其资本额百分之六十者其超过额之应纳税额即达百分之五十，此外尚应加纳所得税一成，共应缴税六成，而企业本身反只得其四成，若以利得额与纳税额之全部计算，企业获利一倍即对本对利者纳税（包括过分利得税与所得税）达其净利益总额百分之四十，企业净得百分之六十，又在获利五倍即一本五利以上者，纳税约达百分之六十，企业自身得百分之四十左右，此在平时若企业能获得四成（即合资本额百分之四十），固已丰厚无比，不能不认为十分满意，但在非常时期百物高涨之际，则情形未必如是，此因货币价值，近来跌落甚巨，各业决算所结巨利，按之实际，多系账面虚数，而非真实财富，盖一厂之资产数量虽与上年完全相同，或觉较上年为少，但因货价狂涨关系，账上多可结出惊人之利益，其只获账面利益合资本额百分之六十者，质实言之，不仅并未获利，实且暗受损失，似不应令其再纳重税也，此过分利得税税率似乎应予酌减之理由一也，且近来营业上所遭受之危险较之承平时代，何止十倍，商人为欲获取过分之利益，方肯冒犯过分之危

---

① 转载二月三日新闻报谈话。

险,若令其将幸而获得之利益,大部归公,小份归私,似亦足以阻商人之气,此过分利得税税率,应予酌减之理由二也。至于所得税条例允许各业将其公积三分之一并入资本额计算,而过分利得税条例,则不许将公积并入资本额以计算其应纳税税率,似亦欠妥,夫法律不许公积计作资本,无非为增加税收起见,但现在政府对于各业,应竭力鼓励其多提公积,以增厚其基础,而为日后复兴实业之准备,似不应奖励其将盈余尽量分配,而动摇其已经削弱之基业,不许公积并作资本计算之规定,推其影响,将使商人尽量分配其公积,而不予提作扩充事业或弥补损失之用,此在政策方面言之,似亦未见其可也,鄙意以为政府应将现行过分利得税税率酌量减低,此不仅为保全工商计,且能在实际上大增税收,因税率太高,则纳税者必多方设法逃避,在此非常时期,政府恐亦难有切实防止之方,转不若减低税率,对于各个企业,虽觉少取,而在整个税收则必反见增加,殊较得计也,鄙意国内工商业团体,应将此项过分利得税之税率问题,慎予考虑,而贡献其意见于政府,为公为私似均不容缓焉。

此外尚有一点值得获利各业之注意,即过分利得税条例第十四条有"凡由战区迁入内地之工厂及因战事受有重大损失之营业经查明属实者应暂予免税"之规定,又该条例施行细则第十二条有"依非常时期过分利得税条例第十四条规定暂予免税之工厂及营业应即将损失情形报告当地之主管征收机关"之规定,本市各厂商去年获致巨利者为数不少,唯同时多有巨大之战事损失故合于免税之规定,唯应依法先期报告,望各业当局注意及之。

(原载《立信月报》第 3 卷第 3 期,1940 年 2 月)

过分利得税税率问题

敬告国内有志于
会计职业之青年

鄙人与立信会计师事务所及立信会计学校同人，以会计服务于国家社会，业将二十载矣。积二十载之经验，深知国家社会对于会计人才之需要，方兴未艾。有志青年，欲从会计一途冀求上进，以期效力于国家社会者，其机会亦甚多。不过国家社会所需要之会计人才，其德性上学识上经验上种种修养，自必有一定之标准。有志于会计职业之青年，苟欲于会计界中，求乐业进业之道，不可不先在德性学识经验三方面，加以充分而适当的修养。鄙人不敏，对于会计界诸青年，忝居先进，深愿以此二十载中所得关于会计职业之经验，公之同志，以备咨询。并为扩充服务范围起见，专设立信会计职务咨询所，以从事于此。当兹本所正式成立之日，谨敢将会计方面修业得业乐业进业之途径，掬诚撮要，为诸君告焉。

一、会计职业之优点

考会计职业较之他种职业，有下列各项优点：

甲、修习会计学术，足以养成吾人科学化合理化之精神。此因会计一科之原理与方法，极有秩序，极能正确，久习之者，其思想与精神，亦必能逐渐科学化与合理化，不致犯理想家文学家美术家思想虚玄行为芜乱之弊。

乙、从事会计职业，足以养成吾人实用而经济的习惯。会计系实用科学之一种，其活动之范围，又纯以吾人之经济生活为限。故从事会计职业者，必能养成一种实用的习惯，而其一举一动自能合于经济生活之原理。

丙、会计职业之服务范围甚广，习之者得业较易。此因会计事务，随人类之经济生活而俱生，不论个人或公私团体，其生存于世也，盖无一不有其经济上的活动，即无一不需要会计人员以记载整理其财产与收支账目，大而政府机关，小而个人企业，外如教堂寺院，内而庭园家计，莫能例外。故一般社会对于会计人员之需要，至为普及，诚非他种职业所可比拟，因而会计人员得业之易，亦非他种人才所能及也。

丁、会计人员进业之机会较优，失业之可能性较微。此因会计人员服务于每一机关之中枢，熟悉各该机关之全部事务，故每能升任一机关之主管人员。至于服务成绩优良之会计员，在雇主方面，正多利赖，断不愿时易生手，以增困难，故殊少无故辞退之事。

二、会计职业之难点

会计职业虽有上述之优点，但亦有下列各项难点：

甲、修习匪易。考会计职务，在经济社会各种活动尚属简单以前，原可视为一种人生普通事务，凡略识文义稍知计算者即可充任。故以前一机关之会计员职务，与庶务员同列，例得引用亲故私人。唯至今日，社会上种种之经济生活，日见繁复，关于会计事务之处理，学术上法律上习惯上已有种种极繁细之规律。此种规律，苟非习之有素，绝不能勉强应用。因之现代会计，已成为一种专门化之职业，一般普通人才，绝不能担任其事。且会计一职，与医术同，不能仅持书本上之学识，而尤赖于实际上之经验。是以现在各机关之征用会计人员者，每用考选方法以求专才，而不再从亲友私人中采用，是可见其修习之不易也。

乙、责任重大。担任会计职务者之责任，较之其他职员，远为重大。此项情形，不待言而自明。因会计员之工作，直接与金钱财产发生关系，一有错误或过失，每致其所管理之金钱财产，发生损害，轻之应负赔偿之责，其数或达巨万。重之应负刑罚之责，而受侵占背信之名。故担任会计职务者，对于事务之处理，常应小心翼翼，如临深渊，如履薄冰，不可稍有疏忽焉。

丙、工作辛苦。担任会计职务者之工作，较之其他职员，远为辛苦，盖一机关内之会计工作，无闲寒暑，迄无停止。且一机关之他项工作，每先会计事务而了结，会计工作则每须待他项工作均已了结而了结。例如银行于下午五时闭市，至时各部职员均可休息，但会计科职员则正需接受各部营业之报告，而为记录结算与审核之工作，非至夜间六七时，不能完工。又如学校例有暑假年假，届时各教职员均可离校休假，只有会计员与庶务员，仍须留校办事，不能任意离职。

三、会计员德性上应有之修养

会计职业既有若干优点，复有若干难点，吾侪有志青年，其将畏难而避之耶？抑不畏艰难而仍从业于兹耶？吾知有志青年之必吾从也。唯会计从业员因须克服种种困难，在其德性上，必须有特殊之修养，兹择要略举如下：

（一）守信。信之一字，所包甚广。简言之，即诚实不欺，言行如一，有诺必践之谓也。孔子云，民无信不立。可见信为吾人立身之要件，尤为吾会计从业员之要件，此因吾辈会计员受重人托，担任金钱财产之记录保管及管理工作，设稍于信字有亏，则不仅本人名裂，亦将贻害社会。故凡会计员必先养成其会计的人格，所谓会计的人格，即可以信之一字概括之。

（二）负责。会计事务具有重大之责任，既如上述，则其从业者必须具有绝对负责之天性，方能称职。如有随便苟且之念，抱敷衍塞责之心，以处理其事，则不仅机关方面，易生损失，且从业者本身，亦将发生民事上及刑事上之责任，不可不戒也。

（三）耐劳。会计职位之服务时间，每较他职为长，数字抄写计算之工作，又每较他事为繁琐而沉闷。是以任会计员者，必须具有耐劳耐苦之习惯及体质，方能胜任而愉快。

四、会计员学识经验上应有之修养

会计员德性上应有之修养，已略举如上矣。至于其学识经验上应有之修养，则当视会计员所任职务而有不同。按会计职业可分为四个阶段,一曰簿记员,二曰会计员,三曰会计主任或主管员,四曰会计师。其中会计师一类,系独立执行职务,与本所介绍职业工作无关,故本文不予论及。兹仅将其他三种职务,所需学识经验上之修养,列举如下。

(一)簿记员。簿记员为会计职业中之初级职务,至少应熟习普通簿记及初级会计学,兼具普通商业常识,至于珠算笔算,应极纯熟而正确,小楷端正而书写迅速。同时最好须有制绘简单统计图表之技能。此种职务,以高中商科卒业生充任,最为相宜。曾任旧式商号簿记职务,而曾补习新式簿记会计学者,尤称合用。

(二)会计员。会计员为会计职业中之中级职务,除应具备簿记员之学识与技能外,更应习过高级会计学。其任专业会计职务者,更应分别学习专业会计。例如任银行会计员者,应熟习银行会计,任工厂会计员者,应熟习成本会计,任公务机关会计员者,应熟悉政府会计。此外会计员更应熟悉决算表之编制方法及其分析与解释之方法。盖会计员对于会计事项之处理,应有判断决定之能力,非如簿记员之仅司记录,一切听命于会计员也。此项会计员之职务,最好应用受过会计专门教育者任之。已有丰富经验之簿记员,亦可充任。

(三)会计主任。会计主任为会计职业中之高级职务,除应备具会计员所应备具之学识技能外,尤应具有工商管理之学识及应付各事之才能。故对于法律及商事知识,务求丰足,普通知识亦甚重要,因非如此则遇事难以决定其处理办法,而指挥簿记员及会计员以处理之也。此项职务最好以受过高等商事或专门会计教育并有丰富之会计经验者任之,方能称职焉。

本文限于篇幅不能将会计职业方面应予提示之要点详告读者,唯若蒙读者以会计职业方面修业求业乐业进业之道惠临见询,鄙人及本所同人当竭其愚诚,尽其所知以奉答焉。

(原载《立信月报》第 3 卷第 7 期,1940 年 7 月)

敬告国内有志于会计职业之青年

为自习会计敬告
职业界失学青年

本所同人，时时承职业界失学青年，以"如何自习会计"之途径，殷殷询问，按此一问题，想为多数失学青年所关切，爰借本报一角，公开详细答复如下：

职业界失学青年之需求会计智识者，约有两种，即：（一）现在从事于会计职务，但未受适当之学术训练，而欲在业余培植一良好之学术基础，以求进取者。（二）现在从事于会计以外之职务，而欲略具会计智识，以助其进取者。对于此两种人之求知欲，欲冀满足，自以趁业余之暇，入补习或函授学校修学（例如本所所办之立信会计补习学校，或立信会计函授学校等是）。最奏成效，但有时，如因事实上之困难，以致有志之青年，无法正式入学者，则唯有利用工作余暇自习修养之一法。

上述两种人之自习方法，并不相同。第一种人，应有比较严格而彻底之修养，其所应涉及之范围，当视求知者欲望之大小而异，但在此范围内之会计学术，务求彻底了解。至于第二种人，则应及涉广泛之范围，但可不必求其精深，只能得一够用之常识足矣。兹以此两种人之自习方法，分述如下。在下文之中，吾人假定求知者对于会计一门，尚无门径，故从极基本之立场开始讨论，若已有初步之训练者，则可各按程度，类推可矣。

（一）关于从事会计职务之失学青年，若欲以会计为终身职业，或拟在会计职业中谋取发展者，则对于（1）会计记录之制作，（2）决算报告之编制，（3）账目之稽核，（4）会计制度之规划，及（5）决算表之分析解释，均须有贯彻之了解。此外，从事于各特种企业之青年，对于其本业会计上之特殊问题，自亦须有所认识。

436

欲明了会计记录之制作方法,必须修习"簿记"。失学青年,如有初中毕业程度,则可选读如立信会计丛书(以下简称"丛书")中《高级商业簿记教科书》(潘序伦著)一类之书籍。如尚无初中毕业之程度者,则可先读如丛书中《初级商业簿记》(陈文麟等著)或《簿记初阶》(李文杰著)等一类之书籍,然后再读《高级商业簿记教科书》,此一部分自习所需之时期,约自半年至一年,每日以二小时计。

"簿记"一门修习完毕,可选读一"会计学"方面之著作。簿记与会计两种科目,并无清楚之界限,但抽象而言,前者着重于"技术之训练",后者着重于"原理之导缪"。簿记智识,若能辅以会计原理,则可发挥更大的效力,而于会计记录之制作,更得相形益彰。会计学一类之书籍,今日坊间出版者,为数尚不为少。如"丛书"中之《会计学教科书》(潘序伦等著)、《会计学》(第一二两册,潘序伦著)等,均以完备详明见称,此两书例举甚多,故对于自习之人可以无师自通,且以其能与《高级商业簿记》相接,故对于先读《高级商业簿记》者用为自习之书,可免脱节或重复也。此方面之自习,约需半年时期,每日亦以二小时计。

修习至此,对于会计上之记录工作,已可得一良好之根底。但对于会计上价值之决定,仍仅具一简陋而不足应付之智识。例如以旧机器一架,贴费换取新机器一架,则新机器在会计记录上究应作何"价值",方称允当等问题,仍难加以解决也。故应进而研究会计上"估值之原理",俾账簿中一切记录之价值,得以准确允当。此应读《高等会计学》一类之书籍,如"丛书"中《会计学》(第三册,潘序伦著)、《决算表之编制及内容》(黄维方著)等书是。此类书籍,亦可使编制决算表之智识,得以充实,并使会计记录之制作,准确可靠,做其功用实无异于一石双鸟也。此项自习,如以每日二小时计,则学年当可修业。

自习者如欲成一完全之会计人才,则仅有基本之会计智识,在实务上当不能用。故对于账目之稽核,制度之规划,决算表之解释,皆须略加修习。此方面修习用之书本,则有"丛书"中《审计学教科书》(潘序伦等著)、《会计制度之设置》(潘铫甲著,今年年底出版),及《决算表之分析》(黄组方著)等书可以选读。此三门之自习,约各需三个月至半年。

以上各门之自习时期,每天若能抽暇二小时,则短至年半长至三年,即可毕事。此外,余暇中亦应参读其他有关系学科之书籍,而以所得税及会计数学两门尤有直接关系,丛书中对于前者则有《所得税原理与实务》(潘序伦等著)一书,后者则有《会计数学》(李寿鸿等著)一书,此两书应先浏览一遍,明白了解所得税税法及会计数学上之问题,然后可作为需要时之参考工具。

至于各业中之青年,欲知悉其本业或有兴趣各业之特殊会计问题者,则丛书中有《中国政府会计制度》(潘序伦等著,今年年底出版,现有油印讲义)、《银行会计》(顾准著)、《铁道会计》(张心澂著)、《交通会计》(张心澂著)、《电业会计》(杨涛著),以及《各业会计制度》(上下两册,内含航业、证券经纪商、矿业、影片开映业、卷烟厂、橡胶厂、电厂、出版业、报馆业、棉毛纺织业、旅馆业、火险业、进出口业等十九种制度)等书,可以阅读,其他各类企业之会计制度,在《立信会计季刊》中亦常有发表。

凡从事制造业中会计职务之人,对于成本会计一科,自应略窥门径,如从事于成本之计算者,则于成本会计自须有深刻之认识。此可在《高等会计学》修毕后,选读一二完备之著作,如丛书中之《劳氏成本会计》或《成本会计教科书》(潘序伦编),等等。

最后,吾人对于失学青年之自习方法,应作一二建议。夫为学原无捷径,故自习者决不可性急,尤切忌半途而废。学者在自习之时,应尽量培养独立之理解能力,生吞活剥之记忆,并无多大实益,故书本中之说明,非待透彻领悟之后,不可"死记"。学者应以书本先读一遍,对于其中所阐述之方法,亲加演习,俾得明了其运用之法则。而迨一切原理及规则等透彻明了之后,始应加以记忆。而在一章读毕,全部意思领悟之后,再应用自己之意思,重述一遍,或用自拟之问题,加以演解,然后与书本相对照,以观其有何不同之处,如有相差,当习而探究其不同之故。如此自习,方有彻夜领悟、升堂入室之一日也。

书中所附之问题习题,必须尽量演解,如有书本中未曾述及之题,应尽量利用自己之理解,或自拟之假定,加以演答。演答之后,最好请人批阅。否则可以与书中之例题无多出入之题,多多演习。修习会计,必须常做练习,因会计上之原理及方法,读过一遍,似乎一览即已了解,但若用以演解实际上之问题,则又瞠目不知对答矣。会计之修习,乃以致用为目的,故如能牢记各项原理及方法,而不能解答实际上之问题者,则与能熟背"四书五经"之塾童,而只能写一"别字连篇,极不通顺"之书信者,直同属为浪费修习之时间耳。

  (二)关于第二种自习者所应修习者,比较简单。如能以下列两书读熟,则其会计智识已够应付:《簿记初阶》及《会计学概要》(李鸿涛著)。此两书前者可使读者对于会计簿记得一简单而切实之概念,后者则对于会计学上之各门各部,皆有简洁而提要之叙述。两书皆为立信会计丛书,如费半年时间,当可精读完毕。第二种人所应特别注意者,不在演解习题,或解决会计实务上之问题,而在如何利用会计资料,以明了企业之确实状况,故如能一读《决算表之分析及解释》(潘铑甲译)一书,当可更多帮助也。

(原载《立信月报》第 3 卷第 11 期,1940 年 9 月)

为自习会计敬告职业界失学青年

华南工商界对于
会计应有的认识^①

——在香港青年会商科职业学校的演讲

　　这次鄙人从上海来到香港，贵会为要在本港工商界中提倡会计，嘱鄙人到此讲演，鄙人很高兴，这几年来，我每年总到香港一行，亲见香岛的会计教育，一年比一年发展，学校数、设科数、学生数，一律比以前增加，这是很可喜的现象。但有人和我说，此地会计学校里的卒业生还多向政府机关或银行界谋事，至于一般华南商人所开设的店厂，对于会计一端，还是不加注重，未予改良，所以雇用新式专门会计人才，还是很少。我听了这话，觉得华南工商界对于会计一端，似乎还缺少应有的认识。我辈会计学术家、会计实务家，原负有辅助工商的责任，该把会计和工商企业的关系，详详细细地说给此间商家听听，所以鄙人今晚选定了这个题目，到此演讲。

　　说起我国的商业，一向要算华南最称发达。商界的富翁和成功人，也算是华南最多。照理推想起来，华人对于商事的研究，应该比旁地的人，格外高明，格外注意。但实际情形，并不如此。华南多数商人，对于他的事业，只晓得凭着他伟大坚定的精神，努力实干，对于经营的方法和业务的管理，倒不大去研究革新改良的方法。会计是工商管理中的一件重要事务，完善的会计制度，是科学管理方法中的一重要部分。华南商人既不注意到工商管理的改进，当说不上科学管理，更不谈到改良会计了。

　　我想这似乎矛盾的现象，是由华南商人的习惯和心理所养成的。华

---

① 民国二十九年九月二十日在香港青年会商科职业学校公开演讲稿。

南商人前已得着商业上的成功，或不免踌躇满志，以为对于商事一端，已经富有经验，毋庸再加精详的研究。所以华南商人的子弟，多数仅受了中等普通教育，便开始经商做事。我还记得十年以前，华南各大学设立商科，肄业的学生竟很少，甚至不能开班。近来商科学生，虽有逐渐增加的现象，但比较法科、经济科等，仍觉不多。我私下窥测华南商人的心理，似乎觉得经商发财，是他的家常便饭，不算稀奇。他们希望他们的子弟，能在政界发展，做得一官半职，可以光宗耀祖，这一点我可有相当事实的证明。我这几天曾到各校去调查，知道华南各大学所设各科中间，学生人数最多的要算是法学院，在法学院选读经济系的，又一向最称踊跃。这是什么缘故，想必因学习经济的人，既可懂得些商业理论，又不失做官的机会，一举二便，所以受华南子弟的欢迎罢。

至于上海各校各科学生的分布情形，颇和华南不同。上海各校，除了普通科中学，和大学文理科而外，要算商科最是普遍的发达。商科中间，又以考入会计系的学生，最称踊跃。上海一般商科学生的心理，多希望在卒业后入工商界服务，尤其是会计科的学生，想到政界服务的，为数极少。他们的出路，多半是在工商界。华中一带的工商企业，对于会计一科，近来渐知注重改良。对于会计人员，已多雇用曾经商科学校卒业的学生。即使原任职员，未曾习过会计，也多自动或被动地（即受店主嘱咐）入各补习学校，肄习会计。日间任事，晚上补课，最称有益。近来上海补习学校创立甚多，各补习学校课程中，又几乎没有一校不设有簿记、会计等科，所以店员和学生，极多补习机会，因而华中一带工商企业之会计制度和会计人员所具的会计技能，确实比较华南一般商店为优。这点值得给华南商人做个比较。

有人说会计工作，并不能直接生利。设置精美完备的会计制度，用人太多，手续太繁，费用太巨，而又不能保证企业一定获利。所以工商界对于会计一端，虽然不可过分轻视，也不可过分重视，只要有相当的会计记录，足敷日常应用，便已足够，不必过分注重。

这项意见，我是十分表示赞同。的确，有的企业家十分重视会计，把良好的会计制度，看做万应良药，以为改良会计，便可赚钱，便可推进业

华南工商界对于会计应有的认识

务。如果企业家怀了这种观念，是不免要失望的。因为良好的会计制度，只是科学管理的一部分工作，科学管理，只能帮助企业趋吉避凶，但不能保证商人一定赚钱。因为一企业的获利与否，实是许多原因的综合结果，改良会计，最多也不过是许多原因中的一桩罢了。

但上面所说"相当的会计记录"一句话，内中"相当"两个字的标准，是随着环境机会、竞争状况和企业本身组织而变迁的。在承平时代，优良的环境下面，一切工厂和商店，不论他的管理是否得法，他的会计是否改良，大家总会赚钱，同业之间，毫无竞争，销货价格，可以自定，则制货出售，定能赚钱，哪里用得着种种会计报告，以决定他的营业方针呢？至于规模较小，业务简单的企业，他的店东正好事事亲予管理，也不要靠着会计报告来做管理上的南针。不过在规模较大，业务较繁的企业，他的情形，可是不同。管理当局，倘若没有良好的会计制度，来供给他制造和销售上种种报告，则各种事项的管理，定要无从着手。这里好举一个譬喻，小船行驶小河小港，好用人力来推进，好用目光来测定方向；但是大邮船行驶海洋，驾驶方面，非靠着最精良的罗盘、地图和经纬仪表不可。因为大船不仅对于人家的生命财产，关系重大，并且海洋风浪危险，方向莫辨。等用人力目力来行驶他，必然要失事的。所以会计一端，对于企业管理方面的效用，好比是航海的地图指针，工厂里工作时所必须应用的种种电度表、寒暑表和测计记录仪器。不论对内对外，在积极方面或在消极方面，会计对于企业的功用，自极显著。兹不妨用简单的几句话，略为说明。

企业对外，有对政府和对债权人两层关系。企业对于政府，不论在内地，在香港，均须按照获利数额，缴纳所得税、过分利得税或战税。我人若希望纳税公平（既不要作无意的逃税，亦不要例外多纳），自然应该先求有完备的会计制度，能编出正确的损益表以作纳税的根据。并须对于各项账目，能提出切实的记录和单据，以免政府收税官吏的挑剔或处罚。所以工商界为求纳税的便利和公平，改良会计，实属不容再缓，这是第一项原因。至于企业的债权人，每每要求他的债务人，向他提供正确的决算表，以便他观察这债务人的信用和财力。况且债务人苟有正确详明的会计记录和表册，足以证明他业务的正当，则即使不幸而陷于清算破产的境地，依法也可免于民事上或刑事上的责任，倘若他的会计不良，账目混乱，则债权人即可以刑事或民事对债务人起诉，并要求赔偿损失。所以工商界为巩固对于债权人的信用，并免除在失败时期被诉的纠纷起见，改良会计，也属不容再缓，这是第二项原因。

至于企业对内，又分对股东、对管理当局和对职员三层关系。欲求股东对于账目不生疑虑，不生纠纷，并得着他们的信任，使易于招募新股，则改良会计，也是不容再缓的一件事，从管理方当局面说来，决定营业方针，防止内部舞弊和卸除管理责任，没有一件不靠着完备正确的账簿记录和决算报告。再从各职员方面说来，各职员服务的成绩，是优是劣，可从各部精密的会计记录上看出，有了各部精详的会计记录，管理当局便可决定各部职员的功过，赏罚方会严明。况且近来工商机关的章程中，多有职员分红的规定。如会计方面，结不出正确的损益数额，则职工方面和管理当局，又不要常常发生争执么？所以从各方面看来，现代企业，应当改良会计，使他有完备的会计记录，能结出正确可靠的决算表，实在是不生问题而无可迟疑的事。但新式的会计事务，非任用会计专才，不能担任。我很希望此间的商人，对于会计的重要，加以注意。并希望以后此间会计学校和各校会计科系的卒业生，尽量为工商界服务，商店工厂的现任职员练习生，也能随时加入会计学校补习会计知识，作为改良会计的预备，使华南企业的会计，日趋改良，则华南企业，在此非常困难时期，定会站住脚跟，应付一切，日后机会一到，便可大大发展。倘若故步自封，对于工商管理，不求科学化，对于会计，不求改良，我恐华南商人以前光荣的成功史，难得永久保存着罢！俗话说得好，"忠言逆耳利于行"，我这一番忠言，很望华南商人早早采纳呀！

（原载《立信月报》第 3 卷第 11 期，1940 年 9 月）

华南工商界对于会计应有的认识

华南工商界改良会计问题^①

诸位华南工商企业的业主、股东、董事、经理和主管财务会计的职员先生们：

　　鄙人今晚承本港政府无线电播音台之请，来此播音，演讲华南工商界改良会计问题，深愿借此机会，向诸位贡献一些意见，以备采择，这也是对于诸位，很有关系，很有利益，而值得诸位加以缜密考虑的事。

　　我华对外贸易，向来算华南最称发达，诸位已多是工商界里的成功人，所营事业，已是十分发达，何用我来向诸位提出什么问题呢，不过世上各事，日日在那里进步，即加工商管理一端，也是天天的科学化，会计是工商管理里面的一个重要部分，自然应该随着世界潮流，趋同进步改良的境域，我知道华南工商界对于新式会计，还不十分注重，对于旧式会计，亦多未予改良，对于任职的会计员，也少采专才主义，这种情形，我已于本月二十日在青年会公开演讲会中详细讲过，诸位听众，可以查看本月二十五、二十六日两日的大公报所载鄙人的讲辞，此间不再多述。

　　现在本港政府颁布法令，征收战税，事实上即是战时所得税，内中最重要的，便是工商利益税，此种利益税，实际上和吾华所定第一款营利事业所得税相同，在营利事业所获净利中间，抽取百分之十，这项税法施行之后，商人对于他的会计，虽要不加注意，已不可得，因为纳税数额，是把每年结得净利做提成的标准，而净利的计算，实是一项极繁复的会计问题，会计如欠正确，则净利必致多计、少计，多计净利，则工商纳税太多，未免吃亏，少计净利，则纳税太少，或致受罚，所以所得税施行，实足以迫使一般工商企业，改良会计，回想我华于民国二十五年，颁布所得税法

---

① 民国二十九年九月二十六日在香港广播台演讲。

规,定于二十六年一月一日施行,彼时内地商人团体,无不热烈讨论改良会计问题,以求纳税的公平与便利,华南商人团体很多,我很希望他们,对改良会计问题,也来注意讨论一下。

因为改良会计,不仅对于纳税方面,可使不少便利,并且有下列连带的三大功益。

一、改进工商管理,减免内部弊端,并确定各职员办事上的功过责任。

二、对股东实行经济公开,免除账目上的纠纷。

三、对于债权人和投资者,可提供正确的财务状况表,以便请求资金之融通协助。

改良会计既有种种的益处,但会计究竟要什么样,才算改良呢?依我说来,一个企业机关的会计,若能合于下列五项条件,总算得是良好的了。

一、应用双式簿记或改良中式簿记的方法,把企业一切事项(即交易)作成完全无缺的记录并置备足敷应用的账簿,以便登记。

二、损益的计算,该采用权责发生制,换句话来说,企业结账时,请把应收应付、预收预付的项目一律调整清楚,记入账内。

三、应按照会计原理扣税规定,把各资产,按期估计,务求正确,不可任意上下。

四、应能结出正确无误的决算表(包括资产负债表、损益表及各项附表)。

五、最好举行常年查账,使会计记录和决算表册,得以正确无误,并可取信于各方利害关系人。把会计改良合于上述五项的标准,并不是一件难事,现在鄙人提出几项极简单的具体办法,以便各企业机关参照进行。

一、委托会计专家,视察本机关原有的会计制度(包括账册格式、记账方法、办事手续等项),原制度中,有应改订的,当即把它改订,应彻底重定的,当即把它重定,上述会计专家只要对于该业的会计,已有相当的知识和经验,便可胜任,并不定要聘请会计师。

二、原任会计员，如未谙习西式簿记或改良中式簿记，应由店东令入会计补习学校修习簿记会计，假定每天晚间修习两小时，则花上一年补习工夫，定可使旧式簿记会计员，变成一个得用新式的会计人员。

三、原任簿记会计人员，倘若不堪任用或不敷分派，应物色，于已有相当学识和经验的人员担任其事。此处我要特别声明，亲友私人并非不可任用，但总要采取人才主义，切不可全取面情主义，因会计系专门技术，未曾切实习过的绝不会办理会计事务，此项人才，可以委托各校当局介绍，或委托上海立信会计职业咨询所介绍，先行试用数月，然后再定取去。

四、聘任会计专家为顾问，俾在实行改良会计时，和日后办理决算时，可以得着切实的指导。

实施上述四项具体办法，所须多用的经费，并不很大，若以中等工商企业为例，如能节省一些，则改良会计工作，只要费去数百元，便可完成，完成以后，每年所费，更觉有限，而从此得着的益处，实在无尽呀！

（原载《立信月报》第3卷第12期，1940年9月）

华南商业急速改进的一个征象

华南商业，在我国本来发达最早，所以国内工商巨子，也以华南为最多。但有一点，读者要加注意，便是华南的工商巨子，多是海外经商的华侨，只有少数是当地的企业家。所以华南本地的工商业，说来也不能算得十分发达，尤其是华南的企业家，以前对于新式的科学管理方法，不大注意，所以真正组织完善管理严密的企业，在华南也并不多见。

鄙人在十年前，来到广州，参观学校，注意到一件奇特现象，便是华南商业教育的不发达，和商科学生的稀少。我初以为华南人士，是以经商著名的，商人的子弟，一定多习商科。不料实际上，商人的子弟，多数只在小学、中学卒业，不再去学习专门的商事知识。此种故步自封、不求进步的态度，实使华南工商业难有革新的希望。后我在民国二十四年，再到广州，则商科学校，设立已多，学生也已增加不少。这几年来，我每年必到香港一行，总觉得香港方面的商业教育，每年都有进步。单就会计一科，在民国二十六年前，香港全岛，似乎还没有一个中国学生，专习会计科的。但我二十七年来港，已见有许多会计学校，纷纷设立。二十八年夏季再来，见新设的会计学校，为数更多。到此刻三次来港，则见各大学多设有会计学系及计政班，各高中多设有会计训练班，此外复有不少的会计补习学校。校数既如此之多，想来学生人数，一定不会少的。

我在这一点上，即会计教育迅速发达的一点上，看出华南商业，实正在急速改进的途程中。因为会计是科学管理的一个重要工具，改良会计，便是改进工商管理的一个主要步骤。学习新式会计的人，如此之多，一定是工商界感觉到新式会计人才的需要，所以华南会计学生，年复一年的增加，实在是华南商业急速改进的一个征象。

其实在目前商战剧烈的时代，一般企业家，实在有不得不改良他的

447

会计的趋势。因大规模的工商企业,应采用科学管理的方法,在今日已成天经地义,没有异议的余地。但科学管理方法的施行,必要靠企业内部各种详备精确的财务报告作为根据,而这种财务报告,非有组织完备的会计制度,不能达到编制的目的。至于组织完备的会计制度,又非有富于新式会计学识经验的专家,不能担任它的工作。现在华南会计教育发达,实是华南工商业普遍改良会计的准备,而改良会计的工作,即是改良企业管理的一个重要部分。

再者现在我国政府,有所得税及过分利得税的征收,香港政府,也有战时所得税的征收和出口货物成本计算的证明。华南工商机关,要求纳税的公平和销货的无阻,已不能不对于营业的损益和出品的成本,作精密的计算,以前老旧不全的会计制度,已不足应付新发生的需要,所以华南企业改良会计的工作,实在是不能再缓之举动了。

鄙人在华中一带执行会计职务,以协助工商界的进行,不下二十年了。造就会计人才,先后也不下万人。这次来到华南观光,深喜这里会计教育的日见发达,企业会计的日见改进,所以应香港商报主人的嘱托,草草写成这篇短文,以表示欣慰和期望的意思。

（原载香港《商报》,《立信月报》第 3 卷第 10 期转载,1940 年 10 月）

会计学修习法

陈校长，黄主任，诸位先生，诸位同学，诸位来宾：

鄙人所定的题目，原为"会计学研究法"，但我感觉到研究两字，不甚贴切，所以改为会计学修习法，会计一科，修习是不容易，上次我已经对各位讲过了，他有一点难处，畏难的，还请知难而退，但我今晚要来鼓励诸位同学，请不要畏缩，只要修习得法，便可化难为易。

现在我先把本人今晚所讲的几个要点对诸位讲讲：

一、修习会计学的便利

二、修习会计学的范围和程序

三、修习会计学的方法和要诀

四、修习会计学的主要读物

修习会计学的便利——修习一种科学，好比游历一处地方，有一种地方，非要登峰造极，不能看到他的好处。游历黄山是一个例子，所谓不到文殊台，不见黄山面。另有一种地方我们可随意游历，得尺得寸均觉有益，例如香港之游，半日也好，一日二日也好，游一星期，亦何尝不可？

科学如医学、哲学、佛学，他们的学习好比是黄山之游，非至卒业不行，非觉悟其真理，不能成效果，半途而止是毫无益处。但会计的修习，如香岛之游，随行随上，左右逢源，所以会计可以业余补习，可以一世精修，登堂入室，固属佳事，及门而止，半途而废，总有益处，任是隔了若干时候继续修习，也是好的，因为修习会计的人，如走通衢大道，求得的生活常识随时随处有应用的机会，没有白费的工夫。这点是修习会计学的便利。

修习会计学的范围和程序——这点我们首先要知道，会计是科学，是社会的科学，是应用的科学。因为会计学是科学，所以修习会计的人，需要理解和记忆力，但他是科学中的社会科学，所以他的实务，不独随社会法律时变迁，即理论也不是一成不变的，习会计者，应抱"日日新又日新"的态度。同时会计又是应用的科学，常带了技术的色彩，所以必须多多练习，在校多做习题，任职前尤要多多实习。

至于会计的范围，从他的横剖面来看，可分为事前的会计制度的设置和事后的会计事务的处理。事前的会计制度的设置，如设计会计学；事后的会计事务的处理，可分记录工作，如簿记学（即初级会计学）；估值工作，如高等会计学；审核工作，如审计学；分析解释工作，如管理会计学等等。又从他的纵剖面来看，可分为营利会计与非营利会计。在营利会计里面，若以他的投资方式之不同划分，有独资会计、合伙会计、无限公司会计、两合公司会计和股份有限公司会计。若以他业务之种类而划分，有普通商业会计、制造业会计、金融业会计和服务业会计。至于非营利会计，则有政府会计、公团会计和事业会计等。

会计的范围是这样的，那么修习会计的程序是怎么的呢？会计学修习的程序，除了簿记（即初级会计）是入门的基础，必先修习外，本来没有十分肯确的次序，不过根据大学的课程标准。第一年修习簿记（即初级会计），第二年高等会计、银行会计、会计数学，第三年成本会计、公司会计、政府会计，第四年决算表之分析、审计、设计会计，其余所得税会计及各业会计，则三四年级均可修习。上面所说的不过就现在各大学商学院的课程而言，其他各校，自可酌量情形来变更的。

此外，修习会计的人，不能单纯修习会计的学科便算了，对于会计有密切关系的学科，也必须连带修习，以备应用。因为会计人员所任职务愈高，所需要的会计、商业、法律的基本知识亦愈广。

现在将与会计有关的学科附带讲讲：

基本学科：国文、数学、英文。

经济学科：经济学、财政学、银行货币学。

商事学科：商业组织、工商管理、市场销售、运输保险等等。

民商法规：民法、商业登记法、公司法、商标法、票据法、保险法、破产法、所得税、遗产税条例。

技术学科：投资数学、统计方法及制图、珠算、书法。

上面所讲各种学科，随便拿任何一种来看，莫不与会计有密切的关系。单就法律一科来说，会计师在代人注册，或办案时候随处都是需要法律学识，如果不明法律的话，便会生出事务上种种的窒碍。所以我从前对法律系的学生演讲，要他们修习会计学，免至发生职务上的困难。正现在我对各位说，要修习法律一般。又如会计员不懂珠算是不成的，不仅要懂，还要打得快才配做会计员。所以修习会计的人，对于各种有关系的学科，非同时修习不可。

会计学的范围是那么阔，到底会计是呆板的东西，还是活动的东西呢？

人们多认账目是呆板的东西，例如一百个学生同做一个习题，要是他们的答案，有一些不同，一定是有错误。但就整个会计而讲，倘若某一公司同请十个会计员来办决算，要是有两个人所结净额若能相等，乃是极巧的事了。因为高等会计内所讨论的问题，完全是意见的问题，各人意见断难尽同，决算结果亦必彼此有异。所以我们可以说会计学是最活动的，但是我们不能不认为会计的问题，在变动当中，仍有不变的地方。例如资产的估价方法，各家办理决算，结果虽尽不同，但原理应趋于一致。

修习会计学的方法和要诀——从整个会计学来讲，会计是不容有丝毫错误的。上次我已经对诸位讲过，会计和人生财产的关系，如同医药和生命健康的关系，差一些，说不定就要发生极大的影响。那么修习会计的时候要怎样才对呢？现在我把修习会计的几个要诀对诸位讲一讲：

1. 学习会计最忌缺课，缺了二三次课，便追不上班中的功课，只有辍学了事。

2. 学习簿记会计，不要把自己当做学生看待，要把自己当做一个机关里的簿记员看待，把主任当做经理，把教师当做会计主任。教师嘱咐今天要做的功课，断不可迟至明天，做得不对，必要重做，直至做得对为止。学生能早早养成这种习惯，卒业便不成问题。

3. 簿记学及格的标准不是六十分七十分，简直要是一百分。

4. 簿记学学生在未应试之前，我常在上课前预先把考题告诉他们，题目如下：

(1) 结账前账目的调整。

(2) 结账计算表及决算表的编制。

(3) 统制账户及补助分类账原理及应用。

学生如能彻底了解这几个题目，就已经十分之九懂得簿记学了。关于簿记会计考试的标准，经上海补习教育协会之规定大约如下：

(1) 答解正确占百分之七十。

(2) 答解迅速占百分之二十。

(3) 记录整洁占百分之十。

修习会计学之主要读物——关于修习会计学的方法，鄙人经已一一讲述完了，现在我把几本主要的读物介绍给诸位参考：

(1) 簿记及初级会计：

一、黄文袭：记账方法，实用会计学

二、陈文麟、施仁夫：初级商业簿记教科书（二十八年修订本）

三、潘序伦：高级商业簿记教科书（二十八年修订本）

四、潘序伦：会计学第一册、第二册（二十七年修订本）

(2) 高等会计学：

一、潘序伦：会计学第三册（二十七年修订本）

会计学教科书（改订本）

二、黄组方：决算表之编制及内容

三、徐永祚：所得税与会计

四、潘序伦、李文杰：所得原理与实务

(3) 审计：

一、潘序伦、顾询：审计学

审计学教科书

二、顾询、钱迺澂：查账报告书及工作底稿

三、钱迺澂：审计问题

(4) 决算表之分析解释：

一、潘序伦：会计学第四册(二十七年修订本)

二、黄组方：决算表之分析

三、潘铋甲：决算表之分析与解释

(5) 设计会计：

一、黄文裘：会计制度设计之研究

二、潘铋甲：会计制度之设计

(6) 公司会计：

潘序伦：股份有限公司会计(二十七年重作本)

(7) 制造业会计：

一、潘序伦译：劳氏成本会计(二十八年改译本)

二、施仁夫译：陀氏成本会计

三、潘序伦：成本会计教科书

四、潘序伦编：各业会计制度第二集

(8) 银行会计：

一、顾准、陈福安：银行会计(第二次修订本)

二、顾准：中华银行会计制度

三、顾准：银行会计教科书

四、曹振昭：银行会计(中华书局最近出版)

(9) 各业会计：

一、潘序伦编：各业会计制度第一集

二、立信会计季刊第九期、第十期

三、杨涛：电业会计

四、林兆棠：矿业管理与会计

五、陈文麟：棉纺织厂成本会计

(10) 政府会计：

一、潘序伦、顾准：中国政府会计制度

二、吴尊：中国政府会计

三、王逢辛编：会计审计法规正续编

四、张心澄：交通会计

五、张心澂：铁道会计

六、叶崇勋：中国铁路会计学

七、雍家源：中国政府会计论

鄙人今晚讲的话太多了，阻了诸位时间不少。现在已经不早，下次有机会再和诸位讨论罢！祝诸位晚安，再会！

（原载《立信月报》第 4 卷第 3 期，1941 年 3 月）

中华民国三十年度
结账程序述要

　　驹光荏苒，又届岁尾，工商各业当准备结账手续矣。按结账之普通手续，诸君习之而审之详矣，固无待作者之赘言也。唯各种特殊之处理手续，诸君容未周知，爰草斯篇，汇加叙述，聊供参考焉。

一、所得税及过分利得税之计算及记录

　　依我国所得税暂行条例之规定，资本在二千元以上之营利事业，其所得合资本之比率超过百分之五者，均须缴纳所得税。其应纳税额之计算，系以所得额乘规定税率而得。依暂行条例第三条之规定，课税税率依照所得合资本实额比例之大小，分为五级，凡所得合资本实额之比率愈大，则税率愈高，兹将其税率列述如下：

　　（一）所得合资本实额百分之五，未满百分之十者课税千分之三十。

　　（二）所得合资本实额百分之十，未满百分之十五者，课税千分之四十。

　　（三）所得合资本实额百分之十五，未满百分之二十者，课税千分之六十。

　　（四）所得合资本实额百分之二十，未满百分之二十五者，课税千分之八十。

　　（五）所得合资本实额百分之二十五以上者，一律课税千分之一百。

　　上述之"资本实额"，除股东合伙人之原投资本外，并得以历届积存之法定公积、任意公积及盈余滚存等总额之三分之一并入计算，至其称为"所得"者则为营利事业之纯益额。此项纯益额系就其营业上实收及可收之总收益减除营业期间实际开支、呆账、折旧、盘存消耗、公课之数

额而言,在股份有限公司组织之企业,其自纯益额中提存十分之一之法定公积。可从纯益额中减去,方为纳税所得额。因而求出所得合资本之比率,然后依算出之纳税所得额按规定税率计算课税。

应纳所得税额算出后,商店如有已缴之类所得税,如商店存款于银行而被扣之存息所得税投资于股票公债等证券而被扣之利息或股息所得税等,可自应纳所得税额减去,以其净额缴纳于税收机关。

兹举例以说明之,设大中股份有限公司股本总额一百万元,法定公积十万元,任意公积二十万元,本期纯益额四十万元,已纳利息所得税二千元,则其所得税之计算如下:

(1) 资本实额之计算:

股本 1,000,000＋1/3(法定公积 100,000＋任意公积 200,000)
　　　　　＝资本实额 1,100,000(元)

(2) 纳税所得额之计算:

本期纯益 400,000－法定公积 40,000＝纳税所得额 360,000(元)

(3) 所得合资本之比率:

$$360,000/1,100,000＝33\％弱$$

(所得合资本之比率在百分之二十五以上者,依法应课税千分之一百)

(4) 应纳所得税之计算:

$$36,000×100\％＝应纳所得税 36,000(元)$$

应纳所得税 36,000－已纳所得税 2,000＝应缴所得税净额 34,000(元)

上项算出之所得税登账时其分录如下:

30/12/31	本期损益	36,000.00	
	应付所得税		34,000.00
	所得税		2,000.00

兹根据上述大中股份有限公司之例,代其计算过分利得税如下:

1. 课税利得额之计算：

本期纯益 400,000－法定公积 40,000＝课税利得额 360,000(元)

2. 利得合资本之比率：

$$360,000/1,000,000＝36\%$$

3. 过分利得税额之计算：

(1) $1,000,000×(25\%－20\%)×10\%＝5,000$(元)

(2) $1,000,000×(30\%－25\%)×15\%＝7,500$(元)

(3) $1,000,000×(36\%－30\%)×20\%＝\underline{12,000}$(元)

应纳过分利得税总额   <u>24,500</u>(元)

上项过分利得税算出后,应作下列分录转账：

30/12/31	本期损益	24,500.00	
	应付过分利得税		24,500.00

以上所述所得税及过分利得税之计算,仅就普通一般情形而言,至详细及特殊处理办法读者可参看所得税暂行条例、施行细则、征收须知与非常时期过分利得税条例、施行细则以及各项解释法令、补充办法等等,关于此项法规本所现编辑"所得税过分利得税法令汇编"一种,定本月出版,聊供各界参考焉。

二、战事损失之处理

商店因战事所遭受之损失,原应列作亏损,俟将来获利时,加以弥补;或径行减少其资本数额。嗣财政部曾准许战事损失可按照所得税资产估价方法营业权折除年数之例,规定最短摊提年数为十年;此项每年分摊之数,可作为纯益之减除数,免纳所得税。商店各按年摊提战事损失者,系将战事损失作为递延费用,其按年摊提之数则作为非营业损失,以减少纯利益之数额。迨至本年三月二十七日以渝直字第二一一八六令,废止战事损失十年摊提办法,其规定如下：

（一）工商各业所蒙战事损失,准于征收所得税计算当年所得额时,一次列支,再行依法核定征免。

前项战事损失经以当年所得额抵支,尚有不足额时,依照第一类所得税征收须知第十七项之规定,不得再于下年度所得额内予以弥补。

(二)以前各年度发生之战事损失,截至三十年度摊提未尽之余额,准在三十年度所得额内一次列支。

依此规定,则商店如有未摊尽之战事损失余额,应于本年度结账时,以本年净利益数额加以弥补,而在计算所得税及过分利得税时,得将其作为减除数也。

此外,依"征收非常时期过分利得税宽恤小商及救济战事损失办法"(三十年三月廿七日渝直字第六十二号处令修正)之规定,对于一般营利事业准予逐年提存利得额十分之一,作为抵补空袭被灾等因战事所受损失之准备,在本期纯益中减除暂不课税至每年利得额在五千元以下之小商,应就扣除免税额六百元后之余额,计算提存准备额。

商店提存此项"战事损失准备"后,如受有战事损失,应以此项准备尽先划补,然后就其余额于计征所得税及过分利得税时,在其当年度之纯益额中加以减除。如当年纯益额中抵除不足,则其余额准以下年度提存之准备弥补之。

商店对于此项提存之准备应开立专用账户记载之。此项账户通称为"战事损失准备",分别记明各年度提存及弥补损失之数额,以备来年征课时之参考。"战事损失准备"依法不得作为红利分配,于计征所得税时,并不得以三分之一并入资本计算。

三、特别准备之提存及其记录

凡依公司组织之工商业,应于营业年度终了获有盈余时,按照经济部"非常时期工商业提存特别准备办法"之规定,在纯益额中提存相当数额之特别准备。其提存之标准规定如下:

(一)盈余在实收资本总额五分之一以上者,提盈余百分之十;

(二)盈余在实收资本总额四分之一以上者,提盈余百分之二十;

(三)盈余在实收资本总额三分之一以上者,一律提盈余百分之三十。

特别准备应于营业年度终了后，由各工商业自行提存，并将营业报告书、资产负债表、财产目录、损益计算书、股息及红利分派之议案，呈报主管官署转报经济部备核①。

例如前例大中股份有限公司应提特别准备及特别准备金八万元（纯益四十万元百分之二十），其分录如下：

损益	80,000.00
法定特别准备	80,000.00

上项"特别准备"除提补意外损失外，非经经济部核准，不得分派。

（《立信月报》第4卷第12期，1941年12月）

---

① 按民国三十年四月十四日颁布之"提存特别准备办法"除规定必须提存当数额之准备外，尚须提存同额之准备金，存储于银行，此种办法，实有乖于理财原则，于民国三十年十一月十一日修正第三项条文将提存准备金之规定加以删除。

会计学之新趋势

——立信会计专科学校之演讲词

关于现代会计学的转变趋势,可分数点来讲:

一、所谓簿记,有单式簿记与双式簿记两种。在四十年前,簿记书本上就有此种划分方法,民国十五年本人所编之"Bookkeeping and Accounting"一书,即系以三十年前之外国理论为根据,内容亦有单式簿记一章之论述。后来外国学者认为单式不必加以注意,约十年前,许多书籍即将单式簿记之论述删除,中学生已多不知单式、双式之分矣。时至今日,美国学者又认为此种讲法不甚妥当,需要复古兼论单式与双式,因为目前一个家庭或小店,只应用一本现金簿,任何交易记一笔账,即所谓单式簿记之实务,事实上仍旧存在,若不使读者了解单式簿记之名称与实务,将易致混杂不清。

二、以前所讲的会计学,完全以资本主义为基础,所谓要打算资本与利益的。二十年前有一位美国学者假定一个问题,曰:设不在资本主义下,我们会计要有改变否? 当时不过为一种假想。但在今日,在社会主义之情形下,已难免不生问题。因为资本主义系以资本与利益为中心,企业间有着竞争行为,各个企业收益之如何决定,当有自然的规范与限度。社会主义下没有私人资本与利益,并没有自由竞争,其注重效力的对象,全在成本之计算,故必转重于成本会计。成本与收入尤必须联系起来。此点对于簿记方式虽无改变,但会计理论,则已由资产估价,转注向于收益与成本的决定矣。

三、现在尚有一种新趋势,在第一次世界大战后即逐渐发生,今日更变本加厉,在中国尤甚。货币为估价标准并作为记账单位,人们已认为当然事实,亦为习惯上之通用办法。此种方法乃在将牛羊等许多不同的东西,使其变成同样东西,以便加算耳。但由于今日之通货膨胀,使货币单位价值发生动摇,致以货币为估价标准之方法,亦已发生问题。即以前美国学者有币值稳定下的价值之学说,其实亦感不甚妥当。十年前有人主张以购买力作单位计算,今日美国学者正研究中。

四、以前我们所读所著的书籍,其观点皆着重在资产负债表上,并认损益表为次要。即以普通高等会计书籍之内容而论,几完全为资产估价之讨论,即可证明。今日英美会计学者的观点已不同了。他们现在已将观点移注到损益方面。新出版的书,都讨论收益的决定。固然以前所以讨论资产的估价,也是为了决定损益的原因。如固定资产的折旧,应收账款的坏账,以及资本支出与收益支出的划分,一方面虽是为了决定资产价值,他方面亦是为了决定损益,但是今日对于观点的移转,就牵动全部了。

以前学者观点着重于资产负债,今日则转重于损益方面,约有三个原因:

(一)现代公司组织的发达——公司多系有限责任,往往将资产与负债分为流动、固定两种,显示其流动比率,作为债权人之观察参考。同时会计师为债权人之目的,对一个企业查账,也是以偿债能力为观点,流动资产以时价为标准,固定资产以成本为标准,至于企业之赚钱与否,常不十分关心。一九二九年,美国发生商业大衰落,一般公司股票的价值跌落十分之九。因为投资者购入时系根据企业的资产状况而作决定,这样一来,许多人认为固定资产以成本作价靠不住,以成本与时价孰低估价亦靠不住,必须要根据收益资本化价值。资产无收益即无价值。从彼时起,就有认为资产负债表靠不住,要注重损益表者。此项观点转移,可以说由债权人观点,转移到投资人观点上。

(二)成本会计的发展——以前企业估价,及会计师的查账,皆以资产为观点。在成本会计原则下,此种估价大有问题。因为讲成本会计的人,认为要以收益与其成本为观点。以前只顾债权人,而忽略了企业本身。

(三)所得税推行的结果——因为国家征收所得税以收益为主,故企业对于损益方面不得不详加讲究。

因观点变更而产生的影响如下：

（一）高等会计现在要讨论收益决定了。

（二）资本支出与收益支出之划分，以前所有的理论，现在觉得不大妥当。我们知道哪一笔支出不是为了获取收益而支出的？反之，收益的支出亦为获取资产而支出的。如销货对方即有应收账款之资产，现在在支出方面讲，只有成本是中心。

资本支出是资产，实际上即是递延费用，完全由于会计有年度划分的关系，如果没有年度的划分，则资本支出与收益支出就没有分别。例如以前东印度公司，二十年才结账一次，中国钱庄三五年才结账一次。后来慢慢地才演变成每年每月结账；把不能划分的硬行划分，遂有种种问题发生。今日我们可以认为本年的开支能够收到好处的，就作为收益支出，否则就作为资本支出。

成本意义之最大一点，即本年度支出已获其益处者作费用，本年度尚未蒙其益处者作资产。我们现在所要研究者，即在将费用如何分配到成本上去。依照现今趋势，可简分一类现款，一类成本；现款包括现金和可变为现款之应收账款、应收票据等等。至于存货、房屋设备，我们皆当它为未消用的成本。因为以成本观点说，则不需重加估价。成本与时价孰低之估价标准根本推翻，我们只要看如何一批一批分配到成本价值上去。

（三）损益表上也发生变化。由于固定资产之靠不住，即如将多年的房屋仍要以成本列出，实属毫无意思。所以美国新的学说，认为不需编制资产负债表，只要损益表及流动资产、流动负债项目能表示真实状况足矣。昔日之资产负债表，系将流动部分与固定部分分为两部分，今日美国趋势又近要复古了。

在损益表上可以看到销货额、购货额，可以得销货成本，而得毛利，再减去一切管理等费用，再得净利益。今日学者认为制造费用、管理费用，以及资产的递延所变成的费用，完全一样，不必要什么毛利净利之分。尤其在工业中，把电灯、自来水等费用，一部分划入制造费用转入成本，一部分作其他费用从毛利减除，此乃重在对内问题，对外毫无意思可言，故只需一面成本，一面收益，则简化多了。

（四）审计上也发生了大变化：美国在一九一一年起即采用资产负债表检查，五六年后大为流行，百分之八十以上之实务，皆如此，而不注重企业损益之检查。一九二九年商业不景气，使股票惨跌，投资者起始多依赖资产负债表的表示而投资，这事发生，试问资产负债表之检查有何效用？如认为估价可靠，股票何故狂落？所以今日对检查资产负债表之查账方式亦动摇了。觉得应着重于损益方面之审查。尤其在中国今日情形之下，资产负债表何从表现实际状况？

（《立信月报》第 7 卷第 1 期，1948 年 1 月）

存 货 计 价 论

"计价"之意义　英美会计学书籍中,常提到 Valuation 一词。我国会计学家原译之为"估价",有时则沿用日本名词,译为"评价"。唯不论其为"估价"或"评价",均含有对于某一资产价值,加以评估,以求其正确可靠之意。但近十余年来,会计学者已公认资产负债表上所列各项资产价值,大都并非经过评估手续而得,且无所谓"正确可靠"之标准。坦白言之,此种资产在资产负债表中所表示之"价值"实无表示其真实价值之作用,编制决算表者抑且无此企图。其所表示之数额,实不过为会计人员遵照一般会计惯例(Accounting Convention),应用复式簿记法,为之记录计算,而得之期末余额耳。例如资产之以成本作价者,其账面"价值"即非由评估而来,而系按照会计界所惯用或主张之方法,予以搜集计算而得,且其数额亦往往不能随时表示其"正确"或"可靠"之价值。又如资产按"成本与市价孰低"之方法作价者,其"成本"与"市价",只有待于搜集,而毋待于评估。所以 Valuation 一词在本文中译为"计价",以示会计上通常所称"价值",只有计算而来,并必由评估而得也。资产只有在其成本、市价或售价无法决定时,方有评估之必要。因之英文会计书籍中所常用之 Appraisal 一词,译为"评价"或"估价"颇为正确。此在我国会计名词中,当速为改正者也。

本文之旨趣　考存货之计价方法,在昔会计文献所论述者,原有多种,但在会计实务方面所通用,且与吾国法令规定符合者,则为"成本与时价孰低"之一种称法,近来进步的会计学者对于此种称法多持异议,而主张用"成本"为计价标准。但成本之计算,又有多种不同方法,会计学者及会计实务家间,对之各持赞成反对主张,争论已久,尚鲜结果,本文将对此项问题,作一简明检讨。文中所作主张及所举实

464

例,大都译自 W. A. Paton 教授《高等会计学》一书第六章。概念我国十余年来,会计学理之研究讨论,随时局之动荡及币值之剧变而消沉,此固为事实上所无可避免者。吾等虽在目前会计失据之状态中,对于会计上若干基本理论及原则,仍当提供研究,以待不久将来币值稳定时之应用也。

基本的计价基础 考存货之计价,为计算逐期损益,决定财务情况之主要先决问题,故其计价方法与政策,应求合理而允当,实为会计上一最重要之事项。从基本观点而言,存货计价基础计有三种:一曰实际成本或称历史的成本(Actual or Historical Cost);二曰重置成本(Replacement Cost);三曰调整售价(Adjusted Selling Price)。此外尚有一种通用方法,名曰"成本与市价孰低"(Cost or market, whichever is lower),此实为一种成本与市价之混合基础,但因其应用范围之广,故亦认为一种特殊基础。至于后入先出法(Last-in First-out Method),虽为成本基础之一种方式。但因其年来逐渐形成之重要性,亦应认为一种独立方法。

成本计价法 成本有多种不同之意义及计算方法,兹请先论实际成本。所谓实际成本者,在购入之商品原料及物料,系指其售货人发货单上所记售价,加上运输、保险及其他为获得此项货物而支出之必要费用而言。至于存储及搬移等费,应依合理的比例,分配于各项存货。但此仅为理想的办法,未必易于实行。一般工厂,将此等存储搬移费用,作为制造费用(Manufacturing Expenses)处理,而不将其加入存货成本中,以求简便。在制品及制成品之实际成本,则除制造程度上所用原料、物料而外,尚应包括直接人工及应分配之制造费用。预先支出之销售费用,有时虽有视为递延项目之正常理由,但按照惯例,不予计入存货实际成本中。

近来会计学者,对于存货之以成本计价,多数认为合理。且照"配合成本于收益"(Matching Cost With Revenue)之理论,一宗存货可视为一批成本之储积,以待分配于日后发生之收益。在会计惯例中,营业收益应严格按照销售数量计算,只有以成本为销货及存货之计价基础,方能将未实现之损益(Unrealized Profit or Loss)，排除于损益计算之外。此点在以买卖商品为主要业务之商店，尤属重要。

成本计价法之最大缺点，在使包括存货一项之资产负债表，往往不能正确表示当时之财务情形，盖购进存货之成本价，与其编制决算表日之市价，可能大有上下也。主张贯彻成本主义之会计学者，对于各项资产，不过认为各项递延成本之集团，对于资产负债表不能表示当时资产之正确价值一点，认为不足介怀。唯有视存货为其所有人偿债能力之表示者，则佥认重置价值为较合理之计价标准。于此两种不同之主张，究当何所取舍，则吾人不能不对于存货之性质如何，以及该一资产负债表之用途如何，加以考虑而资抉择。如其资产负债表系供债权人之参考而编制者，则存货之计价，除以成本为基础外，何妨加注时价，以明示其变现偿债之能力？如其存货为在制品或原料物料，不以变现偿债为主旨，而以加工生产为目的，则严格按照成本计价，实应认为允当。如其存货为有标准市价极易出售之大宗商品，则将其成本按照时价调整，自可认为必要。

又考货物之售价，每受其重置成本之影响，而与其实际成本无关。存货表中所列各项，如只以实际成本计价，则企业管理者在订定货物售价时，将难得有意义之参考资料，此亦为反对成本计价法者所持之理由。但此项理由，在购销周转甚速之货物，关系不大，唯在周转较迟而市价变动又速之货物，则关系颇大。

为弥补成本计价法上述两项缺点起见，吾人在编制损益表时，可采用成本计价法，而在资产负债表上，可将重置成本加注于表底或括号内，使得两全其用，同时在编送管理者之存货表中，亦可将估计市价列入，以备参考，但不必将此项市价记入正式账册。

成本之计算——加权平均法　欲在每件或每批存货上标明其成本价格，以资认辨，在事实上固所不能，但当购价时有涨落，各批成本，参差不一，究应采用何项购价，作为全部存货之成本价值，仍是一尚待解决之计算问题。于此有加权平均法者，亦为成本计价法中之一法，兹例示其计算方法如下：

设甲公司于某月内购进某种原料五批,其每批价量,表示于下:

购进日期	数　　量	单　价	金　　额
一月五日	1,000 单位	3.0000	3,000.00
十二日	4,000	2.9000	11,600.00
二十日	2,000	2.9000	5,800.00
二十五日	1,500	3.0000	4,500.00
三十日	3,000	3.1425	9,427.50
共存	11,500 单位		总金额 34,327.50

并假定该公司一月底之原料存量为 5,000 单位。

在上示情形下,全月原料每单位之平均成本,计为 2.985 元 (34,327.50÷11,500),如以此平均成本为计价标准,则存货 5,000 单位当值 14,925 元(5,000×2.985)。此项金额,系结转下月之存货价值。计算二月份之平均成本时,应将其加入二月份各批购货中,合并计价。

此法在理论上系假定每批货物之出售、取用,或开除,均系从月内所购(及期初原存)各批货物中,按其数量比例而抽取者。故其月底存货,亦假定其为月内各批进货之比例余额所组成。唯此一假定,与该月份内该货之实际收发情形,断难适合,此因货物单位非可以无限度分割者,且如上述假定,真有其事,则最前各批存货,将永有一部分存留在存货中而永无发用完毕之日也。吾人于此应知此法之采用,并不求其成本之计算,与货物之实际收发情形,适相符合,其目的不过为以较公允合理之方法,求得一近似之成本而已。在周转率甚速之存货,其逐批发用之部分,几可即为逐批购进之部分。则此法之应用,亦几可能与存货实际收发情形相符合。

工厂从货栈中发出货物,而以平均成本计价者,实例颇多。货栈每次收入新货,应将其存货均价重行计算一次(除非新加一批存货之单价,适与其时原有存货之平均成本相等)。此项均价,即为此后各张领料单上所用之单价,直至次一批新货收入货栈时为止(此时应重计其均价)。货栈中倘存有多批进货,则为求其均价之正确计,必须算至多位小数为止,因之反对此法者,谓其计算过于繁复,良有以也。再为发货继续计算均价,其结果并不与在期末一次计算发货及存货均价之结果相同,此又为吾人所不可不确知者。

存货计价论

先入先出法 吾人对于存货之收发次序,可另作一种假定,即认为每批出售或提用之货物,系取诸存货中之最先购进者,而期末所存货物,则假定其为最后购进者,此即"先入先出法"名称之命意也。如依此法计算存货成本,可将最近购货发票上所记数量与金额,个别累积,直至其数量等于存货数量为止,此时所积金额,即为存货价值。兹照上示实例,改用本法以计算其存货成本。查一月三十一日存货 5,000 单位,应包括一月份内最后两批进货之全部及次前一批进货之四分之一,列计如下:

购进日期	数　量	单　价	金　额
一月三十日	3,000 单位	3.1425	9,427.50
二十五日	1,500 单位	3.0000	4,500.00
二十日	500 单位	2.9000	1,450.00
共存	5,000 单位		总金额 15,377.50

存货如以先入先出法计价,虽无存货分类账之设置,亦可将最近购货发票,按其货物种类,分别累积其数量与金额,而得各类存货之总值。

周转率甚速之货物,如用此法计价,其存货金额,将即为其最后数日或数周中之购货金额。易言之,此种货物如用先入先出法计价,其结果几与以重置成本法计价者相接近。

在币值相当稳定之情形下,应用先入先出法计算存货成本,实为一便利而允当之办法,因此法不论在实务或理论方面,均属无可非议,且有下述各项利益:

1. 存货金额系以有秩序的方法根据实际记录计算而得。其结数完全为实际的成本,绝不包括未实现之损益。

2. 用此法算得之存货金额,虽确为实际成本,但又与时价相距不远,用以列入损益表及资产负债表,最为允当。

3. 此法对于存货收发形情所作之假定,可谓与存货之实际收发情形最相接近,且从存货管理方面着想,亦确应用于照此办理。

上述最后一点利益,在易于陈旧损坏之存货,尤为显著。例如制售食品或橡胶用品等工厂,其存货管理方法之是否优良,存货毁损之能否避免,胥视其能否恪遵"先入先出"之原则为断。

468

先入先出程序下之发货计价情形　在先入先出程序下,每次所发货物,均假定其为取自收入最先之该类存货,故其计价,亦照此假定办理。兹举一例说明其计价方法。例如某一存货账户收入栏中之记录如下:

收入日期	数　量	单位成本	金　额
一月一日(上期结存)	1,000件	1.00	1,000.00
十日	500件	1.10	550.00
二十五日	900件	1.15	1,035.00

并假定一月份内发出货物共计六批,其数量为 100 件,400 件,50 件,600 件,200 件,200 件,共计 1,550 件。此时各批发货之计价,应照下表所示程序算定之。

发出日期	数　量	发货单价	金　额
一月四日	100件	1.00	100.00
八日	400	1.00	400.00
十三日	50	1.00	50.00
十五日	{ 450 / 150	{ 1.00 / 1.10	{ 450.00 / 165.00
二十日	200	1.10	220.00
二十七日	{ 150 / 50	{ 1.10 / 1.15	{ 165.00 / 57.50
	1,550件		1,607.50

依此计算,一月底存货数量当为 850 件,其单价为1.15元,其金额为977.50 元。

后入先出法　兹再讨论计算成本之第三法,即后入先出法。此法假定出售或使用货物之成本,即系存货一项最近发生之成本;易言之,吾人假定最先获取之存货,尽系充作储存之用,直至存货储量已足,则此后一切进货成本,均直接作为制造成本是也。如以前述甲公司收发存货数字为例,一月份收货总量为 11,500 件,月底存货量为 5,000 件,则月内发出数量当为 6,500 件,适与最后三批进货数量相等,因之一月份所用货物之成本,可以计算如下:

日　期	数　量	单　价	金　额
一月三十日	3,000 件	3.1425	9,427.50
二十五日	1,500	3.0000	4,500.00
二十日	2,000	2.9000	5,800.00
	6,500 件		19,727.50 即一月份用货成本

此时剩余货物之成本，即为最初所购两批之成本，计算如下：

日　期	数　量	单　价	金　额
一月十二日	4,000 件	2.9000	11,600.00
五日	1,000	3.0000	3,000.00
	5,000 件		14,600.00 即存货成本

一月底存货 5,000 件，其成本 14,600 元，当转入二月份存货账，作为是月份收入该项货物之第一批。设以后各月底存货数量并无增减，则此后入先出法之采用，当能使存货永续表示原有金额而无变动。

上示后入先出之计算方法，系在月底将发用存货之成本，一次予以计算者。倘所发货物，于每次发出时，即分批计算其成本，则其结果，与上示计算方法所得结果，显有差异。兹以上节所示之存货收发数量及价格为例，改用上示月底一次计算发货成本之方法，而得其一月份发货成本如下：

发货日期	发货数量	发货单价	金　额
一月四日	100 件	1.15	115.00
八日	400	1.15	460.00
十三日	50	1.15	57.50
十五日	350	1.15	402.50
	250	1.10	275.00
二十日	200	1.10	220.00
二十七日	50	1.10	55.00
	150	1.00	150.00
	1,550 件		1,735.00

上示计算结果，月底所余存货 850 件，当假定其为尽属于一月四日购进之最早一批，其单价为每件 1 元，存货金额当为 850 元。

但吾人如为每次发出之货物，在发出之日，即照后入先出法为之计价，所得月底存货成本金额，与上示之 1,735 元，竟大不相同。查一月四日及八日所发货物，在发出时，其存货最后进价，只为每件 1.00 元。以此类推，则十三日、十五日及二十日所发存货，应作为每件 1.00 元或 1.10 元。只有二十七日所发一批货物，可以 1.15 元作价。照此方法计算一月份发货成本，当示下表所示：

发货日期	发出数量	发货单价	金　额
一月四日	100 件	1.00	100.00
八日	400	1.00	400.00
十三日	50	1.10	55.00
十五日	$\begin{cases}450 \\ 150\end{cases}$	$\begin{cases}1.10 \\ 1.00\end{cases}$	$\begin{cases}495.00 \\ 150.00\end{cases}$
二十日	200	1.00	200.00
二十七日	200	1.15	280.00
	1,550 件		1,630.00 元

上表所示一月份发货之成本数额为 1,630.00 元，较前表所示之 1,735.00 元为小。此种计算上之差异，为先入先出法所无。至于月底存货 850 件之价额，此时当为 955.00 元，其构成因素可分析如下：

月底存货中尚有 150 件，当为一月初存货结
　转数量中之一部分，其单价为 1.00 元　　　计金额 150.00 元
此外存货 700 件，当属于一月二十五日所购
　批之余量，其单价为 1.15 元　　　　　　计金额　805.00 元
　　　　一月底存货成本　　　　　　　　　　　　955.00 元

此项存货成本虽系严格依照后入先出法，而为发出货物逐批计价所得之结果，但与用先入先出法算得之存货成本 977.50 元，竟相差无几，诚可玩味。

后入先出法对于逐期成本及收益之影响　年来后入先出法之采用，不仅为吾国工商界之一致主张，且英美各国企业界人士，亦多竭力推动，因之此法在会计实务上之应用，已渐见普及，且美国财政部税务局在计算纳税人之营业所得时，已承认此法之采用。但在理论方面言之，此

法之应用,实有若干可以反对之理由,学者不可不加注意。吾人于此可将赞成采用此法者所提出之理由,一一细加检讨,则反对之理由,即在其中,毋待另述。

拥护后入先出法者,认为某一期内营业利益,应从其营业收入中,减去按照期末时价所计之存货成本,以算得之。所以该一期内之销货或用货成本,应照最后购进各批货物计价。但此项理由,一加考虑,当难成立。第一,所谓销货成本应照最近购货价格计算一点,并无充分理由足述。盖某一期之营业收入,系由日复一日之销货价格所积成,此项收入所应负担之成本,应为期内实际支出而可适当配合于各批销货之成本。每批销货在事实上之成本,究属几何,或不易于特别指定,但若谓最后各批购货成本,即为该期销货成本,则不免缺乏事实上之根据。存货在期末之重置成本,固与后期售价发生特殊关系,但计算过去期间之现实利益,焉可将过去期间之成本,弃置不顾耶? 第二,后入先出法之应用,未必能使该期内之销货成本,确照期末时价计算。例如某油厂之期初存货为油 1,000,000 桶,期内购入 10,000,000 桶,售去 10,000,000 桶。此时以后入先出法算得之销货成本,应即为期内以不同价格购入10,000,000桶之总价,但如货价在月内显有涨落,则此项购货总价,断不能与"照月底货价计算之销货成本"相近。且如前节所示,按照后入先出法以计算销货成本,如为各批销货随时计价,其结果亦与照最近购价所算得者,大相径庭也。第三,期末存货与已销之货不同,如能以比较近期之价格计算,对于决定企业售货政策之当局,当较有参考价值,盖已销之货,有如逝水,不可追矣,但存货之利用,待诸来日,视其最近成本,以定营业方针,实为必要。

若以前后年度所结损益数额之波动情形而论,则按照后入先出法所结出之损益数额,当较以先入先出法所结出者为平衡。此亦为采用后进先出法者之有力主张。例如某公司某一年度内购货十批,每批一百万件,共购一千万件。其购价第一批为每件91元,第二批为92元,此后每批增价一元,直至末批购货,其价为每件 100 元。并假定其年末存货为一百万件。在此一假定情形下,该年度内销货成本,如以先入先出法计价,应为 855,000,000 元;如以后入先出法计价,则当为 864,000,000元,盖前一数为前九批购货之总价,而后一数则为后九批购货之总价也。以此推算,则其存货金额,如用先入先出法,当为 100,000,000 元,如用后入先出法,则为 91,000,000 元,其间相差计 9,000,000 元。易言之,即用先入先出法算得之该期净利,当较用后入先出法所算得者,增加9,000,000元(如为净损,则应减少 9,000,000 元);反之,如假定该年度内,该公司购货价格,逐批低落,即其第一批之购价,假定为每件100 元,第二批为 99 元,此后每批跌价 1 元,直至末批购货,其价为每件 91 元,但其购入、销去及结存之件数,与上述情形相同,则其全年销货成本,如以先入先出法计价,当为 864,000,000 元,如以后入先出法计价,当为855,000,000 元。其期末存货金额,亦适与上述数额相反。至于该年度所结净益,如用后入先出法,当较用先入先出法而结出之数,增加9,000,000元。

上示两例,可以说明后入先出法之采用,颇能削低获利年度之高峰,亦能填平受损年份之深谷。是能减低各年度营业损益之波动,而使其有稳定之表示。在存货数量较巨之企业,适值货价涨落甚烈之期间,则此法对于稳定损益计算所能发挥之效力,亦更显著。因之拥护后入先出法者,无不认此为其最大之优点。然而深思之士,对于此说,不敢苟同。盖所谓此法对于年度结算之损益,具有稳定之效力者,实系账面之谈,而非真能对于购销业务之波动,发生任何稳定作用也。会计家或企业家,如真能发明任何方法,使商业循环各阶段中所产生之波动,减轻其剧烈性而趋于稳定,诚属企业界及会计界之福音。但是与应用某项方法,仅能使账面或表内所示损益数额,趋于平均,而非能使实际营业,趋于稳定者,其意义及影响实不可同日而语。例如采矿一业。所冒营业危险,及其损益波动之剧烈情形,固为企业界所公认,但如谓后入先出法之采用,能使采矿业之营业损益,趋于稳定,则虽愚者亦将识其为妄。且编制会计报告之唯一作用,即在其能表示一企业之真实情形,盈者应明示为盈,绌者应明示为亏,断不可藉某项方法之应用,而反使其损益计算模糊不清也。

存货计价论

夫以年度决算表为表示一企业在继续营业中之进度的工具,固有其显著之缺陷,但吾人不能因此而容许对于损益计算上下其手之行为。如认年度决算中所示损益涨落情形,为不尽可靠,不妨应用若干年度之平均或累积损益数额,以资观察。或将会计年度放长,俾免短期内不正确之决算,是较采用虚伪的表面方法,以变更其损益数额者,为益多矣。

先入先出法与利益之实现　拥护后入先出法者,有时认为先入先出法之应用,可能使存货在数量并无加增时,以增价方式,表示未实现之利益。其实反对先入先出法者之此一主张,可谓毫无理由。当物价趋涨之际,同量存货将吸收较巨额之流动资金,自为不可否认之事实,但如以存货数量未增,遂谓其不能吸收已实现之利益,或谓其增加之成本为未实现利益,岂得为当?例如某商店在某年初有存货 2,000 件,每件单价 15 元,共计金额 30,000 元。该年内该商店购进同类货物十批,每批各计 2,000 件。第一批进价为每件 15.50 元,以后每批每件,递次增价 0.50 元,直至最后一批,其进价为每件 20.00 元。设该商店对于每批进货,均各标明其实价,并将购进在前之货,先行发售,以免存货之陈旧。其余年销货量,假定为 20,000 件,则其期末存货当仍为 2,000 件。此时如按照存货收发之实际情形,即先入先出顺序,计算销货成本,其数额当为 345,000元,其期末存货成本当为 40,000 元。在此情形之下,期末存量未较期初存量有何加增,但其存货金额,较之期初增出 10,000 元。吾人对于此 10,000 元之增价,当无任何理由,以否认其为已实现之利益。因该年度内销去各货之真实成本,确为 345,000 元,所余待沽之货,其真实成本,亦确为 40,000 元也。如有人对于该项期末存货所示 40,000 元之成本价值,表示怀疑,则其人对于期初存货所示 30,000 元之价值,亦可同样表示怀疑。如以为该年营业利益之一部分,被价格高涨之同量存货所吸收,不克作分配股息红利之用,因而对此利益之实现,表示怀疑,则营业利益之被运用吸收于其他流动或固定资产,不克作股利分派之用者,比比皆是,彼人对之,岂将尽表怀疑耶?设有人焉,昔以 30,000 元,今以 40,000 元,各建同样房屋一所,吾人岂可因其第一所之建造成本为 30,000元,而对于其第二所之成本 40,000 元表示怀疑耶?

实际上存货收发及使用之次序　　在上文讨论先入先出法时,吾人曾指出收进在先之货,应先予发出使用,此在通常情形下,实为存货管理方面所应遵守之原则。盖唯有遵守先入先出顺序,方能使存货之利用,不发生陈旧损毁之损失。在若干特殊情形下,存货之流动,自不能(或毋庸)与先入先出程序,完全符合,但在施行此项程序,并无不便时,尤其在处理易于失时之货物时(如果品、肉类及时髦性之物品),则此项程序之应切实遵行,实为存货管理之必要条件。

至于后入先出之程序,在存货管理实务方面言之,断无可以长期遵行之理由。盖收发存货,果照此项次序办理,则一部分存货所遭受之陈旧过时损失,势力极巨。此亦为反对后入先出法之又一理由。

吾人于此可得一结论,即在通常情况之下,存货之会计处理方法,最好与其实际收发情形相协调。夫账目固为各项资产货币价值之记录,而非其数量之记录,但所记货币价值,应能正确表示资产增减之事实,若采用一种与事实不符之方法,究非会计上之所宜。

后入先出法与资产计价问题　　主张后入先出法之热心分子又谓,存货在其基本存量之限度内,实系一种固定资产,故亦应照固定资产例计价。此一意见是否合理,当于下文涉及基本存量法(Base Stock Method)时讨论之。吾人于此姑且承认存货之性质,相同于固定资产中之厂房设备,而对于提存折旧一问题,暂时不提,试将厂房设备之获取及退废情形及其会计上标准处理方法,与存货依照后入先出法之处理情形,一相比较,则存货不能与固定资产作同样之处理,便可了然。

照后入先出法所假定之情形,现存货物,当为最先购进之货物,因而此项存货之最小存量,即永以其原购成本计算,结存账上。例如某工厂在开业时,购入存货 1,000,000 件,每件计价五角。倘以后各期存量均未少于此数,则其各期存货均将包含此的原价五角之 1,000,000 件存货在内,对于彼时存货之实际进价究为若干,则非所问。设存货量超过 1,000,000 件,则当按照次于最前一批之购货成本计价。

吾人若将此种计价方法,施用于固定资产中之厂房设备,则其结果为如何乎?譬如该公司在开业时购进同类之汽车一百辆,每辆计价

1,500元。三年后,此批旧车均已用坏,该公司另购同类新车一百辆以代之,其价每辆1,200元。倘照后进先出法计价,则此一百辆新车"存货"不问其实价已明明减至120,000元,但仍以150,000元之原进价,结存账上,且此后不问该项车辆已经换新几次,其每次购价如何,而永将"存货"价值规定为150,000元。此种处理方法,施之于固定资产,岂得谓为合理乎?岂一般会计学者所能承认乎?盖会计记录应表示现存资产之实际成本,而不可表示已成为历史陈迹的资产成本,实为会计学上之天经地义。以欧美各国公用事业之会计政策为例,任何机件设备,在其换新替旧之时,应将其换去部分之原成本,在该一资产账户中予以消除,而将新补部分之实际成本,作为资本支出,借入该账,至于大件机器设备,其个别原价,均属可稽,则在被更调退废之时,应将其原价消除,尤属不成问题,至于无可指认之较小资产,苟有退废更换,亦多用估计方法,求得其原价而消除之,断无采用后入先出法之可能。是则若干会计学者对于基本存货之性质,认为与固定资产相类似,因而主张用后入先出法计价,实毫无理论上或事实上之根据,良以固定资产之计价,在一般会计准则中,从未采用后入先出法也。

从编制资产负债表之观点而言,吾人可由上述驳斥后入先出法之理由中,推悉另一反对理由。存货如依后入先出法计价,则在若干年后,可能因市价之涨落,致其账面成本,超过或低于其现值者甚巨。例如某店原进之糖,每磅计价美金二角,其后糖价跌至每磅四分,此种情形,在世界市场上并非少见;吾人在编制资产负债表时,岂可根据后入先出法之应用,而将存量中之一部分,每磅永远作价二角耶?又如某厂原购铜料,每磅价只美金五分,其后各年铜料购价,均在一角以上,则存货在资产负债表上所示价值,岂可永以每磅五分计算耶?吾人于此可知资产负债表之编制,倘以后入先出法为计价基础,则对于其业主之财务现状,虽欲求其有约略之表示,恐亦不可得矣。

后入先出法与应税所得(Taxable Income)之关系 从企业界之立场而论,后入先出法之应用,只有一项理由,可以成立,即可用以减轻所得税之负担是也,现代各国所得税制度,均建立于逐年损益计算之上。后入先出法,既如前节所述,能使历年所结账面损益较为平衡,无怪乎营业损益波动较烈之企业,对于此法之采用,无不竭诚拥护也。例如某一炼油公司某年获利 5,000,000 元,次年即受损 2,000,000 元。但政府只根据其第一年利益而征税,不许其以两年损益并算后之余额 3,000,000 元为基础。复不许其根据第二年度之损失,申请退回已缴税款之一部,商人对于此种征税办法,自感相当痛苦。如能将原用之先入先出法,改用后入先出法,以作存货计价基础,即其第一年之利益额及第二年之损失额,均可大量抵消,即将两年应纳税额合并计算,亦当较第一年原纳税额减少甚巨。

于此有应指明者,企业固可赖后入先出法以少报涨价获利年度之利益,复可改进跌价受损年份之成绩,但如该业连年营业,只有获利,迄未受损,则不论其用先入先出法或后入先出法,其若干年间利益合计额,并不相差过巨,设营利事业之所得税率,如为比例制,而非累进制,则其纳税负担固无重大差异也。若干国家之所得税制,容许商人将某年度之损失,作为下年度利益之减除数,则赖后入先出法以减轻纳税负担之理由,更不能发挥其力量矣。

以重置成本为计价基础　所谓重置成本者,指在存货计价时,购取该项存货所需支付之一切成本而言也。此在原料物料及商品,应为其当时购货发票上之价格,加上其时应付运输、保险、储存等项费用之总数。在大宗原料及商品,其发票价格,例应释为从通常销货商之手中,购取通常数量之价格,盖购货数量与其来源,若有特殊情形,则其发票价格,即不能代表该货之正常重置成本或市价。至于制成品或在制品之重置成本,则除其原料成本应以市价计算外,并应加计照当时市面计价之一切人工及制造费用。

主张以重置成本为存货计价基础之主要理由,在讨论实际成本计价时已提及之。但采用重置成本之结果,在物价高涨或跌落时,将使未实现之利益或损失,计入存货账内,是则为此法之最大缺点。同时征税机关对于此项计价基础之应用,通常不予认许。一般企业家、银行家及会计家对之,亦多认为太不稳健。

存货计价论

采用重置成本为计价基础，对于企业当局及其他利害关系人，究竟发生何等影响，胥视其存货之性质及当时市面情形而异。以零售业而论，大宗必需品如米、麦、糖、煤等物之零售价，常紧随其购价之涨落而调整，但在时式物品或只具特种用途各货，其重置成本之涨落，对于其售价所能发生之影响，每至微弱。在趸售市场中，货物售价亦每迅速追随其进价，因之趸售商品如用重置成本为其存货之计价基础，当较适宜。但在物价相当稳定时，其存货倘以先进先出法计价，实较以重置成本计价之结果，相去不远，故亦无改用此法之必要。

吾人对于大宗标准货物或原料在盘存日之重置成本，当不难于商情报告中查悉其约数；企业管理者使用该项存货时，自不能不计及其重置成本。但除非该项存货之市面行情，变动剧烈，或其周转率过分迟缓，则以先入先出法（即最近购价法）计得之价额，当与其重置成本相差无几，至于在制品之计价，倘不以实际成本为基础，则错误困难，势难避免，故绝不宜采用重置成本。以在制品之本质而论，原只为各项制造成本之集合体，非可以简单购货方式而获得，故每无可估定之购价，只有待其完工以后，始有正确存货价值，如不克完工，只可当作废料出售耳。且在制品之重置成本，必须将其成本要素（如原料、人工及制造费用等项）之市价，分别搜集汇总，方能算得，其工作之繁复困难，毋待赘言。即以制造费用中所应包括之厂房设备折旧一项而言，必先精密估计厂房设备之市价，方能计算其折旧费用一项之"重置成本"，如此辗转估计，即使在制品之重置成本可以算得，但已恐不甚可靠，因之在制品以重置成本计价，在实务上殊不多见。

至于工业上制成品通常为可以销售之货物，其市价当感到其生产成本敏捷之反映。但以重置成本为制成品计价基础，实亦无可厚许。盖为其各项成本要素，一一搜求其重置成本，因而算得该制品之重置成本，无异将成本会计上所应作之计算与记录，重作一次，在事实上必将得不偿失。故就一般原理而论，存货账上制成品一项之计价，仍以应用实际成本为便。但必要时估计制成品之市价，以编制补充报告，藉作管理当局之参考，固属无可反对。

"实际成本与重置成本孰低"之计价基础　此一计价方法,俗称"成本与市价孰低"。根本上并不能认为一种独立基础,不过为两种成本基础之混合体。此法因富有稳健作用,故受一般人之普遍欢迎。盖以两种成本中之低价,计算其成本价值,能将存货上未经销售行为所实现之涨价利益,排除于本期损益计算之外,但存货跌价损失,虽同样未经实现,仍可计入本期损益之内,以抵消该期营业利益之一部分。此一计价方法,早经各国会计实务上所采用,亦经许多国家商事法规或征税法规所认许,会计家、银行家及企业家对之,几无不同声赞许,认为存货计价之不二法门。但此项混合计价法之彻底应用,必将每项或每种存货之实际成本与重置成本,先行逐一算定,再将每项或每种低价,汇总计算,其所费工夫之巨,与所遭困难之多,殆可不言而喻。

　　至于"市价"之意义,究应如何解释,方与稳健主义不背,会计学者间,尚无定论。如估得存货之净售价(即售价减去预估销售费用后之余额)较其实际成本或重置成本,均有不足,则此法中所用低价,应即以此净售价为准。有时可认为满意之重置成本,无法觅取,则亦只有估计存货可能变现之价值,以与其实际成本相较,而择用其较低者。至单就计算方法而论,亦有数种不同之主张。有谓应以全部存货之成本总额与其全部市价总额相较,而取其较低之总额者,有谓应将存货分成各类,以每类成本与同类市价相较,而取其每类之低价以合计成总者,又有谓应为每项存货比较其个别的成本与市价,取其个别低价合计成总者。依照最彻底之解释,自以应用最后一法,最称稳健,因照此法所算得之存货总额,方为最低也。

　　在制造业之应用此法者,对于成本或市价,往往只计其约数,而不求其正确,因之表面上虽云采用"成本与市价孰低",但实际上并无明白之基础。照美国税务署之解释,在制品及制成品之市价,必须为其成本要素(即原料、人工及制造费用)个别市价之合计。而所谓市价者,亦经该局明白解释为重置成本。各工厂因此项解释之切实遵行,必须遭遇繁重及困难之计价工作,故常用简化方法以代之。即自制成品在盘存时之售价中,减去估计的销售费用,以其余额即净售价作为该制成品之重置成本。至于在制品,则先为估计其制成后之售价,从此预估售价中,减去其完成制造程序所需支付之成本,所得余额,即假定为该在制品在该制造阶段之重置成本,此种计价方法,殊不可靠,因不仅成本与售价间,不一定有密切联系,且能将未实现利益包括在存货价值中也。但在盘存日真能为制成品或在制品分别计算其人工及制造费用之重置成本,从而汇计其整个制成品或在制品之重置成本者,实鲜其例。近来制造业所刊布之决算表中,对于其存货一项之计价方法,多无具体说明,致使读者不克明了其所称重置成本或市价之真正内容,是诚不幸之现象。

反对稳健主义之理由 "成本与市价孰低"之稳健计价方法,虽与各方所普遍采用,但会计界及企业界对其严重缺点,正因其使用之广而必须予以考虑。

第一,此法显示一自相矛盾现象,即在市价跌落时,承认其未实现损失,而在市价高涨时,不承认其未实现利益是也。吾人对于此种矛盾而不一贯之主张,实无法为之辩护。盖吾人既承认存货之市价,在低于其成本时,可能影响其企业之损益计算,何以在其高出于成本时,不承认其有同样之影响?且此种矛盾方法,对于损益计算所能发生之影响,倘一予以深究,便更觉其严重。盖市上百货价格,虽往往涨落不均,但在一商店,或一工厂,其存货性质,既多属同类,故其价格亦每同时涨落;因而其全部存货之市价,一时间可能尽在其成本之上,他一时间又可能尽在其成本之下。此时"成本或市价",表面上虽似为一混合计价法,但实际上则为一时更换计价基础之单纯法。盖某一年底某业存货之市价齐涨,则该业在表面上虽用"成本或市价"计价,但实际上系用成本基础计价;反之,如下一年底该业存货之市价齐落,实际上即又改用市价基础计价,其计价基础,如此年年反复变更,对于该企业年度决算表上所示之损益,诚可尽其歪曲之能事。是实会计原理上及实务上之大患也。

第二,混合计价法之计算工作,至为繁重,极不经济。盖为每项存货计算实际成本,已属不易,若又需搜寻其市价,确定其重置成本,在存货种类项目繁多之企业，更属困难。尤其在制造企业，若欲彻底用"成本或市价"计价，其工作之繁重，每使人有得不偿失之感。此在理论上虽不足为反对此法之主要理由，但企业家或会计家有选择其计价基础时，焉可不考虑及之？事实上，制造业对于此法之应用，并不作精密之计算，此种情形，上文已予提及矣。

在理论方面言之，此一"稳健"方法，如果彻底遵行，有时在某一会计期间，竟可能使损益结数中，包括未实现利益在内。此在存货存储已久，（经过数个会计期间）其重置成本，虽仍在其实际成本之下，但已超出其前一期末之存货价者，即能发生此种奇特现象。例如某公司六月三十日之存货，其实际成本为 50,000 元，其重置成本为 40,000 元。按照混合法计价，该时存货金额当为 40,000 元。此项存货，至七月三十一日，实际上仍存半数，但其重置成本，在彼时已涨至 22,500 元。此项重置成本较之该半数存货之实际成本 25,000 元，虽仍不及，但较其上月月底作价 20,000 元则已超过。如严格依照"成本与市价孰低"计算，则自六月底留至七月底之存货，应作价 22,500 元。但现在主张稳健者之目光中，此数已包括未实现利益 2,500 元在内矣。若干会计家为欲避免此种可能发生之"不稳健"现象，将"成本"一名词，解释为"实际成本"与"存货最后作价"两数中之较低数。如此则六月底存货半数之作价为 20,000 元，在七月底即视为该项存货之"成本"，与以七月底之重置成本 22,500 元相较，仍属低价，当被采用。

第三及最后，吾人可以引用 Hatfield 教授之语曰，"成本与市价孰低"一法之应用，并不能真正达到稳健之目标，盖"孰低"之价，只为成本与市价两者中之低价耳。此项低价，在各业间及整个市面言之，焉能当被认为稳健耶？例如某商店在某时，所有某种存货之单位成本为 2.00 元，其市价为 2.50 元，则存货照 2.00 元计价，较其市价低 20%。另一商店同时同货之单位成本为 2.40 元，则其存货之作价，只较其市价低 4%，即在同一商店中，"成本或市价"方法之应用。能使此种稳健程度参差不齐之现象，发生于种类各别之存货计价中，或各会计期末之存货计价中。所谓稳健者，究竟有何种标准乎；且此法之应用，不过将某年度可以计算之利益，移入下年度计算而已。此岂可称为真正之稳健方策乎？盖某年底存货照低价计算，其结果只使其下年度之销货成本减少如许，因而使其下年度之利益，亦增加如许（或其损失减少如许），此在下年度视之，正觉其有失稳健，固不仅损益计算之不克正确而已。

"成本或市价"法对于各年度损益计算之影响 "成本或市价"一法，可能使各期间损益计算，发生极矛盾之现象，兹举一例以明之。

假定某公司在连续三期内之购货成本、销货金额及存货价额，有如下表所列示。

	第一期	第二期	第三期
进货	100,000	40,000	45,000
销货	80,000	60,000	100,000
存货—成本	60,000	70,000	65,000
存货—市价	40,000	75,000	50,000

该公司倘一贯采用成本基础计价，则各该期间之利益，可以计算如下（假定除销货成本外，并无其他费用）：

	第一期	第二期	第三期
期初存货	—	60,000	70,000
进货	100,000	40,000	45,000
	100,000	100,000	115,000
期末存货	60,000	70,000	65,000
销货成本	40,000	30,000	50,000
销货	80,000	60,000	100,000
营业利益	40,000	30,000	50,000

上例明示存货倘用成本计价，则各期所结利益数额，均能与其销货量相适应，销货增加之期，利益自增，销货减少之期，利益亦减，吾人如将存货之购价售价，暂置不论，则此种能与营业最互相配合之损益计算，实可认为非常合理。

反之，如用"成本或市价"为存货计价基础，则各该期间损益计算之结盟，将如下表所示。

	第一期	第二期	第三期
期初存货	—	40,000	70,000
进货	100,000	40,000	45,000
	100,000	80,000	115,000
期末存货	40,000	70,000	50,000
销货成本	60,000	10,000	65,000
销货	80,000	60,000	100,000
营业利益	20,000	50,000	35,000

此种计算方法，使每期所结利益额，与每期销货量之增减，不发生任何关系。以第二期而论，销货量较第一期减少 25％，但所结利益，竟较第一期增加了 150％。以第三期而论，销货量较第二期增加 66％，而所结利益则竟较第二期减少 30％，宁非怪事？

上例虽属假定性质，可能故甚其词，但"成本或市价"之采用，确能在实际上使各业之损益计算，发生此种歪曲现象，在短期结算（如每月、每季结算）而适逢物价涨落其剧时，此种歪曲现象，尤属显而易见。

"成本与市价孰低"视为成本基础之变态说 有一说堪为"成本与市价孰低"作一辩护，即对于此法中所含市价基础之计价作用，不予承认，而将此法释为成本基础之彻底应用是也。按照此说，存货之本质，可认为一成本要素之集合体，留待日后配合于销货。此一成本要素之集合体，在理，不应包括日后不能分配于销货之成本要素。易言之，凡不能希望在日后营业收入中收回之成本要素，即不应听其存留于此成本集合体中，而应将其销去。例如存货中苟有损毁失灭之部分，则此成本要素，已无于日后营业收入中收回之希望；苟有陈旧过时之部分，则因陈旧过时而损失之成本要素，在理亦应作为本期损失（理由见下文）。依此推论，则存货市价如跌落至成本之下，亦可认为其成本要素可能于下期收回之希望，业已减少，因而将其难以收回之成本部分，予以估计，列作本期损失，尚不能认为不当。

上说为"成本与市价孰低"作一辩护，颇能言之成理。但倘欲予以反驳，亦非无词。考损益之计算，通常以销货行为之完成为基础，上说全不依销售基础，计算损益，而在存货尚未出售之前，即承认其一部分成本之不克收回，毋乃太早？夫市价之涨落，对于营业，当然发生重大影响，但谓市价之跌落，即能使存货之成本要素失灭一部分，亦未见其与事实相符。有时一物之重置成本，虽大有涨落，但可能对其售价，不生若何影响；反之，一物售价，亦可能不随其成本之变化而涨落。成本与市价任何一方之涨落，苟为势不剧，可能暂不影响于其他一方。因之在存货计价时，吾人见其重置成本或市价有跌落之现象，遽谓存货中有一部分成本要素，发生不能收回之危险，不仅其损失数额，不易正确估计，且此项损失，是否真已发生，亦大成问题耳。

更进一步言之，吾人虽承认存货为各项成本之集合体，留待日后配合于销货，但并无希望此种成本必能在日后收回之意思。存货中固储有可在日后利用之成本要素，此等成本要素之利用，固应希望其能产生较成本为巨之营业收入，但此种希望，向来毫无保障。一企业可能连年遭受营业损失，但此种损失，固无须预为估计，记入账册，并将构成存货之成本要素，在尚未利用之前，即予折减也。

总括上文所论各点，吾人对于存货之计价问题，当可得一结论，即一企业之营业及其存货之性质，苟无任何特殊情形，则用成本为其存货之计价基础，堪称为适宜之方策。此时所有估计未实现利益之困难工作，当可全免，而每期收益，亦可以配合产品成本于销货收益之方法而决定之。

存货跌价准备 设存货市价跌落甚巨，会计家及企业家欲将此项事实，明示于决算表内，同时又不欲将存货账内所记实际成本有所调整，则可设置存货跌价准备账户，将存货跌价损失记入其贷方，作为存货账户之估价账户。其相对之借项，只作为该期纯益或公积之减除项目，而不作为销货成本之增加；至此项跌价损失，或系精密估计，或为约略估计，均无不可。此法之应用，除存货跌价损失只作为纯益或公积之减除数，而不作为销货成本之增加数外，其结果应用了"成本或市价"法所得结果无异。

又存货跌价准备表示存货确已跌落之价值，在资产负债表上应从存货一项减除，而得存货净额。此与提自公积或盈余这存货准备不同，盖前者为估价准备（Valuation Reserve）而后者则为盈余准备（Surplus Reserve）。

在会计实务中，亦有将存货市价用括弧法加注于决算表上，而不以存货跌价损失，调整决算表内之损益计算者，较之设立跌价准备账户，似觉更为简单明了。

基本存量法　现代若干大规模企业，时有采用所谓"基本存量法"（Base Stock Method），以作其存货之计价政策者。若干会计家因此法能发生稳健作用，故深予赞许。此法假定一企业之存货，无论其为原料物料或制成品，均当有一基本存量；存货数量不论何时总不应落在此一基量之下，俾可应付生产或销售方面突然之需要。此项基本存量，应以各该存货在长期内之经常价格（Normal Price）计价。至于超过基本存量之存量，应以当时成本计价。考此法之基本理论，以为此项基本存货，具有永久投资性质，与固定资产相类，故应以其最初购置成本或其他经常价格计价。至于构成此基本存量之实际存货，虽有连续不断之变动，但其基本存量苟无增减，则其投入资本之数额，亦认为永无增减。

主张基本存量法者，与主张后入先出法者所提理由，颇属相同。上文既反对后入先出法，自不能赞同此法。吾人如谓存货之经常量成基本量具有固定资产性质，则何尝不可谓一企业银行存款之经常额或最低额亦具有固定资产之性质？固定资产之性质，如照此种广义的解释，则近代决算表中通常所用划分流动与固定之标准，不几被根本推翻乎？盖一企业继续进行中，不论何种资产，均应有其最低"存量"，以供日常应用，或备营运周转，固不仅存货一项，有所谓基本存量也，故谓存货之基本存量，在计价方面，应与固定资产同样处理者，实无可信之理由也。

吾人在检讨后入先出法时，已将存货价值何以不宜永以最初购进成本计算之理由，阐述无遗。即其价格以某一不变之"标准"成本计算，或其他任意规定之"经常"成本计算，均可用同样理由予以反对，吾人于计算年度损益时，未尝不欲将纯粹的营业损益，与因一般物价涨落或其他社会经济情形而生之损益，划分清楚，但此种划分工作，在实际上几不可能,即使勉强行之,反足以引起误会。因在许多工商企业,其购货销货上之涨价跌价损益,往往与营业损益混合,无法为之分析也。

售价计价法　若以未经调整之售价,作存货计价之基础;任何会计家均将认为不宜;盖存货未经售出,不应使其价值中包括未实现利益,乃会计界所公认之原则也。尤有进者,此法之应用,使销货尚待发生之成本,与未到发生或应计阶段之利益,有一并计入存货价值之可能,例如某种存货,在其出售之前,尚续有成本支出,倘照其售价计价,不仅其尚待发生之成本部分,将被记入账册,作为资产及利益,即此项尚待发生之成本上所能产生之利益,或亦将一并计入,自属不妥。

若以经过调整之净售价,作存货计价基础,在几种特殊情形下,尚属可行。此处所谓净售价者,指货物在盘存时之售价,减去其制造上及销售上尚待支付之一切成本及费用后之余额而言。凡(一)存货之成本,无法觅得或难可觅得,而极不可靠者,(二)存货按照市价极易销售,毫不费力者,及(三)存货成本,确较可以变现之价格为高者,采用净售价为其计价基础,当可认为适当。此等特殊存货,当于下文再详论之。

吾人于此,有一点情形,应予密切注意。存货即以净售价计价,仍可能将尚未获得或未达应计阶段之利益(Unearned Profit)一并计入(实现问题更不必提)。按照会计基本原则,营业利益,随制造程序或销售工作之进展而逐步获得。制造销售工作之逐步进展,实即为其成本要素之逐步累积,如此项存货尚有一部分制造或销售方面之成本,尚未累积,则此一部分上之营业利益,亦未获得。例如某项存货之成本,截至某日为止,计已累积至 90 元,尚待发生或支付之成本,计为 10 元。设其当时售价为 110 元,其中包括利益 20 元。但该一存货之成本,只累积至其全数之十分九,尚有成本十分之一,留待发生,此时其利益 20 元之金额中只有十分之九,即 18 元,可以认为已经获得(但尚未实现),其余 2 元,则因获得利益之工作,尚待进行,自不能认为已经发生。因之存货价值即使听其包括已获得(而尚未实现)之利益在内,亦只可作价 108 元。为期读者明了此项计算起见,列表如下:

486

当时售价		120	120
截止当时已发生之成本	90%	90	
估计尚待发生之成本	10%	10	10
	100%	100	
估计利益		20	
净售价			110
减估计利益之 10%			2
以调整后净售价计算之存货价值			108

市场上所发表之各货售价,有时即可用作估计其成本之起点。从其当时售价中减去其尚待发生之成本及预计利益后,所得余额,即作为该存货之重置成本。在生产程序至繁,产品种类至多,成本计算至难之工业,不妨应用此法以计算其存货价值。

零售价法 大规模百货商店及若干零售商店,购进商品,不再加工,即以原物出售者,常用零售价法(Retail Price Method)以估计其存货之价值。因此等零售货物,均按规定之毛利率,标定售价,从而推算其成本,尚属方便,故可用为存货计价之捷径。近年以来,此项方法,已成为标准化之存货永续管制方法矣。商店应用此法时,对于进货发票之处理,进货之分类及存储,售价之标定,加价减价之改标,以及存货因损坏失灭而发生之差额等事项,必须非常注意,不可听其发生错误及紊乱,并应在期末将存货全部盘点及计价,以资核对。

在零售价法中,货之运储等费,归入购货成本计算,乃属常例。至于购货付现折扣(Cash Discount),有从购价中扣除者,有作为收益处理者,不一其例。至于售价有因加减而改标时,自应详细计算,以得其净加之毛利。兹为举一实例,以明用此法以计算存货成本之步骤。

购货,发票实价		25,000.00		
应负担之运输费	1,000.00			
其他购货费用	800.00	1,800.00	26,800.00	66.67%
原加价额		13,800.00		
续加价额	800.00			

存货计价论

取消之续加价额	200.00	600.00	
		14,400.00	
减价额	1,300.00		
取消之减价额	300.00	1,000.00	
净加价额即毛利		13,400.00	33.33%
零售价		40,200.00	100.00%
销货金额		28,000.00	
以零售价计价之存货		12,200.00	100.00%
减净加价额即毛利		4,066.26	33.33%
以成本计价之存货计数		8,133.74	66.67%

农林采矿业存货　此等采伐业之存货，常以净售价计价，盖一因可靠之实际成本不易觅得（因耗竭一项每不易估计正确），二因煤、铁、木材等大宗基本原料，既有广大市场，复有可靠售价，故相当数量之存货，不妨以净售价为计价基础也。盖此等企业赖以获利之主要工作，端在生产，不在销售，产品一经完工可以付运，则其出售即无问题，故生产之完成，即可认为收益之获得。

农村作物之可照当地净市价计价，已为美国税务局所承认。故农产品上所生利益，可以计入其生产年度，而不计入其销售年度。且在田亩中自然长成之作物，或牧场中逐渐长大之牲畜，虽其实际成本甚微，亦可以其净售价估计，列入存货，作为收益，是为存货价中之一例外。

农场中逐渐长成而随时均可采伐出售之竹木，其计价问题亦具上述同样情形，此等竹木之长成，常须历时数载，其价值亦随其长大之程度而递增。如按年将所支种植费用，作为各该支付年度之开支，而不计当年存货递增之价值，则在新设之农林公司，将不能在其决算表中，允当表示其财务及收益之状况。故可将此等竹木在盘存日之售价，予以估计，并减去挖掘装载及运输等费用，以作计价基础。如将每年种植灌溉培养等实际成本（或再加上一部分之其他成本），作为该年度竹木之盘存价值，尤合于成本计价之原则。

又如冬季栽种于田垄中之谷麦，尚未长熟收获，不克即予出售；此种资产如在期末计价，应以其实际发生之成本为基础，不宜用估计而得之净售价为基础。至于森林巨木，其长成每须经数十年或百年，故通常认之为附着于土地之固定资产，而不算作存货，但其逐年增价，及其经常培养管理费用之支出，固可与上述竹木作同样之处理。

在石油、煤、铁等矿，其可售之存货，虽亦有人主张应用净售价计价，但实例不多；事实上多用估计成本计价。唯有采金一业，因其存货（黄金）价格原由政府规定，且其出售，除交货手续而外，并无任何销售工作或费用，故以实收售价为存货计价基础，最为合理，是诚为存货计价中仅有之例也。

建筑业之"存货" 建筑工业须经数月或数年，始能完成其计划者，其期末"在建工程"之计价，应适用一较为特殊之方法。倘一建筑工程之"存货"，照其实际支出之成本计价，则在其全部完工交付业主之前，将不认其有任何营业利益（或损失）之发生，其结果将使该项工程上所生之利益（或损失）不能合理分配于各营业年度。此种现象，在营造厂承包少数巨大建筑工程时，尤为显著。兹举一比较极端之例，以说明之。某造船厂开始营业时，承包建造巨轮五艘，其总包价为 22,000,000 元。至是年底，结算所支造船成本，已达 15,000,000 元，但尚未有一艘造成。假定此项工程为该厂在该一年内所承包之唯一工程，而其期末"盘存"，又全照成本计价，则该厂虽终年辛勤，用款浩繁，但其年终决算表上，将不能表示分毫之利益，岂可谓为允当乎？故在此种情形下，期末工程盘存，应视其完工程度，以比例计算其应获得之利益，一并加入盘存成本中。如上例，设五轮之建造成本共为 20,000,000 元，而在第一年内已累积其 75%，亦可云其全部工程已完成四分之三。在财务方面而论，其全部预计利益中之四分之三即 1,500,000 元，当可作为已经获得，此时可以下列分录，将此增益记入账上。

借：在建工程盘存——承包工程第一号　　　　　　1,500,000
　贷：营业利益——承包工程第一号　　　　　　　　1,500,000

长期建筑工程之业主，每随时到工程处所视察其进行情形，且多按照契约规定，预付造价。其时该建筑物之所有权，依法仍属诸承造人，故应将其预收之款，一方借入现金账户，他方贷入"预收造价"账户。

上文所云"完工程度"一语,各家解释颇有参差。有谓应以已施工时间,与其全部施工时间之比例,定其完工程度者,有谓应以已用原料成本与应用全部原料成本间之比例,或以已发生之建造成本与全部建造成本间之比例,定其完工程度者。吾人若认此一问题,为一存货计价及损益计算问题,自当以上述最后一种比例(即已发生成本与全部成本间之比例)作为估计完工程度之标准,较为合理,因成本之发生,可以代表其整体工程之进行,而不限于时间或原料之一种条件也。

当营造厂商在业主之土地上或建筑物上加建房屋道路时,其工程之所有权,依法属诸业主,而承包人对于所建工作,只有留置权而无所有权,故严格言之,承包人除用余之原料物料外,对于所包工程而言,当无所谓"盘存"。但其所包工程上所发生之成本,直至该项工程完成交付时为止,仍为其资产一项,应在账上列出"盘存"或业务上之递延支出。例如某营造厂承包建筑货楼一所,其总包价为 100,000 元。按季视该楼完工程度而支付。该项工程之估计成本,共为 90,000 元。在首先三个月中,工程账上所示各月份所付成本计为 5,000 元、15,000 元及 16,000 元,在第一季度末,该厂以工程已完工百分之四十,开具发票,向业主收款。其时该厂工程账上在第一月底,应有"盘存"5,000 元,第二月底应有盘存 20,000 元。在第三月底,设该项工程之估计成本无甚变动,则可用下示分录将已发生之成本及应计收益转作应收账款。

借:应收账款   40,000
  贷:工程账   36,000
  贷:工程利益   4,000

联合成本产品 若干产品之成本,在其生产程序上,具有彼此联合而无法分计之性质,如屠宰业及炼油业之产品即其著例。此种产品之计价,成为一种特殊问题,不能应用通常方法,为之计价。唯屠宰业存货之计价,往往即以各项产品之净售价为基础,此在实际上尚无不可,因此业之存货既属极易销售,且其毛利率亦甚微薄也。吾人苟欲用实际成本基础,为联合成本产品各别计算其成本价值,唯有以各该产品之市价为比例,以分配其联合成本。兹举一例以明此"市价比例分配法"之计算。

某公司在某年度内生产甲种货品 5,000 件,及乙种货品 4,000 件,可能分别分配于甲、乙两种货品之成本为 10,000 元及 12,000 元。两种货物之共同成本无法为之分派者共计 60,000 元。期末存货计有甲种 1,000 件,每件市价 8 元,乙种 600 件,每件市价 15 元。在此种情形下,甲货 5,000 件应值市价 40,000 元,乙货 4,000 件,应值市价 60,000 元,共值市价 100,000 元。则如果甲货 5,000 件之成本,当可认为直接成本 10,000 元,再加共同成本 60,000 元之十分之四(即 24,000 元)共计 34,000 元。乙货 4,000 件之成本,当可认为直接成本 12,000 元,再加共同成本十分之六(即 36,000 元),共计 48,000 元。则如果甲种存货成本当为其总成本 34,000 元之 1,000/5,000 即 6,800 元,乙种存货成本当为其总成本 48,000 元之 600/4,000,即 7,200 元。

在某种情形下,生产程序到达某阶段时已发生之共同成本,亦可应用市价比例法以分配于该阶段之生产品。例如制鞋业,以一整张之皮,割成若干小块,此等小块可各按其在原皮上地位之优劣而分成若干等,再按每等皮料市价,将至此阶段为止全部原皮及割皮成本,分配于各等小皮块上。

存货之耗缩及损坏 应行盘存之货物,通常均不另计算折旧,但事实上断不能无耗缩及损坏,因而其价值亦不能无减少。有时此种情形相当严重,不能不在存货计价中予以承认。例如烟煤,因其物质有挥发作用,暴露若干时日,即须变质、跌价。又如多种化学品及食物,均因历时过久而损坏,且减少其重量及体积。

存货损失,有时可根据损耗各货之市价及其他客观的情况而调整之,有时只可以主观地判断而估计之。其损坏耗缩程度不易正确估定者,允宜遵守稳健主义,宽计其存货损失。此项损失如因特殊情形,为数极巨,则不宜任其混入该期销货成本中,而应在损益表内另列一项。各企业对于其存货之管理与查核,应力求其完善与精密,俾存货损失不致逾越常度。

旅馆、医院等机构,有时将其碗盏杯筷巾帚桌布窗帘等物,当作存货处理,而不当作应计折旧之设备处理,此种方法,不足为训。若干工厂亦有将盘存制度应用于各种小型工具如钻锉刀凿等物者,即将其期末实地盘存数额与其账面结存数额相较,而将其差额转入制造成本。但其工具盘存数额则仍列入固定资产类内。有时应提折旧之资产如影戏底片、书籍底版等物,亦误列于存货项下。美国若干农场,因依照彼国税务局所规定之"丰货法"以估计其课税所得,竟将其乳牛、骡马等牲畜,亦列入存货项下,其实此等牲畜,应列作固定资产之一项。且此项处理办法,能间接承认因此等牲畜长大而发生之增价,作为规定收益之一部,是诚一有趣味之现象也。

此外,又有数种货物,如烟叶、酒类等,其品质因长久储藏而变好,其价值亦因存储时间而增加,故其存货即照稳健原则,亦应以其实际成本,加上存储方面所生之一切费用及成本,即通常所称之储囤费用(Carrying Charges)以计算其价值。如此种存货之市价可以明白查定者,则照净售价计价,虽须承认一部分未实现利益,亦不能认为不当。其实货物之储藏,如有改良品质之作用,则其对于货品效用及价值之贡献,显与加工制造之结果相同,如不承认其增价利益,将使各会计决算期间所结损益额,发生歪曲现象。

售价为计价基础之其他应用　与顾客订约定制之货品,已经完工,等待交付,而顾客购货契约又无取消之可能者,虽其货品所有权尚未转移,不妨即以约定售价减去交货费用,为其计价基础。此种计价办法,适用于此种情形之下,盖久经会计界所公认。但如此种定货之生产量及交付量,每期大致平均,无甚变动者,则虽用成本为计价基础,亦不致使逐期损益发生歪曲现象,固无须采用上述特殊方法。且货物虽经按照定单制成待运,但如须经顾客查验照收,则在其交付方面,仍可发生问题,因此若以净售价为其计价基础,终不能认为十分妥当。且美国税务局对于定制待交货物,以净售价计价之办法,至今未予核准,诚堪注意。

销售汽车商行,为推销新车起见,每多接受顾客原用旧车,估一价格,抵付新车售价之一部。此时其旧车之计价问题,颇能引起吾人研讨之兴趣。在汽车商方面言之,所估旧车抵付新车价金之数额,表面上自应认为其获得旧车之成本,但实际上几每超过其正确价值。该车商在表面上虽云按照定价出售新车,但对于购客往往多给零件,包用一年,修理免费,且对于换进旧车,从宽作价,准其抵付,实际上早将新车原价,减削甚巨。为期旧车价值之免于虚估,会计家多主以其可售价格,减去其修理改装及销售等工作之估计成本,为其计价基础。但此种处理方法,有一缺点,该商经营旧车部分,将永无表示营业利益之可能。以目前推销汽车之情形观之,车商对于旧车修理出售营业,多属相当重要,殊不应视为附带事业,予以忽视。故应将车商营业,分为新车、旧车两部分,使每一部分之损益,各有独立计算。如照此项原则办理,其旧车价值,应照纯粹旧车商所允付给现款购入该车之价格计算。此项估计价格与所允抵付新车价之数额间,如有差额,应自旧车盘存金额中减去,作为新车定价上之特别折让。如此处理,方能使该车商旧车部分有一获利机会,并与新车部分营业,立于独立同等地位。

又废料盘存及无关重要之副产品盘存,通常因其实际成本,无法正确估计,收多用净售价为计价基础。存货之过时陈旧损坏及不完好者,应估计其可能变现净值,用为计价基础;盖此项可能变现净值,通常不逮其实际成本远甚也。但次等、劣等货物之出产,如为一工厂常有之现象,且其产量又甚巨者,则应设法求得其应分担之成本,以为计价基础。销货经顾客退回者,其形状品质不能毫无损坏,亦应照稳健标准估得之变现净价,以计算其盘存价额。

最后,存货因上述种种情形而发生之减价损失,会计上究应如何处理,方为允当乎? 吾人对于此一问题可提出答复如下。

设上述种种情形,为一企业偶然之现象,则将存货减价损失,作为非营业损失处理,尚无不可。但如为该业经常或照例情形,则应将此种损失列作营业费用。例如某一时装公司为使顾客对于各式时装,得有尽量选择机会,藉以推广营业起见,必须制备各式服装,以供陈列。即销路不广之货,亦不可缺。迨季节已过,装束失时,必有许多存货,失去价值。但此种存货损失,实为其推销成本之一部,应由营业旺盛之季节负担之,因旺季销货之一部,实为此种推销成本所促成也。

(原载《立信会计季刊》第 2 卷第 16 期,1949 年 9 月)

存货计价论

"基圆"会计

——"等值货币"会计报表之编制

引言 考现代会计一切理论及实务,无不以币值之稳定为其基本假定;苟币值失其稳定,则以货币为记账单位之会计记录及报表,均将失其经济上及财务上之正确意义。譬之匠人所持规矩准绳,为皮胶等质所制,时随外力而伸缩无定;其尤甚者,或以腊制,或以冰制,可能因温度增高而迅速融化,转瞬间失其原度,则其所绘之图、所造之屋,宁有不长短失调,而歪斜欲倾者乎。概自第一次世界大战以还,数十年间,各国物价水准,均在剧烈波动;再观我国,十年以来,币值变动之烈之久,可谓史无前例。此在会计方面,受害可称最烈。吾侪所记账目,所编报表,若云足以表示某业财务状况及营业情形,诚如天方夜谭而已。一般会计学者,鉴于法律上、政治上及实务上种种困难,鲜愿明白提出此一问题,而在会计本身方面,设法谋求补救。只有美国 H. W. Sweeney 氏,在 1923 年,著有《稳定币值会计》(Stabilized Accounting)一书,主张将账内所记货币数额,按照物价指数,随时调整,使账簿报表所示数额,均以定值货币计算,使能真正表示一企业之经济状况及财务情形。此书出版以来,颇曾风动一时;只以其所建议之法,过于繁复,在会计记录方面,不易实施。兼以 1923 年后,世界多数国家之币值,比较尚称稳定,因之世人对于Sweeney 氏之建议,几澹然忘之矣。但自第二次世界大战爆发而后,各国物价,又多波动,即号称经济繁荣,如美国者,亦未能例外。因之会计学者,旧事重提,再度考虑会计记录及报表对于币值变动之适应或补救问题。于此另有一派会计学家,认为一切账册所记数字,如果一一按照货币时值换算调整,不仅手续之繁,几至无法实行,且所得结果,昨是今非,朝三暮四,亦有得不偿失之感;因之主张采用一种比较简便折中方

494

法,即一切账册,仍按"法定货币"数额予以记录,只在会计报表之中,如有必要,将其数额换算为某种"基圆"或"等值货币",以显示其经济力量之增减确数,是即本文所述者也。

本文译自美国 W. A. Paton 教授所著《高等会计学》(Advanced Accounting)第三十三章,一切照原著直译,未予更改,以存其真。其中所述"等值货币"决算表之编制方法,在币值不甚稳定之国家,似颇宜于采用。但币值波动若过分剧烈急速,则此法仍不免有计算繁复及表示失真之困难。自今以后,吾知社会经济情形,当能逐渐改善,币值之比较稳定,自为吾会计家所日夜以祈者,值此时会,译此一文,俾供我国会计家及企业界之参考与仿行,谅符现实之需要云。

物价水准之变动与会计之关系 一般会计人员,在将各企业之财务作记录及解释时,必须用一"尺度",此一尺度即为各地通行之货币单位,或"圆"币。不幸此一尺度并不稳定,非如物理中所用度量衡等单位,为一不变数量。货币价值原以其购买力为标准,而其购买力又随一般物价水准之涨落而时时变动。当物价水准剧烈波动时,货币价值可能于一二年内增高一倍或减去一半;此为年来数见不鲜之现象。因之依照惯例的会计程序及计价规则所结得之会计资料,在表示真实成本及某种重要方式之损益而言,其效用实大受限制。

吾人若将所谓表示固定资产成本之账户一加观察,即知在物价水准剧烈变动时期,未经调整之圆币数字,实太不可靠。例如,甲公司现用房屋,系在若干年内陆续购进或建成(此种情形实为通例),其实际所生货币成本,有如下表所示。

1915 年 1 月	$ 20,000
1920 年 6 月	30,000
1925 年 11 月	15,000
1930 年 2 月	10,000
1935 年 2 月	15,000
1940 年 1 月	10,000
	$ 100,000

设就一般物价水准而言,并以发生第一批成本时之物价水准基数,查得上列各时日之货币价值为 $1.00、$0.50、$0.58、$0.62、$0.70 及 $0.65。若云甲公司房屋成本,总计为 $1,000,000,自能令人发生严重误会。盖此一数中,包含六种价值不同之货币,若欲将其加成总数,非先将各种"圆"币,换算为"基圆"(Basic Dollar)或等值货币(Common Dollar)不可。设以 1915 年 1 月之货币为基圆,此项房屋之总成本,可以算得如次:

$$
\begin{aligned}
\$\,20,000 \times 1.00 &= 20,000 \\
30,000 \times 0.50 &= 15,000 \\
15,000 \times 0.58 &= 8,700 \\
10,000 \times 0.62 &= 6,200 \\
15,000 \times 0.70 &= 10,500 \\
10,000 \times 0.65 &= \underline{6,500} \\
&\ \ \$\,66,900
\end{aligned}
$$

若改用 1940 年 1 月之货币为基圆,以表示其总成本,则其算式如次:

$$
\begin{aligned}
20,000 \times 1.54 &= 30,800 \\
30,000 \times 0.77 &= 23,100 \\
15,000 \times 0.89 &= 13,350 \\
10,000 \times 0.96 &= 9,600 \\
15,000 \times 1.08 &= 16,200 \\
10,000 \times 1.00 &= \underline{10,000} \\
&\ \ \$\,103,050
\end{aligned}
$$

上示第二次换算而得之总成本,适与各种不同币值所凑集之账面成本相近。

在此种情形下,根据资产账面成本而估计摊提之折旧数额,显为多种异值圆币之集合体,但当其营业收入则以时值圆币计数,若使此项营业收入负担此项折旧,其结果必使人无从了解其意义。

货币变值对于私人财务之重要关系,已为一般人所熟知;至于此等变值对于一般企业财务情形及营业进度之密切关系,若干会计学者,亦会予以考虑。H. W. Sweeney 在其所著《稳定币值会计》(Stabilized Accounting)一书中,即已指出,会计数字如何因币值之变动而发生错误,此等错误在大体上如何可予消除。彼并曾设计一套记账及编表方法，以调整会计上之币值，使其臻于稳定。

会计家对于会计上币值变动问题，固曾作种种努力，以求解决，且此项问题虽属困难，原非无解决之方，但因现行法律对于通货单位之价值，并不承认其有任何变动，致使会计人员此种努力，不得不归于失败。盖在现行一切法令之下，一"圆"终是一"圆"，而商业上一切债权债务契约，又无不照此而订，则会计员在其记录及报告方面，又岂有他途可循？彼此须遵照法律上之硬性规定，算出"应税所得"为若干，可派作股利之利益为若干，可分派于某类投资人之收益数额为若干，以及股本额及累积盈余额为若干，因之会计人员之行为，几无时不受法律规定之拘束。虽然，现代会计人员，已渐被认为企业经济情形之解释者，在投资界及管理当局方面，尤多作如是观。在此种情形下，会计人员如置币值变动于不问，一味依照其会计惯例，作成记录，编成报表，而对于此种记录及报表在应用上之限度，盲然不顾，岂得谓完成其所应负之使命乎？有时物价变动对于企业所生影响，较其业务本身方面一切活动，更为重要而有力量，使企业当局了然于此等变动及其影响，实会计人员责无旁贷之事。

物价变动即币值变动，对于企业之经营，既如此其重要，吾人将用何法以表示此等变动乎？此乃一实际问题。最完备之方法，宜添设一套补充账户，将依照惯例所记各个账户，按每周或每月物价指数，予以调整，将调整所得差额，转入此等补充账户。但此种繁重方法，殊非事实所能行。一般人所需要者，不过为一种特编之补助报表（如用比较表格式，更为适宜），藉以表示一般物价变动在企业经营方面所发生之重要影响而已。虽然，币值变动之属于临时性或不甚剧烈者，当无密予注意详为调整之必要也。

币值变动之测量　所谓货币之价值，即指其购买一切货物或服务之力量而言。此项购买力为一般物价水准所反映，故币值之变动，即可于物价水准变动之方向及幅度以测定之。但物价水准之测量，实非一简易之事。第一问题为何种物价，应予测量？所测量者，是否以表示生活费

"基圆"会计

用之各项物价为限？如曰然也，则应否以某一地区或某类消费者生活所需各项物品或服务之价格为准？或者，应否以全国或某地某类生产者所需物品或服务之价格为准？严格言之，每一企业，甚至每一个人，所需购买之货品与服务，其种类及数量，均各不同，因之彼等所受物价波动之影响，及物价变动对于彼等所生之意义，亦各有别。故欲决定货币之购买力，则对其所购物品或服务之选择自为一先决问题。即使物价选择问题，能有适当之解决，复有第二问题，即每项物价或每类物价，在整组物价中应估比重若干，尚有待于统计学家之讨论与决定。

物价指数之编制，虽有上述几种困难，但现在各地，均已编有若干种物价指数，定期发表，作为货币购买力之测量器，尚可认为相当满意。

将账上所记货币数额，按照各期物价指数，换算为基圆或等值货币，尚有一项问题必须决定，即所谓基圆者，应以以往某年货币之购买力为换算之基础乎，抑应以最近期内货币之购买力为基础乎？吾人对于此一问题，尚不能提出具体答复。不过吾人似有理由可以假定，在一般企业界人士之心目中，所谓圆币者，每指当时物价水准下之圆币而言。申言之，一般人对于货币单位，虽不必定有何种明确观念，但吾人似有理由可信，一般企业家每随物价之上落，而迅速调整其对于圆币之观念。因之会计报表所示圆币数字，如按最近物价指数调整，似较照昔年物价指数调整，当易为读者所了解。

在过去六十年内，美国金元购买力之涨落幅度，就其国内所编各种物价指数而观，大致如下表所示。

年　　份	月份指数最低最高限度（注1）	涨落百分数（注2）
1881～1885	78～89	8
1886～1890	75～79	3
1891～1895	70～79	6
1896～1900	70～80	7
1901～1905	80～89	5
1906～1910	90～98	4

年　　份	月份指数最低最高限度(注1)	涨落百分数(注2)
1911～1915	96～108	6
1916～1920	110～199	29
1921～1925	155～177	7
1926～1930	158～183	7
1931～1935	123～157	12
1936～1940	150～163	4

（注1）以 1913 年物价平均月份指数作为 100。

（注2）此为每期最高最低幅度之半数，对于最高最低平均指数之百分比；以第一期为例，即为$(89-76) \div 2$ 比$(76+89) \div 2$，即为 8%。

观与上表，可知美国物价波动最烈时期，为 1916～1920 年之五年。在第一次世界大战未发生前三十年内（即自 1881～1910 年），美国物价最低限度为 70，最高限度为 98，此可谓该国物价比较稳定之一时期。

就上列六十年之物价指数而论，美国金元之购买力，显不能称为稳定。唯就会计立场而言，若在如此长久之全期内，建立一种"稳定会计制度"，似无任何实际价值；此因一般企业资产之寿命，均不能如此之长，且因一切会计数字，原多出于估计，若所用基期，相距过远，则估计之错误因素亦愈巨也。

换算为基圆之成本与重置成本之区别　将一切成本原额，换算为基圆额，与根据资产之重置价格而估得之重置成本，显有不同。申言之，将账册所谓各种不同价值之圆币资产额，按照某一公分母，换算为同一基础之圆币额，其主旨在完全实施一项经济定理，即以经济上之牺牲或约束（Commitment）为测量基础之成本（减除折旧及其他应减数额），应作为会计上所记价值之适当衡量标准是也。故其成本数额，依照一般物价水准之变动而换算，并不照某种特定物价之变动而换算。在另一方面言之，将各项记录成本（Recorded Cost）按照各该资产之重置成本分别修正，系将原价基础为市价基础，对于企业资产个别单位之价格变动，固分别予以承认，但对于一般物价所反映之整个币值变动，则完全不予考虑也。

"基圆"会计

例如某项资产系以＄10,000购得，其时一般物价指数为100；一年后，该项资产之重置成本仍为原数，尚无变动，但物价指数则已增为110。在此种情形下，该项资产之记录成本，如照重置成本估价，则无须修正，但如照币值变动程度而予以调整，则应增记为＄11,000（以最近指数为基数）；反之，在一年后该项资产之重置成本，可能涨至＄11,000，而一般物价指数，并无变动，则按照重置成本而作调整，应有10％之增记；若照币值调整，则又毋庸修改。

虽然，上例所示情形，在实际上，尤其在长期内，不能认为典型。一大型企业之资产账户，所记货品及服务，种类繁多，性质各别，如其价值有继续持久之变动，则就大体而言，必与一般物价水准之变动，有同一之趋势。申言之，资产账户如照"估计时值"予以修正，每与照币值变动而作之调整，趋于同一方向；且其调整数额每较按照币值而作之调整为巨，是因企业所有厂房设备及原料物料，均为生产者之物品（Producers' Goods），其价格之波动幅度，照例比一般物价［包括消费者物品（Consumers' Goods）之价格］为大也。设企业资产估计时价之涨落幅度，果较一般物价水准之变动为巨，则此超过或不及一般物价涨落之数额，最好将其划分另记，以便作特殊之分析。

有人认为，就企业管理者之立场而言，如将厂房设备、原料物料之原价，按照基圆调整，所得结果，实不如按照重置价格而作调整之富有意义；盖照企业家之观点，一切经济价值之有效凭证，固非账上原记圆币数额，亦非按照币值换算之数额，实为当时重置该项资产所需支付之价额。

币值变动与运用资本之关系　货币购买力之增加或减少，可能因一般物价之变动，而发生于运用资本之各项成分中。此种"损益"，非惯例的会计方法所能表示。即如现金一项，通常均假定为只因数量之增减而发生变化，但事实上一定数量之现金，常随一般物价水准之上下，而增加或减少其购买力。应收账款及他种"货币债权"之情形，可谓与现金相同，因其数额虽属确定（利息坏账等调整项目，均置不论），但其实际价值，亦随币值之不稳而变动。至于应付账款及其他"货币债务"，通常以原额入账，从不需要估价调整，但其清偿所需用之购买力，亦时有变动。

不过,货币债务方面所生购买力之"损益",就企业本身利害观点言之,当然与现金及货币债权方面所生"损益",适处反对方向。

吾人应知由现金及其他无条件之货币债权及债务所组成之运用资本,无不在继续自动变成时值圆币。例如银行存款$50,000;不论其存放期内,物价之涨落如何,均为法定货币$50,000之表示,可以按照常时市价,购买如许货物及服务。又如应付票据$50,000,始终代表此一定额之法定货币,而不顾到其购买力,故亦为继续自动调整之项目。但此非即谓每期购买力之增益及减损,能以此等资产负债之自动调整而表示之也。欲决定一期内购买力之"损益",必须将该期所记货币数额,一律换算为一种等值圆币,方能得一确数。

应付债款上所生币值损益,可与现金及应收账款上所生币值损益相抵消,此点值得吾人注意。例如,某商店之银行存款余额为$100,000,而同时欠付账款$50,000,设其情形不变,则其负债上所生币值损益,可抵消其银行存款上所生币值损益之半数。设该款存入银行时,物价指数为100,至期末则涨至120,此项存款之购买力,已减少六分之一,即以存入时之货币计算,应减少$16,666⅔,若以期末货币计算,应减少$20,000,同时清偿此项应付账款所需之购买力,亦减六分之一,如以期初货币计算,计减$8,333⅓,如以期末货币计算,则减$10,000。依同理,物价指数设已跌落,则银行存款上所增购买力,将为偿付账款所须增出之购买力,抵消一半。

列入流动资产一类之有价证券,如为短期公债、库券或公司债一类,其所储购买力,除因加计利息或变更清偿条件而发生之变动外,亦随一般物价之涨落而增减,与应收账款情形相同。至于股票及长期公债、公司债,虽可在市场随时出售,因而同列流动资产一类,但不可释为"时值圆币"资产。盖此等资产之记录成本,并不自动追随圆币之时值而调整,照理应经过一番计算手续,将其记录成本换算为等值时币(Current Dollar),以表示其购买力之损益。不过此等证券在市场上多有买卖价格可据,其当时卖价,即为该项资产当时所有购买力之表示,故实际上不必再将其按照一般物价指数换算矣。

"基圆"会计

可以盘存之资产,通常包括于流动资产项下,作为运用资本之一部。此种资产,亦非货币资产,而为一种生产因素,不过以其原始成本记入账册而已。此等存货往往受市价变动之影响,而改照其重置成本或当时市价,以修正其记录成本;其实,某种存货所储购买力,只有在其市价变动幅度超过或不及一般物价水准之变动幅度时,方有增减。且存货既为流动资产之一种,随时出入周转,故对于记录成本换算为时值货币之需要,并不若固定资产迫切。设物价水准在短期内并不发生剧烈变动,存货之记录成本,可望其与盘存日之币值成本,相去不远。

币值变动对于固定资产负债之影响 固定资产如土地、房屋等所受币值变动之影响,大致与存货所受者相同。固定资产之性质,亦为生产工具,而非货币资金,故其价值随此等特定价格之变动而增减。至其所储购买力,亦只有在其市价变动幅度超过或不及一般物价水准之变动幅度时,始有增减,不过上文曾言,固定资产之记录成本,往往为多种异值货币之集合体,故欲明白表示其真实成本,则换算为基圆之举,殆不可省。

至于长期负债及公司债等,自美国政府禁止民间债权债务契约订定以黄金实物为支付工具而后,即成为无条件之"法币"债务;因之此等债务对于一企业所生真正影响,亦随币值之涨落而变动。此中每匿有一项极重要之损益因素在内;通行会计方法,既未能将其发现,而一般企业家及投资人,亦往往不予注意。其实一批公司债之发行,等于一笔严重投机业务之承做。币值如跌,则偿债所需之购买力(即资力)亦随之而减,币值如涨,则所需之购买力亦随之而增。设某公司发行十年期公司债 $100,000,000,并假定其发行日其一日之物价指数为 100,而偿付日之物价指数已涨至 200,该一事项,显为该公司获得一笔"币值利益",或"购买力利益";以发行日之圆币计算,其数为 $50,000,000,以清偿日之圆币计算,则其数为 $100,000,000;反之,设发行日之物价指数为 200,至清偿日已跌为 100,则公司所遭"币值损失"或"购买力损失"以发行日之货币计算,为 $100,000,000,以清偿日之货币计算,则为 $50,000,000。设将此种情形,详为分析,即知值此币值变动之际,发行长期圆币债券,对于发行公司及持券人,均有莫大之投机危险。

502

考"现发长期债券"因币值变动而生之币值损益,不能适与固定资产时值之变动相抵消,因固定资产非货币资产,其时值之涨跌,不一定与币值之涨跌相符也。

币值变动对于业主衡平权(Proprietary Equity)所生影响,即为其对于企业各项资产负债所生正负影响之总和。考一企业之资本账户,每认为具有固定性质,只在增加定额资本时,及在营业盈余不足抵补亏损时,始有增减,故不妨认资本账户为永久表示投资日货币之账户,而将关于币值之调整项目,记入盈余账户。

未实现损益与已实现损益　按照一般解释,所谓未实现利益或损失,乃指现在资产之涨价或跌价而言。此项涨价或跌价,可以现存资产原价与同类资产之当时市价,作一比较而定之,亦可以该项资产之成本因素(即生产所需之原料人工及其他服务)与此等因素之当时市价比较而悉之。该项资产如已出售,或经其他手续予以处分,则其跌价或涨价损益,通常认为已经实现。

此一观念,对于因币值变动而发生之损益,亦正可适用。例如手存现金因货币购买力之增长而发生之币值利益,在使用该项现金之前,迄未实现。但若该项现金已被用去,则所生币值利益,即已实现(即经最后决定)。依同理,应收账款或其他货币债权,在继续保持其原状时,因物价水准涨跌而发生之购买力损益,可以称为未实现;但在收到账款或以其他手续处分该项债权时,即可认为已实现。

依物价水准之涨跌而算得未实现币值损益,在算得日与其最后实现日间,自可续生变化,此与资产按照特定时价而估得之跌价、涨价损益,情形相同。此等未实现损益,可能在其最后实现日前,完全消失,或竟代以相反之损益。就长期资产负债而论,此种情形,尤属可能。是以某项固定资产在某日所估得之未实现购买力损益,虽可认为随折旧之摊提而逐期实现,然必难与其实现损益之最后总数相符。吾人如在某一日期为现欠长期债务,估计清偿所需之购买力(估计日之购买力)以与开始负债日所获得之购买力相比,而算得某一数额之未实现损益(估计日之损益),此项未实现币值损益,自难适与多年后实际偿债时所生币值损益相

"基圆"会计

符。因之吾人将账上原记数额，应用任何有计划的方法，按照币值变动情形，换算为时值货币，其效用显受上述情形之限制，是必须为读者所了解。

设在某种情况下，将各种异值圆币，换算为等值圆币之举，实有必要，则为某一期间所算得之币值损益，必须将其未实现部分与已实现部分分开。

资产负债表项目之换算　设甲公司于某年一月一日开始营业，并为期例题之简化起见，假定该日营业终了，即结存现金＄15,000，存货＄20,000，设备＄5,000，应付账款＄10,000及资本＄30,000，是日物价指数为100，至是年十二月三十一日，该公司所编资产负债表中，例有：现金＄10,000；应收账款＄20,000，存货（成本）＄40,000，设备（成本）＄7,500，备抵折旧＄625，应付账款＄35,000，资本＄30,000，盈余＄11,875。是时物价指数已涨至124，其增长速率每半个月适为一月一日指数之百分之一（例如一月十五日之物价指数为101，二月一日为102等）。至于该年公司营业情形，经予假定如下：（1）在一月份后，一切购销业务、现款收支及债权债务，均在期内按照同一速度，陆续发生，只有所增设备＄2,500（成本）系在七月一日所购；（2）一切资产负债因素，在此年中均照其发生时序，依次使用或偿还；（3）现金、应收账款及应付账款之结余额，均为十二月份所发生；（4）存货中包括十二月份购货＄35,000及十一月份购货＄5,000；（5）股东方面并未支派款项，在此种假定情形下，将该公司期初及期末比较资产负债表内各目，以十二月底之时值货币为"基圆"，换算如下：

甲公司比较资产负债表
××××年一月一日及十二月三十一日
并照十二月底基圆换算
（指数：一月一日100，十二月三十一日124，全年平均数112）
账面结余额

	一月一日	十二月三十一日	增加（＊减少）
现金	＄15,000	＄10,000	＄5,000＊
应收账款		20,000	20,000
存货	＄20,000	＄40,000	＄20,000

504

	一月一日	十二月三十一日	增加（＊减少）
设备	5,000	75,000	2,500
备抵折旧		625＊	625＊
	$ 40,000	$ 76,875	$ 36,875
应付账款	$ 10,000	$ 35,000	$ 25,000
资本	30,000	30,000	
盈余		11,875	11,875
	$ 40,000	$ 76,875	$ 36,875

照十二月底基圆换算额

	一月一日	十二月三十一日	增加（＊减少）
现金	$ 18,600.00	$ 10,000.00	$ 8,600.00＊
应收账款		20,000.00	20,000.00
存货	24,800.00	40,366.52	15,566.52
设备	6,200.00	8,967.86	2,767.86
备抵折旧		758.39＊	758.89＊
	$ 49,600.00	$ 78,575.99	$ 28,975.99
应付账款	$ 12,400.00	$ 35,000.00	$ 22,600.00
股本	37,200.00	37,200.00	
盈余		11,875.00	11,875.00
换算损益		5,499.01＊	5,499.01＊
	$ 49,600.00	$ 78,575.99	$ 28,975.99

  兹为上示换算数额,略作注释如下：以 124/100 乘一月一日各项账面余额,即得其换算为十二月底之基圆数额。十二月底现金、应收账款、应付账款等项余额,均已自动调整为是日基圆数额,故毋庸再行换算,存货原额中,有 $35,000,系在十二月份所陆续购入,应以十二月底指数 124 乘之,并以十二月份平均指数 123 除之（即乘 124/123）；此外尚有十一月份购入之 $5,000,应以 124/122 乘之（此一部分存货假定其为接近十一月底时所购）。再将两项积数相加,即得十二月底存货基圆数 $40,366.52。唯此数与存货之记录成本,相差不远,颇堪注意。设备一项,由一月一日余额 $5,000 之换算额 $6,200（$5,000×123/100）及七月一日增购额 $2,500 之换算额 $2,767.86（$2,500×124/112）相

加而得。至于备抵折旧之贷差，原为期初设备原额 10％（＄500），加期中增加额之 5％（＄125）而得；以 124/100 乘此 ＄500，得 ＄620，并以 124/112 乘此 ＄125 得 ＄138.39，相加得 ＄758.39，即为此项备抵折旧换算为年底基圆之数额。资本 ＄30,000，应以 124/100 之比例换算。至于盈余 ＄11,875 均为本年内所陆续发生，唯仍以原额列入，不予换算，俾资产负债及资本各项，经换算而发生之基圆损益额，可以汇集于一个"换算损益"科目中。设吾人认为盈余一项，既经在年内陆续获得，亦应予以分别换算，则其换算比例，当为年底指数 124 与是年平均指数 112 之比例（即以 124/112 乘 ＄11,875）。

设以期初、期末之账面数额互相比较，知股份衡平权（Stock Equity）在此一年内，增加 ＄11,875，若以期初、期末之换算数额互相比较，则知此项衡平权，在该年内所增数额 ＄7,200＋＄11,875，在抵消换算损益 ＄5,499.01后，当为 ＄13,575.99。此数较未调整币值时所增加之衡平权，计多 ＄1,700.99，是即为调整币值后，资产增记（Write-up）之净额。但此 ＄13,575.99 中，尚有 ＄7,200 系以股本换算为年底圆币而增加之数，故以年底基圆计算，是年所获真正盈余，只为 ＄6,375,99，较之账面所结盈余，只有百分之五十四；易言之，账面所结净收益中，含有约近半数之币值利益在内，而此项币值利益，实际上只能维持该公司原有购买力于不减耳。此点在公司管理当局检讨公司营业成绩时，自应深予注意，至于币值变动对于公司业务所生影响如何，则尚待继续分析。

如以资产负债表上所示换算基圆额为准，而观察期初与期末各项之增减情形，吾人可悉账面余额之增减，显然给予吾人许多错误或不可靠之印象。且以设备及备抵折旧之账面数额而论，即在短短一年期内，亦不克为此等项目表示时值货币之正确数额。

将比较资产负债表各项数额如法换算为等值货币数额，最多只能表示一项币值损益净额。且此种调整方法，未能显示期内一般物价水准之变动，对于账面所结利益，究生何等影响，其影响究至如何程度；至于已实现及未实现之购买力损益，亦未划分表示；是均为此法不足之点。

　　损益表项目之换算　某一损益表中所示营业收入及费用等项目，设以同样速度在该一期内逐渐累积而成,则其所受币值涨跌之影响,可能在彼此前后之间,自行抵消一部分。此种情形如果存在,则损益表中所载数额,可谓已为该期"均值货币"(即照该期平均指数自动调整者)之表示矣。但有时吾人或需将此等"均值货币"项目,合成期末或其他基期货币。兹举一例,以示其换算方法。设上述甲公司第一年内营业情形,如下列简明损益表所示。

销货		$595,000
货物成本	$390,000	
服务成本	192,500	
折旧	625	
费用总额		583,125
净利		$11,875

以 24/112 之比率乘销货、货物成本及服务成本等项,并以 124/100 乘折旧额中之 $500,以 124/112 乘其中之 $125,即可将上表所示各数换算为年底货币,列表如下:

销货		$658,750.00
货物成本	$431,785.71	
服务成本	213,125.00	
折旧	758.39	
费用总额		645,669.10
净利		$13,030.90

为图简便起见,是年所生折旧,经全部作为费用。且此项折旧,系照该账户之实际记录,分别换算,因关于设备之购置情形完全明了也。至于销货、货物成本及服务成本等项,若欲将其构成部分及发生日期详为分析而作更详确之换算,非不可能,不过是否值得,可以考虑。于此有一点,应予认明,即此一换算损益表,并未能将该公司在年内因物价变动而产生之各项损益额,分别表明,其所能表示者,只为账面损益数额换算为年底货币之数额耳。

在上例中,折旧一项,为数较微,且为年初及年中所得资产之一部分成本,其情形自甚简单。设折旧为数较巨,且由过去许多年度所获多项资产成本摊算而得,则其账面额必与其换算额,相距甚远,故就一般情形

"基圆"会计

而论,折旧之账面额与换算额,常为换算程度中相差最巨之一项也。于此可知,欲将折旧一项换算为正确之基圆数额,必须将各该固定资产在过去年度中之购置、增加、换新、退废等情形,详细分析,并按照各该时期之物价指数分别换算,再行加减成总,其计算工作之繁重,自在意料之中。

将损益表中资料换算为等值货币或基圆数额,在将先后各期决算表作分析比较与解释时,实有必要。兹再以甲公司为例,其首二年损益项目之比较情形如下:

甲公司比较损益表

	第一年	第二年	增加额	增加百分数(%)
销货	$595,000	$654,500	$59,500	10
销售货物成本	$390,000	$429,000	$39,000	10
服务成本	192,500	207,900	15,400	8
折旧	625	1,000	375	60
费用总额	$583,125	$637,900	$54,775	9
净利益	$11,875	$16,600	$4,725	40

再假定第一年之物价指数,有如上述,第二年之平均物价指数为136,十二月三十一日为148,至于设备一项又在第二年一月一日增加$2,500。在此种假定情形下,将上列账面数额之比较损益表,换算为第二年末指数148下之货币数额,则如下示。

甲公司换算为基圆之比较损益表
基期指数:148
(第一年指数:一月一日 100 十二月三十一日 124 平均 112)
(第二年指数:一月一日 124 十二月三十一日 148 平均 136)

	第一年	第二年	减少额(＊增加额)	百分数(%)
销货	$786,250.00	$712,250.00	$74,000.00	9
销售货物成本	$515,357.11	$466,852.94	$48,504.20	9
服务成本	254,375.00	226,244.12	28,130.88	11
折旧	905.18	1,368.75	463.57＊	51＊
费用总额	$770,637.32	$694,465.81	$76,171.51	10
净利益	$15,612.68	$17,784.19	$2,171.51＊	14＊

508

上表所示销货、货物成本及服务成本三项，其第一年数额系以 148/112 乘前表各该数额而得，其第二年数额系以 148/136 乘各该数额而得。至于折旧一项，先以 148/100 乘 \$500，并以 448/112 乘 \$125，相加而得第一年换算额；再以 148/100 乘 \$500，以 148/112 乘 \$250，并以 148/124 乘 \$250，相加而得第二年换算额。

根据前表未换算数额，而观察比较甲公司两年之损益情形，知其第二年销货业务较第一年增加 10%，第二年费用较第一年增加 9%，而其净利则增加 40%。但如以同值货币，表示各项损益，则知第二年销货在实际上比第一年减少 9%，费用减少 10%，而其净利益只增 14%。

购买力损益之追查　上两节所举实例中所列现金、应收账款及应付账款各项所生购买力损益，可自资产负债表中所示数额，应用一种方法以估计之，而不必追查其分类账户中之记录。假定甲公司在第一年内始终维持手存现金数额 \$10,000（此即为十二月三十一日现金结存额），此一项目全年所损购买力，如以年底货币计算，当为 \$2,400（124/100× \$10,000－ \$10,000）。兹再假定，除一月一日现金数额超过十二月三十一日结存额之 \$5,000 外，公司每月收入及支出现金数额，适各相等，而又在同日收支清讫；至此多付之 \$5,000，又假定在年内，以同等速度陆续支付者，则此现金存额逐渐减少之 \$5,000 上，尚需再损购买力 \$664.29［此 \$5,000 可以作为在年中即物价指数在 112 时所支出，其购买力之损失应为（ \$5,000× 112/100－ \$5,000）×124/112，即年底货币 \$664.29］。因之第一年内现金之持有及收付方面所受购买力损失，共为 \$3,064.29（ \$2,400＋ \$664.29）。至于应收账款之年底余额，在本例中即为其全年增加额，可认为在年内以同等速度陆续发生者（至于年内收款情形及其影响，姑置不计），则此项应收账款上所受损失，当可算得为 \$2,142.86（124/122× \$20,000－ \$20,000）。因之现金及应收账款两项，年内共损购买力 \$5,207.15。惟妙惟肖与此可以互抵者，有应付账款上所生购买力利益。假定一月一日应付账款余额 \$10,000，经年未动（此仅指其数额而言，非指其构成项目而言），则在年底所获购买力利益，当为 \$2,400（ \$10,000× 124/100－ \$10,000），至于年内所增

$25,000,亦假定以同等速度陆续发生(年内付款情形及其影响,姑置不计),则其利益当为$2,678.57($25,000×124/112-$25,000);两共获利$5,078.57。若以所得利益与所受损失相抵,则知甲公司在第一年内有货币资产负债(即运用资本)上所生购买力之损失,实微乎其微。

上示计算方法,仍未能将已实现及未实现之损益,划分清楚。且以运用资本之性质而论,尤以应收及应付账款而言,实为一种周转资金,按照上述原题所假定之情形(即应收及应付账款之平均期限均为三十日),应依"先入先出"顺序,每月周转一次。但上示计算方法并未顾到此点,故未可认为适用。为免除此两点反对理由起见,吾人应作比较精详之换算工作,将此等账户之每月借贷项目,详细分析,而予按月换算调整,并为图计算之便利计,可为编制一适当之换算底稿,以作根据。兹以甲公司之现金一项为例,而予以按月换算,并假定其现金账户一月份收入总额为$40,000(包括期初结存额$15,000在内),其支出总额为$19,000,自二月份起,每月收入$50,000,支出$51,000。如此结算至十二月三十一日为止,当结存现金$10,000;在此等情形下,该年内现金一项上所生购买力之损失,经予列表详计如下:

甲公司
按照十二月三十一日(指数124)时值货币换算之现金账户
表示购买力之估计损失
收 入

日 期	数 额	指 数	换 算 额
一月一日	15,000.00	100	18,600.00
一月十五日	25,000.00	101	30,693.07
二月十五日	50,000.00	103	60,194.17
三月十五日	50,000.00	105	59,047.62
四月十五日	50,000.00	107	57,943.93
五月十五日	50,000.00	109	56,880.73
六月十五日	50,000.00	111	55,855.86

510

日　　期	数　　额	指　数	换　算　额
七月十五日	50,000.00	113	54,867.26
八月十五日	50,000.00	115	53,913.04
九月十五日	50,000.00	117	52,991.45
十月十五日	50,000.00	119	52,100.84
十一月十五日	50,000.00	121	51,239.67
十二月十五日	50,000.00	123	50,406.50
总　　计	590,000.00		654,734.14

支　出*

日　　期	数　　额	指　数	换　算　额	损　失
一月十五日	15,000.00	101	18,415.84	$184.16
一月十五日	4,000.00	101	4,910.89	500.63
二月十五日	21,000.00	103	25,218.55	
二月十五日	30,000.00	103	36,116.50	458.62
三月十五日	20,000.00	105	23,619.05	
三月十五日	31,000.00	105	36,609.52	419.41
四月十五日	19,000.00	107	22,018.69	
四月十五日	32,000.00	107	37,084.11	382.76
五月十五日	18,000.00	109	20,477.06	
五月十五日	33,000.00	109	37,541.28	348.46
六月十五日	17,000.00	111	18,990.99	

"基圆"会计

日　　期	数　　额	指　数	换　算　额	损　失
六月十五日	34,000.00	111	37,918.98	316.36
七月十五日	16,000.00	113	17,557.52	
七月十五日	35,000.00	113	38,407.08	286.27
八月十五日	15,000.00	115	16,173.91	
八月十五日	36,000.00	115	38,817.39	258.04
九月十五日	14,000.00	117	14,837.61	
九月十五日	37,000.00	117	39,213.68	231.55
十月十五日	13,000.00	119	13,546.22	
十月十五日	38,000.00	119	39,596.64	206.68
十一月十五日	12,000.00	121	12,297.52	
十一月十五日	39,000.00	121	39,966.94	183.30
十二月十五日	11,000.00	123	11,089.43	
十二月十五日	40,000.00	123	40,325.20	81.30
十二月三十一日	<u>10,000.00</u>		<u>10,000.00</u>	
	<u>590,000.00</u>		<u>650,876.60</u>	<u>3,857.54</u>

＊包括十二月三十一日结余而未换算之数额。

上例所示每月现金收付额,均以各月平均物价指数(即月中指数)为换算标准。如尚嫌其粗疏,自可再进一步,改用每半月或每星期之平均指数,以资换算。表中"换算额"第一栏,表示每批现金收入以十二月底货币为计算标准之"成本"或价值,"换算额"第二栏,则示每批现金矛盾。币值与物价互相激荡,频变不已,常人对于货币数量与货币价值之认识,已成普遍,乃对会计上"圆"之应用,引起不少疑窦,此非会计之不幸,乃经济之不幸耳。"圆"在会计上之本质，一经了解，会计资料之真相，即可迎刃而解，而以原记成本为收益决定基础之会计理论与方法，在任何程度之物价波动下，经理论界、实务界不断之检讨与改进，正向实用性与独立性之正确方向迈步前进！

（原载《立信会计季刊》第 2 卷第 16 期，1949 年 6 月）

"基圆"会计

会计基本方程式和资产
负债资本的意义

引言 我们初读会计学,翻开书本,便常常见有一项会计基本方程式,列在第一章里,它的式样如下:

$$资产-负债=资本$$
$$或\quad 资产=负债+资本$$

会计学家几乎没有不一致承认这项方程式是复式簿记方法的基础,而且分类账的设置和资产负债表的编制,没有不是从这项方程式扩展而成的,所以称它做"基本"方程式。讲到这方程式的意义,凡是读过初级会计学的人,当然自以为十分了解。不过我们试把中外会计文献,搜查一下,便知道绝大多数的会计学者,对于这项方程式的意义,并没有加以深切的研究,不免有些自以为懂得而实在并不懂得的情形。直至1929年,美国有一位经济学家兼会计学家名叫康宁(J. B. Canning)氏,在他所著的《会计经济学》(The Economics of Accountancy)里,方才把这项方程式的意义,彻底解释清楚,同时也把资产负债和资本的本性解释清楚。他的讨论,非常细密,费了他五章88面的文字,才得到了一个结论,这在一般会计人士,读起来未免嫌它太冗长了。作者一方面因为会计方程式和组成这式的三项要素的解释,是会计学基本理论的一部分;另一方面又认为它的解释,应该比较简化一些,能使一般读者得到兴趣,所以把康宁氏《会计经济学》首五章的大意,摘要译述,但是其中对于负债资本和方程式右方因素的解释,完全是作者自己的意见,这应得声明责任的。

方程式的意义 稍稍读了一些会计学的人们,没有一个不知道有句成语,便是"一企业的资产,减去负债,等于资本";换一方式来讲,也好说是"一企业的资产等于它的负债和资本"。但我们仔细一想,便觉这句话

514

有些语病,至少可以说,它的意思是不完全的。因为一般人多以为资产负债和资本,是三种性质不同的东西,既然是三种不同的东西,怎样可以把它们中间的两种,加减起来,而等于第三种东西呢?譬如,我们说"鸡十只加鸭八只等于羊一头",在一个小孩子听来,也要觉得它不通,因为照数学的基本原理来说,只有同种类同单位的名数,才可以加减,才会得到有意义的和数或差额。所以这项会计方程式,当然不是表示三种不同物品的关系,应该是表示它们货币价值间的关系。所以我们可以把上面一句成语,改成这样说法,便是"资产的货币价值减去了负债的货币价值,便等于资本的货币价值"(或说资产的货币价值等于负债的货币价值加资本的货币价值),它的意义便完全了。因为这里所加减的,并非是资产负债和资本,而是它们的货币价值;货币价值是一个同种类同单位的名数,故而可以互相加减,得出和数或差额。

不过我们对于会计方程式的解释,当真就此而止,那就不必烦劳我来写这篇论文了。上面所述肤浅的说明,仍然未能使我们彻底明了这项方程式的真义。因为等号方程式可能表示两种不相同的意义,有时指等号左方的事物数量,"等于"它右方的事物数量,有时指等号左方的事物数量"便是"它右方的事物数量。所谓"等于",便是英文中的"is equal to";所谓"便是",便是英文中的"is";这两项的意义,在逻辑方面,是大不相同的。因而我们对于这项会计方程式,还要进一步追问,资产(货币价值)减负债(货币价值)的结果,还是"等于"资本(货币价值)呢,或者就是资本呢?

我们试把一项化学方程式拿来做个例子。我们说几个原子的氧加上了一倍原子的氢化合起来,等于几个分子的水。这里氧氢和水,是三种绝对不同的物质,几个原子的氧和一倍原子的氢,就它们的本身而论,并不"就是"几个分子水(若不用方法使它们化合起来,那就氧和氢还是氧和氢)。所以这项方程式只说明了这三种东西间的一种量的关系,这里若用等号只表示质量相等的意思,而不是表示"便是"的意思。但我们如果说"十分子的水减五分子的水等于五分子的水",这里"等于"两字的意义,便和上面的"等于"不同了。我们既没有把水的分子特别指定,只

会计基本方程式和资产负债资本的意义

是说水的一般的分子,那十分子的水减去五分子的水"便是"五分子的水了。因为这里同样是水,同样把分子来做计算单位,所以两数加减的结果"便是"他们的和或差,而不仅是"等于"了。

因而我们要问会计方程式的意义,还是和上述化学方程式相同的呢,还是和后面所说的方程式相同的呢? 换句话说,究竟资产、负债和资本,还是三种不同的东西,而这方程式只表示它们相互间的一定不易的关系呢? 还是该作另一种解释呢? 我们讨论到这个阶段,非要进一步把资产、负债和资本的本质来探究一下,怕是无法答解这项问题。

"资产"一名词的意义 会计员和会计学家所说的"资产",究竟该作何种解释? 我们把中外刊行的会计学标准教本,一一翻阅搜检,几乎寻不着一条堪称为资产的真正定义,这真是一件可怪的事情。一般著作家替资产所下的定义,不外说"资产"是一企业或个人所有的财产。比较说得详尽一些的,往往再举上几项实例,使读者可以明了什么东西可以叫做资产。最近看见卢怀道氏等翻译美人斐南教授(H. A. Finney)所著初级会计学(Principles of Accounting, Introductory)(最新版本),开卷第一句便是"资产者,谓享有之财产也。现金、应收账款、应收票据、商品、土地、房屋、机器等,乃普通常有之资产也"。同时又替负债下一定义,说"负债者,债务也。应付账款、应付票据、公司债、抵押借款、应付未付薪工、应付未付税捐等,皆其例也"。斐南氏是美国有名的会计学著作家,他所著的初级会计学,是美国和中国选读最为普遍的一种教本。他为"资产"和"负债"所下的定义,当然不能说他犯着什么错误,但好比说"人者,人类中之一分子也,尔、我、他和某甲、某乙皆人也"。这样的定义,并没有说出"人之所以为人"的道理,所以我们可以说,这不是条定义。我们若要替某项事物下一定义,一定要把"这事物之所以为这事物,而不为他事物"的道理说个明白。例如我们说,"人者,有理性之动物也","有理性"是"人之所以为人"的道理,亦是"人"的特性,不是他种动物所具有的。所以这短短的九字句,可当得"人"的定义的称呼。

我们试在一般会计书籍中搜求"资产"的定义,又往往发见许多著作家,把资产的性质和他的衡量,混作一谈,便是把资产的价值,当作了资

516

潘序伦文集

产的本质。有时也是许多会计家认作资产的物件,根本不相一致,譬如某人所著的书中为资产下了一项定义,说资产是什么样的东西,但读到了书后面的资产负债表,所列着的资产,便有许多和他自己所下的定义不符。至于在几个会计学家中间,有人把某一项目当作资产,有人又不当他的资产(如开办费,公司债折价等即是显著的例子)。此外,我们也能够看到,有种项目,照会计家所下定义而论,确实应该列入资产,但在一般实务上又不把它列在资产项下(例如订约尚待寄发的销货上应该收取的账款之类,说见下文)。

我们倘然要问,会计学界人士对于会计的基本对象,何以会有这样的纷乱情形,那就只好说,或者为的是资产这样东西和我们太接近了,所以认为当然已经认识它了,不待详说而自明了。

资产的特性　其实资产的特性,真值得我们深切的探讨。第一,我们要知道称一物为资产,并不定要有什么实质的存在,也不定要证明有某项实质存在的某种事物(如应收账款可能证明他日有现金可收之类)。有许多资产,简直没有什么具体的对象直接间接的代表着它(例如我们手中的流通证券,就它的本身而论,并不是一项资产,但后来究竟向那一个人收取这项代价,目前往往还不知道)。一般人多认为资产的转移,该是它所有权的转移,但实际上所有权并非资产的必要条件。例如我们用分期付价方法购入汽车一辆,在没有付清价款以前,汽车的所有权或照契约规定,仍然属于卖主,但没有一个会计家不认这辆汽车已经是买主的资产。又如我们租用房屋一所,预付房租几年,对于该项房屋,虽然没有所有权,但仍然可以认这所房屋的使用权为资产。所以我们认为所有的一辆汽车是我们的资产,既不是指着这辆车实体的存在而说的,也不是指着我们在事实上占有这辆汽车或在法律上主有这辆汽车而说的。我们的意思,很彻底地说,该是指着这辆汽车可能为我(资产的主人)提供有用的服务而说的。这车倘若不能提供有用的服务,虽然有实质的存在,和法律上的所有权,不能认它是一项资产,倘若它不能对于"我"提供有用的服务,那就不是"我的"资产。我们在这里要注意,所说我的资产,并不包括这辆汽车可能提供的全部服务,而只是限于它所能对我提供的服务。再说得彻底一些,我并不把这车,对全社会可能提供的有利的服务,作为我的资产,而只是把我在享受或营业生产方面所能利用的服务,作为我的资产。

就这一点,我们不妨再举一个例子。有发明家发明了一种废物利用的妙法,但是他没有向政府呈请专利,因而这项发明,可能为全社会提供许多有利的服务,这发明家在自己利用方面虽然也会得着一些好处,但和他人所能得的好处相同,所以这项发明,算不了是他的资产,倘若这发明家曾经呈准专利,使这项发明对于他会得着许多有利的服务,而为他人所得不着的,这种服务的价值,似算他资产(这里称为专利权)的价值。

这里还有一点,应该申明,就是服务和服务的来源,不是同一的物件,该有区别。例如汽车是运输服务的来源,房屋是供给居住服务的来源,这种来源几乎和它所提供的服务不可分离,我们原该认它们的服务为资产,但常常把服务的来源当作资产,在这种情形下,固然不甚要紧,不过要是说到一张流通票据,将来凭票还款的人便是提供服务的人。也就是服务的来源,这人可能是这张票据的承兑人,或是它的发票人或背书人,或是另一位"担当付款人",这时候偿还款项的服务和这项服务的来源,已显然不是一物。我们仍该认清,我们的资产,仍是指着"服务"说的,不是指着服务的来源说的。

我们再进一步,应该认清,成为我们资产的服务,在法律上该有确可执行的性质不只在道义上或期望上可以执行便算数。

譬如,某甲为了自己的生命保了寿险,并指定了他的妻为这项保险的受益人,但甲如保留了他可以另行指定受益人的权,他的妻在他生前对于这项寿险便没有什么法律的确定保障,所以也没有什么资产的存在。倘若某甲已放弃了另行指定受益人的权,他的妻日后可以收取寿险赔款或剩余金(对她是一种有利的服务)的事件,在法律上成为可以执行的事件,所以她丈夫所保的寿险余额金,算得是她的资产。

又如甲欠乙一笔货款,便是乙在某日可从甲那里获得一项交付现款的服务。倘若甲受了破产的宣告,后来又由法院宣告破产程序的终结,这时候,乙对于甲的债权,虽依然存在着,但在法律上已无执行的可能,故这项债权,已不能算是乙的资产。倘若隔了几时,甲又向乙承认偿付这笔债款,乙对于甲因之又恢复了他的执行权,这项债权又复成了乙的资产。

这里我们不能不承认法律上所谓"双务契约",是会计实务上的一个例外。例如某甲向乙订了一件购货契约,照这契约规定,乙该在几时以后送给某甲某种货物,甲也得把某数的货款付给某乙,并经订明这是不可取消的。这时甲可以在几些时日后,得到乙的服务,照上面所说的话,甲该认这项法律上可以执行的服务,是他的资产,乙也可以认他应向甲收取的货款是他的资产。但在会计实务上,为求手续简便起见,这种资产,在甲、乙两方多没有把它承认,也没有把它记在各人自己的账上。不过甲如预付了一笔定金,那就对于这项未来服务(货物的交来)发生了可以记账的资产因素,达于这笔定金的限度。又如甲把房屋一所租给某乙,租期定为一年,约里订明每月应收租金一千元,在每个月底收取,在订约的时候,甲也不把每月底可以依约依法问乙收取的十二个一千元之数目,记作资产,因为他的房屋还没有把服务供给了乙,所以两面互相抵消,只有甲在某一个月的十五日倘要办理决算的话,那就有十五天的应收房租(房屋这十五天的服务已经提供于乙)好算是可以记账的资产。

总括上面所说的话,我们可认清资产的性质,并不一定把实际存在的物质或法律上所承认的所有权,甚至有时也不把法律上可执行的权利为它存在的条件,它的最基本的测验,是在对于它的所有人可能提供有利的服务,申说一下,这个所有人,可能从这项资产获取收益或所得(因所有人所受的服务,在经济学方面说,就是他的收益所得),资产的存在,由于收益的可能获得,这样资产的价值,也就是未来收益所折成的现值。所以会计上所说的资产,完全是一个经济上的观念(Economic Concept),而不能算是物质上或法律上的观念(Physical or Legal Concepts)。

但是会计上所说的服务或收益,必须可以用货币数额来计算。上面所说的会计基本方程式,即含着资产的货币价值的意义。凡是不能用货币来作计价标准的有利服务,一律不得算在资产的范畴以内。譬如有人

会计基本方程式和资产负债资本的意义

说，"我有个好儿子，他对于我的服务，等于价值一百万元的家产"。这句话，不能使我们承认他儿子的孝顺供养，便是他的一百万元资产。因为我们所说可以作为资产的服务，必须它的本身是一种货币的收益，或者可能产生和货币收益有同样结果的收益。这种收益必须能变成现金或可合算为现金。又如某甲可能为自己的寿命投保寿险，并指定他的妻做受益人。这项保险，倘若积了余额金，不能算是甲的资产，虽然这项保险对于甲，确有大大的服务（因为在他死亡的时候他的妻生活有着，使他可以安心而死，不为妻子担忧），但仍无作为他的资产的资格，因为这种服务，只是对于甲一种心理上的服务，既不能为他变成货币的收益，也不好用货币价值来计算，所以不能算作甲的资产。

资产的定义　我们讨论到这里，该可为"资产"下一定义了。资产是法律上属于某人（或某等人）的任何将来的货币方式的服务。

康宁氏说，这样一个定义，翻了英美许多会计学的文献，简直是寻觅不到的，只有在史泼来格氏（Sprague）三十年以前所著《会计哲学》（Philosophy of Accounts）一书里，曾经发现着一些痕迹。史氏曾说"资产是储待将来取用的服务"（Assets are a Storage of Service to be Received）。英美会计学中，尚且如此，在我国自更不必说了。

负债和资本的定义　会计方程式左边一个因素的性质，既经说明了。我们便要问这项公式右边的两项因素，到底是和左边一个因素具有同一性质呢，还是不同的呢？再进一步还要问，负债和资本，究竟是同性的呢，还是异性的呢？

资产的定义里说，资产是……属于某人的……服务，因之我们知道资产是对于某一特定的人而说的，没有这样一个特定的人，便没有所谓他所有的资产。本人在十五年前所著《会计学》第一册第二章里曾经说过这样一句话："世不能有资产而无主有此项资产之人（自然人或法人），亦不能有主有之人而无其所主有之资产"，正是这里所讲的意思。我们既认资产为一种服务或收益，并按照他的"来源"分类（如由销货客户而来的服务，叫做应收账款，由房屋、机器而来的服务，叫做固定资产之类），但在另一方面，我们也好按照它们的去路为它们分类（如一部分服务该由债权人享受,便叫做"负债",另一部分该由业主或股东享受,便叫做"资本"之类),这两种分类的标准是不同的,但两种分类的对象(便是将来的服务或收益)是同一的,而且两种分类方法的计算单位也是同一的,因之,这会计方程式的等号,不是表示"等于"的意义,实是表示"便是"的意义,方程式的左边表示服务的来源,右边表示服务的去路,本来只有一种对象,不过分从两个立场看它,所以看得的结果,自然相等。

业主的观点和企业的观点 从服务或收益的来源和去路两方面分别观察,固然可以看得到资产和负债、资本相同的性质,但从去路一方面看,还有两种不同的看法:一法从业主或股东的观点来看;另一法是从企业本身的观点来看。从这两种不同的观点所发现的结果,当然是有不同。请先把这两种观点来解释一下。

从前一般企业,大都是规模狭小,业主人数很少,并且多亲自经管他的业务,有时甚至营业事项和私人事项还分不清楚,因而事实上习惯上和法律上几乎一致承认业主便是企业,企业便是业主;这在独资或合伙组织的小型企业,类多如此。近来企业规模,逐渐扩大,业主或股东人数逐渐加多,这种业主或股东对于他们的企业多不自己管理,而委托董事或经理代为管理,因而业主是业主,企业是企业,两方面在心理上和事实上已分了家,而且法律又承认这种公司组织的企业有独立的人格,根本不和它的业主站在一条线上。

从另一方面说,以前独资或合伙企业对外欠了什么债务,在企业本身的记录上,虽然和业主私人所欠的债务有些区别,但这种债务,在法律上说,要业主负责无限责任,所以从业主看来,简直和他私人所欠债务差不多。但在目前所有的有限公司组织,股东对于公司的债务,不负任何责任,更显得公司是公司,股东是股东,两者中间,已经有了些距离。

因此近来会计人员和企业的各利害关系人,对于企业收益和收益能力往往分两种立场来看。一种便是业主或股东的立场,另一种便是企业或管理人的立场。从业主或股东的立场来看,一企业的收益,该是它的营业收入减去了一切支出(包括成本、费用、负债利息,甚至所利得税)后的余额。但从企业本身或管理人的立场来看,所谓收益,原来是利用企业一切资产所得来的报酬,这等资产,不问是从业主方面交来,或从债权人方面借来,在经营业务的人看来,似乎没有大的区别;他所关心的,只在投资人(不论股东或债权人)交给他多少资金,他把这笔资金酌量运用,得到了这些收益,可供一切投资人的分配。所以从企业或管理人的立场看来,企业收益,该是某期营业收入减去应行负担的成本和费用后的余额,而负债上应计利息(和所得税),尽是收益的分配项目,不是获取收益的成本或费用。

这两种的观点,在先企业举债和发行股份的方法比较简单,所欠债负为数不多,期限又不过久的时候,原来没有十分重要区别。但近来企业举债和发行股份的方法,花样翻新,竟使负债和资本界线,逐渐模糊。公司债的偿还期限,可能展长到九十九年,它的利息又可规定为只在公司所赚收益中派付,这种公司债,实际上已经是一种优先股份了。公司又可发行一种定期定价收回的优先股,这在实际上不就是一种无抵押的收益公司债(Income Debenture)吗。所以近来负债和资本两类间的界线,在理财界和会计界方面看来已是日渐模糊了。

年来英美各国许多大型企业,尤其是公用和交通事业,大都利用"举债营业"(Trading on Equity)的手段,借入大量"资本",为数往往比业主或股东所供给的资本额还大得多。这种公司的收益,倘然从股东观点或企业观点分别决定,可能有极大的区别,例如有甲、乙两公司,甲公司发行股份一千万元,并不发行公司债,乙公司发行股份四百万元又发行了一分年息的公司债六百万元。假定两公司营业收入、营业费用完全相同,它们的营业净收入各为一百万元,要从股东的立场来看两公司的收益,那就甲公司获得收益一百万元,乙公司只得收益四十万元(营业净收入一百万元减公司债利息六十万元后的余额)。倘从企业立场来看,两公司的收益都是一百万元。

上面几段说明了从业主立场和企业立场来看企业收益所得结果的不同。前节既然说资产就是未来的服务或收益,当然这种未来收益,也就有两种不同的看法了。

从业主的目光来看一企业的资产,觉得有许多未来的服务或收益,原由他享受的,也就是他的。企业要是欠了债,那就有一部分的收益要分给外人。企业可以收得的服务或收益既是它的资产,它该供给他人的服务或该分给他人的收益,便可说是"负的资产"。以前会计学家常称资产为正的资产,负债为负的资产,真有意思。正的资产抵过了负的资产,所余的一向叫做"净值"(Net Worth)。"净值"两字,当然可以作资产净额解释,也好作资本解释。资产和资本两名词,在会计学中,原来可以通用,例如"资本支出"(Capital Expenditure),指的实在是"资产支出"(购取或交换资产的支出,可以来自原投资本,可以来自积存盈余或当年的收益或营业收入,并不一定来自资本,所以称获取资产的支出为"资本支出",实在是"资产支出"的意思,这是资本与资产两名词原来可以通用的明证),又如"资本资产"(Capital Assets)或"固定资本"(Fixed Capital)等名词,在英国方面,多是"固定资产"的同义语。现在会计书籍中所常用的"运用资本"(Working Capital)一名词,实在指的是运用(即流动)资产,而"运用资本净额"(Net Working Capital)指流动资产减流动负债后的流动资产净额。这许多名称证明了以前资产和资本两名词,原有同样的意义,彼此可以交换使用。这种观念正和上面所说的资本便是资产净额(Net Assets)或净值(Net Worth)的意义相符。

因之我们好把会计方程式的第一式:

$$资产-负债=资本$$

解释为正的资产抵过了负的资产便是净余资产

或再作比较详细一些的解释,便是说可以收受的服务或收益的货币价值,减去了应该转供他人的服务或收益的货币价值,余下来的一项差额,便是余下来的服务或收益的货币价值。

再从企业个体的立场来看,会计方程式之右方,原不过表示服务和收益的去路,而负债和资本间的区别,也不过如资产方面有流动和固定的区别一样(流动资产相当于负债,固定资产相当于资本)。以前许多会计学家称负债为一企业对外的负债,资本为对内的负债,原把负债和资本看作一样东西。我们再看资产负债表的名称中没有提到资本的名称,许多企业在实际上所编制刊发的资产负债表,照 W. A. Paton 教授在他所著的高等会计学（Advanced Accounting）一书里说，右方全部的标题往往只用"负债"一项名称，这许多事实，多少可能证明在企业个体的立场来看负债和资本，只不过是对外和对内的区别，就企业收益的去路一点来说，并无任何基本区别。

最近许多会计学家又多认资产负债表的右方，为资本来源的表示。他们称股东所缴纳的资本为投入的资本（Invested Capital），称从债权人所借来的资金为借入的资本（Borrowed Capital），并称企业观点为全部资本观点（Allcapital Point of View）。在计算企业收益能力和收益率的时候，如采用了全部资本观点，不仅把长期负债或短期生息负债，当作资本的一部分，并把这种借入资本上的应计利息，加在企业观点的收益中，便是无利息的流动负债（如应付账款之类）也算作资本的来源而把它的内涵利息（Implicit Interest）算出，加入企业观点的收益中，这又是把一切负债和资本一律当作资本看待了。

但是不论以前的会计学者把资本当作内部负债而把资产负债表右方各项目，一律看作负债，或如近来的会计学者把负债当作借入的资本，而把资产负债表右方各项目一律看作资本，我们可以得到一项结论，从企业个体来看，负债和资本，都是资金的来源，都是收益的去向，而资产一项，又好看作资金的去向，收益的来源，所以会计方程的第二式：

$$资产＝负债＋资本$$

可以解释为收益的来源等于收益的去向

或资金的去向等于资金的来源

这篇短文，是作者要想写的会计基本理论一书中之一小部分，把它先在季刊发表，请当代高明指教。

（原载《立信会计季刊》第 2 卷第 17 期，1949 年 12 月）

潘序伦书寿王云五

云五我兄道鉴：

比读报纸，欣悉我兄欢度九旬荣庆，且健康胜常，矍铄依然，下风逖听，实深感慰。与兄暌违三十载矣，伦亦虚度八十又七春，缅怀夙昔过从，犹在目前，翘首云天，每觉神驰左右，想望弥殷。伦以垂暮之年，处昌明之世，每当燕乐，海上旧友毕集，远怀风范，倍增停云落月之思，困缀短章，为我兄寿。

国家三十年来，旋转乾坤，厥功甚伟，前此虽受"四人帮"之破坏，稍有蹉跌，然自华、邓诸公当国以来，拨乱反正，百废俱兴，以图书出版工作而论，亦大非昔比。犹忆我兄在沪之日，彼时虽执图书出版业之牛耳，然每一书出，印数不过数千而已。即《四部丛刊》、《万有文库》等类书，广告焉、预约焉、附赠书橱焉，尽力宣传推销，然其印数，仍极有限。今日则不然，一书之出，印数动辄一二十万，犹供不应求，难副众望，即此一点，足证国家文化学术之发展，非过去之可同日而语也。尤足以为兄告者，我兄创制之《四角号码检字法》，国家仍极珍视，为出版界与教育界所广泛应用，年前所出之四角号码字典，备受读者欢迎。即《辞源》一书，国家亦已集各地饱学之士，重加修订，俾使之更臻完善，充实内容，继续出版。凡此种种，当为我兄所乐闻，亦足以告慰我兄夙昔之抱负也。

犹忆一九四七年我兄离沪之前，曾将多年收集之词汇卡片数十万张，交由伦当时主持之立信会计专科学校保存。建国以后，伦以为此属文士之心血，国家之财富，理应归之国家，俾发挥其应有之作用，因代为交与国立图书馆保存。我兄曾有志于将此材料，编著中华百科全书。今国家已在京沪等地，设立大百科全书出版社网罗人力，全力以赴，遥想百科全书问世之期，定不在远。倘杖履在此，伦知当亦为之莞尔首肯也。

盖使理想成为现实，宁非人生一大乐事乎？

嗟夫我兄，我等相别之时，犹当盛年，今则垂垂老矣。三十年来，虽一水非遥，然鱼雁鲜通，思念之情，与日俱增。念人为之障碍，每用慨然。今者，中美建交，已成现实，弟兄和合，重见端倪。故园春意盎然，桃李成荫，尚望早日归来，共襄"四化"大业，使我中华民族，巍然卓立于天地之间，则我兄百旬荣庆之时，伦亦得叨陪末座，为兄奉觞，同申庆贺。此为伦之素愿，不审我兄亦有此意否耶。

纸短情长，不尽欲言，肃布腹心，预以寿兄，临款盼祷，余不一一。

弟潘序伦拜启

（原载《香港大公报》，1979 年 8 月 30 日）

热烈庆祝国庆 30 周年

我们会计工作者应当考虑作出什么样的成就，来向国庆献礼。

今年我国全体人民是在对我党十一届三中全会提出的和五届全国人大二次会议一致通过的一系列英明正确的战略决策的热烈欢呼声中，来迎接国庆 30 周年佳节的。在三中全会和五届人大的精神鼓舞下，全国形势一片大好，前途无限光明。我们会计工作者应当在新长征路上拿出优异的成绩来向国庆 30 周年献礼。

在这里我想讲几句插曲话，就是我在青年时代读《红楼梦》小说时的一次感想。在"皇恩重元妃省父母"一回中，贾元春坐在大观园的正殿上，要各位年轻姐妹和弟弟贾宝玉各献崇扬圣德的诗章，聪敏小姐林黛玉暗中代宝玉抢替做了一首，其中最后两句是："盛世无饥馁，何需耕织忙。"我那时非常欣赏这两句诗，认为它是对于"圣朝"歌功颂德的绝妙得体的辞句。不过试问所谓"盛世"是从哪里来的？假使全国劳动人民不忙于耕田织布，则挨饥受冻的日子立即到来，所谓"盛世"也就立刻倒台。宝玉这两句"好诗"真是倒因为果的一句痴话。

我国现在的形势确是一片大好，当得起盛世之称。不过这个盛世是亿万人民在党和政府领导之下，花了 30 年的辛勤劳动，其中走过几次弯路，才争取得来的呀！因之有劳动能力的人，都应当竭智尽忠，为国家，为人民作出力所能及的贡献，不论在工农业生产方面，在科技的研究和发明创造方面，在抗击敌人保卫国家社会主义成果方面，都该各尽所能。能力差的就是为社会主义建设添一砖、铺一瓦、做一枚小钉子，也是一样有功的。

最近我国政府根据三中全会及五届人大的精神，决定把建设社会主义工作的着重点转移到四个现代化建设上来，制定了国民经济调整、改革、整顿、提高的八字方针,颁布了七项新法律,以加强社会主义民主和社会主义法制。有关机关根据这些基本方针政策,又颁布了不少补充法令、条例,其中有很多事项,都与会计和经济管理发生密切关系,这些新事项对于会计从业人员提出了很多新问题、新工作。这些问题都要全国财会人员(包括我会会员)来研究解决。这些工作,也需要我们义不容辞地分别担任。将来还有不少有关民事和经济的法律颁布之后,将有更多的事项,要由财会工作人员来担任解决。不仅如此,就是到了社会主义第二阶段,已经建成共产主义之日,会计和经济管理工作,还是促进生产进步的必不可少的手段(这一论点,见诸孙冶方著《社会主义经济的若干问题》一书的第一篇论文《把计划和统计放在价值规律的基础上》)。因之,我国会计工作者就是到了共产主义时期还是要对劳动生产率的进步,负有不可推诿的责任。

我以上海会计学会一个成员的身份,来写这篇国庆祝辞,还有有关我个人的话要讲。我今年已是八十七岁的老年人了。这一段岁月的三分之二,我是在封建时代和资本主义时代度过的;其余三分之一,是在解放后社会主义建设时期度过的。我于中年时期在美国哈佛大学企业管理学院毕业,取得企业管理硕士学位;再到哥伦比亚大学政治经济学院毕业,取得博士学位。我是浑身沾满了资本主义气味,以替资本家谋发财致富为专业的这样一个人。我回国以后,以30年的全部精力,执行自由职业会计师工作,教导资本家怎样发财致富,是我的服务方针。说老实话,在国内确实有不少资本家利用了我对他们的服务,成为百万富翁。可是我自己却鄙视百万富翁而不为,愿意把我的巨额财富投入到会计教育中去。我曾发出狂言,说我能教不少资本家发财致富,成为百万富翁,难道我自己反而不能自谋,成为一个百万富翁么?可是我志不在此,还想运用我的会计教育,教会数以万计的学生,使他们能继承我的专业,为资本家谋发财致富。

但是,我还有一种思想情况,请各位同志允许我坦白申说一下。"洋为中用"之说,就是把资本家谋求发财致富的手段、方法,经过社会主义改造,来为国家和全体人民谋求发财致富,改进生活。它是毛主席、周总理的遗愿，我在解放后的 30 年里，备受党和政府教育改造之恩，自当改变我的立场，尽我晚年余力，来把我昔年教导资本家发财致富的方法、手段，竭智尽忠，为国家和人民谋得发财致富的成果。不过，我的年龄太老了，今天可以呈献于国庆佳节的礼品，就是我花了前后 30 年所训练出来的数以十万计的同学和同事。他们以前从我学到的是为资本家服务的方法和手段。可是，他们经过党 30 年的教育改造之后都已成为工人阶级的知识分子，目前正在社会主义四化建设中辛勤劳作；还有，我立信成千上万的同学和同事在各种财会和经济管理等岗位上发挥他们的积极作用，这也是我晚年唯一的安慰！

　　我今天要求我所训练出来的成千上万同学和同事一起和我高喊口号：我们有生之日，都是为国竭智尽忠效力之年，这是我们最最幸福之时！

　　中华人民共和国万岁！

（1979 年 10 月 1 日）

对马寅老生平的认识
及点滴回忆

一

我于今年夏秋之际，接到北京大学经济系"马寅初生平研究组"和全国政协文史资料研究委员会先后来信，要我写一些"与马老接触中的见闻感受"，并忝承北大经济系来函称我为马老的"知友"。我对于这一称号，虽觉愧不敢当，但我在前后六十年中对马老生平的认识，也确是满怀深情，想有一天倾吐的机会。现在我也已到耄耋之年，确也是我倾吐衷情的最后机会了。

不过我又想到，马老一生对于资本主义经济学和社会主义经济学所作出有关世界经济学术和国家命运前途等正确见解的巨大影响（尤其是《新人口论》），已在国内多种中、外文的刊物上弘扬论述，几乎已普遍深入全国人民群众的心坎中，将永不忘怀的了。我所读到的，就有《人民教育》、《经济研究》、《经济学动态》、《人民画报》、《北京大学》（校报）、外文《中国建设》和最近出版的《马寅初的经济理论、哲学思想和政治立场》等书刊。至于解放前的《马寅初论文集》，我原都好好学习保藏过的。马老在解放前的三十年里，一直担任了旧中国经济学社社长之职，他和我们十余个理事所合摄的照片和他所给我的亲笔书信，连同我所保藏的《马寅初讲演集》十余册，都在这次"文化大革命"浩劫中，被红卫兵焚毁得干干净净，一物无遗。因之我此次为马老生平写这篇《回忆稿》，对于已在各种刊物中宣扬无遗之事，一概不再噜苏复述，而只讲一些我个人对马老的认识，并回忆我和马老的私人友谊而已。

至于上文讲到马老著作在我国南方被毁的痛史，已得到了北方全部保存的好消息。马老的子婿徐汤莘同志去年三月来函告我，马老在解放前的著作,在他府里全部留有一种。徐同志说:"这要感谢周恩来总理的关怀和照顾,在'文化大革命'浩劫期间,假如没有周总理的保护,原北大校长的家里,绝不能免于被抄毁的呀!"

二

闲话少说,就写正文。我只知马老是浙江嵊县人,不知道他是生于绍兴,长于嵊县的(见《经济学动态》1980 年 8 期,朱正真撰《马寅初》)。我在多年前曾到过嵊县,也读过王羲之所写《兰亭集序》中的"此地有崇山峻岭,茂林修竹"一语。我看到嵊县全境是在万山峻岭之中,但到处是茂林修竹,郁郁葱葱,显出一股文雅秀丽的境界,古语所称地灵人杰,就应在马老身上了。他的性格就是坚强刚毅,孟子所说"富贵不能淫,贫贱不能移,威武不能屈,此之谓大丈夫",若把此语移贴于马老,作为对他百岁大庆的祝词,我想是十分适当的。全国人民(极少数反动分子除外)想来都会同意我这种想法的。

我又早早料到马老一定会长寿百岁的,因为他的性情虽然非常坚强,硬而不脆,他的全身不是用普通玻璃做的,而是用钢铁铸成的。他性情开朗,对于毁誉,都不放在心上。因之他的体质结实,同时又喜爱运动,更喜登山。在他七十岁以前,步行百里,不以为劳,西湖的南北高峰,在他看来有如平地,这是马老长生不老的基础(我在七十岁以前也能作马老的跟班)。所可恨者,就是马老在人民大会公开发表的为党、为国、为民,非常正确的许多主张,尤其是关于节制生育,控制人口,综合平衡和比例发展等与国家前途命运大有关系的问题,在康生和陈伯达等人愚昧荒谬的批判下,使马老含冤负屈逾二十年,以致他的心情无论如何开朗,也不免受到重大损伤,否则马老今天的健康情况,必然会如(或超过)广西省选出的全国人大代表 104 岁的老妈妈那样,能远途来京出席大小会议,侃侃而谈。马老一肚子的富国利民的良策,对于今天的中华人民共和国,定当有更卓越的贡献。前年党中央实事求是地为马老作出了平反的决定,当然使他心中感到党的正确、光荣和伟大,感到无限的欣慰,所以我预祝马老在四代同堂的精心护理下,定能恢复健康,寿登一百数十岁,是不

对马寅老生平的认识及点滴回忆

足为奇的。

三

马老长我十一岁,他在 1914 年以《纽约市的财政》论文获美国哥伦比亚大学博士学位,而我则在 1924 年以《中美贸易论》的著作获得与马老为先后同学的博士学位。马老在 1916 年,就担任了北京大学的教授,而我那时还是上海浦东中学的学生。按照这样的资历,我应当算在马老的徒子徒孙之列,可是我后来竟与马老以"老兄"、"老弟"相称,则因我们在解放前的"中国经济学社"中,他是社长,我忝被推举为常务理事。马老那时任国民党政府立法院的经济委员会委员长,而任学社的副社长的黎照寰是上海交通大学校长,还有好几位理事,如金国宝、李权时、章乃器等都在上海任大学教授或银行经理。我当时也已担任了马老与国立东南大学校长郭秉文合办的上海商科大学的教务主任,以及那时办在上海的国立暨南大学所附设的商学院院长,因之中国经济学社社长马老为上海理事们的便利起见,经常把"中国经济学社"的常会在上海举行,有好几次就在上海淮海中路(那时是法租界的霞飞路)1285 弄 17 号我的寓所内举行。由于社内同是理事的关系,我就大胆地与马老以兄弟相称起来了。旧中国经济学社的理事,除上述在沪各理事外,还有担任前国民政府主计处统计局局长的刘大钧,担任立法院财政委员会委员长的陈长蘅(闻还健在,住在上海)以及立法院立法委员卫挺生等。至于理事会章程和社员名单等,则我家已无卷可查,我也年老健忘,记忆不清了。我今天记忆犹新的事是旧中国经济学社的社员常年大会。马社长对于社员年会的举行总是亲身尽力布置。据我记忆所及,年会曾先后在山东济南、广东广州和湖南长沙等地举行。参加社员大会的社员每次都有一二百人,除在会各自宣读经济学方面的论文而外,马社长还领导了社员们到当地参观考察,也总受到当地政府和社会知名人士的热情招待。

抗日战争爆发后,马老去了重庆,担任前国立重庆大学商学院院长,我曾被他邀请去该校作过几次关于会计问题的讲演,并接受了重大商学院兼任教授的聘书。可是我那时正忙于重庆会计师事务所的职务,在重庆市区和郊区北碚办了立信会计专科学校,并在重庆市区办了专科市区班和六所会计补习班,因之我未能经常到重大去授课。

那时日寇飞机日夜轰炸重庆市区,使市区几乎全成灰烬。马府全家都避到离市区十余公里的歌乐山,赁屋暂居(歌乐山原是歌剧《江姐》里所说中美合作所,实际上是禁锢屠杀共产人的处所,但我对此是茫然无知的)。我那时患了严重的斑疹伤寒,住在歌乐山医院治疗。马老和马嫂经常到医院里来探望我,并知我生平有爱猫之癖,送来一只小花猫供我消遣,这样,我和我妻张蕙生与马老伉俪的私人情感更进一步了。

马老在重大任教时,就对蒋介石法西斯政权和四大家庭大发国难财等危害国家命运之事,公开发表严厉的指责,因之不久就受到国民党反动政权的逮捕,辗转被送到江西和贵州某地集中营,我夫妻听到这种残酷消息,心中悲愤交集。到了1942年夏,国民党受到了那时民主运动的压力,不能不把他释放,但不仅在政治上而且在经济上断绝他当教授写文章的一切可能性。我因他仍住在歌乐山,可能很不安全,国立大学不敢请教他了,他家庭的经济生活一度陷于困境。我也略有一点不畏强暴的气概,敢于聘请他到我所创办的北碚私立立信会计专科学校担任财经教授,并请他带领子女一同在风景秀丽著名的北碚我校校舍居住。这样过了两年,被那时设在离北碚数十里青木关的国民党政府教育部部长C.C.头领陈立夫所知悉了。他以教育部指令,命我去教育部见他。我去见他后,他用威胁的口吻,命令我立刻辞去马老在我校教授职务。我回校后用啼笑皆非的声音告诉了马老,他一笑置之。那时已是1945年的5月,日寇已有无条件投降之讯,因之我也不以陈立夫的指令为意。果然不到8月,日本宣布无条件投降,我于9月8日乘美国的第一班到上海来接管日军投降的军用飞机回到上海,马老也就回到了上海。

到今天,北碚立信会计专科学校的毕业生,大都成为今天服务于四化的骨干分子。他们和我、我妻张蕙生,以及钱素君、管锦康诸位老师相见时,还经常谈起听到了我国经济学界巨星马老的讲演和授课,大家津津乐道,引以为终生莫大的荣幸。我也认为我校是大专院校里的一只小卒,能与全国第一学府北京大学同样亲身受到马老的教诲,难道不也是

对马寅老生平的认识及点滴回忆

我终生的荣幸吗?!

<h1 style="text-align:center">四</h1>

时在 1940 年 7 月,我的学生顾准在上海立信会计师事务所和立信会计学校工作了十三年,突然向我辞职,声称会计工作本不是他的宿愿,他愿放弃了在我所每月三四百元银币的收入,到苏北去投奔陈毅老总的新四军干革命。到 1949 年 5 月上海解放,顾准随着陈老总到了上海,首先就来看我,要想给我以什么市人民代表的名义。我当时封建思想余毒很深,自己认为已一度做了国民党政府的高级官吏,不宜再去做再醮之妇,所以坚决拒绝,闭门在家专心从事会计编译工作。

当时马老任中共华东军政委员会副主席,他的私邸和我家相距很近,我们夫妇常到他府上和马老马嫂及诸位世兄妹见面闲谈。马老有时到我家回访,也以顾准对我之言,劝我为共产党政府做些工作。我仍以答复顾准之话回复马老。我在党三十年的长期改造和教育之后,在打倒"四人帮"之后,才能以我会计的工作,拼着老命,想为"四化"作出一点贡献。

那时马老对我说起他的《新人口论》。我听了欣然有味,但当他说到"我的人口论,既不是马尔萨斯的人口论,也不是马克思的人口论,而是我马寅初的人口论"。我心中十分佩服他的高见(因马克思从未谈过人口过剩和节制生育的问题)。但我觉得他说:他的人口论不是马克思的"马",这句话可能引起当时政治上的麻烦,因我那时在上海政协的大会上,听到领导的发言,就是说人多力量大,所以人口越多越好。还要援苏联之例,提倡光荣爸爸、光荣妈妈,多生子女。因之我觉得当时马老主张节制生育,恐发生对他不利的后果,我虽自以为胆子不小,骨头还硬,但比起马老来,我到底是个胆小鬼、软骨头。我力劝马老暂时不要发表《新人口论》的主张,但马老仍以坚决的口气对我说:"我的主张必须公开发表,没有什么可怕的。"此后不久,就听到马老在北京大学受到批斗、撤职的不祥消息,浩叹不已。在他被批判之前约一两年,马老以全国人大常委的身份到浙江省去实地调查人口增长和生产跟不上的情况,作为他向人大作汇报的基础,不料就因此引起党内"贾大空"们愚蠢无知之徒的围攻，以致马老节制生育的正确主张遭到了多年无情的打击，今日追思，不胜浩叹！

我读《唐诗三百首》，其中有一首歌颂韩愈所撰的《平淮西碑文》的诗，诗中有四句云："公之斯文若元气，先时已入人肝脾，愿书万本颂万遍，口角流沫右手胝。"马老的《新人口论》主张节制生育这一段，真如唐诗所说，已普遍渗入人们的肝脾！接马老子婿徐同志来信说起：马老《新人口论》一书，初由北京大学出版社印一万册，顷刻售尽。于是再加印十二万册，想来又已售尽了。我托他代我买五册，寄与我分送急需诵读的同志，回信说，经四处搜索只买到四册寄来。这种情况，比唐代诗人的诗所说"愿书万本诵万遍"（唐代还没有发明印刷术，书本都是手抄的，故云），其普及性何止百倍。何况节制生育（我国现时改称"计划生育"，其实意义并无不同）的浪潮已遍及全世界各国。马老的《新人口论》理该译成各国文字，使之遍及全世界，而党对马老所坚持的人口论真理批判错误已给予改正，使这一真理成为二十一世纪救世真言，这可算是马老晚年的第一快慰之事了。

长期以来，我和马老彼此都因在政治方面具有深重顾虑的关系，音讯隔绝，鱼雁不通。直到大约两年前，有位前重庆大学商学院教授叶沛婴同志，突然驾临寒舍，声称受了马老之托，来打听我们夫妻是否还在人世（在二十年动乱中，彼此都不知是死是活），我们方知马老伉俪都仍健在，当即复信道贺。去年，马老还命其子婿徐同志把他的近照赠我一张，代马老签名盖章，寄与我永保留念。我也寄去我夫妻的近照一张，徐同志于 1979 年 12 月来信说起，他在马老精神较好时，把我俩的照片交他看了，他起先已不认识，多予介绍后，才恍然大悟，哈哈大笑，说："这是多年不见的老朋友呀！"我想今天如能烦请徐同志把此文所写的回忆点滴，在马老有精神时，拣几句向他介绍一番，以引得他再次向"这老朋友"哈哈大笑一番，也是以实际行动来祝马老长寿无疆的一法也。

（1980 年 10 月写于上海）

对马寅老生平的认识及点滴回忆

祝贺中国会计学会在成立会后
第一年内所取得的巨大成就

中国会计学会在 1979 年冬,开成立会于广东佛山,到此刻已一周岁了。第二次年会于本月下旬在北京召开。上海会计学界被邀请赴京参加盛会的约有十数人之多。我很想跟随这些同志前去参加,不仅可以会见各地许多会计界的老朋友,还可以在大会和小组会上听听各位对于会计理论和实务所发表的高见宏论,以增长我的会计知识。可是我年老力衰,且患有多种老年病,不能远行,因之只能望北兴叹,略写几行,遥祝这次年会取得圆满丰硕的成果。

回顾我会在成立后的一年中,我国会计学术的研究无论在基本理论方面,或在实务问题方面,都获得了很大的成果。这些成果的获取,基本上是由于本会做了不少工作,并领导了全国各省市的财会学术团体和个别学者共同努力的结果。大致可说有下列几项:

1. 会计学术在发展我国经济建设"四化"工作中的重要性,在一年前,一般来说还没有受到社会各界的重视。现在对于会计学术的重要性已普遍被认识了。因之全国各地纷纷成立会计学会,办起不少财会大专院校,各种会计人员的训练班也纷纷建立起来。这完全应当说是中国会计学会登高创导之功。

2. 有几项会计学术上的理论和实务方面的问题在会计学术界中经多年争论而未能解决。可是在过去这一年里,可说已基本上得到了适当的解决。举其大者而言,有下列两项:

(1) 会计的阶级属性问题;

(2) 会计的记账符号问题。

我先谈谈会计或会计学的属性问题。在所读到最近陆续出版的书籍期刊中,得悉绝大多数作者,认为会计技术作为一门管理生产的工具,是不具有阶级性的,可是在阶级社会中,它的应用是具有阶级性的。因之总的来说,会计是有两重性的。最近有些学者认为一切科学的研究与应用,都具有两重性。最显著的例子,就是珠算。现在许多省市都已建立起珠算学会。珠算学者认为珠算属于数学一类,因而是自然科学的一种。珠算学会加入了科学院所属的数学研究系统。可是珠算从来是为资产阶级的工商业所应用,也是为社会主义的工商业所应用。这样使珠算也具有两重性了。

其实何只珠算为然,会计为然,最近的科学家认为近代的自然科学(向来是认为没有阶级性的)与社会科学(向来是认为具有明显的阶级性的)已经相互渗透,此中有彼,彼中有此,已到了不可划分的阶段。这样看来,科学技术阶级性的争论已将没有什么意义了。

再谈谈记账符号问题。在前几年里,有些学者坚决主张用借贷法,有些则又坚决主张用增减法,争论之烈,参加争论者之众,可谓盛极一时。另有一些企业和事业则继续在用各式各样的收付法。但在过去这一年中,新出版的会计教材,大都主张采用"借贷"两字为记账符号,在工业方面,原用增减法的,从明年起也将改用"借贷"。这是我国及世界的大势所趋,我国所用记账符号,不能永久区别于"世界大同"之途。

可是就商业会计方面来看,十数年来已用惯了的"增减"方法,不能也不必要求它一朝改为"借贷",我在这一问题上可以举一实例来作说明。

上海市会计学会《会计通讯》副主编夏高波同志,是我经常见面讨教的好友。他是坚决主张借贷法的。他鉴于我国人民银行现在用的是收付记账法,又鉴于我国银行在 30 年前,原来都用借贷法,当时几本有权威性的《银行会计》教材(如顾准、陈福安、曹振昭等同志所撰写的几本著作)都是用借贷法写的,因之夏高波同志就写了一份建议书,建议我国人民银行系统,仍改用借贷记账法。这一主张在我的心理上是绝对赞成的,但在人民银行担任会计工作的人都说夏君的主张一时难以实行,一因全国银行系统的数十万会计工作者已习惯于收付法的应用,势难骤

祝贺中国会计学会在成立会后第一年内所取得的巨大成就

改；二因把全国银行系统的账簿表式，从收付式改为借贷式在印刷纸张方面将造成一时的巨大浪费。我认为商业系统不能立即把增减记账法改为借贷记账法，也具有与银行系统同样的困难情形。

我国前十几年内所出版发行的会计教科用书，都采用了增减记账法，各类学生所学习的就是这种教材，因之不仅商业系统，而且还有工业系统都用增减法记账。今后我国会计学者所写的基础教材虽都同时讲到借贷法、增减法和其他各种各样的收付法，但绝大多数都以借贷法为主。国内以这种教材为学习资料的各类学生，当然也都熟习了借贷法的应用。何况以后我国与外国合营的企业，以及在东南沿海几省特区内所设的中外合办工商企业，当然要用借贷法记账。所以借贷法在我国不久的将来总会逐步代替增减法的。因之现在会计学者对于"借贷"、"增减"争论的兴趣，似在逐渐消失，我于此也有同样的看法。

总之我认为，我国会计理论与实务方面多年争论不休的问题，在这一年里已经基本上得到解决，这不能不归功于中国会计学会领导全国会计学界走上正确方向，用实事求是的方法来写论文与教材所取得的成果。我谨祝本会在下一年度可能在会计理论和实务方面起着更大的权威作用，从而对我国"四化"的建设工作，做出更大的贡献。

最后，我建议本会下一年度的年会，到上海来召开。那时，我当以右手拄杖，左手请人搀扶，来参加大会和小组。我这一希望如能得到这次年会的赞同，这真是我晚年的莫大快慰了。

（1980 年 10 月）

开展"人才会计"的研究

　　我国从开国以来直到最近几年,对于人才的培养和使用,还是一锅煮、铁饭碗的办法,种种浪费情况,说起来令人痛心。前几年,有的高等学校教职员工的人数甚至超过全校的学生人数。某校有一位资历深的老年教授,月领薪金三百数十元,他的专职仅是培训两位研究生,国家对于这两位研究生的投资额,如以三年毕业计算,每人竟达万元之多,该生的间接费用(如住宿、书籍等费)尚不计算在内。至于这两位研究生毕业后,能为国家社会赚回多少利润,作出多少贡献?很少研究。假如他们毕业后,学非所用,国家人力、财力的浪费就不必说了。至于国家办的各级科学院、社科院以及各个研究所,国家对它们投资很大,它们究竟为国家、为人民获得多少可以用价值计算的成果或效益?我想目下还没有精密的计算办法。当然,有些基础理论科学的研究,很难用眼前的货币计价来衡量的。但国家的长远投资规划,不能不估计到国家对于这些事业的投资。这种投资究竟对国家的长远利益有多少价值,总应当切实估计一下,以避免浪费,增加效果。

　　据我所知,一些发达国家是很重视人才价值研究的。在美国,从六十年代开始就有"人才会计"的设想,目前其他西方国家也有仿效应用的趋势。他们根据国家、企业、事业的实际需要来培养人才。人才的培养费,也就是会计上所谓投资额。这种投资额,按人才水平高下的类别而有差异。据美国一九七六年某一会计期刊所载的资料介绍,对于培养各个企业领导人员的投资额,通常从数千美元至数万美元不等。在资本主义国家,企业与所聘人员之间往往订有定期契约。人才的培养投资也用固定资产折旧的方法,按期加以摊提和调整,列入会计记录,以资考核,并作为分析过去、推测未来的根据。

我认为社会主义国家也可以秉"洋为中用"的原则和方法，用货币形式来计算国家或某一企业、某项事业对于培训各种所需要的人才所支出的费用（也可称为投资）金额，并计算被培训成才的人，是否能为国家、为某一企业、某项事业获得若干成果（或称利益）。假使所获成果利益，超过培训他们的费用投资，就是国家、某一企业、某项事业的纯收益，否则就是纯损失。因之，我想提出一项"人才会计"的试行处理办法，以供我国关心教育培训人才的人士们参考。

为了简单一些，以一所学校为例。学校是为国家培训人才的专业机构。它也可用成本会计方法，来核算培养人才的投资费用和可能产生的成果。工厂产品的成本应包括各项固定资产的折旧与维修费用以及应摊算的管理和服务费用（如水、电、用品等），所有各项直接、间接费用都应用合理合情的分配方法，分配到每个生产车间、每项每件产品上去，以求得每件产品、每个工人所生产的产品的货币价值。学校作为生产人才的"工厂"，也应当采用这种成本会计方法，来核算某一科系、某一班级、某一学生的培训费用。这种资料可以在同等学校间互相比较，以看出各校培训费用的高低、节省与浪费。假如能把这种成本会计数据连续多年积存起来，又可看出那一学校为国家培养人才，为社会服务的成果大小如何，与国家对该校投资是否相称。

以前，我国对于学校训练人才，基本上是采取包下来的办法，不作经济核算。现在开始讲经济管理了，因之有自费走读等办法。以我毕生办学的经验来看，自费生的成绩不见得比公费生差。有的在职青年，由组织支出培训经费，其中自有少数学生认为读书于己并无经济上的损失，往往不甚注重学习，这实在是一种浪费，对培养人才不利。我建议有关部门重视"人才会计"的研究，运用会计手段促进人才的培养和使用，以使人尽其才，也如地尽其力、货尽其流一样。

（原载《文汇报》，1980 年 12 月 19 日）

会计人员是经营管理的
"参谋长"①

潘序伦最近说,我国国民经济调整的深入进行给会计工作提出了许多新课题和新要求。从最近揭发出来的贪污、盗窃、行贿、受贿案件和从财经大检查所发现的问题来看,情况十分严重。这说明现在企业、事业在管理方面的漏洞很大,账目不全和混乱的现象到了何等的程度!为贯彻政府提出的十条经济建设方针和国务院决定全面整顿工业企业、健全财务会计制度的要求,我对当前会计工作提出一些粗浅的意见:

第一,要打好会计工作的基础。要搞好正确的原始记录、计量验收、定额管理、岗位责任制等,这是会计核算和生产管理中不可缺少的数据和制度。缺少了这些,就谈不上全面的计划管理、质量管理和经济核算,谈不上经济责任、考核奖惩,更谈不上现代科学管理。

第二,要放开眼界。近年来,国外工厂规模和国际贸易日益扩大,联合企业和跨国公司的形成,国外财务会计研究,已由传统的财务会计发展到管理会计,电子计算也在会计工作中得到广泛的应用。这些先进的科学理论和工作经验,应该引进、学习,取人之长以为我用。但要理论联系实际,不能"一刀切"、"一哄而起"。每个企业都应总结三十多年来的经验教训,加以提炼取舍,走出一条符合国情、厂情的财务会计、管理会计的新路子来。

潘老认为,资本主义国家的企业家,出于"唯利是图",十分重视投资效果和经济效益,因而会计工作早被应用到企业经营管理上来,发挥了预测、预控、分析、考核和参与决策等作用。其实这些会计工作,就其内

---

① 本文为《世界经济导报》记者根据与潘序伦先生的谈话整理而来。

容和实质来讲,并不是新鲜的。我国解放后发展起来的财务、成本管理方法,有相当一部分与西方管理会计很相似,不过,由于过去我们企业是以"生产"为中心环节,忽视了经营效益,没有应用到根本分析和目标利润上去,因之效果就差了。

第三,培训会计人才问题。我们会计队伍中老化和青黄不接的情况还十分严重,最近我已与汪道涵市长面谈过这问题。汪市长常讲上海市对于全国的贡献,应该是有贝之财和无贝之才。"无贝之才"应当包括科技人才和经营管理人才。科技普通称为生产力,"经营管理"也可以称为生产力,会计人员就是经营管理人员的"参谋长"。会计也可为生产力的一部分。培训会计人才的责任,学会应义不容辞地担当起来,有条件的话可以培训高级会计人才,创办会计专科学校、会计学院。至于补习性质的会计培训班,以及专业局、专业公司委托代办培训会计人员的工作,更应尽量接受举办。

第四,会计教材问题。应该有初级(普通)与高级之分。可是目前国内出版的会计教程课本,往往通用于高等院校和中专学校,这种现象希望能早日改进,责任应由学会各位会员来担当。

潘序伦着重指出,在编写教材中还有一个很重要的问题,就是我国现在和过去编写的会计教材中,几乎全部是注重工商财政金融等方面的,农业会计和农业簿记教程,竟成为会计教程中的空白点。他说,我国有八亿农民,数十万个农业社队,这样多的社队会计人员中,受过正式会计学培训的人,可说是凤毛麟角,绝无仅有。因此,编写农业会计、簿记教科书已是急不容缓的事了。考虑到现在我国会计学术界具有编写可供农业会计工作人员应用的教材和编写可供农业会计工作人员应用的教材和参考书的人为数不多,我建议,挑选一大批有会计学历的青壮年,先到农村社队去实际调查,然后再结合实际编写教材,这是当务之急,希望会计学界认真考虑。

(原载《世界经济导报》,1982 年 5 月 17 日)

立信会计在天津

我于一九二四年留美学成归国后，即在各国立大学担任会计教授、系主任、教务主任，以及商学院院长等职务，同时编译教材，引进欧美新式会计；一九二七年起，创立立信会计师事务所，执行会计师业务，先后达三十年之久，执业范围遍于全国各大城市。至于所创办的会计学校，逐渐扩大，从业余补习、短期专修、函授，到中等和高等的正式会计专科学校，分布在上海、重庆、桂林、广州、兰州、南京、天津、北京、香港等地，先后培养了会计人员在十万人以上。目前这些学生的绝大多数，在企业、事业和机关单位的财会以及经营管理岗位上，成为骨干力量，有的还担任了领导职务、大专院校教授、系主任、院长、校长以及从事财会理论研究工作。从一九四一年起，我又设立了立信会计图书用品社，自行出版发行《立信会计丛书》，连同财经、商业、统计、法律等方面书籍，共达二百余种。形成了一个会计师事务所，会计学校和会计图书用品社"三位一体"的"立信会计事业"。

天津是华北工商业中心，早在二十世纪三十年代，设立在天津的中英合资开滦矿务局总管理处，以及久大精盐公司等民族工商业，就委托立信会计师事务所担任常年查账会计师，我曾几次同助理会计师到天津进行查账工作，因而想在此建立立信会计事业，因抗日军兴而未果。待抗战胜利后，由当时在天津担任丹华火柴公司总管理处经理、天津市工业会常务监事的立信老校友丁苏民，于一九四七年先将立信会计丛书推销到华北一带，并着手筹备天津立信会计分校。办学校必须具备师资、教材和校舍三个条件。教材是现成的，教师基本上可以物色在津的老校友担任，校舍找到了市中心滨江道众成商业学校，一幢三层大楼。利用晚上空闲时间订约租用，设立天津立信高级会计职业学校,于一九四八年初,开始招生,报名的人很踊跃,大都是各界在职人员,择优录取了一百五十名左右,第一学期开设高级簿记、会计学单科专修三班。

不久,我派刚从美留学回国,获得依利诺大学硕士学位的女婿管锦康到天津,成立了立信会计师事务所天津分所和立信会计图书用品社分社,同时扩大了学校规模,设立了校董事会,聘请当时天津市工业会理事长、久大盐业公司总经理李烛尘先生为董事长,启新洋灰公司总经理周叔弢先生、仁立毛纺织厂总经理朱继圣先生等工商界著名人士为董事,我自任校长,并由教务主任管锦康和总务主任丁苏民主持日常工作,同时成立天津立信校友会,推选丁苏民为理事长。到第二学期招生,学生就增加了一倍多,开学时,我来到天津主持开学和校友会成立典礼,盛况空前。

平津解放后,管锦康继续在天津支持立信会计事业,并与从延安回到北京的汤毅同志等老校友一起,在北京设立了立信分校,到一九五一年时,分所、分社和分校先后结束,管锦康专任南开大学教授,现在天津财经学院任财会系副主任、天津市会计学会副理事长和天津市政协委员。立信在京、津设校时间虽不长,但也培养了数以千计的财会人才,他们现在都在会计工作岗位上,为华北的四化建设贡献各自的力量。我愿借此机会,向他们致以亲切的慰问。

会计是一项非常重要的经济管理工作,现在越来越受到党和国家的重视,要求学习和钻研这门专科的青年人也越来越多,这是非常可喜的现象。回忆我年轻时所走过的曲折的学习经历,读书不成去做事,做事不成又去读书,年过三十,还没有找到专业的方向。我努力以二年时间读完圣约翰大学四年课程,又以优异的成绩,考取了南洋兄弟烟草公司的保送留美生,这是与我历经坎坷、立志自强分不开的。例如:我原来英语基础较差,在圣约翰大学读书时教材是英文原版,平时讲话都要用英语,起初常被同学们嘲笑,于是发奋苦学,到毕业时所写英文论文竟被评为全校第一,获得金质奖章。赴美留学,先二年在哈佛大学得企业管理硕士,再一年得哥伦比亚大学经济学博士。三年中,我在寓所内,前面是书桌,后面就是做饭的煤气炉,日夜埋头攻读,没有出门看过一次电影、参加过一次舞会。归国六十年来,毕生致力于会计工作,并有些贡献。记得当年立信同学中,也不乏年过三十,已在社会上工作的同志,利用业余晚上来校补习攻读,或函授自学,于今不少人也成为优秀的会计专门人才。"有志者事竟成",用一分力量,终有一分收获。这是实践证明的真理。深望有志于会计工作的青年们,为社会主义经济建设,提高经济效益而努力学习。

我在"文化大革命"中,虽也受到过难以忍受的冲击,但为会计事业奋斗的志愿,却始终不渝。我矢志要为培育年青一代的会计人员而尽力,曾发过"取之于会计,用之于会计"的誓言,即将事业收入用于办学。远在抗日战争前后,我曾将自己辛勤劳动所得——编译著作版税收入和会计师业务收入,作为办学经费。回想当年筹建上海和重庆立信会计专科学校时,真是煞费苦心,除将立信会计丛书版权计价十万元,连同自己多年积蓄银币六万元、美金二万元,以及设备图书等先后捐赠作为建校基金外,并得到实业界知名人士大力捐助和历届毕业校友的齐心协力,集腋成裘,在上海和重庆建造和购买了数十座校舍,这些校舍现在已全部交公,成为人民的财产。粉碎"四人帮"后,我更加振奋,努力学习,思想认识有了进一步提高,决心要在晚年再为祖国和人民贡献最后一把微薄力量。一九七九年初,上海市会计学会成立时,我又从仅有的作价发还的抄家物资中,捐献四万元,作为该会学术活动基金。鉴于在十年内乱中,会计工作遭到"拆庙赶和尚"的厄运,以致会计人员青黄不接的情况非常严重,于是建议大力举办会计职业教育,并申请恢复立信会计学校。在上海市委和人民政府的关怀和重视下,于一九八○年秋,批准成立立信会计专科学校,学制三年,又相继在市内各区、县分设中专性质的立信会计职业学校十三所,学制二年,第一学期共计招生一千一百七十五名,均属自费走读性质。第一届大专学生三百六十六名,要等明年暑假才能毕业,已被市属企、事业单位预定一空,这表明各界对于会计人员迫切需要。在抗日战争时期,我也曾为我国西南地区培训了数以万计的会计人才,现在重庆立信会计学校已恢复。前年，我还组织立信新老校友设立了《新编立信会计丛书》编辑所，负责新书的出版发行业务，颇有蒸蒸日上的现象。我的一生夙愿，只有在今天共产党的领导下，才能得到更加发扬光大，成为我晚年唯一的安慰！

所可惜的，我现在已年逾九十，能发挥的余热，也极其有限了。

（原载《天津日报》，1982 年 10 月 24 日）

一个会计学家的自述

我现在已是一个九旬老翁了。回想自己一生中,曾以大半辈子致力于会计学的研究和教育,号称弟子十万。过去,很少有人知道我青年时代的坎坷往事。如今不计有辱于"尊师"的称号,把一切细细写出,如能对广大青年,尤其是一些一度失足的青年朋友有所帮助的话,那么,我这个九旬老人也就感到欣慰了。

一八九三年七月我出生于江苏宜兴一个大地主潘亮之家中,排行第四。十五岁时,到上海浦东六里桥的浦东中学学习。我自恃各科考试成绩优异,经常考得第一名,骄傲自满,既于尊师之道有亏,全班同学对我也无好感。在将毕业时,我卷进了一场因抗议某教师对学生的课业批分较严而举办的交白卷风潮,被学校开除了。我只得回到家乡,考入常州府中学堂。

坎坷人生

中学毕业后,我才真正踏上了坎坷不平的人生道路。一九一一年春,我考进了南京法政大学经济学系。该校因不合当时政府创建大学的规定,被迫停办。我也就随之失学。无可奈何,我投考了那时海军部办的南京海军军官学校附设收发无线电报讲习班。校方供给学生膳宿,每月还发给银币十八元的津贴,冬夏两季的军服各两套。在物质诱惑下,我就违背了学习经济学的初衷,而胡乱投考了这所学校。一年半后学习期满,我的毕业考试成绩五门学科都是一百分,获得该校建校以来从未有过的优秀成绩。照常例,我当受到本校之聘,担任下一级的教师。可是,我在中学里骄傲自满、经常顶撞老师的恶习仍在发展。这样,我就被摒弃于校门之外,派在我国当时一艘最大吨位的海军巡洋舰"海圻"号,当了一名准尉级无线电收发报员。我怀着"早知如此,悔不当初"的懊丧情绪,一再呈请海军司令部准许我退役,费尽周折才获批准。

从我十六岁考进浦东中学起,到二十三岁脱离海军时为止,我已成了一个"学书不成,学剑无门"不成材的青年了。

我在彷徨失措之际,只得依靠亲戚关系,到南京造币厂当一名帮技士,月薪四十元。我雇了一个专门"听差",他对我的称呼是"老爷"。我这个摇头老爷对于制造银元的工艺,一无所知。所谓"帮技士",不过是一个挂名差使,无事可做,"小人闲居为不善,无所不至"。我每月领取的月薪,不够我花,就经常向我大姐借钱。不久,我所依靠的亲戚、造币厂厂长落职而去,我也当然随之而被革去了帮技士之职。

此后,我又依靠一位同乡世交,当时担任镇江中学校长的周某,获得了该校英文教师之职,我的听差对我的称呼改为"师爷"。做了教师爷,可是我的英语程度很差,受到学生的蔑视。可怜"好景"不常!周某受到学生罢课的冲击,辞职而去。我也只好跟他一起辞职,返回宜兴蜀山故里。

误入歧途

我返回故乡,既无适当的工作可做,又缺乏学习、进修的机会,加上我意志薄弱,受了当时乡间坏风俗的影响,逐步陷入赌博、放浪的泥淖中,这样必然与一伙流氓分子为伍。

转瞬间,我年已二十八岁。那年除夕夜,我听到西邻青年旧交周君准备赴法勤工俭学,不禁怦然心动,当夜走访他家,与他仔细交谈。周君说:因自己知识浅薄,没有什么前途、希望,看到许多有志青年远赴法国,用勤工俭学的方法来争取进步,所以也想去一试。这一番话,对我犹如雷轰电击,打入我的心坎!我回家后,思想剧烈斗争,整夜失眠。年初一早晨,我唤醒我的前妻,对她说:"我过去多次走出家门,不听你的劝阻,做了不少荒唐事。我昨夜受到一次极大的刺激,决心改邪归正。从年初四起,我一定和一些赌友一刀两断。我想到上海去报考圣约翰大学进修英语。倘有机会,我还想仿效周君的雄心壮志,出洋深造呢!"当时,

548

我的二兄用冷笑的语气对我说："老四，劝你不要作这样的胡思乱想了。你想出洋深造，求取功名，光宗耀祖？我想我家的祖宗还没有这样的福分呢！"我听了这话，也只好耐心忍受，未出家门一步。第三天，就打点行装，奔向上海，再一次踏上求学之路。

发奋苦读

到上海后，我找到黄炎培先生，求他为我介绍进圣约翰大学读书。他把我推荐给一位姓朱的教授。谁知朱教授一见面，就叫我一声"潘先生"。我一听这称呼，像触了电似的，眼泪夺眶而出。因为我是来求做一名学生的，现在朱教授以"先生"相称，我怎么受得了呢？古诗说得好："少壮不努力，老大徒伤悲"。在学习的路途上，我走了这么多的弯路，至今一无所成，快要三十岁了，还要来做一名学生，还不知做得成做不成。后来，总算同意我在三年级做一名试读生。当时圣约翰大学学费昂贵，每一学生每一学期缴付银币二百元，这一数额几乎等于我每年收入的半数，可说是一项非常沉重的负担。那时圣约翰大学的学生都在寝室自修课业。学生按成绩优劣分配寝室，优等生住在二楼、三楼，次等生住在底楼，因底楼受到学生往来的干扰较多，二楼、三楼比较安静。我是个新学生就被派住在宿舍门口的第一间内，受到全宿舍学生的干扰声最大。我自惭形秽，不敢和同学们交谈，终日伏案苦读，丝毫不敢有所懈怠，终于升入了四年级。毕业时，我的论文被评为全校第一，获得了一枚奖章和圣约翰大学文学士的称号。

然而，人生的考验对我并未就此结束。那时，我的原配妻子已去世，又娶了续弦。就在我毕业回家与她团聚刚满一个月零三天，就从报纸上读到了南洋兄弟烟草公司大老板简照南登广告，规定由当时各著名大学每校选送四名优等生参加该公司选派留学生的考试。圣约翰大学选送参加考试的毕业生中有我在内。我如果参加考选，要出洋留学几年，而当时的交通条件远非今日的便利和安全可靠，出洋后是否能如期安然归来，还不可知；我和新婚妻子相处不过一个多月，又何忍舍之而去，远涉重洋，数年不归呢？但我最后认为我有机会出洋留学，倘能获取一个硕士、博士的学衔,也了却了我的宿愿。我决心去上海参加考试,以第一名入选,因此我就暂离妻子到美国留学去了。

我在美国留学三年,先在哈佛大学企业管理学院学习两年,毕业时得到企业管理硕士学位。最后一年是在哥伦比亚大学的政治经济学院度过的。在我租赁的寓所中,前面是书桌,后面是做饭的煤气炉。我日夜只知读书,三年没有看过一次电影,更没有出门参加过什么集会。我终于在一年期间完成了博士论文。

自强不息

回国后,我担任了东南大学附设商科大学的教务主任,又兼任暨南大学商学院院长。那时,国内的民族工商业已在发展,迫切需要改善经营管理,首先要改良会计制度。我在一九二七年春,辞去两所国立大学的教授职务,改途执行会计师业务,设立"潘序伦会计师事务所"。并在事务所内设立会计补习夜校。逾年,又改名"立信会计师事务所",同时扩大会计补习夜校,改名为"立信会计补习学校"。我之所以选用"立信",是取义于《论语》上的一句名言,即"民无信不立"。凡是工商业者在业务经营中,首先要建立起客户对他的信誉,而以会计工作为专业的会计师以及会计工作人员,更需要在社会上建立起一种"诚实不欺"的信誉。

自一九二七年起到一九三八年止,我所业务逐渐发展,几乎垄断了全国的会计师业务。我的收入,每年可达十数万元。对我这样一个以前曾经有过几次堕落、几次改正的人,发财致富绝不是一件好事。于是,我又在执业余闲,邀请几个游手好闲的游伴,晚间经常出入灯红酒绿的舞厅之中。

可是,有几件事对我刺激甚大。首先,我的会计师同行即竞争对手徐永祚会计师编纂了《会计杂志》月刊,其中登载着他的"改良中式簿记"的论文以及其他有关会计学术的论文,甚受国内工商界和会计界人士的赞誉和欢迎,销数颇巨,名利双收。我自忖,徐永祚学历不如我,竟会有能耐来编纂会计刊物,而我以专习企业管理和会计的留美硕士、博士,反而不如他,自问于心有愧! 因此,我就决心从事于立信会计丛书和会计季刊的编写工作。其次,我已感到会计补习学校不是一种正规学校,毕业生无正式学历不被社会承认。因此,我在一九三七年夏创建一所经当时教育部批准立案的立信会计专科学校。从这以后,我经常代表本校参加大专院校联谊会的活动,与各国立私立大专院校的校长为伍,与跳舞厅也永别了。

但最厉害的刺激是在"1·28"淞沪抗战那年除夕,我军正在闸北同侵华日军作殊死搏斗,我却在北京西路的丽都舞厅和舞女翩翩起舞。忽然,震耳欲聋的炮声不断传来,使我想起我军正在为国家的生存浴血奋战,我有何心肝,还在这里寻欢作乐呢? 岂不成了一个不齿于人类的冷血动物了么? 不久,我就和立信会计专科学校等一起搬到重庆,为抗战服务。

回顾我的经历,揭示了一个朴素的道理:人非圣贤,孰能无过。即使在年轻时由于无知而滑入歧途,只要痛改前非,自强不息,同样可以学到对祖国、对人民有用的真本领,同样可以成为有所成就的人才。

（原载《青年一代》第 1 期,1983 年 1 月）

一个会计学家的自述

谈谈会计人员的职业道德

　　道德是社会的意识形态，它是由一定社会的经济基础所决定，并为一定的社会经济基础服务的。任何道德都具有历史性，在有阶级的社会中，道德更有强烈的阶级性。资产阶级的道德本质特征是个人主义，维护剥削制度，为剥削利益服务；无产阶级道德的本质特征是集体主义和全心全意为人民服务的精神。随着社会分工的越来越细，各行各业除了社会的公共道德外，还有它处理职业行为时的准则，即职业道德。例如：商业有商业的道德标准，医生有医生的道德标准，教师有教师的道德标准等。毫无例外，会计这一行工作，从会计人员的地位、作用和工作特点出发，当然也应有它自己的职业道德。

　　提倡职业道德是搞好"五讲、四美、三热爱"，建设社会主义精神文明的重要内容，体现了人与人的新关系，反映在道德观念上，就是思想觉悟、知识水平和主人翁责任感。从心灵深处展示了一个人的精神境界，它对人们行为的影响是极其深刻的。譬如：当一个人真正相信诚实是一种美德时，做了诚实的事，就会觉得内心的愉快和满足；凡是做了虚伪的事，就会感到极大的痛苦和不安。职业道德的基本要求，就是忠于本职工作，使自己的服务对象，得到满意的服务效果；为了达到这一点，则又必须具备从事该项职业的特有技术水平和业务水平。因此，我们认为会计人员的职业道德，应该包含品德、责任和业务技术三方面的内容：

　　1. 品德方面。首先要热爱党、热爱社会主义、热爱祖国，坚持四项基本原则，把自己的知识与才能贡献给革命事业。这与资本主义社会中的会计师的职业道德，有着本质的区别。过去我在旧社会从事会计师业务是为资产阶级效劳，是为资本家的利益服务，是为自己的"立信事业"而奋斗，虽也标榜着公正信义等立场，但毕竟是个人主义的东西。现在

552

时代不同了，我们必须提高政治思想觉悟，建立起新的社会主义同志与同志之间的关系。正确处理好会计监督与服务的辩证统一的关系，寓监督于服务之中，既要热爱自己的工作，也要尊重别人的劳动，谦虚谨慎、诚恳待人、正直无私、不畏权势、不为利诱、勤勤恳恳、踏踏实实、全心全意为社会主义建设服务。因此，就应该做到：

（1）遵纪守法，以身作则。会计工作是根据党的方针政策，国家的经济法规和现行的财务规章制度来办事的。要掌握它就先要熟悉它，才能照章办事，分辨是非，进行会计监督，敢于同违反财经纪律、财务制度的人和事作斗争。同时执法者必须守法、以身作则，绝不允许知法犯法、监守自盗。

（2）坚持原则，廉洁奉公。财会人员是经管钱财工作的，每日有千千万万的钞票财物在手中进进出出，绝不能见钱眼红，而要以俭养廉、以勤致富，做到洁身自爱、不捞油水、不占便宜、不走歪门邪道、一尘不染。

（3）忠诚老实，毋忘立信。"人无信不立"，待人、处事、做事，都要坚守信用，从事财会工作者，更应提倡做老实人，办老实事，讲老实话。在职务、法令条例规定应予保密的事项，不得泄露。要学习模范共产党员、马克思主义经济学家孙冶方同志一贯忠于党和人民，不唯上、不唯书、不人云亦云、不墨守成规，始终坚持真理，实事求是的精神。

2. 责任方面。做任何工作，都必须具有高度的主人翁责任感。马克思说过，会计工作最基本的职能是反映和监督。首先要尽职尽责，按政策办事，维护党纪国法；按计划办事，不乱搞关系；按制度办事，不营私舞弊，不怕打击报复。其次是如实反映，对会计核算的内容，一是一，二是二，不夸大，不缩小，不隐瞒，不歪曲，老老实实，绝不弄虚作假。当前正在进行经济体制改革，贯彻责、权、利相结合的经营承包责任制和按劳分配政策，要保证会计数据的真实可靠，不能按照"长官意志"或讨好群众，改变成本利润数字，这样才能正确做好分配，兼顾国家、企业和职工三者之间的利益。此外，还要注意保护消费者的利益。

勤俭建国、勤俭办一切事业是我党的光荣传统，浪费可耻、节约光荣，是无产阶级的高尚思想。毛主席曾经说过："为了革命事业，节约每

谈谈会计人员的职业道德

一个铜板,是我们会计制度的原则。"所以每一个财会人员都必须加强责任心和原则性,围绕提高经济效益这个中心,反对浪费、厉行节约、精打细算,为国家积累更多的资金。

为了明确经济职责,严格工作要求,财会人员也应制定工作守则和岗位责任制,包括基本的经济责任、具体的工作标准和质量要求,以及上下、左右之间的协作关系等内容,加以明文规定,并定期进行考核。

3. 业务技术方面。目前,会计工作大大落后于形势发展的要求,这固然是由于会计、审计工作的重要性还没有得到社会的普遍重视,另一方面也由于会计人员本身的技术水平和业务水平低,不能发挥会计应有的作用。会计人员要为人民服务得好,就得有过硬的本领,像白求恩大夫那样,在技术上精益求精,既要有基本功,又要勤奋学习新知识。会计是一门应用科学,没有现代化的科学知识是不行的。我们必须勤学苦练,精通专业。过去我培育学生,要求记账、算账、报账,都做到百分之百的正确,好比医生看病开刀一样,不能有丝毫差错。在当前会计学科已由理财会计进入管理会计,电子计算技术已应用到算账记账上来,我国面临着经济振兴,开创社会主义现代化建设新局面的时代,更要有接受新事物、研究新问题的紧迫感。这样,才能扭转现在财会工作中尚存在着的"脏、乱、差"的现象,整顿好企业财务;才能设计制定出勾稽严密、手续齐全,符合我国国情的会计核算制度,健全财务成本管理;才能方便审查账目,分析发现问题,提出改进措施,当好领导的参谋;才能完成党和国家所赋予的职责和任务,不断提高服务效率,在社会主义物质文明建设中作出贡献。

会计人员职业道德水平的高低,直接关系到会计工作能不能做好。但道德不同于法制纪律,也与工作要求有所区别,只有当它成为群众的自觉行动和社会的共同舆论的时候,才会产生巨大的威力,促使党风、民风的根本好转。当前,我们响应党中央号召,正在进行一场伟大的改革,在这样的新形势下,讲究会计人员的职业道德,更具有特殊重要的意义。

（原载《财务与会计》第 4 期,1983 年 3 月）

求学经过的自述

编者按：会计界上了点年纪的人，几乎没有不知道潘序伦以及他创立的会计事业在近代中国会计史上的卓越作用和不可磨灭的历史地位的。潘老现已年逾九旬，仍担任中国会计学会顾问等多种社会职务，为振兴中华会计事业而奋斗不息。为了让广大读者了解我国会计史上这样一位风云人物的成长过程，经征得潘老的同意，这里重新发表他 1935 年 43 岁时写的《求学经过的自述》一文（曾刊载于当时的《立信会计季刊》上，本刊略作删节），并使青年会计工作者从中得到教益。

我家世居宜兴蜀山，历代耕读，到我总算还继续书香。我自从五岁开始随侍先父亮之公呀呀学字，一直到三十二岁从美国游学回来，方才算收束了我的学校生活。回想起这二十七年中间的经历，虽然很是寻常，但倒也经过了不少周折，方才达到现在所走的职业之路。我想国内许多学生，他们求学的遭遇，一定有不少和我相同或相似的地方。且把我的求学历史，约略写出一些，或者也可以做许多学生的借鉴吧！

我在十三岁以前，受的完全是家塾教育。做我先生的，就是我的大哥。所读的书，除了论孟诗书传史而外，还读了不少时文，同时又读数理精蕴、瀛寰全志、万国史纲目等书。那时候，先生所希望于我的，就是在科举场里，拾取一青半紫，便算有了结果。所以我在十二岁的时候，也曾参与过一场县试。我国文的小小根底，不能不说是那时候造成的。

记得我很小的时候，从不怕进书塾。十岁生了病，不能读书，小小的心灵里，就已经晓得着急，时常啼哭着，要想去读书。到我十四岁的那年，清廷废除科举，家乡办了个小学堂，我就转到这个小学堂里去读书。

小学毕业，和我三哥一同升到上海浦东中学。总算有缘，还得亲见以水泥匠起家又复毁家兴学的杨校主斯盛先生。在浦东读到了二年级，我和三哥，都是年少气盛，不肯按部就班，而喜欢跳高越级，因而便一同去投考天津高等工业学校，结果我被取了第一名，我三哥被取了第二名。兄弟们都很高兴，以为指日可以做高校学生了。不料我大哥二哥只许我三哥去天津高工，而一定要我等待中学毕业后再升入高等学校（我从十四岁先君故世后，一切家庭事务，均由大二两哥作主）。这时我心里不太高兴，以为我的学业，比我三哥还胜一些，为何许三哥做高校学生，反而不许我呢？两哥说："你年纪尚轻，尽好按部就班的求学，不必性急，反致欲速不达。老三的天资和程度，都比你差一些，原不希望他会成大器，所以不妨任便一些。"这句话在那时，我听了不以为然，但是到了后来，才晓得我荒废了我宝贵的青春，乱转学校，真被我两哥说着"欲速不达"的了！现在我常常遇见天资比较优秀的学生们，多半是好高骛远，不肯按部就班、渐次上进，偏喜欢在就学就业的途程上，乱跳乱跨，结果反而不好。我倒常把大哥二哥的训话，来劝他们呢！

　　辛亥革命的时候，我已经在中学毕业。那时共和民主正值草创，各处都需要法政人才，因之各大都市纷纷开办野鸡式法政大学。我一时为做官的虚荣心所冲动，也就进了南京民国法政大学。混了两年，不但学业上并没有一点进步，且那个学校后来竟给当局取缔解散了。刚巧南京海军军官学校招考无线电收发班学生，学膳宿费全免，并且还可以得到些津贴。我想，以前家庭为我负担学费，已经很多，倘能够考进这个军官学校，倒可以减轻些家庭负担，因此贸然去投考了，绝没有考虑到电信收发的事务，对于我一生的职业，到底合不合。去投考的学生很多，足足有一千几百人，想来他们总也是和我一样的心理，都是贪它不要费用，还有津贴的缘故吧？考试结束，只取了二十一名，我却得了个第一，也可算是侥幸极了。

　　在海军无线电班里混了一年半的光阴，天天学的，除了极简单的电学知识外，不过是练习发报收报的手续。毕业考试的五门功课，我却考个门门满分，总平均十足一百分，毕业后派到海军各舰去充电报生，月薪

556

十八元，和水兵们同在一处起卧，生活很简单，又很乏味。到那时，方才觉悟到照我这样一个人，一生一世去当个电报生，太不合算了，所以就设法报了疾病，起初请假，后来呈请退除军籍。这时，我所服务的肇和军舰，舰长是杜锡圭先生，因我有意规避，行文到原籍地方厅追我回去，否则要我交还海军部在我身上所费的学膳宿津等费，约计银二千多元，方肯把我军籍削除。后来总算到吴淞海军医院恳求医生出了张证明书，说我的确有病，不合军中服务，这案方才算了结。这都是因为当时要想拾些小便宜，胡乱进了这个学校，以致蹉跎了我正式职业的训练。回想前尘，实在是很可惜的。

我第一次的就业，既经失败，第二次的就业，可以说更没有意义。这时候，我有一位亲戚，在南京造币厂做厂长，就去恳求他帮忙。总因姻亲关系，他也未便回绝。发下委任状来，却派我做了个翻译员，月薪三十元。其实造币厂里，何尝有什么翻译工作？我的英语程度也哪里配当什么翻译？那三十元的薪金，干脆说来还不是干薪么？但每月三十元的薪金，实在太少，几次请求姻亲另委他职，结果总算加了一名帮技士的名义，薪金也加了十元。其实我何尝有工业技术的知识？所加的薪，仍旧不过是干薪性质罢了。在这种情形之下任事，哪会久长？果然，不到两年，这位厂长去职，我的职位，也就随之而告终。

我不得已回到家里，担任本乡某校的算术英文教科，每月薪金不过二三十元。后来，有一个同乡做了镇江中学的校长，极力向他请托，总算得了个教席，每周担任十小时功课，月薪四十元。不久，增加了两小时功课，月薪也加了八元，总共四十八元，这要算是我三十岁以前得薪的最高纪录了。我所担任的功课，虽然只有十二时，但有英文，有算学，有历史，有地理。花色倒很多，大概凡是其他专科教员所不愿担任或不便担任的课程，都把我做个尾闾，所以性质很是夹杂。反正我仿佛是药里的甘草，戏班里的扫边老生，样样都要搭上去帮忙的。

我在职业界里这样浮浮沉沉地度过了六个年头，总算做实了一个"样样都能没一样精的人"（Jack of all trades, master of none）。便是学校里的学生，对我也不免存了轻视的心。和同事中间的清华学校毕业生英文教员蒋君谊、复旦公学毕业生英文教员任崇四等相较,觉得我的英文程度相差得太远了。于是我就发奋用功,自修英文,拿了英文字典,当做拼字的教本,苦读了半年,几乎把当时商务印书馆出版的英华袖珍字典,全部背得烂熟。但除了死读英文生字之外,并没有别种进步。那时候适巧五四风潮,各大学校都照例的要闹闹风潮,攻攻校长。这位中学校长,就在这当儿被攻翻了。教书能力并不见佳的校长同乡,原也好算是校长私人之列,当然只得随了校长一同走路,因之我又告了失业。唉!自己没有相当的能力,要想在职业界里混饭吃,实在很不容易啊!能够自救自拔的唯一途径,只有从速用功,求得了一学一技之长,才不致在社会上受尽颠簸动荡的痛苦哩!

但是事情却越变越坏,我从镇江中学回到家乡,住了半年,"小人闲居为不善",这是一定的道理。并且受着乡间不良社会的熏染,竟渐渐的堕落起来。眼见得一位奋发有为的青年,直向万丈深渊沉沦,好危险啊!真危险!

总算陡然来了一个转机,这转机使我从混浊的陷阱般的恶环境中升起,这转机使我从糊涂的寄生般的苦生活里跳出。这转机在我的一生看来,的确是一个很重要的转机呢!

那正是民国八年的旧历除夕,本乡习俗,凡是旅居外乡的人,都要告假回家度岁。我听说西隔壁从小同学在外任小学教员的周君已经回来了,就顺便过去访他谈谈。周君对我说,他做小学教员,已是多年,因为没有学问,所以觉得前途好像丝毫没有希望,听说近来到法国勤工俭学的人很多,他也想借些款项,到法国去留学。这寥寥几句不打紧的话,却大大地打动了我的心弦。回到家里,躺在床上,一夜不曾入睡。自己一个人在想:周君的家境,比我还要寒些,年纪比我还要大些,天资比我还要差些,他倒有志要到外国去勤工俭学,像我这样不长进,浑浑噩噩,虚掷了宝贵的光阴,实在太对不起自己了。现在正当新年开头,姑且再玩三天,从正月初四日起,便要收拾起一颗堕落的心,准备着再行求学去。

果然,到了新年初四,我便真的绝迹闲荡起来。一面整理行装,决心重行出门求学。但是我的家境,便在乡间,也是平常的,那里会有自费出洋的希望？况且外国文程度又低，学校资格又不合，不得已，只得到上海去找中学里的业师黄任之先生，请他给我一个入学的指导。黄先生很稀罕地说："你还想再求学吗？""是的"，我说，"将来有机会还想出洋游学呢！"黄先生说："你的志愿很好，若是你要预备出洋，到大同学院去补习英文数学是最相宜。"

　　但是我因为在镇江中学担任英文课程的时候，自己的程度太不行了，受着同事和学生不少的讪笑，所以很想到英文的"庄岳之间"①的圣约翰大学去补习一番。圣约翰的入学考试，原是著名困难的，我岂能侥幸于万一？莫管它，且请黄先生介绍进去做个特别生，或者能够勉强收留罢（我想进圣约翰大学，而去请求黄先生介绍，完全因为黄先生曾受过圣约翰大学博士的学位，一定和学校方面很熟，其实也并不见得）！黄先生慨然俯允，立刻抽笺写了一封信，给正在圣约翰担任教师的朱友渔博士。我拿了信，一直到圣约翰思孟堂去见朱博士。朱博士看了介绍信说："潘先生，你想入敝校求学，鄙人是很欢迎的，停一会儿和你见卜校长去。"我当时听了朱博士的称呼，陡生了一种感愧交集的感想。学校教师对于前来投考的学生，断乎没有反称先生的。朱博士竟呼我"先生"，想必是因为我宽袍大褂，年纪看来，当有三十多岁的光景（其实这时我不过二十九岁，只因环境欠佳，心绪不宁，因之格外看老些，倒是真的），况且黄先生的介绍信上又说，我曾经担任过军界政界学界种种的职务，在朱教授称我一声"先生"，确也是对我相当的敬礼。但我的心理上，却大大的不同，像我这样大的年纪，本来应该做先生的了，便是人家看我也像个先生，只因我青年时代，时时更换学校，更换职业，到现在真所谓"学书不成，去学剑，又不成"，仍回过来做学生。思前想后，心上好不难过！

　　见了卜校长，他很客气的拿英语来和我谈话（其实卜校长会说中国话，他拿英语来和我谈话，想是要考考我的英文程度吧），我极勉强地答应了几声 YES 和 NO。最后，朱博士告诉我，卜校长的意思，论我的程

---

　　①　庄，街名。岳，里名。《孟子》滕文公："引而置之庄、岳之间数年。"

度，固然差得很远，但是做事多年，已经得了不少经验，况且我求学的真诚，也很可嘉奖，所以通融收作大学特别生吧（在我入学以前，数年间，圣约翰大学只收过一个特别生）。到此我便重新开始我的学生生活。起初同学淘里都以为我是个国文先生，后来知道也是学生，都觉得有些奇怪，常常有人到我宿舍门首探头探脑的看我。

我在圣约翰大学里，到处看见了种种实用的英文，像章程呀，书信呀，就是同学间相互谈话，也总是用英语的。我从前在中学里教书，因为英文程度不够，受过不少刺激，到现在，自然因了切身实用的关系，到处都觉得是学习的资料，所以从晨间六时起身直到晚上十时宿舍里熄火为止，除了饮食大小便和体操的时间外，好说一直用功读书，一些没有休息。

当初我在这班里的英文程度很低，教授们知道我不会说英语，所以总不向我发问。有一次，朱友渔博士在社会学班上破天荒地问了我一个问题，原应答个 YES 的，但是我错把 All right 一句答出来了，顿时引得全班同学哄堂大笑。自此以后，各教师为顾全我的老脸起见，便再也不向我发问。

我自己觉得程度差，拼命用功。卜校长和经济系主任 C. F. Remer 先生，看见我读书着实努力，告诉我说：倘我本学期大考各科全数及格，便把我升做大学四年级正式生。这一来，我得了一个新的希望，更加努力修习功课。到学期大考，八门功课里，虽还有一门心理学成绩略差几分未能及格。然而校长、主任毕竟允许我做了四年级的正式生，把以前在海军学校法政学校里所读的功课，来充作大学前三年的学分。这在圣约翰大学方面，确是个创例。因此还有人说我是靠介绍人黄任之先生的大面子，所以校长方肯特别通融的呢！

我自从改了圣约翰大学四年级的正式生后，求学的程度便始终是一帆风顺，直登彼岸。这学期，我八门选课的考试成绩，便有四门在九十分以上，其余四门也在八十分以上。全班同学五十人中间，考试成绩和我一样好的，只有方立庆君一人。最后到了毕业的一学期，我各科的考试成绩，都在九十分以上，全班里名列第一，并且全校英文政治论文比赛，我也竟得了个首名，夺得金牌。这是民国十年的事。

那时候，我家庭里的情况，极为不佳。连年鸰原抱痛①，鼓盆遭戚②，经济上很受打击。兼之以前我糊口四方的时候，多少总好得些薪金，现在重新就学，并且重新婚娶，非但毫无收入，反平添了巨额的特别支出，因之家境很是窘迫，一年半前自费出洋的豪念，至此早知难达目的。某日见报上载有南洋兄弟烟草公司考送留学生的广告，我便怦然心动。于是就恳求学校当局把我保荐去应试，结果幸被录取第一名。这时我继娶后不过两月，且因正在求学时期，和我妻亚晖新婚同居，不过十数日，便要长征异国，数年不返，也未免有些儿女情长，英雄气短！但想到求学大事，也就毅然舍去，汽笛一声，向太平洋进军了。

　　我在圣约翰读书，文科不是专业，此次出洋，选科上倒颇费斟酌。我生性颇近理工各科，但在中学校里，未能把算学理化好好读过，现在到美国大学入工学院，程度是接不上的；再读文科，仍非专业；读法科师范科等，又不是南洋兄弟烟草公司所期望于我的，所以决计选读商科。又以商科之中，我国学生选读银行系理财系的，已是很多，选读会计的，倒还很少，因之便决定选读会计，决定把会计来做我终身的职业。

　　说来很是惭愧，现在虽是人人尊我一声会计专家，并且有过誉我为会计学泰斗的，但在三十岁以前，我还没有好好的学过会计。记得民国初元，我在二十岁的时候，进了野鸡式的南京民国政法大学，校内也有所谓簿记一课，担任这门功课的是一个东洋没有毕业的留学生，一学期中，时常缺课，总共只发了二三十张讲义，就是上课的时候，我虽打起精神来听讲，但是始终连什么叫簿记，还是没有听得清楚。我想这位先生自己恐怕也未必明了簿记是什么东西吧？后来我在圣约翰大学最后一学期里，新开了一班簿记，特地从美孚洋行会计科请了一位外国教师，用的教科书便是 Klien：Bookkeeping and Accounting（这本书在十几年内，我国各大学中学采作教本的极多，我在圣约翰读这本书时，在我国还是第一次用作教本）。这位教师对于簿记学的教授方法，好说是毫无经验，随便在课堂里发了些无系统的问题，便算了事，对于簿记的原理及方法，始终

---

　①　鸰原为兄弟之代称。鸰原抱痛指兄弟痛逝。《诗经》有"鹡鸰在原，兄弟急难"句。
　②　鼓盆遭戚，指丧妻。典出《庄子》："庄子妻死……鼓盆而歌。"

没有一次加以系统的演讲，所以，全班学生的成绩都很不好。我虽然依样画葫芦般地读完了这本书，可说是仍旧没有了解簿记的整个组织。

直到我进了美国哈佛大学商学院，方才算是我会计途程正式开始的时候。那时我的会计学教师，就是 W. M. Cole 教授。他是一位六七十岁的老者，在美国各会计学名家中，虽是比较守旧，但是讲解非常清楚，说理非常透彻，习题非常之多。我一生会计学的基础，可以说都是这二年内筑成的。在哈佛修满了商学硕士的课程，又到哥伦比亚大学去研究商业经济。同时间业于 Kester 教授，继续研究会计，得了博士的学位。在这三年中间，不知什么是假期，也不知道什么是游息娱乐，自朝至夕，总在书城里过日子。对于费用方面，我也极会节省。我的书城后面，就放着一具自来火炉子，自己造饭，吃完又是读书。南洋烟草公司每月津贴我美金八十元，我在波士顿、纽约等生活高贵的城内，用去不到五十元，余下来的，一部分买书，一部分还要汇回中国作家用。所以同学辈常常说我这种勤苦节俭的生活，是谁都及不来的。在我自己看来，虽觉得这是我的本份，但其他学生能够及得我的，似乎也确实很少。

回国以来，匆匆已经十多年了。在这十多年之中，我教的是会计的书，写的是会计的文，做的是会计的事，任的是会计的职，总算始终在一条路上进行，对于原定的计划，未曾改变。

我说了这许多唠唠叨叨一大堆的话，其中都是一般学生极寻常的遭遇，并没有什么可歌可泣的所在，有谁来爱听这些空话呢？不过自己想想，我求学的历史，至少给我本人几桩切实的教训：（一）求学最忌毫无计划，多换学校。像我最初忽而投考工业学校，忽而改进法政学校，忽而改进海军学校，年轻时代的黄金光阴，白白地胡乱混了过去，好不可惜。（二）求业必须有相当的专门技能，方才能够持久。倘使仅靠了亲戚同乡的帮忙，终究是不中用的。像我担任造币厂翻译员、帮技士及中学教员，便是一个榜样。（三）求学求业，必先立志。倘若没有坚强的意志，则一遭磨折，一受刺激，随在可以有中辍的危险。像我二十八岁中学教师卸职的时候，倘不立志向上，那里能够听着邻居勤工俭学的话就立即发奋，再行入学呢？在圣约翰大学里受了许多刺激，倘不立志坚定，又哪

562

里能够继续勤读,而不辍学呢? 幸而我的意志还算坚强,没有沦为乡村中的堕落子弟而不能自拔呢!(四)求学总要能耐苦耐劳。语云:"好学近乎知。"像我这天资平常的人,倘使在学校里还不努力用功,断乎做不到圣约翰大学的四年级正式生,也断乎考不取出洋学额。这都是我一生事业重要的关键。(五)一生学业事业的成就,倒不关年龄的迟早。俗话说得好:"太公八十遇文王。"我总算在本国会计界里得个地位,但是在三十岁以前,尚不晓得会计是什么东西。因之可知人们到了三十岁,即使学业无成,也断不必自觉灰心。急起直追,正还来得及呢!

我的求学历史所给我的教训是这样,我入业后所受的教训,也恰是这样,便是其他学生和职业界同人们所受的教训,我想也莫不是这样。所以我把自己求学的情形,写了出来,好做这几条求学就业的原则有力的证据。

(原载《商业会计》第 9 期,1983 年 9 月)

求学经过的自述

创 业 散 记

一个人要想做成一点有益于人民的事业,的确是不容易的,犹如在大海中航行的船舶,其中只有很少数会偶然遇到一片平洋,得以顺风而行,达到目的地;而在绝大多数情况下,总会遇到风浪与暗礁,总得熬着颠簸、折腾的痛苦,才能到达胜利的彼岸。从二十年代起,我就致力于会计事业,可算是在这方面进行了一番创业的奋斗。在那半殖民地半封建社会的条件下,真是遍地荆棘,举步维艰,如果畏难松懈,就会什么也办不成。追忆一些往事,可以激励自己,或者还可以给别人提供点借鉴。

一、从"孤岛"到重庆

1940 年 7 月,我下定决心把立信会计专科学校从早已沦为"孤岛"的上海迁到重庆为抗日战争服务。一到重庆首先要考虑立足之地,我于是先担任那时四川最大轮船公司——民生轮船公司的会计顾问。我当时已年近五十,单身入川后,生活上无亲人照顾,住宿在望龙门的江边。从住地到办公地点光走山路就有一百六十级石阶,每天来回四次,不胜疲劳,更受不了的是一日数钻防空洞。那时日寇轰炸频繁,而防空洞设施又极差,常有炸死人和闷死人的事情。我曾亲身经历了当时震动全国的大隧道惨案,上万人被闷死在条件很坏的防空洞里。惨案发生后,国民党政府派人清理隧道,从里面拖出的尸体像一条条的沙丁鱼那样,被扔进卡车运出郊外埋葬,情景极为凄惨。那段时间的生活艰苦,身体疲劳,以至随时有生命的危险,都没有使我在事业上松劲,我的脑子里只有六个字:"立信会计事业。"首先是忙着开办立信会计学校。

二、在重庆立足奋战

由于日寇常来狂轰滥炸,学校迁至重庆市郊的北碚,租用了房地产公司的房子作为校舍。不久,这个公司想把我们这一穷租户赶走,将我们校舍以高价出售,并与买方签订了合同,收受了定金十万元。本来按照当时租赁房屋的惯例,是应先尽原租户购买的,但这家房地产公司料定我腰包内不会藏有十万元钱,因而威胁我在十天内付款,否则强制搬迁。我收到逼迁的函件,真如热锅上的蚂蚁。后来我说服一批迁川厂的老板和经理,使他们知道需要会计人员才为他们理财,并终于答应共同捐赠十万元,于是,我索性把北碚校舍买下来,使立信会计专科学校有一处永久立足之地。

过了一段时间后日寇轰炸的高潮过去,我就想在重庆市中心区建筑一幢"立信大楼",作为立信会计专科学校市区班的校舍,招收在业青年在夜间上课。一方面可以扩大会计师事务所的业务,以事务所的收入补助学校,同时会计师事务所的同仁们也可在夜间兼做学校教师,在人力、物力的利用上都比较有益。而要建造这样一座名为"大楼"而实际上只不过约三千平方米的小楼,在当时来讲也并非一件容易的事。包工头开价是四十万,分四期交付工价,并要有店铺作保。我资金不足而办学心切,许多先后跟我去重庆的学生也和我一样着急,他们想了个办法,即以庆祝我五十岁生日为名,进行募捐。我生平从不搞庆祝寿辰一类活动,但为了筹集建校资金,也只得违心同意。其不足部分,是靠了大明纱厂资本家的帮助,才使"大楼"得以如期动工。到此时,我以为总可以松一口气了。谁知一波刚平,一波又起,"大楼"动工不久,四川军阀杨森部下的一个师长又来找我的麻烦了。他一口咬定说,我们的"大楼",有一角侵占了他的土地,要逼我立即停工或是赔偿他地价十万元。听到这个消息,我几乎哭了起来。要办成一件事,每走一步路竟有这么多的险阻、这么多的坎坷呀!我懊恼得想甩手不干了。但想到要为社会培养会计人才,要在中国传播会计知识,要使事业发展下去,我怎能停步不前呢?!我又咬紧牙关,四处奔走,终于托了学校董事长几经辗转,多次谈判,和这位师长达成协议,以付给四万元了事。

我在重庆几年,费尽心力建立了会计师事务所,创办了会计专科学校。抗战结束,我把"立信"的全部校舍和设备、书籍无偿地交与当地热心办学的人,继续开学,并另组校董会,聘请四川最有名望的实业家卢作孚先生当董事长。可惜不久,卢先生去世了。

三、新困难接踵而来

我到重庆以后,眼见很多工厂内迁,促使内地工、商、金融各业有了较快的发展,但会计和管理方面力量薄弱。我就先后和重庆市基督教青年会、宝元通公司等六个单位分别合办会计学校和培训班,入学学生先后达一万五千人。但办学首先就碰到买书难问题。当时立信会计丛书是由商务印书馆出版的。抗战开始,商务印书馆由上海迁香港,内地用书要由香港运来,非常困难。我到重庆办校后,更需要大量教科书,眼看办校已受缺少书籍的影响。在这困难关头,幸得生活书店徐伯昕同志支持,建议"立信"向商务印书馆收回版权和印书的纸版,在重庆印刷出版。没有资金,生活书店同意和我们合资开办;印刷出版业务不熟,由他们派人支援。生活书店的支援是极其宝贵的。虽然又经过了一些周折,费了许多事,但立信会计教科书终于在重庆出版了。当时重庆缺少新闻纸供应,这些书不得不采用毛糙的土纸印刷。在黯淡的油灯下阅读这种教科书,缺乏学习毅力的一些夜校学生中途退学了,但坚持学下来的仍不在少数。

重庆的大学和高中商科需用的会计教科书虽解决了,但他们所需用的财政学、货币学、银行学、统计学等相关课程依然缺乏教科书,我办的立信会计学校也有同样的需要。于是,我又大力组织各方面专家、学者迅速编印出了一套《立信商业丛书》,初步满足了当时的需要。

校舍、教材问题解决后,为了保证教育质量,还必须聘请高水平的教师和编制高质量的教学计划。当时国民党政府滥发钞票,物价猛涨,教师生活非常清寒,学校经费也非常拮据。为了使老师安心教学,同学们用功读书,我想尽办法。要他们能生活得好一点,在每学期开始时,就将所收学费,一次发给教师一学期的全部教薪,以便他们自己去安排生活。学生的伙食也由学生自己去管理,预先购足一学期食米。这样才能每学期上足二十周课,来保证教育质量。

566

四、回上海重整旗鼓

抗战胜利回到上海后，我又重整旗鼓，大办学校。

在我去重庆之前，就有建立一所正规的"私立立信会计专科学校"的计划。因之，我早在徐家汇徐虹路沿铁路附近，向地产商购得空地四十二亩，以备建筑专校校舍之用。但建筑需要时日，而立信会计专校迁回上海，不能一日没有校舍，因此，我只得把我自己在长乐路的私宅捐赠与立信专校，作为临时校舍，并决定在所购空地上建筑教职员工和男女学生全部住校的校舍。

出乎意料的难关又出现在我的面前，我所购基地的一半，竟被当时一个慈善团体"同仁辅元堂"占用了，以掩埋无主棺木约三千口。我赶紧先在未占用的一半基地上建造校舍，以供专科学校的急用。由于"立信"当时在社会上已颇有声誉，许多私营大型工厂、企业的资本家认识到了培养会计人才的重要，因而他们对"立信"乐于资助。在我校有一幢"纺织楼"就是纺织工业同业捐助的；其中，"宗敬堂"是纺织业巨头荣宗敬的儿子们捐建的。一座可供八百学生同时就餐的食堂，是本校毕业校友们自动集资捐献的，我把它题名为"思源堂"。此外，以我的私人存款以及本校历年经费的节余款，建起男生宿舍和女生宿舍，以及一座专职教职员的宿舍，我和我妻张蕙生也同住在这座宿舍中。最后，我还以我的私蓄美金三万元，建造一座体育馆。

校舍建筑虽已粗具规模，但全校职工和学生们面对累累荒冢，都急于收回这块地，修操场和足球场。那是，担任"同仁辅元堂"董事长的是杜月笙，我们当然要他负责搬迁这些棺木。杜月笙一味推诿，不肯负责。经过几个月的周折，我校才收回了这块地，操场总算平整就绪了。那时天天挖坟迁尸，某些好心人常对我说："你掘了这么多坟，使几千名鬼魂不安，当心那些鬼魂来找你索命啊！"的确，一直到校舍建成几年后，还常能从房前屋后的空地上发现零碎的尸骨，不过，我是个无神论者。过去，我在耶稣教会办的圣约翰大学读书，就不信仰"上帝"，如今我也不信鬼神。

学校建成后，我亲自主持校务，一切坚持"认真"两字，要求办学人员要少，工作效率要高；教师要认真备课、教课、批改作业；学生要认真听讲、多做练习题。我还十分重视学生的体质训练，规定学生每周要上体育课，每天早晨要做早操。我天天和教务主任、训育主任、总务主任带头参加。这样做，无非是为了培养好的学风，使我校的毕业生们走上工作岗位时，能对所任工作认真负责。

　　　　　　　　　　　　（原载《人物》第 11 期，1983 年 11 月）

立信会计在重庆

编者按：本文作者潘序伦博士是我国著名的经济学家、会计学家和职业教育家是立信会计的创始人。现虽已九十二高龄，仍孜孜不倦、念念不忘地为我国会计事业的发展而奋斗。五十五年多来，他培养出财会人才在十万人以上，真是桃李满天下。潘老撰写的这篇文章，叙述了当年创办立信会计学校的艰难过程，对我们很有教育和启发，值得一读。

我原在上海，从教、学、做三方面，致力于会计事业，亦就是在兴办会计教育，进行学术研究，编译会计丛书、杂志和从事会计师事务所业务等，来为经济建设服务。自九一八事变，日本帝国主义侵略我国，战火由东北、华北蔓延到东南沿海，凡有血气的爱国志士，都纷纷奔赴前线和后方，奋起抗战，许多工厂企业也陆续迁到西北、西南各省生产，促使后方工商业蓬勃发展，亟需会计人员，我亦随之到了四川重庆，立志要为祖国贡献一份力量。

我 1940 年 10 月，只身经香港来到了重庆，1945 年 9 月，依然拎着一只公文包离渝回上海。在这整整的五年时间里，除了成立立信会计师事务所重庆分所经营会计师业务外，主要精力放在兴办会计学校和编印会计教材两方面。在我到重庆以前，就有立信老校友刘芷休、施仁夫、王逢辛等，自 1937 年 2 月起，在重庆市市区开办重庆立信会计学校，后因校舍被炸，先迁合川，再迁北碚。我到达后，就合并在一起。为了达到尽可能快、尽可能省，培养出更多、更好的、符合实际工作需要的会计人才，以应急需，我们贯彻一贯所主张的多层次、多种形式、勤俭办学的方针，先后举办了下列各种程度不同的学校，选修科和训练班。

一、北碚立信会计专科学校。日校住读，二年制。1942年9月开办到1947年七月结束，共七届，毕业生303人。

二、立信会计专科学校重庆市区班。夜校走读，专为职业青年深造，达到大专程度而设，四学期毕业。从1943年9月到1948年1月，共计五届，毕业学生125人。

三、立信会计学校重庆分校。日校一年制。自1937年2月到1942年1月共办八期，毕业学生553人。同时附设夜校补习选科，入学学生三千余人。

四、北碚立信高级会计职业学校。日校三年制。1941年9月开办，到1942年9月因专科学校迁到北碚，校舍人手均感不敷而停办，无毕业生。

迨抗战胜利，专科学校复员返沪，重庆市继续办学，成立新董事会，聘请民生实业公司总经理卢作孚为董事长，四川美丰银行总经理康心如、宝元通公司副总经理黄凉尘、永利银行信托部经理刘芷休、聚丰银行总经理斋怀陵、大明染织厂经理查济民等各界著名人士十六人为董事，并聘请张英阁为校长，于1946年6月经旧四川省教育厅立案，正式成立。张英阁回沪，由刘芷休任校长，解放后由庞怀陵任校长。总计该校自1945年秋到1951年秋共招生八届，更名为北碚立信财经技术学校（全日制），毕业学生200余人。并为西南贸易部代办贸易会计训练班，1952年上期交请川东教育厅接办。

五、立信会计职业训练班。自1941年9月到1947年7月，先后由立信高级会计职业学校和立信会计专科学校附设，曾开办高级训练班三届，初中毕业入学，学习一年；会计职业训练班八届，初中毕业入学，学习三学期。总计毕业学生约1,500人。

六、立信高级会计职业补习学校市区夜校，单科选修，创设于1941年春。开始因无校舍，先后与重庆市基督教青年会、中国财政学会、社会服务处、社会事业人才调剂协会、新生活运动总会和宝元通股份有限公司等单位合办各种选修班，共计学生15,000人以上。其中以青年会时间最长，学生最多，五年中共办十一期，入学学生达一万多人。至1945

年秋,专科市区班也奉令办理逐班春束,将校舍、设备全部移交本校,另组结校董会,由王逢辛担任校长,继续招生,1947年底已开三届,学生1,476人,至1952年春。请西南贸易部及市教育局接办而结束选修班虽没有正式学历资格,但其中也不乏自学成才者。1948年下期呈请旧市教育局开办重庆立信高级会计职业学校,招收高职班(日校)及选修班(夜校),解放后王逢辛校长回上海,由刘芷休继任校长,为西南贸易部开办一年制贸易会计训练班,培训贸易会计人员200余人,夜校选修班每期学生人数达千余人至二千人左右。

七、重庆立信会计函授学校。1940年12月开始至1947年底,毕业1,047人,尚有肄业学生650人到重庆解放后才结束。

以上市区和北碚学校,在重庆解放前后,外地校友相继离渝后,都由当地校友刘芷休、庞怀陵继续办学,直至结束时,将全部校产,负责移交人民政府接管。

要办好一个学校,必须具备校舍、师资和教材三个条件。当时,师资可以由在渝立信会计师事务所会计师、老校友和延聘著名学者担任,比较好办,校舍和教材则不太容易了。因抗战后方,纸张奇缺,而且质量很差,原由商务印书馆发行的《立信会计丛书》,又无法大量运到内地,负责供应学校教科书就大成问题。在征得商务印书馆同意后,收回丛书版权,于1941年夏,集资法币一万二千元开设立信会计图书用品社,后又增资到二十万元,印刷发行图书账表,并出版《立信会计月报》。不仅解决了自己学校所需要的教科书本和练习用纸,而且为内地各商科大、中专院校提供了会计教材。

重庆是个山城,抗战时期成了国民党政府的"陪都",迁川机关、工厂和学校很多,人口麇集,加以敌机狂轰滥炸,房屋非常紧张。为了购置和建造市区和北碚的校舍、设备,我们真是费尽心血。我校系属私立,经费来源全赖自筹,经常开支来自学费收入。一般说来,补习夜校收支略有结余,专科学校则入不敷出;临时支出、购置校舍、设备等,则非向各方捐募不可。除由立信会计师事务所和立信会计图书用品社在每年收入结余利润中经常补贴外,还请各位校董资助了法币五十万元。1942年7

月,我五十岁生日,立信同仁校友们要为我祝寿,我坚不肯受,最后我说:"谢谢你们的盛情,非常感激。如大家一定要为我庆祝的话,就请大家为母校做件好事,集资建造一所校舍留作纪念吧!"于是大家动员,并向社会工商界募捐。集腋成裘,花了法币四十万元在市区小什字筷子街86号盖起了一幢不像大楼的所谓"立信大楼",作为专科市区班和补习夜校校舍之用,对培养职业青年起了很大作用。

立信办学,不仅重视教育质量,传授同学会计理论和专业技术知识,同时也不忽视德育和体育全面发展,提倡会计职业道德。并以"信以立志,信以守身,信以处事,信以待人,毋忘立信,当必有成"二十四个字作为校训,以此自勉,并与同学们共勉之。

回顾六十年来,我对祖国会计事业略有贡献,稍有声誉,获得国家和社会的信任,莫不与"立信"两字有关,亦是与校友们共同努力分不开的。据不完全统计,解放前后,立信为西南各省培养了数以万计的不同程度财会专业人员。现在各机关、企业、事业、科教单位中担任了财务科长、总会计师、讲师、副所长、经理等重要职务,仅重庆市现已被评为会计师以上技术职称的就有四十人左右。虽然这些同学们现在也都以六十岁左右了,值此重庆立信会计学校由市财政局接办之际,我向你们致以亲切的慰问,并希望你们在重庆市财政局领导下,团结一致,通力合作,不论在职的或退休的,在健康条件许可下,都能担任专职或兼职教师,为母校出力,为祖国四化建设培养更多、更好的财会接班人而努力,实有厚望焉!

(原载《重庆会计》第 8 期,1984 年)

紧跟形势要求
提高财会人员素质[①]

　　过去我们接触到的财会工作人员,在谈话时,总是反映:工作难做,领导不支持,没有地位,发挥不了作用等等。但在不久之前,我们在一次座谈讨论会上,有一位财务处处长却说:"现在我们的地位可不同了,作用也大大发挥了。领导上研究提高经济效益的问题,总是要叫我们去商量商量。在局务会议上,也常常点我的名,要我提意见,但有时由于我们自己业务水平不高,情况不明,心中无数,缺乏分析诊断能力,不能当好领导参谋,深感有愧职责。"还有一个规模宏大的全国性工业总公司,召开董事会,要财务部门提出一份年度财务报告,董事长、总经理看了几次都不满意,退回去改了四五次、才算勉强通过。由此可见,提高财会人员素质,实是当务之急,要培养出一批有真才实学、有学历、有能力、有魄力的人才。学历来自勤学苦练;能力来自实际工作锻炼和经验;魄力来自深入调查研究,从获得的第一手资料中,做到心中有数,分析情况,临机善断,才能完成党和国家所赋予的重要任务。

　　会计人员的职能和任务,无论在理论上、法规上和实践中,早已肯定了的。它的地位现在也是明显提高了。但是从会计工作的现状来看,的确还未能起到应有的作用。没有地位发挥不了作用,但有了地位以后,如不起作用,也巩固不了地位。所以,我们要振兴中华,在宏伟的四化建设中作出贡献,必须努力提高自己的业务水平和工作能力。

　　现在已是 1984 年,进入"六五"计划第四个年头的关键时刻,我们应该清醒地认识到,目前我国经济振兴的大好形势,对财会工作非常有力。

---

　　① 本文为潘序伦与丁苏民合著。

随着"调整、改革、整顿、提高"八字方针的逐步深入,党中央已明确指出,在最近几年内,要抓好整党、清除精神污染和扭亏增盈三件大事,争取党风、民风和财政情况的根本好转。目前国家财政还有赤字,全国亏损企业、亏损产品比重还不小,亏损补贴金额也很大,要扭转这种局面,必须充分发挥现有企业的潜力,努力提高各项固定资产厂房设备、原材料、能源和资金、人力的利用效率。毛主席说过:"节省每一个铜板,为着战争和革命事业,为着我们的经济建设,是我们会计制度的原则。"我们应该理解,他所指的节省,是包括人力、财力、物力全部节约在内,也就是提高经济效益的源泉。这是我们会计制度的原则,也是我们财会工作的最终目的。因此,应该继续大力提倡勤俭建国、勤俭办一切事业的思想,在微观经济上发扬"一厘钱"精神,在宏观经济上发扬"全国一盘棋"精神。中央在经济体制改革上,决定作出的:(1)成立工商银行,实行流动资金统一管理,利息不列入成本和期票信用承兑贴现;(2)利改税第二步,加强产品税、所得税的征收和划清中央、地方财政收入等;(3)建立审计长制度及各级审计机构。这三大决策,必将对今后的经济工作产生深远影响,特别对财会工作关系非常密切,也对我们提出了更高的要求。为此,对如何提高财会素质问题,提出一下几点看法。

一、认真做好反映与监督两项基本职能

这是马克思早已阐明,也是大家所熟知的。但是否已真正做到了准确、及时、全面地反映了呢?在控制与监督上是否尽了职责呢?实在是大有问题。在一些基层工厂、商店里,尤其在农业社队和集体企业里,会计人员队伍不稳定、专业性不强、水平不高、人手不足、账目混乱、账物不符、算账不实、成本虚假、报账脱节等现象,还很普遍;违反财经纪律,贪污盗窃也时有发生。到目前为止,仍有不少企业领导,认为财会工作不过是算算写写、收收付付的事情,什么人都可以做,经常被调动工作;甚至我们自己也有不少同志,只满足于此,报表送出就万事大吉,停留于簿记工作上,不再去提高自己的业务水平,在精打细算,提高经济效益上动脑筋,在用账(分析挖潜)、建账(设计制度)和查账(加强稽核)上想办法,

实在是大错特错了。因此,除了要提高政治思想素质外,还必须在业务技术上,结合企业整顿,与其他有关科室一起,首先要限期做好物资收付、计量验质、各项原始记录、数据正确及时、以核定工、料、费用的定额等基础工作。唯有把这些企业管理基础工作做好了,我们会计的记账、算账、报账任务,才能更好地完成。

二、总结经验与学习引进相结合,研究我国自己的管理会计

西方管理会计,我在上海解放初期,就已引进翻译过。例如:"权益论","量本利分析"等,发表于《立信会计季刊》第二卷第十六、十七期,不过限于当时历史条件,没有被人们所重视。近年来,随着对内搞活经济,对外经济开放的政策,出现了许多新情况,新问题。许多同志介绍译著了不少有关管理会计的文章,我们应该虚心学习,吸收新鲜事物,但一定要结合我国国情和当地、当时本单位的实际情况,绝不可互抄互搬"一刀切"。还要认真总结自己过去的经验教训和所走过的弯路,绝不可重蹈覆辙。应该看到,建国三十多年来,我们在财务会计制度和成本资金管理上,也有不少好的经验,有的依然可以进一步健全完善,继续应用。例如:流动资金定额管理,大庆的仓库物资管理经验,并不下于国外库存模型及 A 、B 、C 分类法。有的是社会主义制度优越性的产物,资本主义国家要学也学不了的,如群众性班组核算,同类产品质量成本对比分析等。有的名称虽不相同而内容实质是一致的;如定额成本与标准成本;归口分级管理、经济责任制与责任会计等。当然也有许多我们过去没有过,需要虚心学习,好好应用,如利润、成本目标管理、价值分析、电子计算技术等,几年来在某些行业、企业中引进试行,取得了良好的经济效益。还有些同志,结合我国企业实际情况,研究怎样进一步贯彻经济核算制,使企业真正成为一个经济实体,实行全面经济核算来提高企业的财会素质,加强整个企业的信息反馈、预测、预控、决策等,无疑是非常有益的。至于集体所有制的小型企业和农村社队企业中的成本核算,在当前会计水平不高、人手不足的情况下,我们同意顾华同志在他的遗著《会计原理》第七章所主张的"盘存制会计"。分别对原材料采用数量和价

格同时记载的永续盘存制;对在产品用每月底实地盘存制和对产成品用单记数量进出的永续盘存制的办法。并腾出力量来加强实物管理和控制、监督工作,可以更见实效。

三、提高会计人员的职业道德

这是提高我们政治和技术素质,建设社会主义精神文明的重要内容之一。自我俩在 1983 年《财务与会计》第四期上发表了《谈谈会计人员的职业道德》一文以后,引起了全国会计界人士的普遍重视,纷纷着文附和,具体意见就不再重复了。但有一点值得再提一下,就是现在我国正在草拟、制定和颁行各种经济法律,如《经济合同法》、《统计法》和《会计人员职权条例》等已经颁行;《会计法》、《成本法》和《审计法》等也将陆续公布;而且中国共产党党章的第五章《党的基层组织》第三十二条(七)中,也规定有"……监督本单位财务会计人员,各种执法的专业人员,不得执法犯法,同时保证他们依法独立行使他们的职权,不受侵犯和打击报复"。我们对这些有关的经济法令规章,都应该了解学习,依法办事。

广大财会工作人员的任务是光荣的,工作是艰巨的。但我们有党的领导、理论的依据、法律的保障,有各级领导的支持和广大群众的拥护,我们并不是孤军作战,完全可以有消除一切顾虑和畏难情绪,坚守岗位,履行职责,大胆而有信心地把工作做好,充分发挥会计工作应有的作用。值此新春伊始,聊作献辞,祝愿大家都能成为一个坚持四项基本原则、精通专业、捍卫财经纪律、政策、法令的财会工作者。

(原载《财会月刊》1984 年第 1 期)

新技术革命向会计界
提出的问题

原编者按：不少同志希望本刊就新技术革命作点议论，今发表潘老此文作为开端。

当前，以信息工业为主的新兴产业正在世界迅猛发展。国际科技、经济界议论纷纷，有的把它称为"世界第四次工业革命"，有的又称之为"新的产业革命"或"第三次浪潮"。人们预言在20世纪末、21世纪初的几十年内，把现在已经突破和将要突破的新技术，运用于生产，将会使整个世界发生一个社会生产力的新飞跃，这无疑对我国向四化进军是一个机会，也是一个挑战。面临严峻的挑战，我们会计界人士该怎么办呢？我有几个不成熟的问题，提出来请大家讨论、研究。

1. 我们说科学技术等于生产力，是因为新的科学技术可以带来巨大的生产力。而现代化的管理可以极大地提高生产力，所以管理也可以说是一种生产力。那么，会计是管理的一部分，算不算生产力呢？希望大家从理论上来探讨一下。

2. 过去，是用电波来完成通信任务。而现在发展成为用光来通信，就是大家知道的光纤通信。会计本身就是一种信息，随着电脑时代的到来，会计工作是否要来一个彻底的变革？目前，我国的会计记录、编制报表等工作都用人工来完成，以后是否可以用电脑代替人工？在日本，一场以微电子为中心的技术革命正在兴起。一系列自动化系统涌进工厂、办公室和家庭，给整个日本经济和社会生活带来了冲击性的变化。在我国也已把电脑系统应用于人口普查统计、物资分配、科学研究、教学和医疗诊断方面，会计工作将来是否能完全用电脑来处理呢？是值得研究的问题。

由于通信技术的革命,作为信息的会计不应忽视通信新技术的学习,如会计专业中过去无"电子技术"这一门课程,结合新产业革命发展的需要,会计专科学校似宜相应地开设这方面的专业课程。学生不仅从书本上学,还要下工厂联系实际应用进行学习。过去认为中小学生用电子计算器不相宜,这会使儿童不动脑筋,会使脑力退化。属于数学学会的珠算专业人士,就认为中小学生还是要学珠算的,现在的小学生都还是背了算盘去上学。但目前形势的发展,不仅要求小学生会用计算机,还要进一步学会搞电子计算机的程序设计。连小学生的知识都发生了如此巨大的飞跃,我们会计人员还不应急起直追吗?随着集成电路,超大规模集成电路的出现,对世界各国电脑的应用和发展,我们难道不需要急起学习吗?

3. 现在有一种说法,就是科学有"硬科学"、"软科学"之分,专家有"硬专家"、"软专家"之分。软科学的重心是管理,而重点是企业管理。既有科技知识又有管理才能的专家被称为"软专家"。会计是企业管理重要的一环,从发展来看,会计人员不仅要精通会计业务,而且还要学习自然科学、社会科学、哲学、心理学等知识。新产业革命的发展有赖于无限的智力资源,在现代化领导体制中,无论是企业、科研机构还是政府机构,无不重视智囊人员的咨询工作。我们的会计专家应和其他专家一起,为社会主义四化建设各个领域的发展提供科学依据,提供最优的方案、策略和方法,以帮助领导部门进行决策。根据上述发展趋势,我们会计人员今后的智力投资,应该向什么方向发展呢?如何以只争朝夕的紧迫感,采取什么相应的步骤来更新我们的知识呢?请大家讨论、建议。

科学技术发展愈迅速,知识老化也愈快。我常被他人称为"会计界老前辈",这正说明我的知识已完全老化了。在新技术革命的推动下,我也想要勉力急起直追,努力学习新知识。我虽已年逾九旬,心余力绌,但也要为会计事业鞠躬尽瘁,死而后已!

(原载《解放日报》未定文稿《新论》第88期,1984年3月21日)

搞活经济和会计立法

  《中华人民共和国会计法》已经正式公布，今年五月一日起施行，这是一项重要的经济立法。从此会计工作走上了法治的道路，这是会计工作者盼望已久的一件大事。我从事会计事业已六十年，毕生致力于会计师业务、会计教育和会计丛书编译工作，并把三者融为一体，为我国会计的引进、开拓和发展做了一些事情，今后还要继续为四化建设、振兴中华贡献余热。

  在学习《会计法》的过程中，有些同志担心：当前正在进行经济体制改革，会计立法会不会影响经济体制改革，影响搞活经济。有这种担心的同志实际上是把会计立法和经济改革、搞活经济看成是互相矛盾的。其实，这两者不但不相互矛盾，而且相互促进。经济体制改革必须在计划、财政、物资、物价等各方面进行一系列的变革，要对原有的已经不适应新的经济形势发展要求的法规进行清理并作出新规定。会计立法会不会影响这种改革呢？不会的。因为《会计法》规定的是会计工作的原则和规范，它的首要任务是维护和执行国家的方针、政策和财政、财务制度。因此，会计立法必然有利于保证新制度的贯彻执行，而绝不会阻碍新制度的执行。搞活经济要有许多条件，重要的一条是要有正确的经济信息。企业生产什么，生产多少，市场行情如何，生产成本的高低，经济效益的好坏，都离不开经济信息，国家在宏观上对搞活经济进行指导也需要经济信息。根据《会计法》，会计的基本职能之一是对经济活动进行核算。而会计搞核算资料则是经济信息的重要来源。但是，相当长时期以来，会计工作没有得到应有的重视，经济活动的情况不能从会计工作中得到充分的反映。当前，不少单位会计基础工作薄弱，管理混乱，账目不清，数字不实，自然不能正确有效地反映经济活动的信息。加强会计立法,就可以有效地克服目前会计工作中的不健全状态,正确及时地提供会计核算资料,为搞活经济服务。

有的同志认为,搞活经济,企业就要对生产和经营享有较多的自主权,包括财务活动的自主权,而会计立法则强调要加强监督,可能会不利于搞活经济。我认为,这里首先要明确,搞活经济有个前提,就是一切经济活动,都必须在国家制度的法律、法令范围内进行,都要认真执行国家的方针政策。会计的监督职能是以国家制度的法律、法规和政策为前提的,所以不存在不利于搞活经济的问题。至于那些在搞活经济的幌子下,为了谋取个人和小团体的利益而刮起新的不正之风甚至进行违法活动,它不但无益于搞活经济,而且只会搞乱经济。例如利用公款大吃大喝、滥发奖金、补贴和实物,挪用生产资金,或者向银行贷款为职工购买彩电,倒买倒卖生产资料和外汇等,它同搞活经济毫无关系,相反,只能搞乱经济,扰乱市场。为了纠正新的不正之风,制止各种违法活动,真正把经济搞活,这就要求一方面根据新的情况制定出必要的法律、法规或制度,对有关问题作出明确的规定,以划清是非界限,使人们有所遵循,与此同时,要加强会计监督,及时揭露和制止经济活动中的不正之风和违法乱纪行为,以保证国家、政府制定的法律、法规和制度得到贯彻和执行。会计监督,既要加强企事业单位内部的监督,也要加强外部监督包括审计机关、财政机关和税务机关等的监督。最近,赵紫阳总理在全国审计工作会议上强调,"经济越是搞活,越需要加强管理和监督",这也适用于会计。不塞不流,不止不行。加强会计监督,堵止了经济活动中的不正之风和违法活动,就可以顺利地把经济搞活。

(原载《解放日报》,1985 年 4 月 24 日)

祝 贺 与 希 望

我十分高兴地听到你刊①创办五周年的消息。在过去的五年里,正当我国经济发生巨大变化的时期,你们站在财经岗位上,无论从学术理论研究,实务经验交流,还是在宣传贯彻财经政策、法令、纪律和提高会计人员业务水平等方面,都做了不少有益的工作,值得大家学习和共同庆贺的。我从事会计工作六十年,至今老朽之年,欣逢国家振兴,梦寐以求的国强民富的时代,已经到来,我国第一部《会计法》又及时颁行,内心非常兴奋,但已是心余力绌,能为国家效力的地方,极其微弱了,希望寄托在你们青年一代身上!

在有计划的商品经济思想的指导下,随着经济体制改革不断深入,对内搞活、对外开放政策逐步实现,必将对财务人员提出许多新问题和新要求,会计工作也从而进入了新的历史阶段。你省领导重视经济工作,大胆创新,过去已在农业生产上首先取得了巨大成就,今后我相信也一定会在工业发展上率先改革,作出贡献。这就需要财会人员发挥应有的作用,当家理财,做好企业经营管理的参谋长。为此,我想借此机会,向广大读者,提出几点祝愿和期望。

一、合理使用资金,开拓"聚财"新路

资金不足,是当前进行四化建设的一个困难问题。那么资金从何而来呢?除了自力更生,增加积累和吸收利用外资以外,还要善于筹集和合理使用资金。商品经济要求长袖善舞,货畅其流,也就要是加速资金周转,讲究投资效果,把一个钱当作十个钱来用,防止资金"僵化"。自扩

---

① 指《安徽财会》。

大企业自主权以后,带来了国民收入分配的新变化,留在企业和职工手中的钱多了,这些钱有的存在银行里,有的留在个人手中,达数百亿元之巨,并且还在不断增加着。如不充分加以利用,就会冲击市场,影响物资平衡和物价稳定。能否采用多种渠道,多种形式增辟一条"聚财"新路,把这笔消费资金转化为生产资金,以加速建设步伐。资本主义国家积累百余年的经验,用组织股份有限公司发行股票和公司债券的办法来筹集资金,值得借鉴,我们现在将小型国营企业转给职工集体经营,是否也可用发行股票办法由职工来认股投资,使之真正成为集体所有,也有利于把国家、企业和职工的利益,紧密地捆在一起。此外,如允许农民进城开店,允许自有资金互相投资搞联合等等,鼓励资金横向流动,彻底改变过去单纯依靠财政投资拨款,资金纵向流动的局面。这是在改革新形势下的新课题,需要我们不断去探索研究。

二、努力降低成本、挖掘"生财"潜力

政企分开,所有权与经营权分开以后,增长了企业活力,就是要依靠自身力量来自我改造和自我发展企业,成为一个经济实体——真正的经济核算制单位,贯彻内部经济责任制和工资奖金与实现利润挂钩,来调动全体职工的责任心和积极性。目前我国拥有固定资本五千多亿元,已有一定的物质基础,潜力是很大的,特别是大、中型企业和一些尚属亏损的单位,除引进必要的先进设备工艺,进行技术改造和产品更新换代外,必须目光向内,推广全面经济核算、成本目标控制、指标归口分管、分解落实等一些行之有效的方法,加强成本管理,努力挖掘潜力,开辟财源。

三、加强会计监督,务求"用财"得当

建国以来,由于"用财"不当,监督不严,几次失误失算,造成大量财务浪费损失,成为无效劳动;甚至被贪污盗窃,教训是及其深刻的。也说明了加强会计和审计监督的必要性和重要性。企业财会人员肩负着双重任务,既要提高企业的经济效益,维护本企业和职工的经济利益;又要重视国家的经济利益和社会的经济效益,正确处理好宏观和微观之间,

582

国家、企业和职工三者之间的经济关系。会计人员凭着特有的工作职能，《会计法》又作了明文规定，赋予加强会计监督的职责，因之在"用财"问题上，应当严格把"关"，代表国家保护社会主义公共财产（即所有权）。堵住新的不正之风和贪污盗窃、挥霍浪费等违法乱纪的行为，是义不容辞，责无旁贷的了。

四、大抓智力投资，培养新生力量

劳动创造财富，有贝之"财"来自无贝之"才"。有识之士，莫不肯花大本钱，出大力气来兴办教育事业。由于生产发展，经济繁荣，各行各业都需要会计核算，特别是农村形势大好，专业户、联合体、乡镇企业等迅速发展，会计人员供需矛盾，更为突出。因此许多省市已采取应急措施，多渠道、多规格、多形式来办学，有的公办，有的民办公助，有的公办民助，有的民办，发挥各方面积极性。如在现有大专院校中，增设夜校部、中专部、函授部等，或接受委托开办短期脱产培训、业余单科培训等；有的省、市响应教育改革，积极发展中等技术职业教育的号召，已将有些普通中学原有全班人马和校舍，增聘一些专业教师，花二三年时间，全部改组为中专会计学校；有的县、乡还新建校舍，兴办会计中专或短期培训，均值得我们效法。

总之，财会工作，应突破传统观念和工作方法，才能开拓新局面，适应新形势，才有广阔的天地，在经济改革中作出贡献！

（原载《安徽财会》第 8 期，1985 年）

后　记

　　正值"现代会计之父"潘序伦先生诞辰 115 周年暨上海立信会计学院校庆 80 周年,由上海立信会计学院组织编辑的《潘序伦文集》付梓出版了。此时此刻,我们感受的不仅仅是文集出版的喜悦、振奋,更多的是秉承先生衣钵、探索中国会计发展的责任。文集的出版既是对先生的祭奠,更是对中国会计遗产的继承。

　　《潘序伦文集》以时间为序收录了先生发表于各类报刊、杂志及其他场合的文章,共计 62 篇,内容涉及会计理论与实务、会计职能、会计职业道德以及会计人才研究等方面。文集的编辑出版,既集中展现了先生一生对会计事业和会计教育的卓越贡献,又为中国会计研究提供了丰富而珍贵的史料素材。然而,文集出版的意义远不止于此,文集中有关"会计诚信"、"会计职业道德"和"会计教育模式"的独到见解,对于构筑当代中国会计精神,解决当前会计实务界和教育界面临的危机,具有极其重要的意义。

　　全球经济一体化和现代信息技术的发展,使得会计这个传统行业在经历日新月异的发展的同时,也面临着前所未有的诚信危机。这不能不让我们重新反思会计的价值文化与中国的会计精神。正如民族精神是一个民族赖以生存和发展的精神支撑,会计精神也是会计行业繁荣与进步的内在动力,影响着会计事业的发展。先生曾云:"立信,乃会计之本;没有信用,也就没有会计",信用乃会计工作的生命线。对会计行业而言,诚信既是财富,又是财源,还是财力。市场经济需要会计诚信,我们应继承与弘扬先生所倡导的"信以立志,信以守身,信以处世,信以待人,毋忘立信,当必有成"的诚信精神,将诚信理念深深根植于会计人员的思想中,成为忠诚敬业的座右铭。

环境的变革对会计人才的培养提出了新的要求。如何培养适应经济社会快速发展的高素质会计人才,成为了会计界普遍关注的一个问题。文集体现了先生所开创的会计学校、会计师事务所、会计出版"三位一体"办学经验及会计教育思想,其"面向社会的教育观"、"服务经济的职业观"、"不断发展的革新观"、"追求卓越的效益观"以及"以信为本的道德观"等教育理念与实践启发我们,不断探索会计人才素质教育理念、终身教育理念、创新教育理念、人本教育理念以及国际化教育理念,大胆尝试会计教育的人才培养模式,拓展会计教育的内容和方法,促进我国会计教育事业的发展。

文集的顺利出版,得到了来自各方的热情支持与帮助。在这里,要感谢潘老的女儿潘屹瞻女士和女婿管锦康先生,他们无偿将潘老的文稿交给了文集编委会;感谢财政部王军副部长给予文集编辑工作的肯定,并在百忙之中抽出时间为文集作序,财政部会计司刘玉廷司长对文集提出的修改建议;感谢上海立信会计学院党委桑秀藩书记、唐海燕校长对文集编辑出版的悉心指导,邵瑞庆副校长对文集编辑出版的具体组织与设计;还要感谢李颖琦、何佩莉、窦翰修、唐庆银、马钟榆、陆盛强、袁国栋、陈春华、方士华等对文集的编辑出版所付出的辛勤劳动。

由于先生的大部分原作用繁体字书写,因此在文集的编辑加工中,难免对原作按现在的阅读习惯进行了一定调整,但我们立足于保持原貌,并未改变原作观点及主要内容。为清晰反映原作的来源,文集中所列文章后均标有所选文章的发表时间及出处。

《潘序伦文集》涉及文章的时间跨度长、范围广,尽管编选时作了细致的整理、编译、修改及校对工作,但疏漏、不足之处难免,敬请同仁赐教,恳请读者批评指正。

编　者

2008 年 10 月